Tierra que vivo (2016-2019)
Óscar Estrada

Tierra que vivo (2016-2019)
Óscar Estrada
Primera edición, 2020 ©
Fotografía de portada de Onasis Maldonado
Diseño de Portada de Mario Ramos
400 páginas, 6" x 9"
ISBN-13: 978-1-942369-40-0
Impreso en Estados Unidos.

Casasola LLC
1619 1st Street NW Apt. C Washington DC 20001

casasolaeditores.com
info@casasolaeditores.com

oscarlestrada.com

Tierra que vivo
(2016-2019)

Óscar Estrada

Óscar Estrada (San Pedro Sula, 1974) es escritor, guionista y periodista hondureño. Fundador de Casasola LLC, editorial norteamericana con sede en Washington D.C.; fundó también el periódico digital elpulso.hn, en donde han sido publicadas la mayoría de los artículos de la colección *Tierra que vivo*. Ha publicado también las novelas *El pescador de sirenas, la vida poética de Juan Ramón Molina* (2019) e *Invisibles, una novela de migración y brujería* (2012); así como la colección de cuentos *El Dios de Víctor y otras herejías* (2015) y el libro *Honduras, crónicas de un pueblo golpeado* (2013). Como guionista ha trabajado en los largometrajes para cine *La condesa*, *Operación Navidad*, *Como el xocolatl* y *El monstruo de San Judas* de Guacamaya Films, así como varios guiones para televisión y radio. Como editor ha estado a cargo de la edición de más de 40 títulos, ha recibido los premios Best Cover Design y Best Poetry Book Multi-Author 2016, International Latino Book Awards, Los Angeles, por el libro *Women´Women's Poems of Protest and Resistance. Honduras* (2009-2014). y Award Winning Autor 2015, International Latino Book Awards, Los Angeles por el libro *Vidaluz Meneses: Flame in the Air*. Actualmente reside en Estados Unidos.

Mi patria es altísima.
No puedo escribir una letra sin oír
el viento que viene de su nombre.
Su forma irregular la hace más bella
porque dan deseos de formarla, de hacerla
como a un niño a quien se enseña a hablar,
a decir palabras tiernas y verdaderas,
a quien se le muestran los peligros del mundo.

Mi patria es altísima.
Por eso digo que su nombre se descompone
en millones de cosas para recordármela.
Lo he oído sonar en los caracoles incesantes.
Venía en los caballos y en los fuegos
que mis ojos han visto y admirado.
Lo traían las muchachas hermosas en la voz
y en una guitarra.

Mi patria es altísima.
No puedo imaginármela bajo el mar
o escondiéndose bajo su propia sombra.
Por eso digo que más allá del hombre,
del amor que nos dan en cucharadas,
de la presencia viva del cadáver,
está ardiendo el nombre de la patria.

Oscar Acosta
El nombre de la patria

LOS RUIDOS DE LA TIERRA TAWAHKA

"¡Veo, veo ríos de sangre hacia el mar... veo, veo cadáveres de indios y de blancos bajando por los ríos como balseras en las avenidas... veo una tormenta y en ella cruces y más cruces que son como latigazos del Dios Rayo... ¡ahora veo... veo claro que ha pasado el huracán... hay quietud en Taguzgalpa y en toda la tierra Guaymuras, pero... hemos desaparecido los Tawahkas porque las mujeres han parido de los blancos...!

(Ramón Amaya Amador, *Con la misma herradura*)

En la Mosquitia hondureña no existe el Estado. Alejado de los grandes centros urbanos del poder, geográficamente distante, es la región más extensa del país y donde las instituciones pierde su fuerza para convertirse en una caricatura de sí mismas, monigotes que se empeñan por hacer presencia pero que se diluyen en los humedales, en la selva, en el mar. Tienen oficinas, pero no existen.

Cuando se llega a la Mosquitia, a un aeródromo rojo irrespetado por los peatones que lo cruzan agachándose para no golpear con la cabeza las ruedas de las avionetas que bajan y suben, te recibe un escuadrón militar, veinte, veinticinco comandos te ven bajar del avión con un aburrimiento monumental, como de soldados que pelean en una guerra que saben perdida. Te piden los documentos, te preguntan a qué vienes, porque en la Mosquitia todos tienen una razón para llegar y nadie está allí por turismo.

Tengan cuidado con lo que ustedes pregunten, nos dijo nuestro contacto en la zona, no queremos que piensen que andan acá investigando sobre la droga.

Desde el año 2010 el Gobierno de Honduras, con la asistencia técnica y financiera del Gobierno de los Estados Unidos, inauguró la moderna Base Naval de Caratasca, instalada en la laguna del mismo nombre.

La costosa inversión de más de dos millones de dólares y los modernos radares han tenido cierto éxito en la localización de avionetas y embarcaciones cargadas con droga proveniente de sur América. Sólo el año 2010 se confiscó cerca de trece toneladas de droga, según indicó en su momento el embajador norteamericano Hugo Llorens.

Pero los aviones ya no bajan en la costa caribe, me dijo un local cuando pregunté por los radares de la base militar, ahora aterrizan río arriba, en el Patuca, en la tierra Tawahka. Porque como más tarde comprendí, si en la tierra misquita no existe el Estado, en la tierra Tawahka no existe el tiempo.

Al centro del departamento de Gracias a Dios, (la mosquitia hondureña), sobre el río Patuca, está el municipio de Wampusirpi, un pequeño pueblo que contaba con cerca de 4,000 habitantes en el censo del 2001. Compuesto por cinco aldeas y 24 caseríos, es la entrada a la tierra Tawahka.

Wampisirpi es un pueblo congelado en el tiempo, llegar a el, es como llegar a San Francisco en 1850, donde todos andan armados y los locales desconfían de los extranjeros. Hay unos 10 soldados estacionados en el municipio que caminan siempre juntos cuidando sus fusiles, un pequeño centro de salud, tres iglesias y cinco bares. Hay indígenas misquitos, hay indígenas Tawahkas. Hay también ladinos (cada vez más) que llegan desde Olancho por el río patuca, desde Nueva Palestina, para instalar negocios, tiendas, ferreterías, bares.

«Los Olanchanos controlan todos los negocios aca —me dijo Yessica, una joven misquita de Pimienta que llega a Wampusirpi cada día buscando ropa para lavar y hacerse un poco de dinero—. Quiero irme a Tegucigalpa —continuó—, a trabajar en la maquila, pero el pasaje por el río cuesta 1500 lempiras y acá sólo gano 30 o 40 lempiras diarios».

El río patuca es el segundo río más grande de Centro América. Compuesto por la unión del río Guayape y el río Guayambre, tiene unos 320 Km de longitud. Es uno de los pilares en la vida del pueblo Tawahka y una de las reservas más importantes de vida natural del país. Desde hace años, el gobierno viene promoviendo el proyecto de la construcción de una super represa en el río patuca. El proyecto se paró varias veces, por los peligros que significa para el medio ambiente en la zona. Sin embargo, en 2011 el gobierno de Lobo Sosa anunció el inicio de las obras de construcción de la represa Patuca III con capital chino.

Cuando más adelante en el viaje pregunté a un líder Tawahka sobre la represa, su respuesta fue bastante sincera. «Mire —me dijo—, nosotros supimos de la represa porque lo escuchamos en la radio. Luego vino alguien acá a hablarnos que nos iban a poner electricidad en las comunidades, que íbamos tener trabajos y todo eso. Nosotros los escuchamos, como lo escuchamos a usted, pero sabemos que nadie regala nada. Ahora, si quiere saber qué piensa la comunidad de la represa, pues la verdad es que nunca hemos visto una, no sabemos qué es una represa, ni si nos va a afectar o no».

A pesar de lo caudaloso que parezca el río patuca, la verdad es que antes era más grande. Río arriba, por Paraguás, hay incluso una pequeña embarcación de vapor encallada en la arena desde hace 70 años, en los tiempos en donde se extraía hule de las montañas y los barcos de vapor subían y bajaban por el río hasta donde luego se fundaría Nueva Palestina. Ahora las lanchas tienen que subir el motor en ciertas partes del río para evitar que las piedras rompan los propulsores.

El conductor de la lancha que nos llevó hasta Yapuguás se llama Omar, un pastor misquito que intentó convencernos de no quedarnos en la aldea por la falta de comodidades. «Yo antes le tenía mucho aprecio a este pueblo —nos dijo—, incluso le construimos una iglesia evangélica, pero luego la dejaron pudrir y agarraron las láminas para otras casas».

Omar no lo sabe, pero su queja sobre los Tawahkas fue la misma que por más de 300 años hicieron los misioneros españoles que intentaron formar misiones en la zona. Ramón Amaya Amador lo describe muy bien en su novela *Con la misma herradura* en donde el autor hilvana el hecho histórico: unos frailes franciscanos Esteban de Verdelete, Juan Monteagudo y un capitán español Alonso de Daza, junto con su tropa, llegan para fundar en el siglo XVI una misión que tiene como propósito la conversión y evangelización de los taguacas quienes, después de varios intentos frustrados, aún se resisten a la conquista. Alonso de Daza actúa obsesionado por la idea de encontrar el templo de oro en el que los indígenas guardan sus tesoros. Con este propósito, capturan a un cacique *taguaca*, lo torturan y lo asesinan.

La tierra Tawahka está compuesta por cinco poblados repartidos en dos corporaciones municipales: Krausirpe y Krautara río abajo, bajo la administración municipal de Wampisirpi, Yapuguás al centro, Paraguás y Kamakasna río arriba, bajo el control municipal de Dulce Nombre de Culmí en Olancho. De los cinco poblados, Yapuguás es el que se mantiene más «puro» culturalmente, pues los dos poblados río abajo están altamente influenciados por la cultura Miskita y los dos poblados río arriba están influenciado por la cultura «ladina» proveniente de Olancho.

En 1999, con el apoyo de las Naciones Unidas y la GTZ se logró el reconocimiento de la Biosfera Tawahka Asagni, que incluía los cinco poblados antes mencionados, las montañas necesarias para la caza y la agricultura y los ríos necesarios para la pesca. El reconocimiento de dicha reserva, era la esperanza para la comunidad Tawahka de lograr el respeto a sus territorios, respeto que no llegó.

«Muchas cosas han cambiado en estos años desde que se aprobó la reserva —me dijo un líder comunitario mirando sus manos gruesas—, ahora los Tawahkas no tenemos tierra» —concluyó.

El departamento de Olancho, ubicado al oriente del país, es uno de los departamentos más ricos en recursos naturales. Famosas han sido siempre en Honduras las grandes extensiones de bosques y las ricas pampas accesible para la agricultura y la ganadería.

Olancho es también la tierra en donde el padre Andrés Tamayo llevó su lucha de protección de los bosques. Lucha que le sirvió para hacerse acreedor de varios premios internacionales, del respeto del movimiento popular centroamericano, y del odio de los poderosos terratenientes que finalmente lograron expulsarlo del país a finales del 2009 durante el golpe de Estado.

Porque los terratenientes olanchanos son muy poderosos. Dos de los últimos cuatro presidentes del país (electos), son originarios de Olancho. Un poder que proviene de la propiedad sobre la tierra, en donde unos pocos poseen todo el departamento y muchos campesinos poseen nada. El poder pues, es constantemente amenazado por presiones de campesinos sin tierra.

En 1983, en una de las tragedias más emblemáticas de la izquierda hondureña, el Partido Revolucionario de los Trabajadores Centroamericanos (PRTC) entró al país provenientes de Nicaragua con una columna guerrillera compuesta por 98 hombres entrenados por el FSLN y comandados por el Doctor José María Reyes Mata y el padre Guadalupe Carney. Entre otras cosas, ellos contaron con que esa presión popular desembocaría en el apoyo al foco guerrillero que ofrecía pues, tierra para los campesinos.

Luego de una difícil jornada, los guerrilleros del PRTC se instalaron en las montañas olanchanas, cerca del río Patuca en lo que es jurisdicción de municipio de Nueva Palestina. Tenían el proyecto de iniciar un foco guerrillero en el departamento de Olancho, que permitiera iniciar un proceso revolucionario en el país. Las condiciones materiales estaban dadas —como siempre han estado—. Hacía menos de 10 años que el gobierno militar fundó la comunidad de Nueva Palestina con campesinos sin tierra de Choluteca y Olancho, con la esperanza de reducir la tensión entre los terratenientes y los sin tierra.

La aventura guerrillera terminó en tragedia, la comandancia de la columna del PRTC fue desaparecida y el terror se instaló para siempre en Nueva Palestina. El apoyo popular con el que tanto contaban nunca llegó. La tensión sin embargo no se redujo, sino que se trasladó a la reserva Tawahka.

Desde mediados de los años 80, campesinos sin tierra provenientes de Olancho (y varios terratenientes), han ido ejerciendo posesión de las tierras de la zona del Patuca. Botando bosque, haciendo potreros, metiendo ganado, fueron poco a poco acercándose a los territorios Tawahkas.

«La tierra debe ser de quien la trabaja —me dijo Mario, un joven Olanchano de 24 años proveniente de Guarizama, que llegó sólo a Paraguás hace cinco años y ahora tiene a toda su familia—. Somos 33 —confesó cuando le pregunté cuántos eran en la familia—, esta tierra es rica y da para todos. Uno en Olancho se pasa toda la vida trabajando lo ajeno, y lo que en el día trabaja, en la noche se lo come. Es mejor trabajar lo de uno».

Los Tawahkas nunca han tenido títulos individuales sobre la tierra. Se reconocía la posesión colectiva de una extensión determinada de territorio que era usado por las familias, según sus necesidades, para el cultivo de subsistencia. Dos, tres manzanas de frijoles, arroz, yuca y demás necesarios para cada núcleo familiar.

«Esta gente es buena trabajando —dijo Julio, un señor de 60 años que llegó a Yapuguás hace dos años proveniente de Guarizama—, pero a los Tawahkas no les gusta trabajar en lo suyo. Tienen la tierra y no la explotan, porque se conforman con tener sólo lo básico, les falta motivación».

La forma tradicional de agricultura de los Tawahkas es distinta de la de los ladinos. Los Tawahkas botan un par de manzanas de montaña y hacen los guamiles, lo usan por un par de años y luego dejan que crezca el monte y los arbustos. Se mueven a otra zona, en donde inician nuevamente la construcción del guamil. Es una forma de agricultura quizá más racional, pues la tierra del bosque lluvioso que parece rica en un principio, rápido se agota.

«Mire este árbol —me dijo un joven de 19 años de Yapuguás, señalando un enorme árbol que no pude reconocer—, nosotros lo cortamos sólo cuando lo vamos a usar, para una casa, para un pipante o como medicina. Cuando limpiamos un terreno dejamos los árboles que conocemos porque sabemos luego nos pueden servir. Ellos (los ladinos) dejan todo pelado y no nos dejan siquiera usar la madera, no conocen los árboles más que la caoba, porque a esa si le sacan dinero».

«Los ladinos tienen otra forma de relacionarse con la tierra —me dijo un técnico de un proyecto de desarrollo en la zona misquita—, usted puede ver como a veces los ladinos llegan con 40 empleados ladinos, Pech o hasta Tawahkas, con 20 motosierras y en un año tienen 200 manzanas peladas, le prenden fuego a todo, le riegan semilla de pasto y luego meten el ganado».

La ganadería, no es un problema viejo en la comunidad Tawahka. Ya desde mediados de los 90 venían denunciando como una amenaza para su tierra la agresiva expansión de la frontera ganadera desde Olancho. La construcción del proyecto de la reserva Asagni tenía como objetivo crear la base legal que le permita a la comunidad Tawahka defenderse ante los ganaderos.

En el año 2007 el presidente Manuel Zelaya Rosales visitó la comunidad Tawahka de Paraguás, como un ejercicio de promoción del proyecto de represa Patuca III, que en ese momento iba a ser financiado por el Gobierno de Taiwan. Llevó la promesa de cuidar el bosque, para lo que fue instalado en la zona un batallón que controlaba el río y decomisó cientos de metros cúbicos de madera.

Llevó también la construcción de escuelas en las cinco comunidades y centros de salud. En algunas de ellas aun funcionan. Igualmente se instauró un proyecto de producción de cacao, que posteriormente fue abandonado en las comunidades.

El gobierno de Taiwan finalmente desistió de su idea de financiar el proyecto de la represa, pese a las súplicas de Zelaya. El batallón de protección al bosque de la reserva biológica fue retirado durante el golpe de Estado y enviado a Tegucigalpa. Todos se fueron, solo el ganado se quedó.

«El fondo hondureño de inversión social (FHIS) nos trajo acá un proyecto de ganadería —dijo un vecino de Yapuguás—, comenzamos con 10 vacas y un toro que luego se multiplicaron. Ahora las familias Tawahkas tienen también ganado, ¿porque si los ladinos pueden tomarse un vaso de leche, por qué nosotros no?»

«El problema con la tierra —me dijo otro Tawahka mientras miraba sus cincuenta cabezas de ganado en el corral de su casa—, es que si ellos llegan y ven que la montaña no está trabajada, la toman. Y una vez instalados en ella no podemos sacarlos».

Y para eso los Tawahkas han comenzado a botar partes de la montaña, construir potreros y meter su propio ganado. Para marcar la propiedad privada individual sobre los bienes inmuebles que hasta hace poco era propiedad comunitaria.

«Es mas fácil sacar a un Tawahka de su tierra, que sacar a un ladino que tiene propiedades y ganado, —me dijo Mario, el joven ladino que llegó de Guarizama—. Porque los Tawahkas no tienen nada, y si quieres sacar a los ladinos, hay que pagarles la inversión y acá, no hay dinero».

Pero si bien es cierto que ha habido abuso en la toma de la tierra por parte de los ganaderos ladinos, también es cierto que han sido los mismos Tawahkas quienes comenzaron a vender sus tierras.

En Yapuguás cuentan como un vecino vendió en secreto un lote en la montaña, el ganadero lo compró, pero como en el negocio no estaba claramente definido los límites del terreno, este se tomó toda la montaña necesaria para la caza. Cuando la comunidad se enteró de la venta y quiso reclamar al vecino, este se fue de la comunidad rumbo a Nicaragua. El negocio estaba cerrado y el terrateniente olanchano cómodamente establecido en Yapuguás.

«Nosotros estamos solos acá —me dijo un hombre de Yapuguás—, no podemos enfrentarnos a los terratenientes que tienen hombres armados con cuernos de chivo, si le reclamamos algo, nos matan».

«El vecino que vendió la tierra ahora quiere volver —dijo otro hombre cuando le pregunté por la historia de la venta de la montaña—, dicen que se le acabó el dinero en Nicaragua, pero ya no tiene a qué volver, acá no tiene tierra y él no tiene con qué comprarla. Le va a pasar como a los Pech en el río plátano —continuó—, que vendieron toda su tierra y ahora tienen que alquilar para sembrar sus guamiles».

«En Yapuguás ahora hay más vacas que personas, —dijo el predicador que llega desde Krausirpe los domingos para oficiar el culto religioso en la pequeña iglesia católica de la aldea—, es como que están compitiendo con los ladinos, si aquellos meten vacas en las montañas, estos meten vacas en las montañas. Mire usted, antes los Tawahkas no botaban árboles como ahora, y lo hacen para marcar territorios —continuó el religioso—, hasta entre ellos están peleando ahora y la verdad es que no sé qué piensan hacer con tanto ganado, porque ni siquiera lo venden».

En la aldea casi todas las familias tienen ganado, unos más que otros, pero solo una familia vende el ganado en Catacamas. El resto de las familias piensa en el ganado como una reserva económica para emergencias y apenas usan una o dos vacas al año.

***

Las noches en la selva nunca han sido silenciosas. Con la noche vienen los ruidos de los grillos, chicharras, búhos y demás animales e insectos nocturnos que inundan el aire con sus voces. Pero la noche en Yapuguás tiene también otros sonidos.

Desde hace un par de años algunos habitantes de la comunidad se han hecho de plantas eléctricas que ponen a ronronear al caer la noche. Son los tres «acaudalados» de la aldea: un profesor, un ganadero y un líder comunitario, todos Tawahkas. El resto de las 30 casa se mantienen a oscuras, escuchando las plantas y las radio que suenan estridentes.

Entre las 9 y las 10 de la noche las plantas se silencian y los grillos vuelven a reinar en el plano auditivo, hasta que aparecen los otros motores.

La primera vez que escuché las lanchas con motor bajar por el río a altas horas de la noche no le dí mucha importancia. La segunda vez pensé que se trataba de algo normal por el río. La tercera vez pregunté a un vecino quien sin darle mucha importancia me respondió: «son ellos».

«¿Ellos?» —pregunté.

«Los que vacían los aviones» —me dijo y luego cambió de tema de conversación.

Diariamente —durante las horas de sol— se escuchan pasar los helicópteros de la Fuerza Aérea hondureña que desde el cielo peinan la selva. En la aldea ocurre una especie de fiesta, los niños y las niñas, las mujeres y las ancianas salen de sus casas y ven al cielo. Al principio pensé que hacían una especie de ruta entre Catacamas y Puerto Lempira, entre la base militar El Aguacate y la de Caratasca. Un día pensé que era una especie de excursión VIP pues el helicóptero andaba tan bajo que casi se podía ver el rostro de los tripulantes que serpenteaban el río patuca.

«¿Y estos?» —Pregunté viendo la aeronave.

«Buscan aviones» —me dijeron.

Yo comencé entonces a prestar atención al cielo.

Siempre, como 20 o 25 minutos antes de los helicópteros de la FAH, un avión pequeño pasa sobre la aldea.

A veces pasa alto, entre los cúmulos de nubes. Otras veces pasa bajo, tan bajo que puede verse la matrícula en la cola de la nave.

«Ellos no se meten con nosotros —me dijo una vez un vecino cuando le pregunté sobre las avionetas— y nosotros no nos metemos con ellos. Es una especie de tratado».

Hace un par de años se construyó en Yapuguás una pequeña pista aérea que sería usada para emergencias médicas. En su construcción trabajaron todos los vecinos. Tenían la idea de alquilarla para turistas, quien quiera podría aterrizar en ella y pagar a cambio una cantidad de dinero.

«A Yapuguás no llegan turistas —pensé—, no existen instalaciones para recibir visitantes» (más que la casa comunal que usamos como albergue y que no tiene letrina funcional).

Llegan sí, muchas avionetas que aterrizan quizás en las grandes extensiones de tierra que los terratenientes han usurpado de los Tawahkas.

«La guerra de las drogas es un asunto del gobierno —me dijo un local—, nosotros no nos metemos en eso porque si nos metemos vamos a salir mal parados. Si el gobierno está preocupado porque los narcos aterricen en nuestro aeropuerto, pues que pongan acá un batallón para cuidar lo que entre y lo que salga» —dijo.

Finalmente la pista no se terminó, la comunidad decidió que era demasiado arriesgado y que podría traerles problemas. Aún hay que viajar 6 horas río abajo (en lancha de motor) para llegar al hospital más cercano. Igual el batallón nunca se hizo presente en Yapuguás. Pero los aviones siguen cayendo, cada día y cada noche. Las lanchas siguen bajando cargadas por el río, hasta la boca del río Guampú, luego suben hasta Dulce nombre de Culmí para descargar y volver.

Los motores hacen ruido, tanto ruido quizás como las plantas eléctricas cada noche o el ganado, cada día.

Al salir de la tierra Tawahka, pude apreciar la monumental belleza del río Patuca, patrimonio de la humanidad que cada día se destruye. Ya los cerros no tienen bosques infinitos, ahora tienen potreros. Ya las montañas no tienen chanchos de monte ni tepescuintles, tienen ganado. Pronto quizás, el río tampoco producirá vida, generará energía eléctrica.

Al salir de la tierra Tawahka, pude apreciar una cultura que desaparece, sin hacer ruido.

El presente artículo fue por primera vez en 2011, en la edición de septiembre del periódico *Nueva República*. Fue escrito cuando Héctor Leyva, director del Programa de Educación Bilingüe Integral Tawahka (PEBIT) me invitó a acompañar a la Mosquitia hondureña a la antropóloga Camille Collins Lovell, quien en ese tiempo hacía el epílogo de su libro *El Pueblo Tawahka: los dueños de los animales en los tiempos de los motores fuera de borda* (Plural, Organización para la cultura, Honduras, 2011). El libro de Collins, como este artículo, busca retratar la vida diaria de un pueblo que está condenado a desaparecer, el pueblo Tawahka, inmerso entre las expansión agrícola de ganaderos olanchanos, narcotraficantes colombianos y bases estadounidenses que consideran ese territorio vital para sus intereses estratégicos. «Los ruidos de la tierra tawahka» es un grito de auxilio lanzado hace casi un lustro y que aún no se escucha en las grandes ciudades de Honduras.

¿QUIÉN MATÓ A JEANNETTE KAWAS?

El 7 de mayo de 2009 el Estado de Honduras fue condenado por La Corte Interamericana de Derechos Humanos, Cidh, por el caso de la ambientalista, Blanca Jeannette Kawas, asesinada por sicarios el 6 de febrero de 1995 en su casa de habitación.

Las indagaciones determinaron que se trató de un crimen por encargo, pero la causa de su caso permanece aún inactiva, más de veinte años después, pese a que se conocen los nombres de por lo menos tres presuntos responsables: el coronel Mario Amaya (conocido como Tigre Amaya), el sargento Ismael Perdomo en la jefatura de policía de Tela y Mario Pineda (también conocido como Chapin).

El 14 de enero de 2002, el Centro por la Justicia y el Derecho Internacional, Cejil, y el Equipo de Reflexión, Investigación y Comunicación de la Compañía de Jesús en Honduras, Eric, presentaron ante la Comisión Interamericana de Derechos Humanos tres peticiones individuales en las que se responsabiliza internacionalmente al Estado de Honduras por los asesinatos de Blanca Jeannette Kawas, Carlos Escaleras y Carlos Luna López.

En la sentencia del 3 de abril de 2009 de la Comisión Interamericana de Derechos Humanos, Caso 12.507: Blanca Jeannette Kawas Fernández contra la República de Honduras se conocen la siguiente descripción de los hechos:

Blanca Jeannette Kawas Fernández falleció el 6 de febrero de 1995, aproximadamente a las 7:45 p.m., en forma instantánea al recibir un disparo de arma de fuego calibre 9 mm en la parte posterior del cuello, con orificio de salida en el pómulo izquierdo, mientras se encontraba trabajando con su asistente, Trinidad Marcial Bueno Romero, en su casa, ubicada en el barrio El Centro de la ciudad de Tela. Testigos manifestaron haber visto a dos hombres jóvenes armados, que se movilizaban en una camioneta pick up de color blanco, irrumpir en los alrededores de la casa de la señora Kawas Fernández, y luego escuchar el sonido de dos disparos de arma de fuego.

Poco después de lo ocurrido, una patrulla de la Fuerza de Seguridad Pública (FUSEP) conducida por el sargento Ismael Perdomo, se hizo presente en el lugar de los hechos, y llevó a cabo el levantamiento del cadáver.

El 6 de marzo de 1995, un mes después del asesinato de Kawas, el sargento de Policía Ismael Perdomo presentó ante las autoridades de la Dirección de Investigación Criminal a Juan Francisco López Mejía, un joven de 16 años de edad, como presunto responsable de los hechos. En su declaración, el joven se atribuyó responsabilidad por los hechos e inculpó a dos de sus familiares. Ese mismo día, el Juzgado de Paz de lo Criminal de la ciudad de Tela ordenó la captura de los señores Juan Mejía Ramírez y Sabas Mejía Ramírez, identificados como presuntos sospechosos de la privación de la vida de Blanca Jeannette Kawas Fernández.

El 8 de marzo de 1995 el Juzgado dejó "sin valor ni efecto la orden de captura librada". Aunque esta decisión no fue motivada, el fiscal encargado de la investigación en ese momento indicó, en una declaración rendida posteriormente, que el joven Juan Francisco López Mejía reveló haber sido coaccionado a rendir declaración incriminatoria, por lo que se determinó que no hubo méritos para la captura.

El 29 de agosto de 2003, a solicitud del fiscal encargado, el Juzgado de Paz de lo Criminal de Tela recibió la ampliación de la declaración rendida por uno de los testigos de los hechos, quien indicó que había sido amenazado por un "sargento Perdomo" de la Policía, a raíz de su testimonio.

El 2 de marzo de 2004 el fiscal solicitó al Juez de Letras Seccional de Tela que ordenara la captura del sargento clase III de la Policía, Ismael Perdomo, por "suponerlo responsable de los delitos de abuso de autoridad y coacciones en perjuicio de la administración pública". El 10 de marzo de 2004, oídas la posición del fiscal y del imputado, el Juzgado decretó la prohibición de salir del país al sargento de la Policía Ismael Perdomo, así como de comunicarse con los testigos y transitar por los lugares donde ellos concurrieran. El 15 de marzo de 2004 el Juzgado de Letras Seccional emitió un auto de prisión en contra del sargento de la Policía de referencia y denegó una solicitud de sobreseimiento definitivo por prescripción del delito imputado presentada por la defensa. Esta decisión fue apelada.

El 23 de marzo de 2004 el Juzgado de Letras Seccional admitió con efecto devolutivo el recurso de apelación interpuesto por la defensa, por lo cual ordenó remitir el expediente a la Corte de

Apelaciones de la ciudad de La Ceiba, Atlántida. Ese mismo día, el fiscal del Ministerio Público solicitó al Juzgado que abriera el juicio a plenario en contra del sargento de la Policía Nacional por la presunta comisión del delito de "encubrimiento en perjuicio de la administración pública". El 25 de marzo de 2004 el Juzgado negó la petición argumentando que "el auto de prisión decretado al señor [...] fue apelado por la defensa".

El 9 de octubre de 2006, dos años después de su admisión, la Corte de Apelaciones de La Ceiba resolvió el recurso de apelación y decidió que la orden de captura expedida "se encontraba viciada de nulidad", ya que surgió "sin haberse presentado requerimiento fiscal correspondiente". Vista la decisión, el 23 de noviembre de 2006 el Juzgado de Letras Seccional de Tela ordenó al Ministerio Público que realizara un análisis de la conducta del sargento de la Policía imputado, con el fin de presentar el requerimiento fiscal correspondiente. No obstante, en ese momento no había un fiscal personado al caso y la orden de captura no volvió a solicitarse.

Un año después de ocurrido el asesinato de Kawas, agentes de la Dirección de Investigación Criminal de Tela destacaron, en su informe emitido el 10 de mayo de 1996, la participación de un agente de la FUSEP en los hechos del presente caso.

«Así, indicaron que después nos dimos cuenta que el sargento de la Fuerza de Seguridad Publica [...] de este mismo lugar, coaccionó a un individuo de nombre de Juan Francisco López Mejía, el cual le ofrecieron dinero para que dijera que él había sido el hechor. Al realizar las investigaciones nos dimos cuenta que Jorge Montoya tiene una casa cerca de la Fuerza Pública de esta ciudad, como a media cuadra [...] lo que se ha constatado es que en ella se ha visto entrar al sargento Perdomo de la Fuerza de Seguridad Pública. De esta manera hemos comenzado a establecer nexos entre éstas personas y a buscar pruebas fehacientes a modo de esclarecer este delito».

La participación de este funcionario de la policía en el encubrimiento del asesinato de la señora Kawas Fernández también se desprende de la declaración testimonial del señor Dencen Andino Alvarado, rendida el 30 de octubre de 2003 ante la DGIC, en la cual indicó que:

«nos trajeron al Juzgado a declarar para saber si conocíamos a los asesinos y de ahí nos llevaron de vuelta a la policía, nos llevaron a San Pedro Sula como a las tres de la tarde porque habían dicho que habían agarrado un carro [en el] que supuestamente habían venido los asesinos, estando en las bartolinas llegó el Sargento Perdomo y nos dijo Ustedes lo que tienen que decir es que no los conocen y así quedan ustedes, que no los conocen».

«...estando yo en mi casa recibí un anónimo mismo que recibió el Ingeniero Urraco donde decía que lo que habíamos dicho eso teníamos que decir, que no habíamos visto nada».

«Ahí está el Ingeniero Urraco que puede decir también que como a eso de las dos de la mañana llegó el Sargento Perdomo y nos dijo que nosotros lo que teníamos que decir era que no habíamos visto nada y también nos dijo que dijéramos que el no nos había dicho nada, que el nos había dicho eso para que eso no perjudicara más adelante».

«por temor a las amenazas hechas no había declarado por la amenaza hecha contra mi vida [...] solo por las amenazas hechas por el Sargento Perdomo».

En declaración posterior del mismo testigo de fecha 9 de diciembre de 2003:

«El día miércoles de la semana pasada, a eso de las diez a once de la mañana me encontraba en el Barrio San José, acompañado del Jefe de Obras Públicas de la Municipalidad, quién es mi patrón, diciéndome donde me tocaba barrer, cuando salió ISMAEL PERDOMO y me llamó y me dijo que quería platicar conmigo y yo le dije que si estaba bien, y él me dijo que hay (sic) nos íbamos a ver. [...] El día viernes de esa misma semana mi hija [...] me dijo que me habían ido a buscar unos muchachos [...] ese mismo día me dijo el encargado de las tarjetas de la municipalidad que me habían ido a buscar [...] dos personas que se habían identificado como agentes...»

«Anoche a eso de las 12 de la noche llegaron a la casa unos hombres, tocaron la puerta y decían si podía salir afuera que querían platicar conmigo, pero yo no les abrí, ahí estuvieron como media hora, y como no salí se fueron [...] Ismael Perdomo tiene algo que ver por las palabras que nos dijo cuando sucedió el caso [...] temo por mi vida y quiero que me digan que puedo hacer...»

En el Ministerio Público en el año 2003 se concluye que la FUSEP, dirigida en ese entonces por el Sargento Perdomo, "NO EJECUTÓ NINGUNA ACCIÓN tendente [sic] a detener a los posibles autores materiales del asesinato, no realizó ningún retén policial, asumiendo una actitud despreocupada e indiferente ante la situación planteada, pretendiendo desviar en varias oportunidades [...] la investigación, o mantenerla en un estado completamente pasivo". En este sentido, afirmó que según las investigaciones, el Sargento Ismael Perdomo tuvo una participación muy activa en el desvío del curso de las investigaciones desde el mismo día de los hechos; [...] Los testigos Alex Dencen Andino y Marco Antonio Urraco manifestaron que fueron coaccionados por parte del Sargento Perdomo para que no declararan acerca de los hechos; y en el caso de Juan Francisco [López] Mejía, éste fue coaccionado para que incriminara a dos personas que no tenían nada que ver con el caso, a cambio de decretar su libertad, ya que se encontraba detenido en las celdas de la Policía por el hurto de una bicicleta [...]

Juan Francisco Mejía López es testigo clave para la resolución del caso, ya que el equipo de investigadores de la Dirección de Investigación confirmó que este joven fue coaccionado por parte del sargento Ismael Perdomo para que declarara en contra de sus dos primos [...] es importante mencionar que a esta fecha se desconoce el paradero de este testigo y que le corresponde a la Policía [...] ubicarlo para que pueda rendir su declaración testifical ante el Juez que conoce de la causa, a fin de lograr la detención del sargento Perdomo, quien a todas luces tiene participación en este caso.

Confirmando lo anterior, el ex fiscal asignado a la investigación de este caso, Saúl Benjamín Zapata declaró posteriormente que: «el delegado de Policía de Tela en ese entonces llamó a Ceiba, para informar que tenían detenido a un sujeto 'menor de edad', que decía que era uno de los autores del asesinato, [cuando lo indagaron] [l]o que nos llamó la atención fue lo que nos dijo sobre el Jefe de la Policía de Tela[,] que él lo había presionado para que [se autoinculpara de ser] uno de los asesinos al grado de amenazarlo de muerte, nuestra sospecha fue de que (sic) la Policía sabía y encubría a los verdaderos asesinos[;] a la semana más o menos el Juzgado de Tela dejó en libertad a este menor porque no había méritos contra él, pero sí nos sirvió la declaración en el sentido de que empezamos a investigar la implicación de la autoridad Policial en el hecho, fue así que logramos llegar hasta una comunidad que se llama Esparta, donde habitaba una de las personas que había planificado el asesinato y que por apodo lo llamaban si mal no recuerdo "el Tigre" y que éste había actuado en concordancia con otras personas pudientes del sector para planificar el hecho, la aparente razón o motivo principal [fue] que Yaneth [sic] Kawas era una protectora insaciable del ambiente y se oponía a un desarrollo turístico que se iba a realizar en la Bahía de Tela [...] en una zona protegida como parque nacional.

Cabe reiterar que con base en los elementos probatorios expuestos el 2 de marzo de 2004 el fiscal "personado" en el caso solicitó al Juez de Letras Seccional de Tela que ordenara la captura de dicho sargento de la Policía por "suponerlo responsable de los delitos de abuso de autoridad y coacciones en perjuicio de la administración pública".

Según testigos, al sargento Ismael Perdomo se le vio reunido con el Coronel del Ejército Mario Amaya días previos al asesinato de Kawas.

En sus informes la DGIC de las diligencias del caso Kawas consta que «según las declaraciones [recabadas] el sargento Ismael Perdomo es el principal sospechoso de ese hecho, ya que éste siempre trató de ocultar a los que asesinaron a la señora Kawas. Un testigo menciona que el Sargento Ismael Perdomo, cuando capturaron a los sospechosos de Lombardía, [...] andaba en el vehículo del Coronel Amaya, y que después del hecho lo miró varias veces juntos en el vehículo Toyota color blanco doble cabina del coronel"; por lo que se solicitó a "la fiscalía girar orden de captura contra el sargento Ismael Perdomo, ya que [...] se maneja como la persona que planeo el asesinato".

La CIDH consideró evidente que la investigación iniciada por la muerte de la señora Kawas Fernández no presentó características de complejidad. Se trata de una sola víctima claramente identificada, y desde el inicio de la investigación surgieron indicios sobre la autoría del crimen.

Mario "el tigre" Amaya falleció el 6 de diciembre de 2014 por un paro respiratorio, según lo expresan los obituarios de la prensa nacional en donde se le menciona como «el último caudillo reformista de las

Fuerzas Armadas de Honduras» por haber impulsado una serie de reformas al interior de la institución militar en los años ochenta y enfrentar al entonces jefe de las Fuerzas Armadas, general Gustavo Álvarez Martínez.

En ningún lugar de la prensa de ese día se vincula al "Tigre" Amaya con el asesinato de Kawas. Al parecer y según lo dice el COFADEH en su libro *Erguidos como pinos: Memoria sobre la construcción de la conciencia ambientalista* (Editorial Guaymuras, 2006), el coronel Amaya era tenía propiedades dentro del Parque Nacional Punta Sal, de donde extrajo madera que produjo sedimento en el río San Antonio y Jeannette Kawas estaba solicitando la protección del parque y un dictamen ambiental de los daños al momento de su muerte.

Durante los años 2007 y 2008 el Juzgado de Letras Seccional de Tela requirió la práctica de algunas diligencias probatorias, entre ellas: búsqueda de Juan Francisco López Mejía en registros oficiales, inspección en las oficinas del lugar de trabajo de la presunta víctima, la fundación PROLANSATE, y en las oficinas de la Policía Nacional Preventiva de La Ceiba, así como entrevistas en las ciudades de Tela, La Ceiba, El Progreso, y San Pedro Sula. De estas últimas se logró determinar que el joven Juan Francisco López Mejía, quien habría sido coaccionado a autoinculparse por los hechos de este caso, murió de forma violenta en el año 2008.

EL AZAR DE LA MUERTE
CASO: LOS CUATRO PUNTOS CARDINALES

El día 15 de septiembre de 1995, Marco Antonio Servellón García (16 años), Rony Alexis Betancourth Vásquez (17 años) y Orlando Álvarez Ríos (32 años) fueron detenidos a distintas horas por agentes de la Fuerza de Seguridad Pública de las Fuerzas Armadas de Honduras (FUSEP), en el marco de un operativo policial preventivo llevado a cabo en las inmediaciones del Estadio Nacional Tiburcio Carias Andino, en la ciudad de Tegucigalpa, con el objeto de evitar disturbios durante los desfiles que se realizarían para celebrar el Día de la Independencia Nacional de Honduras.

Ese día fueron detenidas un total de 128 personas.

Las detenciones se llevaron a cabo con la idea de evitar disturbios durante los desfiles y dejar en libertad a la mayoría de los detenidos cuando las fiestas hubieran pasado, para no exceder el plazo constitucional de 24 horas.

Diomedes Obed García (19 años) fue detenido a una hora indeterminada entre el 15 y el 16 de septiembre de 1995 en las inmediaciones de un local de juegos electrónicos localizado a un lado de la Iglesia de la Merced de Tegucigalpa.

Las víctimas fueron conducidas al Séptimo Comando Regional (CORE VII) ubicado en el suburbio el barrio Los Dolores de Tegucigalpa, donde consta el registro de la detención varios motivos de detención, pero no consta el nombre de la o las personas supuestamente ofendidas.

La mayoría de los detenidos fueron liberados cerca del mediodía del 16 de septiembre de 1995, luego que la jueza de Policía Roxana Sierra Ramírez dispuso la libertad de las víctimas a través de una resolución de «indulto» pero un número reducido de ellos no fue puesto en libertad sino que fue llevado al segundo piso del CORE VII, entre ellos Marco Antonio, Rony Alexis, Diómedes Obed y Orlando Álvarez .

Marvin Rafael Corrales Díaz, testigo amigo de Diómedes Obed García, afirmó que siendo aproximadamente la 1:30 de la tarde, el Teniente José Antonio Martínez vino a sacarlos de las celdas a él y a otros detenidos (ocho en total), y que los llevó a tomarles las huellas en el segundo piso del CORE VII. Estando en el segundo piso, el Teniente Marco Tulio Regalado dio la orden de que las cuatro víctimas permanecieran allí.

De las ocho personas que se encontraban en el segundo piso, sólo a cuatro -incluido el testigo Marvin Corrales Díaz- les tomaron las huellas digitales y los bajaron de nuevo a las celdas.

Los otros cuatro detenidos –las cuatro víctimas del presente caso- permanecieron en el segundo piso y nunca regresaron a la celda:

Dice Marvin Rafael Corrales: «salimos a las cuatro de la tarde, pero Diomedes no salió, sólo yo y otros más que salimos.- Pude observar, que a nosotros, es decir, los que salimos de la Posta, libres, nos tomaron huellas digitales, en la parte de arriba, donde estaba el Teniente Alfaro; y luego dijo, a estos déjenmelos aparte, es decir, a los cuatro que aparecieron muertos el día domingo diecisiete de septiembre; y, pude observar que los amarró con unos lazos que éste tenía; y vi que DIOMEDES lloraba, porque lo tenían amarrado.- […] Pude observar, que a los cuatro que aparecieron muertos, los tenían pegados a un Pleywod, viendo hacia la pared.- Ellos estaban nerviosos, porque temían que los mataran, ya que les habían advertido y, dijeron a éstos que ellos pertenecían, a la MARA DE LOS POISON, y que tenían clavo […]; de los otros tres, sólo conocía de vista al que apareció muerto en Suyapa, de nombre Rony Alexis Betancourth[…]; pero su nombre sólo lo conocí hasta después de muerto […]"

El 17 de septiembre de 1995 fueron encontrados en diversos puntos de la periferia de la ciudad de Tegucigalpa, Honduras, los cadáveres de Marco Antonio Servellón García, Rony Alexis Betancourth Vásquez, Orlando Álvarez Ríos y Diomedes Obed García. Los asesinatos siguieron un patrón común y un dictamen de balística determinó que los crímenes se ejecutaron con una misma arma.

El Informe del Inspector de Derechos Humanos de la DIC, Nery Suyapa Osorio sobre el caso señala que los cuerpos de las cuatro víctimas «presenta[ban] muestras de que fueron muertos o ejecutados de la misma manera o sea usando un mismo modus operandi» y corrobora que «todos los cuerpos tenían señales de tortura». Notas de prensa del diario *La Tribuna* informaron que las autoridades de investigación constataron que las cuatro víctimas tenían moretones en las muñecas como huellas de las que dejan las esposas o «chachas» y «señales de haber sido torturados».

Marco Antonio Servellón García

Enrique Adalberto Cortés Padilla fue testigo del tratamiento individualizado y violento de que fue objeto Marco Antonio Servellón García, los golpes recibidos por él en manos de sus custodios y las señales que estos dejaron en su cuerpo —un golpe en el ojo y moretones—:

Dice Enrique Adalberto: «Después vino uno de civil y llevó a Marco Antonio como a eso de las 8:30 am a una celda y lo golpeó con una cadena, después lo sacó y entonces nos metió a todos, a Marco Antonio se le miraban en la espalda marcas de la cadena, esto lo se porque él me lo dijo. Después el mismo día como a las 2:00 p.m lo vinieron a sacar y lo tuvieron como una hora, la persona que lo sacó era el mismo que lo golpeó en la mañana, el es chaparrito, gordito, panzoncito, trigueño. Cuando Toño (Marco Antonio Servellón) regresó él me contó que lo habían llevado a un cuarto y que lo venían de golpear. Me dijo que dos jodidos lo agarraban de los pies y lo arrastraban. Yo le vi que traía un golpe en la cara.

»Tenía un raspón en el lado izquierdo abajo del ojo, por el pómulo. Después lo dejaron en la celda y estuvimos ahí todo el viernes. El sábado nos sacaron a todos para pasarnos lista; después la Jueza lo llamó a él (Toño) le preguntó datos. Después de esto lo vinieron a sacar, lo sacó el mismo hombre, tiene como unos 32-35 años, eran como las 11:30 am o 12:00M. Luego era la 1:00 p.m y él no llegaba a la celda, yo pensaba que él se había ido, que lo habían sacado libre. Luego eran las 2:00 p.m y él no aparecía. Ya después salieron los otros dos con quien nos habían agarrado, primero salió el Chino y después salió Chechito; después salí yo [...] Preguntado que fue para que diga como sabía la hora si no tenía reloj?»

En la mañana del sábado 16 de septiembre de 1995, según dijo Enrique Adalberto Cortés, el mismo agente que los había detenido a él y a Marco Antonio Servellón y que el día anterior había golpeado a éste último, vino a buscar a Marco Antonio Servellón y lo sacó de su celda:

«Estábamos los dos juntos, y dijeron "Hey voz peludo", y Marco

Antonio se asustó y me dijo, "ya me van a ir a trampar verga otra vez" esto fue como a las once y media de la mañana. La persona que lo llegó a sacar a la celda era vestido de civil, andaba una camisa manga larga, rayada, no recuerdo el pantalón, andaba una gorra como roja, ese mismo hombre nos agarró en el Estadio, y es el que lo golpeó la primera y segunda vez, es un hombre trigueño, chaparrito, gordito, un poco barbudito.

Bricelda García Lobos vio por última vez con vida a su hijo Marco Antonio Servellón García el 16 de septiembre de 1995, a la 1:00 de la tarde, cuando se encontraba bajo la custodia de agentes del Estado. Enrique Adalberto Cortés y Dimas Abel Sánchez lo vieron por última vez el mismo día aproximadamente a las 11:30 de la mañana, en el CORE VII.

Al día siguiente, es decir, el 17 de septiembre de 1995, el cuerpo de Marco Antonio Servellón García fue encontrado sin vida cerca de las inmediaciones de un lugar conocido como «El Lolo», a orillas de la vieja carretera del norte. La autopsia practicada por la médica forense revela que la víctima presentaba cuatro impactos de bala en la cabeza y el rostro, y que la muerte pudo haberse producido entre las 4 y 5 de la mañana de ese mismo día.

De acuerdo con el Informe de Inspecciones Oculares del Ministerio Público, de 17 de septiembre de 1995: [...] la víctima se encontró a la orilla de la calle, hacia el lolo, tenía señas en las muñecas de las manos como si huviese (sic) estado amarrado, se le encontró un cordón blanco de tenis al lado de la mano derecha [...] se le observó dos tatuajes [...] Dictamen del forense. [...] Causa aparente de la muerte[:] traumatismo encéfalo craneano abierto por proyectil de arma de fuego[...] No se tomaron fotografías porque no había rollo.

Rony Alexis Betancourth

La detención de Rony Alexis Betancourth (17) se mantuvo en la clandestinidad. Su madre solamente se enteró de su detención el sábado 16 de septiembre a las 5:30 p.m, por una muchacha que le dijo que estaba detenido en el CORE VII desde el día anterior.

La compañera de hogar de Rony Alexis Betancourth, Ana Luisa Vargas Soto, se enteró de su detención el mismo viernes 15 de septiembre de 1995, en horas de la noche. La noticia de que Rony «había sido detenido por una patrulla de la Metropolitana» se la dio su hermana Daysy Suyapa Villanueva, quien «estaba en los desfiles y vio cuando se lo llevaban». Como esto sucedió el viernes por la noche «no fue sino hasta el sábado en la mañana que fue a preguntar por Rony en el Core VII». La señora Vargas Soto llegó aproximadamente a las siete de la mañana al CORE VII y luego de hacer varias averiguaciones logró hablar con la Juez de Policía quien le dijo que ese día su compañero no sería liberado porque lo iban a investigar.

Vargas Soto siguió intentando ver a su compañero y hacerle llevar comida con una amiga, pero sin éxito. Por ello, volvió al CORE VII y trató de que los guardias se la entregaran, pero estos le dijeron que Rony Alexis Betancourth no se encontraba allí.

Dice Ana Luisa Vargas Soto: «yo seguía allí en esa posta, y en eso miré que varios muchachos iban saliendo, y le pregunté a CARLOS YOVANNI ARGUIJO, el cual era uno de los que habían detenido junto con Rony Alexis Betancourth, que si lo había visto allí adentro y me respondió que sí estaba allí, pero lo tenían aparte junto con otros tres; esto fue como a eso de las tres de la tarde [...] Pasaron las tres y yo seguía allí en esa posta insistiendo que le llevaran la comida, lo cual nunca se pudo y nunca salió, hasta que como a eso de las seis y media de la tarde de ese mismo día yo me fui junto con mi amiga para mi casa.

Según el testigo presencial Carlos Yovanny Arguijo Hernández, Rony Alexis Betancourth fue golpeado en el trayecto hacia el CORE VII y durante su permanencia en éste. Este testigo declaró lo siguiente en el Juzgado de Paz de lo Criminal en Tegucigalpa: «Rony, antes de morir, el día sábado dieciséis de septiembre del año pasado, cuando a éste lo habían chequeado, los agentes de la FUSEP, como a las dos de la tarde éste me trataba de decir algo, pero no pudo, ya que no me recuerdo muy bien, lo que me quiso decir, pero con señales, me dio a entender, que le iban a dar corte de cabeza, ya que se llevó una de sus manos al cuello, dándome a entender lo siguiente, y que fue lo que escuché de éste: "SI ME PALMAN, ME PALMAN.... YA QUE ESTE ME DIJO QUE DECÍAN QUE PERTENECÍA A LA MARA DE LOS POISON"... Y, que esta mara era de la última entrada de la Colonia El Carrizal, de la ciudad de Comayagüela: y, creo que, sí pertenecía, o no estoy seguro, ya que lo habían golpeado físicamente y quizá debido a los golpes o a las presiones, dio a entender que si pertenecía a esa mara [...]»

El cadáver de Rony Alexis Betancourth fue encontrado en la aldea Suyapa, antes del Puente Nueva Suyapa, en horas de la mañana del día 17 de septiembre de 1995.

La madre de Rony, Hilda Estebana Hernández López, se enteró de la muerte de su hijo por una sobrina, a la cual no le creyó «porque él estaba detenido». La sobrina le informó que su cadáver yacía cerca del puente de Nueva Suyapa, por lo que inmediatamente se fue a ese lugar y verificó que era cierto que estaba muerto. Su descripción es gráfica cuando dice: «yo observé que él había sido soyado de las manos lleno de moretes con un balazo en la cara, con los dientes quebrados yo no se quien fue, pero si se que él estaba detenido cuando lo mataron, yo por eso no fui a verlo cuando lo detuvieron porque sabia que Rony Betancourth estaba detenido y allí estaba seguro por eso decidí ir al día siguiente».

El dictamen de autopsia indica que la muerte se produjo a las 6 de la mañana del 17 de septiembre de 1995. Según dicha autopsia las causas de su muerte fueron: Laceración cerebral. LESIONES ENCONTRADAS: dos (2) heridas por proyectil arma de fuego dispuestas de la siguiente manera 1.- A) Orificio de entrada: a nivel del borde anterior del músculo masetero derecho (pómulo de la cara) 2.- A) Orificio de entrada a nivel de la región retroauricular derecha a 158cms, altura de talones... Orificio de salida: No hubo. Tórax: 4 heridas por arma blanca...

Orlando Álvarez Ríos

El día sábado 16 de septiembre de 1995, a eso de las 11:30 de la mañana, el señor Orlando Álvarez Ríos (32 años) llamó desde el CORE VII a su hermana Dilcia Álvarez Ríos; llamada que atendió la empleada doméstica de la casa, Dulce María Rodríguez. Orlando Álvarez Ríos le manifestó a su hermana que se encontraba detenido porque lo habían confundido con un «pandillero» y que se encontraba detenido «donde antes entregaban la hoja de antecedentes, cerca del 'Hoyo de Merriam', en el centro». Le dijo que no se preocupara puesto que le habían dicho que el día lunes sería puesto en libertad.

El día lunes 18 de septiembre de 1995 en la noche, al llegar a su casa Dilcia Álvarez Ríos, preguntó por su hermano Orlando, pero éste no había llegado. Dado que tampoco lo hizo hasta la mañana siguiente, el día martes 19 de septiembre se dirigió al CORE VII a preguntar por él. En dicho lugar le informaron que «allí no había estado nadie con ese nombre y que si estuvo ya se había ido». Luego se dirigió a la Dirección de Investigación Criminal, donde tampoco aparecía en las listas de los detenidos. Finalmente, fue a la Morgue, donde identificó el cadáver de su hermano Orlando Álvarez Ríos.

Dos días antes, el 17 de septiembre de 1995, se había encontrado el cuerpo de Orlando Álvarez Ríos en la carretera del Norte, a la altura del kilómetro 41, en las cercanías de la Comunidad de Las Moras, en Tegucigalpa.

En la autopsia practicada se estima que la muerte sucedió el 17 de septiembre de 1995, alrededor de las cinco de la mañana. El cuerpo presentaba dos heridas de arma de fuego ubicadas en el cuello y la cabeza.

Adicionalmente a lo señalado en el informe sobre la denuncia 9173 y las notas de prensa sobre el caso, el cuerpo de Orlando Álvarez Ríos fue encontrado «con los pantalones hasta la rodilla», con «signos de haber sido abusado sexualmente por sus agresores, ya que tenía manchas de semen en su ropa interior y en el lugar encontraron un preservativo utilizado». En las fotos que constan en el expediente se puede constatar que la víctima tenía efectivamente los pantalones por debajo de la cintura. En el expediente no consta que el Estado haya realizado algún tipo de examen para investigar si la víctima fue abusada sexualmente antes de su ejecución extrajudicial.

Diómedes Obed García

Diómedes Obed García fue detenido a una hora indeterminada entre el 15 y el 16 de septiembre de 1995 en las inmediaciones de un local de juegos electrónicos localizado a un lado de la Iglesia de la Merced de Tegucigalpa. Luego fue trasladado en un patrullero al CORE VII.

Su detención no fue registrada en los libros respectivos. En consecuencia, su nombre tampoco aparece en la lista de «indultados» del 16 de septiembre de 1995. Sin perjuicio de ello, dos testigos declararon que lo vieron en el CORE VII. Uno de ellos, su amigo Marvin Rafael Corrales Díaz, quien fue detenido el 15 de septiembre de 1995 y llevado al CORE VII, lo vio llegar detenido en la madrugada del día 16 de septiembre de 1995.

El testigo Marvin Rafael Corrales Díaz declaró haber estado detenido junto con Diómedes y que éste le dijo que «el Teniente Alfaro ya le había dado cincuenta lempiras (...) para que se perdiera de Tegucigalpa; y esto fue antes de caer preso, como un día lunes; y, le dijo que si volvía a caer allí, ya sabía lo que le tocaba, que lo iban a palmar». El testigo afirmó que cuando estaba en el segundo piso del CORE VII, el Teniente Marco Tulio Regalado le dijo a Diómedes: «Ya ves que te dije lo que te iba a pasar la próxima vez, que no te quería ver aquí» a lo que Diómedes contestó que «a él lo habían agarrado de puro gusto, que él no andaba robando».

Marvin Corrales Díaz declaró que esa fue la última vez que vio a Diómedes con vida, y que cuando salió en libertad se enteró que lo habían matado. El testigo agregó que una vez puesto en libertad fue nuevamente detenido por las fuerzas policiales y amenazado con que «así te va a pasar igual a lo de Diómedes». Preguntado sobre quién pudo haberle quitado la vida a Diómedes, Marvin Corrales Díaz contestó que «el Teniente Alfaro, de la Fuerza de Seguridad Pública; porque a nosotros también nos amenazó y nos dijo que si volvíamos a ese lugar, nos iba a matar».

Osman Catalino Grande Cruz, quien también estuvo detenido en el CORE VII a la fecha de los hechos, declaró que vio a Diómedes Obed García en el CORE VII cuando estuvo detenido en ese comando policial, y que los tenientes Regalado, Alfaro, Vivas, y Martínez amenazaron de muerte a Marlon Martínez «Pié Grande» y a Diómedes Obed García. El testigo escuchó cuando a Marlon «le dijeron que no pasaba de un mes, ya que estaban aburridos de verlo a cada instante». También escuchó cuando a Diómedes «le dijeron el día que lo vi por última vez que no pasaba de dos días, y Diómedes salió llorando». Marlon Antonio Martínez Pineda «Pie Grande», y otro joven llamado Milton Adaly Sevilla Guardado, fueron encontrado muertos el 30 de octubre de 1995.

Cristian Omar Guerrero Harry, amigo de Diómedes Obed García, declaró que la mañana del 15 de septiembre de 1995 estuvo con la víctima y que esa fue la última vez que lo vio con vida. El testigo declaró que con anterioridad, Diómedes le había dicho que iba a morir porque los tenientes Vivas, Alfaro, y "Sarco" del Séptimo Comando lo tenían asediado. Agregó que días antes de la muerte de Diómedes, entre el cinco y trece de septiembre de 1995, ambos habían estado detenidos por encontrase indocumentados y que ese día «le pegaron una paliza» a Diomedes.

«Yo vi cuando le pegaban con tolete, los puños, lo amarraban de las manos y lo torturaban, y no entiendo por qué a mí no me hacían nada».

Conforme al reconocimiento judicial, el cadáver de Diómedes Obed García fue encontrado en el kilómetro 8 y 9 de la Carretera de Olancho, en Tegucigalpa, en horas de la mañana del 17 de septiembre de 1995. El Informe de Inspección Ocular practicado por la Sección de Homicidios del Ministerio Público hace constar además que la víctima no tenía pertenencias y que «no se tomaron fotografías por falta de rollo».

La hora de la muerte de Diomedes Obed García fue a las 5:00 de la mañana del 17 de septiembre de 1995. Su cuerpo presentaba ocho heridas producidas por proyectiles de arma de fuego, además de tres heridas de arma blanca. Una de las heridas fue descrita en un periódico como tan profunda que «casi le cercenan la cabeza».

INVESTIGACIÓN E IMPUNIDAD EN EL CASO

El Inspector de Derechos Humanos dependiente de la Dirección de Investigación Criminal, Nery Osorio, expresó que su hipótesis era que las cuatro muertes estaban relacionadas, por lo que había decidido investigarlas en forma conjunta. El Inspector dijo en su informe del 17 de septiembre de 1995: «(…) los cuatro cadáveres presentan muestras de que fueron muertos o ejecutados de la misma manera o sea usando un mismo modus operandi. Marco Antonio Servellón tenía de 8/9 horas de muerto, Rony Alexis Betancourt […] tenía unas cinco horas de muerto cuando fue encontrado, el muchacho de raza negra [Diómedes Obed García] tenía de 7/8 horas de muerto, el último [Orlando Álvarez Ríos] tenía de 4/5 horas de muerto. Estos fueron encontrados en cuatro diferentes puntos de la ciudad cerrando un círculo. Todos los cuerpos tenían señales de tortura».

El 5 de marzo de 1996, el padre de Rony Alexis Betancourth, Manases Betancourth, presentó una acusación criminal ante el Juzgado de Letras Primero de lo Criminal de Tegucigalpa, contra el Teniente Coronel David Abraham Mendoza, Comandante Regional de la FUSEP, así como varios Capitanes, Tenientes, Subtenientes,

Sargentos, Agentes por los delitos de abuso de autoridad y violación a los deberes de los funcionarios, detención ilegal y asesinato y contra la Jueza de Policía Roxana Sierra por los delitos de detención ilegal, abuso de autoridad y violación a los deberes de los funcionarios y encubrimiento, todos ellos en perjuicio del menor Rony Alexis Betancourth.

El 6 de mayo de 1996, es decir casi ocho meses después de los asesinatos, la Fiscal Auxiliar de la Fiscalía Especial de Derechos Humanos del Ministerio Público presentó acusación criminal contra los oficiales Tenientes de Policía Marco Tulio Regalado Hernández, Alberto José Alfaro Martínez, Hugo Antonio Vivas y José Antonio Martínez Arrazola, todos ellos asignados al CORE VII, y contra la Juez de Policía del CORE VII, Roxana Sierra Ramírez, por los delitos de asesinato consumado en perjuicio de las cuatro víctimas del presente caso, entre otros delitos. En dicha acusación la Fiscalía solicitó al Juzgado de Letras Primero de lo Criminal que dictase órdenes de captura contra los acusados. El Juzgado de Letras admitió la acusación y ordenó instruir sumario, sin dar lugar a las órdenes de captura solicitadas.

El 6 de agosto de 1996, el padre de Rony Alexis Betancourth, el señor Manases Betancourth Núñez, solicitó a través de su abogado que se librasen órdenes de captura contra el Teniente Coronel David Abraham Mendoza, los Capitanes Miguel Ángel Villatoro Aguilar, Egberto Arias Aguilar, Rodolfo Pagoada Medina, Juan Ramón Ávila Meza, los Tenientes Marco Tulio Regalado, José Francisco Valencia Velázquez, Edilberto Brizuela Reyes, los Subtenientes José Alberto Alfaro, Leonel Matute Chávez, Orlando Mejía Murcía, José Reinaldo Servellón Castillo, Osvaldo López Flores, y los Agentes Núñez, Palacios, Cano, Laínez, Hugo Antonio Vivas, Francisco Morales Suazo y la Juez de Policía, Roxana Sierra.

El mismo día, el Juzgado de Letras Primero de lo Criminal declaró sin lugar la solicitud «en virtud de no existir méritos suficientes».

El señor Betancourth y el Ministerio Público interpusieron un recurso de reposición, con apelación en subsidio. Las reposiciones fueron declaradas sin lugar.

El 21 de enero de 1997 la Corte Primera de Apelaciones declaró sin lugar el recurso de apelación.

LAS VÍCTIMAS

Marco Antonio Servellón García nació el 3 de mayo de 1979, en el Distrito Central del departamento de Francisco Morazán, era hijo de Reyes Servellón Santos y de Bricelda Aide García Lobo y vivía en la Colonia El Carrizal N° 2, Calle Principal, de la ciudad de Tegucigalpa.

Cursaba sus estudios primarios en una escuela nocturna acelerada de adultos y durante el día se dedicaba a la venta de lotería. Al momento de su detención por agentes de la Fuerza Pública Nacional el día 15 de septiembre de 1995, tenía 16 años de edad.

Rony Alexis Betancourth Vásquez, apodado "el narigón", era hijo de Manases Betancourth Núñez y de Hilda Estebana Hernández López. Nació en el Departamento de Choluteca, Honduras, el 2 de noviembre de 1977, y al momento de su detención tenía 17 años de edad. Vivía en la Colonia Nueva Suyapa y había terminado el tercer grado de instrucción primaria. De acuerdo con la declaración del padre de Rony, éste había sido "pandillero" a los catorce años de edad, a raíz de lo cual el padre había denunciado a la pandilla con el objeto de rescatarlo. Según el señor Betancourth Nuñez la banda fue luego desmantelada.

Orlando Álvarez Ríos nació el 22 de noviembre de 1962, en la localidad de Santa Rita, Departamento de Yoro y era hijo de Concepción Álvarez y de Antonia Ríos. Se había graduado de Bachiller industrial y trabajaba desde enero de 1995 en la construcción de la casa de su hermana, la economista Dilcia Álvarez Ríos. Al momento de su detención tenía 32 años de edad.

Diomedes Obed García nació en Trujillo, Departamento de Colón, vivía en la Colonia San Miguel de Tegucigalpa, y al momento de su detención contaba con 19 años de edad.

11 AÑOS DESPUÉS

En 2006, once años después del asesinato de Marco Antonio Servellón García, Rony Alexis Betancourt, Diómedes Obed García y Orlando Álvarez Ríos, detenidos el 15 de septiembre de 1995 en el estadio nacional Tiburcio Carías Andino, en un operativo policial durante la celebración de la Independencia de Honduras y llevados al CORE VII, la Corte Interamericana de Derechos Humanos declaró responsable al Estado de Honduras por la detención ilegal, tortura y posterior ejecución extrajudicial de los cuatro jóvenes y lo condenó a pagar 11 millones de lempiras para indemnizar a los familiares de las víctimas, así como construir un monumento para recordar a los fallecidos.

El monumento fue inaugurado por el alcalde capitalino Ricardo Álvarez en noviembre de 2007 y es el puente desnivel que viene de La Isla y pasa sobre el estadio Carías Andino, el lugar en donde las víctimas de los «Cuatro Puntos Cardinales» fueron detenidos.

«Hoy rendimos homenaje a cuatro jóvenes víctimas de políticas o prácticas erradas, y el momento no puede pasar sin que reflexionemos sobre el compromiso de nuestra generación y de los que hoy gobernamos», indicó el alcalde Álvarez al momento de inaugurar la obra, recordando a la prensa que «Son hechos que no pueden olvidarse, son hechos que deben mantenerse vivos para recordar pasajes que no deberán volver a escribirse en la historia de Honduras».

Fuente: Sentencia de la Corte Interamericana de Derechos Humanos, Marco Antonio Servellón y otros (Cuatro Puntos Cardinales) Caso 12.331 contra la República de Honduras.

EL ECO DE LA LUCHA: CUANDO LOS ESTUDIANTES UNIVERSITARIOS SE TOMARON LAS CATEDRALES DE TEGUCIGALPA Y SAN PEDRO SULA.

En 1979 el país era distinto. Aunque ya estaba esa pobreza extrema que seguimos padeciendo después de 37 años, la corrupción era un problema serio que solo fue creciendo en dimensión con el paso de los años en la medida que reconocidas personalidades de la política se fueron enriqueciendo, pero el país y quizás la región completa, era distinto.

El año 79 del siglo XX cerró con el optimismo de la revolución Sandinista. La contrarrevolución de Ronald Reagan aún no aparecía en escena y en El Salvador se calentaban motores para la guerra fratricida que durante la siguiente década derramaría la sangre de miles de hombres y mujeres. Álvarez Martinez era solo un coronel y aparecía en la prensa como una figura de farándula y el movimiento social tejía vínculos trasversales que traspasaban las fronteras de lo gremial.

Entre ese movimiento social estaba el movimiento estudiantil universitario, que si bien ahora existe un MEU, son en su génesis distintos, según lo manifiesta en una entrevista para *El Pulso*, el abogado Mario Nuila, que en su momento fue líder de la Federación de Estudiante Universitarios de Honduras (FEUH).

Pero antes de ir a la entrevista tenemos que dar un poco más de contexto.

Desde 1957 que los estudiantes organizados en la FEUH lograron la paridad estudiantil y la autonomía universitaria, el movimiento estudiantil, fortalecido en la lucha social, fue vinculándose en cada uno de los acontecimientos de la vida política del país. Resistieron el golpe de Estado de 1963; participaron en la atención para los damnificados del huracán Fifí en 1974; hacían brigadas médicas en las zonas campesinas del Aguán y de ingeniería para llevar urbanidad a las zonas marginales que alrededor de Tegucigalpa comenzaban a expandirse sin control. A principios de 1979 inició la lucha desde las asociaciones estudiantiles agrupadas en la FEUH para que la Asamblea Nacional Constituyente que se instalaría el próximo año reconociera el 6% del presupuesto nacional para la Universidad

Nacional Autónoma de Honduras —que no fue sino después de 30 años que se haría efectivo.

Un poco más de contexto:
El 17 de noviembre de 1979 fue expulsado del territorio nacional y puesto en la frontera con Nicaragua, el padre norteamericano nacionalizado hondureño Guadalupe Carney, quien desde hacía varios años venía luchando por mejorar las condiciones de vida de los campesinos pobres del país y la implementación de una verdadera Reforma Agraria.

Los Estados Unidos, alarmados por el triunfo del sandinismo en Nicaragua, aceleraron los preparativos para impulsar lo que luego se conoció como Operación Charly, el equivalente a la Operación Cóndor en Centro América.

Y el Padre Guadalupe, como estaba en medio de la lucha social, un defensor de Derechos Humanos ligado fuertemente a grupos que luego serían blanco de la Doctrina de Seguridad Nacional, debía ser expulsaron del país.

Aquí entran los estudiantes universitarios:
Un grupo de estudiantes católicos indignados, liderados por Mario Nuila de la FEUH y otros, decidieron actuar en solidaridad con el padre Carney y se tomaron las catedrales de Tegucigalpa y San Pedro Sula.

Ahora sí, la entrevista a Mario Nuila:

¿Cómo era la lucha del movimiento estudiantil en 1979?
El movimiento estudiantil de aquella época sí tenía un vínculo real y concreto con el movimiento social del país. Ese vínculo fue el que cortaron las autoridades en los años 80 y 90, cuando desaparecieron la FEUH. Las autoridades de la UNAH eran electas por los estudiantes gracias a la Paridad Estudiantil. El rector gozaba de un amplio apoyo porque había sido electo por los estudiantes. Obviamente en cada asociación de estudiantes había una lucha directa por temas académicos, pero el qué hacer básico de la lucha estudiantil de aquel momento era el 6% a nivel local, y la solidaridad con la lucha que había en Nicaragua y en El Salvador a nivel internacional.

¿Lograron algo en esa lucha?

Logramos que en la constitución se pusiera que el 6% sea de la UNAH, los constituyentes querían poner que era para «las universidades públicas», pero nosotros logramos que dijera en la constitución que era para la UNAH.

¿Cómo se da la toma de la catedral?

La toma en la catedral fue por la expulsión del padre Guadalupe, que primero se le quitó la nacionalidad y después se le sacó del país. No era por causas académicas. En 1979 no existían organismos de Derechos Humanos. Pero dentro de la iglesia católica existía la Comisión de Justicia y Paz, que es la oficina de la iglesia para luchar por los DDHH. En el Salvador existía y en Guatemala. Pero en Honduras, el obispo Monseñor Héctor Enrique Santos no permitió que se hiciera la Comisión de Justicia y Paz que era promovida por el padre Guadalupe Carney.

Como no permitieron oficialmente crear la comisión, que sería en todo caso la que intervendría en el tema del padre Carney, creamos de forma laica el Movimiento de Cristianos por la Justicia y ese fue el movimiento que encabezó la acción de la catedral.

¿Por qué los Estudiantes toman esa iniciativa y no otros católicos?

Había un vínculo ideológico y personal entre los estudiantes que eran cristianos y formaban parte del movimiento estudiantil. Como el padre Guadalupe era un sacerdote, nos pareció más acertado tomarnos la catedral.

La FEUH propició y apoyó la toma de la catedral junto con todos los grupos estudiantiles que habían en ese tiempo: El FRU, la FES.

¿Hubo represión?

Hubo mucho hostigamiento por parte de la policía. Había en aquel tiempo un programa que se llamaba «Noches dicembrinas» que era una especie de radio teatro en el parque. Ese señor, desde que agarraba el micrófono era para hostigarnos. En la noche llegaban a atacar las puertas, ponían cuétes...

Veamos el ambiente en ese momento:

Los periódicos de la época hablan de la molestia de los «buenos católicos» frente a las acciones de los estudiantes e invitan a desalojar por la fuerza a los «termocefálicos» usurpadores.

«Los católicos deben unirse como en la Semana Santa para abrir el templo al servicio del pueblo», decía Abrahan Yacamán, presidente del comité Pro—Catedral en San Pedro Sula.

El periódico *La Prensa* describe como cientos de personas se fueron agrupando alrededor de la Catedral metropolitana para desalojar por la fuerza a los estudiantes.

«Se decidió que monseñor Brufau y miembros de la Cruz Roja saldrían con ellos [los estudiantes] mientras los periodistas, la Cruz Roja y la FUSEP acordonaban un corredor para la evacuación, pues se temían acciones violentas». (*La Prensa*, diciembre 1979)

Ese mismo diario de San Pedro Sula menciona la sorpresa de la población cuando descubrieron que los ocupantes de los templos religiosos eran «apenas unos adolescentes», sugiriendo que detrás de ellos habían adultos que manipulaban las acciones de los «tontos útiles».

Los parecidos con el manejo de la prensa en la crisis actual de la UNAH se me hace sorprendente.

Pregunto a Mario Nuila por el apoyo de la FEUH y los demás estudiantes a la toma de las Catedrales y me cuenta que el apoyo era permanente. Que la FEUH publicaba comunicados diariamente durante los días que permanecieron los templos tomados —aunque no encontré un solo comunicado en los periódicos.

¿Como desalojaron la catedral?

Adentro habíamos [al principio] ocho personas. A la semana de tomada la catedral hubo un relevo y en ese relevo la policía entró y terminó con la toma. El segundo grupo era más numeroso. Mucha gente se presentó de voluntarios y habían menos criterio para elegirlos, entonces se metió la policía. Hubo muchos compañeros que en la toma de la catedral mostraron una actitud bastante combativa. En ese tiempo acababa de salir *El Heraldo*. Uno de los redactores era amigo de nosotros porque era estudiante de la universidad y nos pidió entrar para hacer un reportaje. Luego los de *La Tribuna* también hicieron un reportaje. En la foto salimos encapuchados, la idea no era tanto ocultarnos por motivos solo de seguridad, sino por la lucha.

Quise conocer esas fotos para este artículo, busqué en la Hemeroteca Nacional El Heraldo de 1979, pero no había escalera para llegar a ellos. Los periódicos El Heraldo y La Tribuna de ese año están a casi cinco metros del nivel del piso y hace una semana entraron a la Hemeroteca y se robaron la escalera. (Fin de la nota)

«Hubo en un momento un señor que llegó y dijo que no creía que nosotros éramos cristianos. Llegó como tres días seguidos y luego de investigar quién era lo dejamos entrar a la toma para que viera que sí éramos cristianos. Al salir de la catedral ese señor dio declaraciones apoyando la toma. Creo que no aparecen en los periódicos esas declaraciones, nosotros lo escuchamos por la radio», continúa Mario Nuila con el relato de aquella acción.

¿Qué piensa usted ahora del MEU y la lucha que llevan los Estudiantes en la UNAH?

Este movimiento estudiantil [de ahora] es inédito porque nace del seno de la base del estudiantado, se organizaron en cada facultad y en cada carrera y tienen reinvindicaciones académicas.

Curiosamente casi un siglo después del grito de Córdova en Argentina en 1918 surge un movimiento estudiantil inédito en Honduras, y con una importancia muy grande para el país.

Pero se definen apolíticos. ¿Qué le hace falta al movimiento estudiantil ahora?

Al movimiento estudiantil le hace falta el contacto, el vínculo con el movimiento social. Tienen vínculos desde la perspectiva de la lucha, pero no orgánico. Eso no es un defecto sino una característica. No quiere decir que no lo pueda crear o tener.

¿Qué pasaría, por ejemplo, si además de los estudiantes en paro, luego se para el personal del Hospital Escuela? O que los obreros se planteen una huelga a nivel nacional en apoyo a los estudiantes ni siquiera se ha mencionado. Mas bien ha habido una tendencia para que eso no se de, el famoso discurso de no «politizar» la actividad de los estudiantes. Ningún movimiento social, por muy reivindicativo que sea, es «apolítico».

¿Existe posibilidad de vincular la lucha de los estudiantes con el movimiento social?

Existe. Primero porque la lucha es justa, segundo porque ha sido bien vista. Lo que demuestra acá es la orfandad del movimiento social en Honduras, ha faltado la conducción política general. En esa orfandad están los maestros, los trabajadores, los campesinos. Una dirección política que permita no solo pelear por derechos sino dar el paso político. Ya existe en el país el instrumento político: Libre. No se trata de alianzas con el movimiento estudiantil, sino de que el movimiento se sume al proyecto del partido que propone cambiar el modelo.

...Yo reacciono con escepticismo ante el entusiasmo de Nuila. ¿Libre? Pregunto, consciente de mi prejuicio y apatía ante la estructura de partidos. Nuila continúa sus reflexiones, uniendo dos generaciones de lucha estudiantil surgidas en dos contextos tan distintos.

«Yo espero que ahora el movimiento estudiantil se consolide como movimiento. Tienen que pasar a una lucha distinta, ninguna lucha se mantiene indefinidamente. El objetivo de la lucha no es que duren por siempre sino que logren los objetivos. En la medida que se van logrando los objetivos la lucha va desapareciendo. Ahora el movimiento estudiantil ya existe. En lo que va de este siglo y el siglo anterior no se había logrado crear un movimiento estudiantil».

¿Qué pasará ahora con el MEU?

Yo creo que el movimiento estudiantil ahora no va a desaparecer, porque tiene el germen de la lucha, a menos que NO se vinculen con los movimientos sociales. Si se aísla, desaparecerá entre los muros de la UNAH. Debe salir de la universidad y ejercer una verdadera influencia en la sociedad. Los estudiantes ahora están demostrando que con disciplina, unidad y coherencia se pueden lograr las luchas.

Es importante que el movimiento gane legalidad, que sea reconocido legalmente, —dice, recordando que ahora el MEU es un movimiento «proscrito».

Mario Nuila fue fundador de la FUR, un frente estudiantil que ha tomado una posición reaccionaria en contra de los estudiantes agrupados en el MEU. A juicio de Nuila, primer candidato de la FUR a la FEUH, la FUR ya no debe existir.

—El movimiento estudiantil es generacional —dice y concluye— ningún movimiento estudiantil puede decir que tiene 30 años de existir, porque las características de la época son distintas.

Los estudiantes que se tomaron las catedrales de Tegucigalpa y San Pedro Sula en 1979 desalojaron las instalaciones una semana después de la toma. En las imágenes de los periódicos se les ve que salen sonriendo. Niños que la vida les llevaría por unas décadas tortuosas y difíciles, pero que aún sonreían al futuro.

Mario Nuila tuvo que salir al exilio años después cuando se implantó de lleno la Doctrina de Seguridad Nacional. El padre Guadalupe Carney no fue repatriado, entró luego como capellán de la columna guerrillera del doctor José María Reyes Matta y murió en 1983 en manos del general Álvarez Martinez, que se encargó de torturarlos personalmente. El eco de la lucha de aquellos jóvenes que en 1979 creían en la justicia irradia aún hoy, en la lucha de otros jóvenes que están dispuestos a asumir el rol que la Historia les asigne.

Tegucigalpa, 2016

OCASO Y GLORIA DE UN PERIODISTA:
—o los círculos inconclusos de David Romero Ellner—
PARTE 1

El periodista David Romero Ellner fue condenado el pasado 15 de marzo a diez años de reclusión por habérsele encontrado culpable de Difamación en contra de la ex-fiscal Sonia Inéz Gálvez Ferrari, esposa del actual fiscal adjunto del Ministerio Público, Rigoberto Cuéllar. Entendemos "Difamación" como lo define la RAE: «Desacreditar a alguien, de palabra o por escrito, publicando algo contra su buena opinión y fama» y según lo sanciona el Código Penal hondureño en el Título III referente a los delitos contra el honor; Capítulo I de la Calumnia, Injuria y Difamación, artículos 155 al 161.

A diferencia de lo que pasó el 22 de junio de 2015, cuando un grupo de simpatizantes de Romero irrumpieron en la Sala del Tribunal de Sentencia de lo Penal «rescatándolo» del juicio, esta vez poca gente llegó. No hubo pronunciamientos de «Todos somos David», ni convocatorias en apoyo a una de las figuras más importantes del partido Libre, y la indignación popular no pasó de sombríos comentarios y discusiones misóginas en las redes sociales de simpatizantes del periodista en contra de los grupos feministas del país.

Las organizaciones políticas simpatizantes con el periodista y organismos internacionales de Derechos Humanos han levantado la voz de alarma con la condena a Romero Ellner, aduciendo persecución en contra de los detractores del gobierno de Juan Orlando Hernández que se atreven a desnudar la corrupción, obviando, quizás por falta de información, lo que ha venido siendo hasta el momento un modus operandi, no sólo en Romero Ellner, sino de grandes figuras del periodismo nacional.

Los defensores de David Romero aseguran que la condena viene como represalia por haber «destapado» el desfalco del Instituto Hondureño de Seguridad Social. Ignoran que el periodista fue procesado anteriormente por iguales delitos en contra de la diputada liberal Waldina Paz, con quién logró la conciliación que la ley contempla y más recientemente por el Banco Atlántida, con iguales resultados. Porque, aunque la Ley hondureña incluye el delito de difamación en sus preceptos (que ahora busca derogarse) contiene la conciliación entre las partes, como una salida al conflicto.

¿Cómo llegó David Romero Ellner a escuchar una segunda condena de cárcel en su vida? ¿Cómo se relacionan la primer condena por violación en 2004, el desfalco del Seguro Social y la actual condena por difamación?

David Romero Ellner fue condenado en el año 2004 a 10 años de prisión por la violación de su hija de 22 años ocurrida en febrero de 2002 y una de las fiscales que llevó el caso que le condenó es, casualmente, Sonia Inéz Gálvez Ferrari.

El padre Ismael Moreno del Espacio de Reflexión Investigación y Comunicación (ERIC) de la Compañía de Jesús y director de Radio Progreso, en una nota publicada en el número 243 del mes de junio de 2002 de la revista digital *Envío* comenta, a propósito de Romero Ellner:

> ...fue hombre de confianza y periodista cercano del Presidente de la República, Carlos Roberto Flores, a quien acompañó en viajes y reuniones internacionales de importancia estratégica. Antes, a comienzos de los 90, había sido de los hombres de confianza del entonces Presidente Rafael Leonardo Callejas. Además de periodista, Ellner es licenciado en Derecho, y en la década de los 70 y hasta comienzos de los 80 fue un reconocido activista de la izquierda hondureña.
>
> Sus tres profesiones —periodista, licenciado en leyes y político de oficio— le redituaron pingües recompensas económicas. De periodista a político y de ahí «para bien en mejor subiendo» hasta engrosar la lista hondureña de los «ricos y famosos». Su éxito y prestigio le permitían vivir en total impunidad como conspicuo integrante del sector de los «intocables». Nada ni nadie podía inquietar su paz y su honor. Él sí podía quitarle la paz y el honor a quien le viniera en gana, cuando le viniera en gana y cómo le viniera en gana. Alababa y maltrataba a diestra y siniestra, a personas y a grupos en su programa radial diario «Comentando la noticia», transmitido por una de las dos cadenas de radio de mayor audiencia, espacio que compartía con otro hombre de éxito, también periodista y político, Eduardo Maldonado.

Pero esa «Paz y honor» de que habla Moreno en su artículo, rápidamente desapareció cuando el 16 de febrero de 2002, Dalia Romero de 22 años edad, llegó a las oficinas del Centro de Derechos de Mujeres a denunciar la violación a la que la sometió su padre biológico, el periodista David Romero Ellner, quien según denunció la venía manoseando desde que ella tenía 10 años.

Continúa Ismael Moreno:

Los trece años de agresión sexual continuada en contra de su hija fueron los años en los que David Romero Ellner acumuló sus mayores trofeos, los que lo convirtieron en un hombre de éxito. En 1989, el año en que comenzaban los abusos sexuales, comenzó a vincularse estrechamente con el grupo de Callejas, relación que lo llevaría a integrar el club selecto de los fundadores del diario El periódico, al servicio de Callejas.

El caso de la violación de Delia Romero apenas acaparó la atención de los medios nacionales, por el alto perfil e influencias del imputado. David Romero había sido regidor de la alcaldía municipal y asesor personal de Flores Facussé, como el padre Moreno lo dijo, era diputado suplente por el Partido Liberal ante el Congreso Nacional de la República al momento del escándalo y además ejercía mucha influencia como periodista, principalmente desde un programa radial.

Las estructuras del poder intentaron en su momento defender a David Romero Ellner. Se discutió sobre con qué código procesal penal se debía proceder —si el viejo o el nuevo—, o si era la Fiscalía Especial de la Mujer u otra fiscalía la que debía dirigir la investigación. Finalmente y gracias a la ardua labor de relaciones públicas y denuncia del Colectivo de Mujeres en Contra de la Violencia de Género —que no estaban dispuestas a ceder a favor de la impunidad—, el 30 de julio del 2002 se logró, por primera vez en la historia, que el Congreso Nacional despojara de la inmunidad al diputado y periodista Romero Ellner.

El 12 de agosto del 2002 el Ministerio Público solicitó a la Corte Suprema de Justicia dirigida por la abogada Vilma Cecilia Morales, el nombramiento del magistrado o magistrada que conociera del caso.

Fue la magistrada Teodolinda Pineda, militante del partido Liberal, quien emitió la orden de captura el 20 de mayo del 2003 (14 meses después de que ocurrió la violación). La captura se efectuó hasta el 8 de agosto de ese año, una semana después de que el Colectivo de Mujeres Contra la Violencia le solicitara una audiencia al Ministro de Seguridad, Óscar Alvarez, para abordar el por qué no lo capturaban si era de conocimiento público en dónde se encontraba.

En una entrevista concedida al periódico digital Revistazo.com, David Romero manifestó: «yo nunca anduve huyendo, jamás anduve prófugo de la justicia, yo estuve aquí. Lo que pasa es que no había orden de captura ni nada, la orden de captura sale hasta en abril, por semana santa y se vino a hablar directamente con la Corte Suprema de Justicia y con las fiscales que sabían en dónde estaba yo, para decirles en qué momento nos iban a presentar, que arregláramos, todo estaba arreglado para presentarnos».

La audiencia de declaración de imputado se llevó a cabo el 9 de agosto de 2003 y duró más de doce horas. La magistrada Castro envió al periodista a arresto domiciliario en lugar de prisión preventiva y nuevamente las feministas del Colectivo de Mujeres Contra la Violencia de Género comenzaron una campaña por justicia: publicaron campos pagados protestando por la decisión de la magistrada, hicieron plantones, conferencias de prensa, hasta que la magistrada rectificó la decisión, cambiándola el 5 de septiembre, fecha de la Audiencia Inicial, cuando se le envió a prisión por indicio racional de culpabilidad.

El 11 de diciembre se realizó la Audiencia Preliminar para llevar a David Romero ante un juicio oral y público, cuya fecha fue fijada para el 1 de abril de 2004, donde la fiscal Celeste Aída Cerrato anunciaba una sentencia de Estricta Conformidad, donde el imputado se declaraba Culpable. El Tribunal de Sentencia dictó un fallo que lo condenaba a 10 años de prisión.

Continúa Ismael Moreno en su artículo:

Mientras continuaba el abuso de su hija, Ellner se consolidaba como periodista de renombre y fortalecía sus lazos con los Jefes de las Fuerzas Armadas Hondureñas, Discua Elvir primero, Hung Pacheco después. Y como los asuntos de la política tradicional hondureña no se escriben ni con ética ni con fidelidades, Romero Ellner pasó de la argolla de periodistas al servicio de los nacionalistas de Callejas a convertirse en el periodista «oficial» del grupo liberal de Flores Facussé, en un fiel servidor de grupos económicos vinculados con los Rosenthal, los Facussé y otros. Así, tuvo cubiertos con éxito todos los flancos: los militares, los políticos y los económicos. Romero Ellner se alzaba en prestigio entre lo más granado de la sociedad política y económica hondureña mientras hundía la dignidad de su propia hija.

La periodista Thelma Mejía cuenta en una entrevista para Revistazo.com, con fecha de junio de 2004, haciendo memoria de lo que significó el juicio para David Romero:

Entre este círculo de amistad (de David Romero Ellner) *también se encontraba un sector de la prensa nacional, que ha intentado obviar el crimen cometido, quiso justificar el porqué de la violación y muchos cayeron en la duda de si era hija biológica o hijastra, sin diferenciar que una violación es un delito a cualquiera que se cometa.*

Los pocos medios electrónicos que le dieron seguimiento a este tema, lo hicieron de forma superficial, mientras que los escritos se limitaron a hacer publicaciones pequeñas que situadas en lugares poco estratégicos permitieron mantener a un público alejado de la verdad.

En el juicio se presentaron pruebas contundentes que determinaban la culpabilidad de Ellner, sin embargo la prensa en ningún momento publicó tales documentos.

Cuando David acepta negociar la pena, confiesa su delito, entonces se calló un mito en los periodistas (sic) que lo defendían y que ahora se llaman al silencio ya que éste no es un caso que dignifique al periodismo (...) el caso de David, es el principio del fin de la impunidad de los periodistas.

¿De dónde sale David Romero?

David Romero se identificó en la década de los setentas y principios de los ochentas como izquierdista. Miembro de las juventudes comunistas, según el padre Moreno representó al país en más de una ocasión en los encuentros mundiales que convocaba la

Unión Soviética. Cuando se intensificó la guerra en Centro América y surgieron los distintos grupos guerrilleros que tuvieron breve vida en la política nacional, Romero Ellner se reagrupó con el sector más radicalizado, acompañando a Tomás Nativí y a Fidel Martínez (ambos desaparecidos luego por orden de Álvarez Martínez) en la fundación de la Unión Revolucionaria del Pueblo (URP), brazo político de los Cinchoneros.

Según el sacerdote jesuita, Ismael Moreno, Romero fue capturado y torturado junto con Tomás Nativí. «Romero Ellner lleva en su cuerpo la huella de una bala que le penetró en la pierna mientras lo torturaban —dice—. Se hizo así un hombre de éxito que puede hablar tanto de los tormentos de la izquierda como de las dulzuras de la derecha con la propiedad que le da una experiencia militante en los dos bandos, actuando en ambos con la misma entrega e intensidad del fanático».

Haciendo uso de sus contactos políticos y su cercanía con el presidente Manuel Zelaya Rosales, es que a mediados de 2008 el periodista Romero Ellner sale de la cárcel, después de cumplir apenas la mitad de la condena. Inmediatamente comienza a trabajar en Radio Globo, emisora propiedad del liberal Alejandro Villatoro que dirigía hasta el momento la periodista Sandra Maribel Sánchez, quien decidió renunciar a la dirección de la radio emisora, argumentando que no podía compartir cabina con un violador convicto.

Inmediatamente, las organizaciones feministas cerraron sus programas Tiempo de Hablar y La Bullaranga que tenían en Radio Globo. Según explicaron en la carta abierta que hicieron pública en los medios de comunicación y que fue firmada por diez organizaciones de mujeres:

«La cancelación de estos espacios, (se da) como producto de la denuncia que en ellos se hiciera, sobre el despido indirecto a Sandra Maribel Sánchez, puesto que le colocaron de compañero de trabajo a un hombre que tiene antecedentes de haber violado a su propia hija. Los propietarios de este medio de comunicación han preferido tener como Director de Noticias al señor con estos antecedentes que a Sandra Maribel y por otro lado cancelar los espacios donde se informa y orienta a las mujeres sobre sus derechos».

Argumentaron las organizaciones de mujeres en la carta pública, que el periodista estaba inhabilitado para trabajar en medios de comunicación. Continúa el documento:

El Artículo 48 del Código Penal, para aclarar cualquier duda sobre la inhabilitación absoluta como pena accesoria a la cárcel, establece: "La inhabilitación absoluta se entiende para cargos u oficios públicos, derechos políticos y profesionales titulares durante el tiempo de la condena y produce: 1. La privación de todos los cargos u oficios públicos y ejercicios de profesiones titulares de que estuviere en posesión el penado, aun cuando los cargos sean de elección popular; 2. La privación de todos los derechos políticos y la incapacidad para obtenerlos; y, 3. La incapacidad para obtener cargos u oficios públicos, profesiones y derechos mencionados.

De la lectura de la sentencia y del Código Penal, con facilidad se deduce que la inhabilitación absoluta y la interdicción civil persisten hasta que se cumplan los diez años y recordamos que, hasta la actualidad, sólo se han cumplido cinco años de la condena.

También se puede entender claramente que la inhabilitación absoluta se refiere al ejercicio de las profesiones titulares, así, el señor David Romero Ellner puede trabajar sin obstáculos para cumplir con sus obligaciones alimentarias pero NO en su profesión titular.

David Romero salió de la cárcel completamente arruinado. Atrás quedó su gloria y apenas podía contar los amigos que le quedaban. Tenía sí, la estrecha amistad con Manuel Zelaya Rosales, que cultivó durante los años dorados del gobierno de Flores Facussé, cuando Mel era ministro del Fondo Hondureño de Inversión Social (FHIS). Al salir de la cárcel, Romero se sumó al equipo de periodistas que hacían campaña para la Presidencia, vinculándose con el proyecto de la Cuarta Urna. Pero llegó tarde para la repartición y apenas logró las migas. No contaba con un medio de comunicación ni el programa con alta audiencia que antes tenía. Apenas estaba comenzando a reconstruirse.

Pero Romero Ellner corrió con suerte y lo que fue la desgracia para muchos fue la fortuna para él, pues al estar posicionado como director de noticias en Radio Globlo —luego que salió Sandra Maribel Sánchez—, se vino el golpe de Estado del 28 de junio de 2009 en contra de Manuel Zelaya Rosales y Radio Globo fue de las pocas emisoras que cubrió por completo la crisis, lavando su imagen de violador convicto, a la de periodista comprometido con las causas populares.

EL AVE FÉNIX DEL PERIODISMO
—o los círculos inconclusos de David Romero Ellner—
PARTE 2

El golpe de Estado de 2009 resultó de gran ganancia para mucha gente, inclusive para Manuel Zelaya, quien a pesar de la difícil situación que le tocó vivir en la Embajada brasileña en septiembre de ese año, vio renovado su liderazgo con un sector con quien de otra forma, quizás, habría pasado como un caudillo más, de los muchos que produce la política nacional.

Ganó la oligarquía con el golpe de Estado, al quitar las frágiles barreras que impedían incrementar el modelo neoliberal extractivista; ganó el gobierno de Estados Unidos al ensayar un modelo de golpe suave que ha luego perfeccionado en el resto del continente, especialmente con los países del Socialismo del siglo XXI; ganaron también muchos periodistas acostumbrados al chantaje con micrófono y cámara, como Esdras Amado López, que pasó de ser dueño de un canal de tercera, a ser dueño de un canal de tercera con mucha audiencia que le permitió ganar luego la primera diputación del partido de Manuel Zelaya y en el proceso, hacer «algo» de dinero. Si alguien perdió en todo caso, es el pueblo, ese pueblo que parece siempre pierde.

En ese momento de desesperación, cuando los medios corporativos repetían hasta el cansancio que *aquí nada pasa*, nos agarramos de lo que fuera necesario para mantener un poco de esperanza. Se nos había vendido la idea de que el Golpe era posible revertirlo y para eso salimos a las calles y aguantamos gas y garrote. Y luego, cuando esa movilización entorpecía las negociaciones de Cartagena y San José, usaron nuestros medios para mandarnos de regreso a casa, advirtiéndonos de horribles masacres de contravenir el *Toque de queda ciudadano* que se convocó Mel desde la embajada de Brasil. Todo para el bien de la democracia.

En ese contexto resurge de las cenizas David Romero Ellner.

Romero Ellner acababa de salir de la cárcel luego de cumplir la mitad de su condena, que por lo demás llevó en condiciones muy favorables cuando las comparamos con lo que es estar preso en Honduras. De Támara pidió traslado a la granja penal de Comayagua, en donde contaba con un lugar especial adentro de la granja y de donde le era más fácil trasladarse en visitas abiertas a la casa de sus padres en Siguatepeque. «Salía cuando quería —nos reporta una fuente cercanas al periodista— y solo cumplía con reportarse».

Al salir en libertad condicional, Romero se incorporó a trabajar en Radio Globo, a pesar de mantener vigente la condena accesoria de inhabilitación absoluta que debía continuar hasta 2014, cuando cumpliera los diez años de la condena principal. La pena de inhabilitación absoluta, según el código penal vigente en su artículo 48, «produce la pérdida definitiva de todos los honores, empleos y cargos públicos que tuviere el penado aunque fueren electivos y, además, implica la incapacidad para obtener aquellos o cualesquiera otros y la de ser elegido para cargos públicos durante el tiempo de la condena».

Es importante remarcar que aunque David Romero estuviera afuera de la cárcel, seguía siendo un convicto en libertad condicional y no estaba habilitado para ejercer el periodismo. Precisamente ese fue el argumento que las organizaciones feministas usaron para decir que Romero Ellner no contaba con el derecho para trabajar como director de noticias de Radio Globo.

Sin embargo, y dadas las muchas influencias que Romero Ellner tiene —uno de sus hijos es ahijado del general Hung Pacheco, ex comandante de las Fuerzas Armadas—, logró burlar ese impedimento y se incorporó a trabajar en Radio Globo, y allí lo sorprendió el 28 de junio de 2009.

No nos corresponde juzgar el papel que jugó Radio Globo durante el golpe de Estado de 2009. Como manifestamos antes, todos los medios nacionales cerraron filas ocultando lo que pasaba en el país y fueron pocos los que se la jugaron al lado del pueblo hondureño. Cabe preguntarse, sí, cómo siendo la situación de Romero Ellner tan vulnerable legalmente, nunca se le tocó durante ese tiempo. Estando aún en libertad condicional, bastaba un incidente cualquiera para mandarlo de regreso a la cárcel a cumplir su condena que aún estaba vigente. ¿Quién protegió tanto a Romero Ellner y por qué lo protegieron?

EL GOBIERNO DE LA UNIDAD NACIONAL

Con la llegada a la presidencia de Porfirio Lobo Sosa en 2010, Romero Ellner encontró la oportunidad para reconstruirse en lo económico. Ya lo había hecho políticamente durante el último semestre —a lo menos eso pensaba él— ahora tocaba capitalizar sus contactos y amistades.

Los contratos con casa presidencial comenzaron a llegar a Radio Globo en el 2010, en la medida que Romero Ellner intensificaba su campaña para desmovilizar al movimiento social que seguía aún en las calles. La desmovilización, en ese sentido, debía pasar por crear la división interna del FNRP, algo que por las características propias de la Resistencia no debía ser muy difícil y para lograrlo se usaron los mismo medios que en su momento sirvieron para aglutinar la movilización popular.

Veamos, para el caso, la nota publicada en el libro Honduras, crónicas de un pueblo golpeado, publicado en 2013 por Casasola Editores, en el cual en la página 198 está la nota «Los desamores de la Resistencia: 20 de mayo de 2010», y en donde hace reflexión de la campaña iniciada ese día por David Romero Ellner en contra de la dirección del FNRP.

Dice la nota:

Las declaraciones de hoy de Radio Globo en los distintos espacios (9am, 11am, 1pm, 4pm) acusando a la dirección del FNRP de traidores a la resistencia por «haber mantenido una entrevista con cierto gerente de una radio golpista», son absurdas. Rasel Tomé, Juan Barahona y hasta el mismo Rafael Alegría vertieron declaraciones desde el FNRP, tratando de explicar lo acontecido, pero no fueron oídos por los todopoderosos locutores de la radio, quienes horas después mantenían la misma acusación sin fundamento, basados únicamente en un rumor, sin presentar fuente alguna.

Lejos de aportar a la tesis de traición, las acusaciones de Radio Globo se fueron desgastando en sí misma, en la medida que daban uso de burdas estrategias para desvirtuar los argumentos de los atacados. Para el punto pongo como ejemplo la «Última Hora» del espacio «Interpretando la Noticia», quienes denunciaron, al mejor estilo Canahuatti, el viaje «a espaldas de la base», de la dirección

del frente de resistencia para reunirse en República Dominicana o Venezuela (la fuente no les confirmó) con Manuel Zelaya Rosales.
Dicha acusación absurda, pues un boleto de viaje no puede constituir prueba de traición al movimiento, se contradice en sí misma. Minutos antes los mismos periodistas de la Globo acusaban a la dirección de la resistencia de estar actuando a espaldas del «autentico líder Manuel Zelaya Rosales» y luego los acusan de traición por ir a reunirse con él.
Es difícil entender lo que quieren los periodistas de Radio Globo, pues saben bien que en las condiciones de hostigamiento y represión de que es víctima el FNRP, no puede someter a los medios cada una de sus acciones y estrategias. Hacer eso, sería darle las herramientas necesarias para que los cuerpos represores del Estado se preparen para boicotear la lucha.
Da la impresión, más bien, que lo que buscan es generar una división y desconfianza entre la base del FNRP y su dirigencia, que permita a oscuros personajes surgidos a partir de la fractura, negociar con la oligarquía las condiciones de una Asamblea Nacional Constituyente que, ahora, hasta el mismo Pepe Lobo acepta.

La radio creció en 2010 y surgió TV Globo. Y Romero Ellner pudo por fin sentirse seguro, después de unos años tan difíciles. Se fue a Europa de vacaciones con toda su familia, cambió carros y terminó de pagar sus dos propiedades, una en Comayagüela y la otra en Valle de Ángeles.

Mientras, la Resistencia se desgastaba en discusiones bizantinas.

Lobo y Romero se hicieron buenos amigos durante los años de la presidencia de Rafael Leonardo Callejas —ahora preso por corrupción en Nueva York—, cuando Lobo era director de CODEFOR y Romero comenzaba su carrera como periodista aliado al gobierno nacionalista.

Luego que las elecciones de 2009 consolidaron el golpe de Estado, era clara la ruta para convertir al entonces Frente Nacional de Resistencia Popular en un partido político. Romero jugó un papel importante en el proceso de desmovilización popular, minimizando y difamando a los que contrariaban la propuesta oficial de Manuel Zelaya o los intereses de la radio a la que debía su resurgir.

Queda en la memoria el reclamo hecho en 2011 por el colectivo Artistas en Resistencia en solidaridad con la Organización Política Los Necios, cuando Romero Ellner dijo, en relación al periodista Dick Emanuelson y a la OPLN: «es un pequeños grupo, no representativo y que sólo mierda habla y al que si siguen en esto se las verán conmigo».

Manuel Zelaya Rosales, consciente de tener a los medios corporativos en su contra, sabía además que estaba en deuda con los periodistas que le mantuvieron la trinchera de los medios de comunicación durante los años de Lobo Sosa y los premió lo mejor que pudo. Las papeletas de diputados se llenaron de comunicadores, algunos lograron salir electos —menos Romero Ellner, que contaba aún con la inhabilitación absoluta que le impedía optar a un puesto público y aunque buscó con su amigo Lobo Sosa el indulto presidencial a la condena de 10 años que terminaba en 2014 por el delito de violación, fue el Centro de Derechos de las Mujeres que le impidió que lo lograra.

Cuando las feministas se enteraron de la intención electoral de Romero Ellner y conociendo la popularidad que había alcanzado en la resistencia, se movilizaron de inmediato a la Secretaría de Derechos Humanos para bloquear sus intentos, que de haber tenido éxito habría logrado hacerse —seguramente— con la diputación por el Partido LibRe.

MARIO ZELAYA Y LAS AMBULANCIAS DEL IHSS

La extorsión ha sido siempre una práctica en el periodismo nacional. Muchas han sido las denuncias contra conocidos periodistas que levantan campañas adversas a instituciones o personas con el propósito de que estos le paguen una compensación económica —publicidad, le llaman— y así ahogar el escándalo sin mayores consecuencias.

Y aunque no nos consta que el periodista Romero Ellner sea un extorsionador del micrófono —y no es nuestra intención acusarlo de tal cosa—, recordamos sí la campaña levantada en contra de la compañía telefónica Tigo.

Muchos rompimos los ships de los celulares Tigo haciendo caso al llamado abierto de boicot que inició Romero Ellner en contra de la empresa «golpista» que, cuando comenzaron a pautar en la radio, dejó de ser enemiga de la Resistencia.

Y será por la práctica que comparten los medios de comunicación en este país —o por mantener los contratos de publicidad con el Seguro Social—, que pasó desapercibida la conferencia de prensa dada por el entonces todopoderoso director del Seguro Social, Mario Zelaya, al periodista César Silva, en donde le increpa preguntándole por las 10 ambulancias sobrevaloradas que juntas representan un desfalco de más de 15 millones de lempiras y el doctor Zelaya le responde diciéndole que «el ingeniero Raúl Alvarado (gerente de la empresa que ganó la licitación) me llamó anoche y me dijo que un periodista de Radio Globo le había pedido 400 mil lempiras para no hacer bulla con el tema de las ambulancias».

Mario Zelaya nunca dijo quién era ese periodista extorsionador, manifestó en su momento que se negaba a pagar el chantaje y llevó la denuncia en contra de Radio Globo y Globo TV al Ministerio Público, sin mucho éxito, pues poco después fue destituido —aún guarda prisión esperando juicio— y la institución completa intervenida el 15 de enero de 2014.

En una entrevista concedida por un ex-empleado de radio Globo que pidió mantener su nombre en el anonimato por temor a las represalias, nos dijo que la información de las ambulancias les llegó a la radio cuando uno de los ofertantes en la licitación de compra de las ambulancias del IHSS, molesto porque no ganó y luego de enterarse del «movidón» que había de por medio, buscó a David Romero, se reunió con él y le presentó todo el detalle del acto de corrupción que hubo con esas ambulancias.

DE LAS AMBULANCIAS A LOS CUÉLLAR

«Absolutamente todas las personas jurídicas o naturales que indirecta o directamente tienen que ver con el caso del Seguro Social están siendo investigadas y de encontrarse elementos probatorios suficientes para promover un requerimiento fiscal se hará sin miramientos de ningún tipo» —manifestó el 11 de julio de 2014 el fiscal adjunto Rigoberto Cuéllar, quien dijo estar en la capacidad de dar con el paradero de los que despilfarraron más de cuatro mil millones de lempiras (sic) del Instituto Hondureño de Seguridad Social (IHSS), alertando que desde adentro de la institución «se está filtrando información y cuando salen las órdenes de captura, las personas acusadas se dan cuenta antes de que lo supiesen las propias autoridades y las personas proceden a fugarse».

La investigación del desfalco del Seguro Social estaba a cargo del abogado Roberto Ramírez Aldana, quien contaba por su parte con una carrera meteórica: de ser el fiscal a cargo de allanar y confiscar las urnas que el presidente Zelaya pensaba usar para la consulta popular del 28 de junio de 2009, pasó a ser Director de Fiscales, nombrado gracias a las influencias de Roberto Micheletti quien pensaba que contaba con los elementos necesarios para hacerlo con el puesto de fiscal adjunto en 2013, pero se impuso la fórmula de los abogados Óscar Chinchilla y Rigoberto Cuéllar a la cabeza del Ministerio Público.

Cabe recordar aquí que Rigoberto Cuéllar está casado con la ex-fiscal Sonia Gálvez, quien fue una de las fiscales que llevó el caso que terminó en la condena a 10 años de prisión de David Romero Ellner en 2004.

Ramírez pensaba que podía hacerse con el puesto de Fiscal Adjunto y para eso compartió con Romero los detalles de la investigación por soborno que involucra a Cuéllar, quien con la asistencia del abogado Roberto Darío Cardona, actualmente en prisión, supuestamente solicitó 200 mil dólares a empresarios miembros de la junta directiva del Seguro Social, con la promesa de mantener sus nombres alejados de la causa legal que en ese momento se llevaba.

Pero Romero Ellner comete el error de llevar lo que era —hasta ese momento— un caso profesional, a lo personal, cuando el el 27 de febrero de 2014 y de la misma manera que antes lo hiciera con la dirigencia del FNRP, con los Necios o con Tigo, según lo manifiesta la abogada Sonia Gálvez «en un claro afán de represalia por lo sucedido hace diez años, el señor David Romero Ellner comenzó a difamarme en su programa «Interpretando la Noticia», el cual transmite por Globo TV y Radio Globo, en horas de la tarde». Exhibiendo a la abogada Gálvez ante el público como una persona deshonesta, manipuladora y denigrándola como mujer.

El mismo abogado Cuéllar llegó al programa de Romero Ellner

para hacer algunas aclaraciones sobre las acusaciones vertidas en contra de Gálvez el día anterior y al igual que sucedió en todos los casos que ya vimos, la campaña prosiguió en su contra.

Dice la abogada Gálvez en la querella que ganó en contra de Romero:

> El 24 de Junio de 2014, en horas de la tarde, me encontraba en el interior del café Vie de France en la colonia Tepeyac, en una reunión de junta directiva de padres de familia, cuando me percaté que en la mesa contigua se encontraba la esposa de David Romero Ellner con una cámara de video filmándome y expresando en voz alta injurias en mi contra con el claro objetivo que la gente que me acompañaba la escuchara, por tal razón le solicité, en la privacidad que permitía el ambiente, que por favor no me injuriara y que no filmara hacia la mesa porque la gente que ahí estaba no tenía porque resultar incomodada.
>
> A los pocos minutos, de forma extremadamente violenta, irrumpió en el lugar el Señor David Romero Ellner profiriendo a gritos insultos y amenazas en mi contra, situación que de no haber sido por la oportuna intervención de mi personal de seguridad pudo haber llegado hasta la agresión física. Durante este incidente el señor David Romero Ellner en todo momento me decía que se las iba a pagar, hasta que lograron retirarlo de mi mesa mientras su esposa, la señora Lidieth Díaz Valladares a gritos me decía «corrupta».
>
> Fue al siguiente día, 25 de junio de 2014, cuando comprendí el alcance de las amenazas del Señor David Romero Ellner, quien motivado por los sentimientos de rencor y odio que tiene hacia mi por haber sido una de sus acusadoras y por ende responsable de los años que guardó prisión, que tanto él como su señora Lidieth Díaz, dedicaron la mayor parte del tiempo de sus respectivos programas, y a diferentes horas (mañana y tarde) a proferir sistemáticamente y sin descanso, cuantas calumnias e injurias pudieron en mi contra, de mi esposo y de personas relacionadas con nosotros tanto en el ámbito profesional como personal. Llegando al extremo de imponerme el sobrenombre: «la sombra de la muerte», y exhibiéndome como una persona delincuente, perversa, manipuladora, traficante de influencias, inescrupulosa y tantos términos peyorativos que acreditaré en el momento procesal oportuno.

***

David Romero Ellner pasó gran parte del año 2014 denunciando sin mucho eco el desfalco de cerca de 7,000 millones de lempiras del Seguro Social, vinculándolo a la campaña presidencial de Juan Orlando Hernández. Pero fue hasta que Renato Álvarez, luego de volver de un viaje en Washington, tomó el caso en los canales de noticias de Televicentro que el movimiento de los indignados tomó fuerza.

Romero pretendió utilizar la crisis generada por las antorchas indignadas de la misma forma que utilizó la crisis del golpe de Estado de 2009, esta vez —y dado que la ley ya se lo permite—, capitalizar su popularidad en una candidatura adentro del partido LibRe. Pero ahora, a diferencia de 2009, está solo. Las circunstancias han cambiado. La Resistencia de 2009 no es la misma del movimiento generado en torno de los Indignados ni el partido LibRe es el mismo de 2012. Ahora Manuel Zelaya Rosales busca recuperar el poder y cree tener lo que necesita para lograrlo. Y para ello debe llegar a acuerdos mínimos de gobernabilidad con Hernández, y el micrófono de Romero, incómodo ya para todos, comienza a serle molesto también a Mel.

Otra sería en la actualidad la situación del periodista si se hubiera abstenido de atacar desde su tribuna y de esa manera a la abogada Gálvez, pues el 20 de agosto de 2014 ésta le querelló por una serie de delitos de injuria y difamación que le llevaron luego a condena en noviembre de 2015. Públicamente el periodista argumenta que la condena llega como consecuencia de su denuncia al caso del Seguro Social. Sonia Gálvez por su parte asegura que las difamaciones en su contra llegan como un intento de Romero Ellner de arrastrarla en el desfalco del IHSS, como venganza personal por haberle encarcelado en 2004. Quizás ambos tienen razón. Actualmente David Romero Ellner espera el último recurso de la Corte Suprema de Justicia, que si falla en su contra le hará pagar con 10 años de prisión, una nueva condena que será el final de la carrera del periodista.

Tegucigalpa, 2016

ENTREVISTA A DALIA ROMERO

El periodista David Romero Ellner fue capturado y llevado a prisión el pasado marzo para cumplir una condena decretada en su contra hace tres años, de diez años de reclusión, por habérsele encontrado culpable de Difamación en contra de la ex-fiscal Sonia Inéz Gálvez Ferrari, esposa del exfiscal adjunto del Ministerio Público, Rigoberto Cuéllar. Los defensores de David Romero aseguran que la condena viene como represalia por haber «destapado» el desfalco del Instituto Hondureño de Seguridad Social; como una reacción directa de Juan Orlando Hernández por su lucha en contra de la corrupción que desde sus tribunas Romero llevó hasta el momento de su espectacular captura, que todos presenciamos en vivo y en directo.

Según sus defensores, la condena de David Romero Ellner es una violación al derecho de la Libertad de Expresión y esperan la Comisión Interamericana de Derechos Humanos logre revertir la condena. ¿Pero, por qué fue realmente a la cárcel David Romero Ellner?

Esta es la segunda vez que David Romero es encontrado culpable de un delito, y según la ley, no aplica a él las medidas sustitutivas de prisión, aunque su delito ahora sea por Difamación, por ser reincidente; y todo se complica cuando vemos que quienes lo procesan por difamación en esta segunda condena (porque denuncias y querellas el periodista Romero ha tenido ya muchas), fueron quienes presentaron las pruebas que lo encontraron culpable de violación en 2004, cuando fue condenado a 10 años de prisión por la violar a su hija Dalia Romero de 22 años, hecho ocurrido en febrero de 2002. Una de las fiscales que llevó el caso que condenó a David Romero Ellner es, casualmente, Sonia Inéz Gálvez Ferrari.

Queda entonces claro que esta segunda condena es una secuela directa de la anterior, que no terminó de cumplir, aunque el día lo contrario, porque salió favorecido con la libertad condicional que consiguió con favores políticos de amigos y logró recuperar su nombre luego del golpe de Estado de 2009.

Y para conocer el origen de la caída de uno de los héroes (y villano) del periodismo nacional, su personalidad explosiva y carácter que lo llevó a la cima dos veces y dos veces lo hizo caer, entrevistamos a la persona que quizás mejor conoce esta historia: su hija, Dalia Romero.

Entrevistamos a Dalia Romero en una casa de habitación facilitada por una persona de su confianza. Ahora abogada, Dalia es una mujer agradable, pero con un carácter fuerte. Según ella misma se describe, es como su padre. Ha vivido marcada por la sombra de David Romero durante toda su vida y cada vez que el periodista es portada de un periódico, su violación vuelve a surgir, revictimizándola una y otra vez, cuando su caso se toma para fines políticos o cuando para fines también políticos se busca ignorarla.

«Mi intención nunca fue ganar protagonismo —inicia Dalia Romero— ni hacer mi vida privada, pública, ni darle a él, pie para que me ataque, porque lo conozco, lo conozco como la palma de mi mano... yo pasé desde pequeña esa manipulación de parte de él, lo sufrí desde pequeñita con mi mamá, me iba a traer a la escuela y me iba a dejar a Puerto Cortés, y a mi mamá la manejaba, mi mamá sufrió violencia doméstica, violencia psicológica. Los dos tienen carácter fuerte, Pero mi mamá es una mujer muy recta, muy pulcra y gracias a Dios, eso se lo tomé a mi madre. Él tiene una cicatriz que mi mamá se la hizo, porque él la quiso golpear, mi mamá es modista y tenía las tijeras con ella. Son cosas que no se saben, cosas que sí él mira que están aquí, él va a saber que soy yo, porque son cosas muy íntimas, muy personales.

A la primera mujer que David Romero tuvo, su primera esposa se llamaba Maribel, no me acuerdo del apellido de ella, pero a ella la golpeaba increíblemente porque era alcohólico... él era alcohólico en ese tiempo, y la golpeaba (a Maribel), él tiene antecedentes de violencia. Yo le pregunté a mi mamá si alguna vez él la golpeó o algo y ella dijo que no: «no, intentó, pero sabía con quién se estaba metiendo también» —dijo. Dice mi mami que esa vez él le quiso pegar, pero ella tenía las tijeras: «¡Mira hija de puta!» le dijo, «te atreves y salís muerto de aquí», le dijo mi mamá dejándole ir las tijeras, y como sabía que mi mamá era de armas tomar, él no siguió.

No quise interponer nunca la acción civil, porque no le quise dar pie a que dijera: «se fijan, ella lo que quería era aprovecharse», porque yo estaba en todo mi derecho de hacerlo. El daño civil, y el daño emocional nunca me lo han reparado, el Estado más bien me ha pisoteado mis derechos por el mal seguimiento de la pena, ese hombre estuvo dos años y medio en la cárcel, eso fue lo que estuvo, de diez años que le dieron. No me respetaron, no respetaron la pena accesoria, inhabilitación absoluta...»

—¿Cómo fue para vos ese proceso? porque de alguna forma ninguno de los dos ha podido salir de esa situación... ¿cómo has logrado sobrellevar, vos, ese proceso?

«A mí me ayudó mucho mis terapias psicológicas para poder hablar de esto. Es una constante revictimización, me ayudó mucho a mí a perdonarme, porque independientemente de que una sepa que una no es el culpable... y sobre todo él, que es una persona que está allí constantemente diciéndole a la gente que es inocente, y la gente siempre van a haber comentarios que a una lo van a herir, estamos en un país de repente no tan justo, y aceptar que David tiene un poder, tiene un micrófono y es manipulador, manipula tanto a las personas.

Mi hija no sabía y cuando pasó lo de la abogada Sonia volvió todo a salir y tuve que hablar con mis hijos, porque mi hijo tiene el apellido de él, el nombre de él, son homónimos, entonces mi hijo siempre es relacionado con él, siempre, «vos sos familia de él». Tanta noticia, tanto escándalo, que David por aquí, que David por allá. Mi hija me preguntó: «mami, ¿por qué mi hermano tiene el nombre de él?, qué son?» Y me toca explicarle entonces a mi hija... Siempre me afecta, siempre tiene que haber un punto que me va a afectar. Claro, no por eso me estanqué y dejé de llevar mi vida, de mis proyectos de vida, de enfocarme en cosas positivas, pero sí, como víctima, considero que me ayudó mucho el apoyo de mi familia, las terapias psicológicas, el apoyo de mis amistades y orar».

—¿Cómo iniciaron el proceso?, ¿cómo inició el proceso contra David Romero Ellner?

«Mediante una denuncia el 16 de febrero de 2000. Yo interpuse la denuncia. No me bañé, decidí no hacer nada, y aparenté que todo estaba bien ante él, aparenté que no iba a decir nada, yo siempre cuento esto, él tenía armas, allí en la casa habían armas, y yo... me violó y se durmió, y yo quedaba viendo las armas, y quería agarrar una y matarlo, y al mismo tiempo decía yo: «pero, y si lo mato, voy a ir a la cárcel, ¿y mi hijo?, ¿quién me va a defender?, ¿me van a creer?», Entonces lo único que hice fue salirme, me fui a la sala, de ahí no volví a dormir hasta que él se despertó. Para él era como que todo estaba bien, y yo, callada.

Íbamos para Siguatepeque pero yo decidí no ir. Llamé a mi mamá, una prima pasó por mí, fuimos a interponer la denuncia a la DNIC, allá por el Estado Mayor, en Villadela, allí interpuse la denuncia y de entrada, siempre: «¿contra quién?», «...David Romero Ellner, ¿el periodista?». Desde la primera persona que me tomó a mí la declaración. De ahí me trasladaron a Medicina Forense para que me hicieran la toma de pruebas de hisopado, y también allí: «¿David Romero Ellner, el periodista?», ésa era una manera también de intimidarme, yo sabía las influencias que él tenía, yo sabía.

En la casa se hacían reuniones con los periodistas y negociaban, «mirá, vos vas a atacar a fulano, y yo voy a atacar a fulano y allí vamos a negociar», allí llegaban a la casa políticos, para el día del periodista el garaje parecía bodega, llevaban alfombras de regalos, botellas, eran dádivas para él. Yo sabía las influencias que él tenía y él desde ese momento, desde ese mismo día, supo que estaba denunciado. Ese era mi temor».

—¿Y trató de convencerte de que quitaras la denuncia?

«Me llamó. Puso a Karla Barrientos, puso a la novia a llamarme. Con mi prima conseguimos una casa a donde él no conocía y me fui. Regresé a mi casa como a los cuatro días, pero eso fue un sábado y regresé a mi casa como un miércoles y la grabadora, los mensajes de él, de mi abuela me acuerdo, en paz descanse, insultándome. Yo tengo hasta el casete, porque yo fui muy cuidadosa en ir guardando todo, yo tengo hasta el casete donde mi abuela y él decían: «hija, conteste por favor, necesito hablar con usted», o sea, mensajes del sábado en la noche, y yo la denuncia la había puesto a las diez de la mañana.

Desde allí era el temor para mí, porque le pasaban la información. Él por todos lados tiene tentáculos. Por todos lados tiene gente que le informan, que le da información, y yo sabía que cada movimiento nuestro él lo iba a tener, bueno, de hecho con Nadia, mi hermana, que eso es algo que no ha salido a la luz, pero mi hermana, la que me sigue, que es de otra señora, a ella la abusó, yo lo se por las cosas que miraba, y fueron las trabajadoras sociales a hacerle la entrevista a ella, a su casa, y ella dijo que sí, ella dijo que sí, le tomaron nota a eso. ¿Cómo se dio cuenta él de que le habían ido a tomar nota a ella? Después se comunicó con ella, y ya la convenció. Cuando ella iba a declarar en la fiscalía, dijo que no, y como no se le podía obligar. Después, ella le sirvió de testigo».

—¿En contra tuya?

«En contra mía, según ella, pero realmente la que quedó mal fue ella, sirvió de testigo a favor de él. Claro, ella es manipulable, su personalidad no es la misma que la mía.

Y así cada paso que yo daba, él se iba dando cuenta, siempre había personas que le decían, siempre había personas que le informaban qué hacíamos, dónde estábamos, qué íbamos haciendo, y eso es difícil para una víctima. Claro que tuve episodios en los que quería parar, «ya, dejemos eso así, dejemos eso así, me voy, me voy del país» —decía. Creo que en aquellos momentos decían, «es que Dalia está exagerando por el miedo, por el trauma que tiene en este momento», ahora se dan cuenta que es cierto, la misma abogada Sonia me dice a mí, «Dalia, cuánta razón tenía usted, es que es un monstruo, ese hombre es un monstruo»... Otros decían, en cuanto él pueda se va a vengar.

Yo sé que sólo está esperando el momento para hacerme un daño a mí, yo sé que él está esperando, por eso siempre he tratado de manejarme de bajo perfil, porque no le voy a dar a él tampoco la oportunidad que me dañe a mí, a mis hijos, no se la voy a dar, no se lo voy a permitir, es darle un arma a él. Pero sí, cuando tengo que salir a defenderme, él sabe que a mí no me va a manipular, como manipuló a Nadia, y que tengo un apoyo, no todas las víctimas tienen esa ventaja de tener un apoyo de un grupo fuerte de feministas.

Para que le quitaran la inmunidad (David Romero era diputado en 2004), fueron plantones tras plantones. De allí eliminaron la figura en el país, pero fue a partir de este caso. Pepe Lobo aprovechó políticamente de la cuestión y eliminó la figura en el país. A mí me da risa cuando él dice que fue un complot. El delito existe. Existía. Ha existido. Ahí están las pruebas».

—¿De dónde viene todo el poder de David Romero? ¿Por qué tiene tanto poder?

«Es su modus operandi. Él es muy inteligente y eso no se le puede negar. Fue formado en la Unión Soviética, estuvo allá dos años y tuvo que haber aprendido técnicas. Mi papá viene de raíces humildes. Mi abuela, era una persona humilde que tenía una glorieta en Puerto Cortés frente a uno de los portones de la zona libre, él no lo niega, anduvo descalzo, vendía enchiladas. Creo que fueron por esas ansias de poder que aprendió a manipular y eso no es de ahorita, no desde que hace periodismo, eso es desde antes.

Él está señalado como el que vendió a Tomás Nativí, y eso según Berta Oliva que andaba con él en esas cosas. Por eso me extrañaba de Berta Oliva que sale ahora defendiéndolo, cuando era enemiga de él, porque ella sabía que David entregó a Tomás Nativí. Él no es una persona de fiar para nadie, si él tiene que vender a su mujer, la va a vender para él sobrevivir.

Él es un extorsionador con micrófono. Aprendió a obtener información y a extorsionar con esa información, así extorsionó, así negoció con los militares, así negoció estar vivo. Yo me acuerdo vivíamos en la campaña, creo que tenía menos de diez años. Me acuerdo que a él lo fueron a sacar en la madrugada los militares, lo llevaron enchachado en la madrugada, creo que era la una de la mañana y todo mundo pensó que era ya un desaparecido. Y después de repente llegó, yo me acuerdo que él decía: «no se preocupen, todo está bien», con mucha tranquilidad. Digo yo que ya fue como un show montado, no sé, para algo, se lo llevaron y después regresó muy campante, tranquilo.

¿Qué negoció? No lo sé. No sé si allí fue lo de Tomás o sí ya había pasado, pero él quedó al punto tal que después de haber sido perseguido, de haber sido torturado, como me dice mi mamá. Mi mamá sabe mucho, pero mi mamá no habla mucho, sólo cuando se pone histérica me dice: «a mí que David no me haga abrir la boca, porque yo vi cómo quedó él, y vi cómo quedó Tomás, yo lo vi», así, con esas palabras, como quien dice: «él tenía un par de golpes y Tomás estaba muerto».

Después de eso, de ser un perseguido de izquierda en aquellos tiempos, porque lo torturaron una vez, lo torturaron y lo dieron por muerto, «por muerto» entre comillas a la orilla de un barranco, venir y ser compadre con Hung Pacheco, el padrino de uno de mis hermanos es Hung Pacheco, y de andar con la cúpula militar.

Allí el alumno supero al maestro porque uno de los grandes que tuvo David Romero, el que lo trajo, que lo ayudó, que lo posicionó en radio América fue Rodrigo Wong Arévalo.

Con tal de obtener poder él es capaz de cualquier cosa y cuando yo le digo cualquier cosa, es cualquier cosa o sea eso no lo dude.

El perfil de violento lo probamos en juicio. Aparte de la prueba científica, una prueba fundamental fue la psiquiátrica de su perfil y del mío, de ambos, fue muy contundente y ahí está eso, ahí esta, no me lo estoy inventando, ahí está en la sentencia el dictamen que dice que él tiene una necesidad de poder y el Estado se ha prestado para darle ese poder, porque él ya había decaído bastante con lo de mi problema, pero salió libre en libertad condicional y lo dejaron ejercer el periodismo cuando él no podía ejercerlo.

Mel Zelaya lo ayudó, porque le dieron trabajo en radio Globo por la ayuda de Mel. David Romero no podía ejercer por Inhabilitación Absoluta de su sentencia, su profesión principal no la podía ejercer. Hubiera podido ejercer como abogado, porque tiene el título de abogado también, pero no como periodista».

—¿Te busco a vos después que salió de la cárcel? ¿o no?

«No. Seria mentir si dijera que él me haya buscado, por terceras personas quizás. Él sí sabía dónde estaba, si ha sabido porque cuando entré a trabajar con Fosovi ahí estaba mi hermana, claro mi hermana le pasaba mi información, luego ella salió de ahí pero él siempre ha tenido información sobre mi, yo no he andado delinquiendo, entonces no tiene de donde agarrarse. ¿Qué me puede sacar? A aquel novio, que sale, que toma, ¡que lo haga! Si ya lo dijo, despotricó en contra mía, o sea cuando se quiso defender, que andaba drogada y que eran alucinaciones mías, dijo.

Dijo que yo quería un carro y él no me lo había comprado, que yo me había enojado esa noche porque él, el quince de febrero cumplía años y salimos a celebrar el cumpleaños de él, que yo me había enojado porque yo le había pedido un carro y no me lo había comprado, que yo le había pedido dinero para drogas y que él no me lo había dado, y dijo tantas cosas que él solito se hundía por querer salvarse, porque entonces ¿qué clase de padre era si él me daba dinero para droga? Si la gente se pusiera a ver esas cosas, inteligentemente, no solo por esas redes sociales, cuando hablan de algún perfil que yo sé que es de ellos y me ponen como, pero ni prostituta porque la prostituta cobra.

Justificándolo a él, diciendo que yo soy la seductora. Otra cosa que se manejó y que la manejaron mucho, que no soy su hija. Eso es hasta la fecha. Hasta la fecha hay gente que afirma que no soy su hija, pero ¿y cuál es la diferencia? ¡Que no sea su hija! ¡Que soy su hijastra! ¿y cuál es la diferencia? ¡Me violó igual! El delito existe. Pero la gente lo justifica con cuestiones tan absurdas como que «esa mujer era una borracha». Él lo manejo así, como que eran puras alucinaciones mías. Fue cuando además nos dimos cuenta que estaba pagando cuarenta mil lempiras para cambiar la prueba de ADN, Eduardo Maldonado fue el intermediario.

Quien sacó a Eduardo Maldonado del anonimato es «Interpretando la Noticia». Así se llamaba el programa en Radio América que compartían David Romero y Eduardo Maldonado. Él había pagado (a través de Eduardo, para cambiar la prueba de ADN). Si no es porque nos plantamos, porque nos dimos cuenta a tiempo, la prueba de ADN hubiera salido negativa porque ya tenía todo comprado, y que voy a especular, no tenemos el nombre del doctor pero muchos indicios dicen que era Denis Castro, muy amigo de él.

Fueron cuñados. David anduvo con una hermana de Denis Castro. No te lo puedo asegurar, pero muchos indicios van dirigidos a que era él quien iba a cambiar la prueba de ADN para ayudar a David Romero.

Y hubo que montar toda una estrategia. Fuimos a enfrentar al fiscal, al director de medicina forense: «aquí está pasando esto» —le dijimos. «Eso no es posible». «Si y tenemos información fidedigna que eso está pasando acá». Dijeron que no se hacían las pruebas de ADN acá y que había que mandarlas a Costa Rica, hasta decir que financiáramos nosotras el envió, porque no tenían dinero. Eso se hacía a diario. Custodiamos el sobre en dónde se fueron las pruebas para evitar que se cambiaran en el avión. Hasta nos fueron a enseñar dónde estaba la prueba, en una caja que se abre con dos llaves.

«Entonces —dijo Claudia—, si esa prueba se pierde es su responsabilidad», así enfrente de un montón de gente. «si algo le pasa a esa prueba es su responsabilidad». «No, cómo se le ocurre, porque me está diciendo que solo usted tiene esa llave». Solo así logramos que la prueba no se cambiara.

Él lo que iba a cambiar era la toma de su prueba, y estoy más que segura que en la misma versión de aquel programas del 2009 donde lo tuvieron en canal 36, iba a decir que fue un complot de Maduro. En ese aspecto fui muy bendecida. Diosito usó ángeles y puso la verdadera información. Claro, él estaba seguro que como ya había pagado, todo se iba a arreglar. Era cuestión de salirse un rato y desde afuera mandar el dinero, pero nosotros siempre supimos donde vivía. Estaba estudiando ingles en Estados Unidos. No aprendió mucho ingles.

Una persona así ha de tener también muchos enemigos. Exactamente así como tiene amigos tiene enemigos, entonces siempre supimos dónde estaba. Él dice que no salió (del país), pero sí salió, por punto ciego, le ayudó Carlos Orbin Montoya en Nicaragua. En el tracto migratorio nunca salía. No aparecía absoluta nada, es más, no tenían ningún registro, como que no había salido no se desde cuándo y precisamente en diciembre, antes de mi problema, él había andado en España, y en el tracto migratorio salía que tenía como seis años que no salía del país y había salido con Carlos Flores en todos los viajes oficiales».

—¿Por qué crees que entró en conflicto con Libre si en algún momento Mel fue una figura importante para levantarlo nuevamente?

«Yo estoy casi segura que su principal conflicto es precisamente la deslealtad, él es desleal y para mantenerse en el poder va a vender a quien tenga que vender. Se dice mucho que él negoció el cierre de la globo a cambio de que le den vuelta al amparo, eso es lo que él estuvo negociando, que al amparo la Corte le de vuelta, que se violó el debido proceso y quedar nulo y por ende quedar nula la sentencia».

—¿Y Sonia hubiera dejado que eso pase?

«Ella estuvo pendiente de eso. Preparándose incluso para las instancias internacionales. Sí se de muy buena fuente que él se reunió con Carlos Flores, también Pepe Lobo y en algún momento Mel estuvo queriendo también ayudarlo, se reunieron con Reynaldo Sánchez para negociar».

—¿El conflicto con Sonia, tiene que ver con todo lo que fue tu proceso? ¿De ahí viene su odio?

«Claro que sí, porque ella era la fiscal, Celeste estaba embarazada y por eso no fue a la prueba de ADN, no fue a la toma de la ADN en la prisión, él no dio la prueba voluntaria, se le obligó porque era fundamental obtener la prueba de ADN, para poder hacer la prueba con el semen encontrado en mí y quien estuvo allí fue la abogada Sonia.

Ella estuvo presente en uno de los momentos más humillantes de su vida y él pensó que iba a poder manipular a las personas, y cuando hay una persona que se le planta, a esa persona él la ataca.

El abogado de él hasta renunció cuando se dio cuenta. Tomas Palacios, el hijo de Chemita que ya murió, era el defensor. Años después me pidió disculpas, porque por estrategia la prueba de ADN se saca a última hora, pero claro, él estaba muy fresco. Hasta a su abogado le mintió. El abogado llegó a la fiscalía como a la seis de la tarde y Sonia le dice «Abogado pero ¿usted ya revisó?, ¿usted ya vio?, ¿usted esta seguro que su cliente ya le dijo la verdad?» Él llegó y dijo «¿y por qué van a ir a juicio si ustedes no tienen nada?». «Abogado, aquí está la prueba de ese señor».

Casi se muere Palacios. Fue inmediatamente a Támara y le dijo a David: «si no te vas por estricta inconformidad yo te dejo aquí». David anduvo buscando otros abogados pero quién lo iba a tomar horas antes del primer juicio a un funcionario público, a un diputado. Al final se quedó con Palacios.

A la Corte Suprema no le teníamos nada de confianza. Nosotros decíamos, aquí puede pasar cualquier cosa. Esa fue la mayor razón para aceptar la estricta conformidad. Yo hasta pelee con las fiscales, les decía «¿por qué vamos a aceptar la estricta conformidad? si ahí está la prueba». Yo decía eso, pero el temor tanto de la fiscalía como de Claudia de CDM era precisamente la falta de confianza a esa corte. Además, se acepta la estricta conformidad de David porque iba a ser un golpe tremendo que a esas alturas Tomas Palacios desaparezca del juicio, se hubiera atrasado más el juicio porque tienen que poner otra defensa, y para él le significaba muchísimo eso porque necesitaba de una nueva estrategia, una vez que se da cuenta que lo que él pagó no se lo hicieron, no le sirvió, horas antes del juicio.

Lo manejamos sumamente discreto, por eso yo cada vez que la abogada Gálvez me ha buscado para que la apoye lo hago con todo el gusto del mundo. Ellas tuvieron además el apoyo de la única persona que en la fiscalía dijo «nos vamos», fue el abogado Humberto

Palacios, porque la fiscal de la mujer de ese momento no quería ir».

—¿Quién era en ese momento la fiscal de la mujer?

«Era Sara Sagastume. Ella primero decía que era un incesto y que había consentimiento. Le decía que no, pero ella insistía. CDM pidió entonces hablar con el director de fiscales, que era Palacios Moya. Sara ni siquiera mandó completo el expediente, yo lo tenía completo, entonces se lo damos a Palacios Moya. Me acuerdo que Palacios Moya ni nos quería ver a la cara. Claudia del CDM le decía: «yo solo le vengo a pedir que se haga justicia de una manera legal, que se agilice el proceso, que se hagan las cosas correctamente, que no se apreste a ese hombre». Pero él se portó muy correctamente y designó a Sonia Gálvez.

Porque de hecho él tenía ya varias denuncias por acoso en CDM. Llegaron personas que decían «yo fui, yo lo denuncié» y pedimos un registro y las denuncias estaban desaparecidas, el expediente mío lo escondieron».

«Había un incidente de un arma. Habían tantas cosas que bueno, de hecho nos dimos cuenta que de la Unión Soviética él había regresado por una cuestión de abuso a una menor de edad, eso nos contó gente del partido (comunista).

Él pensó que a mí me iba a manipular con el dinero que él maneja, yo le cuento a Claudia no es que era millonaria pero no pasaba necesidad y teníamos una vida cómoda si y yo tuve un descalabro económico increíble o sea, me tocó volver a empezar, decirle a mi hijo que ya habían cosas que ya no se podían volver a comprar porque ya no había la suficiente economía, pero él pensó que yo por eso...»

«En algún momento puso a Karla Barrientos para decirme «¿y qué vas a hacer sin dinero?», «Dalia pero, ¿Qué va a hacer?». «Mire, su papá va a mantenerla». «Dalia ¿Por qué hizo eso?» «No Karla —le dije—, es que él no le está diciendo la verdad, yo estoy diciendo la verdad, Karla». Yo me acuerdo que ella estaba con él porque luego se escuchó cuando él arrebató el teléfono y dijo «para». Pero ella declaró por la defensa. También Karla Andoni. Declaraban estupideces: que era un gran hombre, que era responsable. Karla Andoni fue su esposa, llegó a decir que Dalia cuando pequeña lo provocaba porque yo andaba en chores. Que me sentaba en las piernas de él siendo niña de nueve, diez años. Acusaciones absurdas, todas las declaraciones fueron para atacarme a mí: "Dalia es que andaba casi desnuda en la casa, ella lo provoco" —cosas así».

—¿Entonces él abusaba de vos desde pequeña?

«Él empezó a manosearme a mí como a los nueve años y todo ese tiempo yo lo callé por miedo. Él siempre me tocaba mi vulva, me tocaba mis pechos y me decía: «¿de quién es esta cosita?» y «hay que ricas esas...» así, pero nunca hablé, yo nunca dije nada a nadie, absolutamente a nadie y la primera y única vez que hubo una penetración fue esa vez de la violación. Ahí yo decidí que no podía callar esto más, no es que me pareciera bien lo anterior tampoco, sabía que era incorrecto, o sea, la violación fue la gota que derramó el vaso porque yo sabía que si yo no hablaba, eso iba a continuar. Cosa contraria es con mi hermana que aunque su declaración es fuerte, ella todavía no lo acusaba si no que le hacen la entrevista en Trabajo Social, esa entrevista es bien informal, Trabajo Social determina que si existe el delito y que ella denuncie, y que sí es importante como testigo.

Nosotros queríamos probar el patrón de abusador de David Romero, creo que por sugerencia de la fiscalía la llamé para darle ánimos: «Nadia —le dije-, no te preocupés si la denunciante soy yo», o sea «el proceso lo voy a llevar yo», porque yo sabía que ella le iba a tener miedo. Sara, la fiscal de la mujer, no le pasó el expediente a Sonia y Celeste. CDM llevaba copia de todo lo que podían y ellas le pasaron el expediente completo a Sonia y a Celeste, porque Sara perdió un montón de cosas y ahí se fue también la declaración de mi hermana. Pero tampoco se le podía obligar.

Nadia luego sale a favor de él en las redes sociales y dice: «hasta a mí me quisieron involucrar». Yo leí la declaración y a ella la violaba, claro no tengo ahorita manera de comprobártelo porque todo se perdió, pero yo la leí, no es que me lo contaron, yo leí donde ella decía que la ponía a hacerle sexo oral en el carro cuando ella iba por su mesada los fines de semana, o sea que la mantenía por el dinero. Ella es menor que yo.

Todas las declaraciones a su favor decían que David «es un buen hombre; es un hombre responsable; es un buen padre y Dalia es más bien su consentida». Nadia dijo que yo era la consentida, que ¿cómo me iba a abusar? si más bien yo era su niña bonita, esas fueron las declaraciones que fue a dar. Todos ellos, todos, llegó el chofer, llegó el asistente, como él había estado de regidor antes de ser diputado...

Siempre nos hemos preguntado ¿Qué les sabe David? ¿Qué le sabe a Mel? Porque a Mel se le mandó una carta con la copia del ADN en aquel tiempo en que era presidente, se le hizo llegar cuando el golpe de Estado. Le hicimos llegar una carta a Mel cuando David empezaba a subir. Le mandamos una carta a ¿cómo se llama el dueño de radio globo?»

—¿Alejandro Villatoro?

«A Villatoro, a él directamente. No la quería recibir. A Kike Flores, personas clave que sabía que lo podían afectar en ese momento. Entonces su gremio periodístico, en afán de ayudarlo le hicieron un programa para defenderse, a mi alguien me llamó y me dijo «poné el 36» y cuando yo empiezo a escuchar... esa vez me descontrolé y empecé a marcar, porque yo quería dar mi versión, cosa que nunca hice, defenderme y llamo a Claudia, porque yo estaba desesperada y a este hombre lo tenían arriba la resistencia y yo dije «ni modo». Era la primera vez que yo lo iba a confrontar y estaba tan indignada escuchando lo cínico que estaba ese día, llegó al punto de decir que él tenia copia de los cheques que presidencial me había pagado, así lo dijo en ese programa «si yo tengo la copia de los cheques que le pagaron a esa muchacha de presidencial», dijo. Que me demuestre a mí dónde, que me los enseñe y que me demuestre a mi dónde recibí un cinco.

Nosotros tuvimos un accidente durante el proceso, que eso tampoco se sabe, yo iba con los de la DNIC e íbamos a mostrarles los lugares donde él podía estar escondido, íbamos a Siguatepeque y nos tocó irnos hasta Puerto Cortes ese día, cuando tuvimos un accidente, nos quitó el derecho de vía un vehículo de la Embajada Americana, bueno, de Palmerola justo en la cuesta de la virgen, justo en el límite de Comayagua cuando ya empezás a bajar, venia un carro rebasando rastras y nos quitó la vía de frente. Entonces la Embajada se hizo responsable de los gastos y yo tengo copia de esos cheques, si me lo pagó la Embajada, sí, pero fue de los gastos de hospital, y no me los pagó solo a mí se los pagó a los otros tres que iban de la DNIC. Ahorita yo me di cuenta con la depuración de la policía, el policía aquel que agarraron en Valle de Ángeles con aquella enorme casa, él fue uno de los que investigaba a Romero. Ahora entiendo porque decía: «ya nosotros sabemos a dónde está» y nunca hacía nada.

A David no lo detiene la DNIC, a él lo detiene la policía de tránsito por una infracción. Entró al país por Ocotepeque, fue a Puerto Cortes cuando llegó a instalarse, iba avanzando poquito a poquito para llegar a Siguatepeque y ahí quedarse, y por pura casualidad una persona llamó y dijo que ahí enfrente de su casa lo había visto. Nosotros le dijimos a Álvaro (el policía depurado de Valle de Ángeles), ahora entiendo porque no lo iban a traer, porque Álvaro era delincuente. Cuando a David lo agarran, él empieza como loco a decir que no sabían con quién se estaba metiendo. Yo llamo a Álvaro y él se fue inmediatamente para Siguatepeque. Era un sábado, yo estaba aquí en la casa y de ahí llamé a Sonia, a Palacios Moya porque la corte tenía que estar lista. Iba a ser Semana Santa. Sospechábamos de Sonia y de Celeste, nosotros les dábamos información pero con reserva. No es cierto que David se entregó, no es cierto que él voluntariamente se hizo la prueba de ADN, no es cierto que no salió del país, que no huyó, como dice él.

Se supo además que trató de extorsionar a Maduro y a saber qué pasó entre ellos. Pero por ninguna de las partes recibimos llamada del gobierno, jamás, no es cierta su versión.

Yo hasta demandarlo puedo porque eso es un prejuicio, yo tengo un aplastamiento en mi columna a causa de la violación, por andar investigando a dónde estaba, porque yo nunca hubiera andado con los de la DGIC en una búsqueda, son cosas que yo nunca quise hacer, la vía civil, aun teniendo el derecho y fue para que él no hablara, que no dijera que lo que quería era pisto.

Yo le conté a Claudia el otro día que yo confronte a Jorge Calix que lo andaban defendiendo, yo le entregué una copia del ADN. «Usted como abogado sabe que esto es irrefutable así que todo lo que este hombre dice no es cierto y me da no sé qué ver a personas como usted que es súper inteligente, defendiendo a un hombre como él».

—¿Y qué dijo Jorge Calix?

«Se le cambiaron los colores, él a mí me conoce porque fue catedrático mío y nunca relacionó a Dalia Romero con Dalia Romero la de David y ese día ahí andaba con la prueba de ADN cuando me lo encontré. Quedó sorprendido, me dijo «Dalia, cómo lo lamento».

—¿Y eso cuándo fue?

«Creo que fue cuando tu primer artículo. Yo lo que quería era que él mire a su alumna y decirle mire «yo soy, no es la que pintan, soy yo, la víctima» y ponerle la cara. Los que no me conocen que hablen lo que quieran, pero los que ya me conocen que sepan que lucho».

—¿Y tenes miedo a las consecuencias por esta entrevista?

«El miedo siempre existe, si hay una cosa que yo no puedo superar es el delirio de persecución. Antes cambiaba mi número de teléfono a cada rato, a estas alturas yo sigo dando la dirección de mi mamá, yo no doy la mía, por ejemplo. En lugares públicos, si se tiene que registrar, yo me registro con mi segundo nombre y mi segundo apellido, cosas así y eso claro, que ahora es menos pero cada vez que esto llega a la plaza pública a mí me vuelve. La vez pasada comprobé que me estaban siguiendo y no sé quién era, seria mentirosa de decir que sabía quién era, pero de que me estaban siguiendo me estaban siguiendo. David me enseñó ciertas técnicas, te voy a contar que él me sacaba, me decía: «vamos a ir a cazar ladrones».

—¿Que hacían?

«Provocar para que apareciese un ladrón y deshacerse de él. Me utilizaba, por ejemplo, me ponía mis cadenitas de oro y todo y me llevaba a un carnaval en Puerto Cortes y sí miraba que me querían robar él los agarraba. Yo era el señuelo. Él se quedaba a una distancia y me mandaba a caminar, «anda a comprar tal cosa», me decía y él se quedaba a cierta distancia y ya si alguien se acercaba a quererme robar o algo, él ya se acercaba. «Aja hijo de puta», le decía.

Una vez en Puerto Cortes íbamos en uno de esos carnavales, a una prima un hombre la tocó y él lo agarró y lo dejó encunetado. Si el hombre quedó vivo o no, no se, pero el hombre quedó en la cuneta.

Otra vez íbamos aquí en el bulevar Morazán, se cruzó una persona y lo levantó, la persona calló y le pasó por encima, tampoco sé si quedó vivo o muerto. Fueron tantos episodios de violencia que yo le tenía miedo, él mismo decía que él había matado».

—¿Él andaba armado?

«Claro que sí, entonces este delirio de persecución no lo he podido superar, porque se de lo que es capaz. Lo que pasa es que hasta cierto punto sé que él me tiene miedo también a mí y eso como que me fortalece, porque él sabe que hasta cierto punto le conviene protegerme, porque el primer señalamiento será a él. Cada vez que salimos a la vista pública, volvemos a lo mismo y volvemos a la misma versión de él y a la versión mía y siempre hay personas que me quieren contactar para que yo de mi versión, tengo un amigo que es amigo de este periodista que esta con Wong Arévalo, él me quiso contactar porque con él ya no se llevan... y Renato».

—¿Renato la quiso contactar?

«Por medio de otra persona. Querían mi versión para desmentirlo, ahí yo no me hubiera prestado para eso porque a ellos solo les interesaba perjudicarlo a él, pero ¿después quién me va a proteger? Se van a olvidar y yo no me voy a prestar para favorecer a otros».

—¿Y por qué ahora sí?

«Porque me lo pidió A., por la familiaridad, por la confianza que le tengo, no le voy a dar entrevistas a cualquiera. Desde el libro de Jessica Sánchez, el testimonio no lo hemos vuelto a hacer. Eso ya fue hace años, hasta hoy».

Tegucigalpa, Octubre 2016

PUDRICIÓN Y DESPILFARRO DEL IAIP

Scientia potentia est.
—Fracis Bacon

«El conocimiento es poder». Aunque más claro para este escrito podría ser iniciar con la frase que usó Tomas Hobbes en *El Leviatán* «quien tiene la información, tiene el poder». Porque para que el conocimiento sea poder, falta organización, estructuración, separación de la información esencial de la accesoria. La frase de Hobbes —o de Bacon— remite pues a lo que podríamos llamar: «información privilegiada», porque tener toneladas de documentos en el buró no me hace más poderosos, a menos que sepa cómo cribar el grano y la paja.

Con esa intención en el 2007 la cooperación internacional presionó para que el gobierno de Manuel Zelaya Rosales creara el Instituto de Acceso a la Información Pública (IAIP), cuyo objeto —en teoría— radicaba en la cooperación bilateral entre el gobierno y la ciudadanía, en la lucha contra la desinformación existente en las actividades de la administración pública, y en pro de la transparentación de la misma.

La idea era que el IAIP sirviera al ciudadano como un canal para conocer —y cribar— toda aquella información que produce la administración pública, especialmente la relacionada con el manejo de los fondos y recursos del Estado.

Pero luego de 10 años, vemos que lejos de cumplir el objetivo con que —en teoría— fue creado, el IAIP se ha convertido en una carga económica para la sociedad que lejos de «cribar», blinda la información, dando solo la que conviene a los intereses de quienes ostentan el poder en el país.

A criterio del abogado Wilfredo Méndez, director ejecutivo del Centro de Investigación y Promoción de los Derechos Humanos (CIPRODEH), la intención de crear el IAIP nunca fue facilitar la información para la ciudadanía.

«Crear canales para la "transparencia" y "la rendición de cuentas" fue un mecanismo que la clase política utilizó, porque sentían la exigencia que venía con mucha fuerza por parte de la Cooperación Internacional, como requisito para destrabar fondos y financiamientos. Entonces hacen reformas legales sin reformar nada, solo es un maquillaje, si hay que nombrar personas, nombran a los que van a estar sometidos a sus intereses, se adelantaron a las exigencias internacionales y legislaron para tener instituciones a la medida de la corrupción e impunidad, como el IAIP y el CNA» —afirmó Mendez en una entrevista concedida a El Pulso.

En 2007 se llevó a cabo la primera elección de Comisionados en medio de las tensiones políticas que comenzaban a florecer entre la presidencia de la República y el Congreso Nacional. Los nominados a dirigir el instituto fueron Leo Valladares Lanza y Gustavo Enrique Bustillo, propuestos por el presidente Manuel Zelaya Rosales; Elizabeth Chiuz Sierra y Eliza Fernández por la Procuraduría General de la República; Gilma Agurcia y Arturo Echenique Santos por el Tribunal Superior de Cuentas; Magdalena García Ugarte por el CONADEH y Thelma Mejía del Comité Libre Expresión, que trabajó en la ley de Acceso a la Información Pública y fue propuesta por la cooperación internacional a través del CONADEH.

Al final se impuso la línea del presidente del CN, Roberto Micheletti, ratificando las propuestas hechas por la PGR y el TSC, dos instituciones que jugarían un papel clave en la crisis de 2009.

Fueron electos comisionados para el periodo 2007-2012: Elizaberth Chiuz Sierra como presidenta del IAIP, Arturo Echenique Santos y Gilma Agurcia, representantes de los partidos Nacional, Liberal y la Democracia Cristiana respectivamente.

El diputado pinuista Toribio Aguilera dejó claro en esa ocasión, que él no votó, porque según él, los comisionados electos luego «se convertían en activistas políticos de los partidos que los eligen».

Mismo criterio comparte ahora Wilfredo Méndez, cuando manifiesta que los mecanismos con los que son electo estos altos funcionarios públicos, operan de la misma forma a de como se eligen al Fiscal General de la República, los Magistrados de Corte Suprema de Justicia o Magistrados del Tribunal Supremo Electoral.

«Todos tienen un acuerdo, y esta cadena de favores se tiene que pagar en cualquier momento» —afirma Méndez.

LA PRIMERA CRISIS:
PUGNAS POR EL PODER (2007-2009)

Esa primera administración del IAIP fue conflictiva. Electa para un período de cinco años, duró a penas dos años sin alterar su estructura. Durante ese tiempo, los conflictos internos entre los comisionados se fueron incrementando, llegando a sus clímax después del golpe de Estado de 2009.

La presidenta del IAIP, Elizabeth Chiuz Sierra, presentó su renuncia con carácter de irrevocable al Congreso Nacional, en el mes de agosto de 2009. En su momento, el presidente del Congreso Nacional, José Alfredo Saavedra, anunció el nombramiento de una comisión de diputados para investigar supuestas irregularidades en el IAIP publicadas por Chiuz en el documento: Cronología de los hechos al interior del Instituto de Acceso a la Información Pública, en donde se ponía en manifiesto a través de 42 puntos, las actuaciones irregulares de los comisionados Gilma Agurcia Valencia y Arturo Echenique Santos, quienes, según lo denunciado por Chiuz Sierra en ese escrito, tenían una alianza para cubrirse mutuamente.

«La comisionada Gilma Agurcia sirve clases en la Universidad y no le dedica el tiempo que requiere la institución» —dijo, afirmando que el problema con Echenique Santos surgió a raíz de un llamado de atención por «dedicarse a fomentar el divisionismo entre el personal del Instituto, propiciando reuniones fuera del Instituto con grupos de su preferencia y llegando tarde a las sesiones de trabajo».

La comisionada Chiuz Sierra denunció contrataciones irregulares de personal y usurpación de funciones, hechos en que estarían involucrados sus compañeros de fórmula Arturo Echenique Santos y Gilma Agurcia.

Al conocer del caso, el fiscal especial contra la Corrupción, Henry Salgado manifestó:

«Hay unas acciones que han sido de público conocimiento; incluso se mencionan consultorías sin concurso. Por ello es obligación del Ministerio Público, junto con entes contralores, tener conocimiento de si hubo alguna irregularidad, especialmente en el ramo de consultorías».

Para conocer el conflicto, el Congreso Nacional nombró una

Comisión Interventora integrada por los diputados Carlos Lara, Ramón Velásquez Nazar, Ricardo Rodríguez, Donaldo Reyes y Toribio Aguilera, quienes en su primer informe dijeron:

«Los documentos citados ratifican la existencia de irregularidades y procedimientos viciados, y reafirman la existencia de un ambiente de pugnas y luchas de poder entre los comisionados, que entorpecen la marcha de la institución [...] La situación del IAIP ha continuado en deterioro, tal como es de conocimiento público, situaciones totalmente contradictorias con la naturaleza de las funciones y finalidad de dicha institución; razón por la cual reafirmamos la condición de nuestro informe principal, improbando la conducta administrativa de los comisionados y procediendo a su destitución».

Pero a pesar de que la Comisión Interventora del Congreso Nacional pidió se destituyera a todos los comisionados del IAIP, por las muchas irregularidades en el instituto, fue la abogada Elizabeth Chiuz Sierra, la única sustituida, incluso bajo acusaciones por parte de los demás Comisionados que la señalaron como responsable de los actos de corrupción en el IAIP.

La ex designada presidencial, Guadalupe Jerezano, fue nombrada para cubrir la bacante dejada por Chiuz Sierra en el puesto de Presidenta del IAIP, del 9 de agosto de 2007 al 9 de agosto de 2012.

LA SEGUNDA CRISIS:
«HACERSE DE LA VISTA GORDA» (2009-2012)

La primera crisis del IAIP coincide con la crisis que el país vivía a raíz del golpe de Estado de 2009. La nueva presidencia, a cargo de la abogada Guadalupe Jerezano, tuvo como política «hacerse de la vista gorda» en aquellos caso que su antecesora denunció.

Todo se dejó pasar sin que trascendiera a la prensa, a cambio de que los Comisionados sirvieran como blindaje al gobierno de Micheletti y después al de Porfirio Lobo Sosa.

A criterio del abogado Wilfredo Mendez, el IAIP en ese período se convirtió en un filtro. Él califica al instituto como una organización creada para «brindar información que no dañe a los corruptos de cuello blanco».

Las irregularidades denunciadas por Chiuz Sierra, sin embargo, continuaron en el IAIP.

Según los hallazgos de las auditorías financieras y de cumplimiento legal realizadas por el departamento de Auditoría Sector Social del Tribunal Superior de Cuentas (TSC), del 9 de agosto de 2007 al 31 de diciembre de 2009, y del 1 de enero de 2011 al 30 de junio del 2012, el IAIP pagó 221,606.85 Lempiras en permisos y ausencias sin justificar de su personal. Las irregularidades se cometieron de 2010 a 2012 y las mismas fueron ignoradas por la licenciada Rosa María Trimarchi Galindo, Jefa de la Unidad de Auditoría Interna que asumió el puesto desde el 3 de octubre de 2007, en el cual aún permanece.

En una carta girada desde la Presidencia del IAIP con fecha 23 de noviembre de 2015, por la abogada Doris Imelda Madrid Zerón, presidenta de IAIP, a la Presidenta del Tribunal Superior de Cuentas, la abogada Daysi Osegueda de Anchecta, la jefa de la Unidad de Auditoría Interna, Rosa María Trimarchi Galindo, no solo sabía cuenta de las irregularidades, sino que fue partícipe de ellas.

La lista de irregularidades es extensa: adelantos del decimotercer y decimocuarto mes y de salarios solicitados al programa «Crédito ya» que no fueron deducidos de las planillas de la institución, ausencias no justificadas, vacaciones sin registros y permisos médicos otorgados por profesionales independientes que no siguieron los canales adecuados, prenatales extendidos sin deducción de salarios, después de la fecha de ley correspondiente.

La licenciada Rosa María Trimarchi Galindo, Jefa de Auditoría Interna del IAIP, solicitó por ejemplo, la suspensión de su cotización al IHSS como empleada de la IAIP a partir de 2011, aun cuando el artículo 25 de esta institución establece que todo trabajador, independientemente con cuantos patrones labore, debe «cotizar de acuerdo con la relación laboral con cada uno de ellos». Trimarchi Galindo solicitó además la suspensión de su cotización el 10 de marzo de 2011, aduciendo que ya se descontaba su planilla en el Centro Universitario Tecnológico (CEUTEC). Entonces, pidió a Julio Antonio Sierra Pineda, que se les devolvieran las deducciones realizadas de julio de 2010, fecha en que se le empezó a «deducir en ambas instituciones». Aun así, ocupó su certificado patronal en CEUTEC (101-1991-0091-1) para obtener días por baja médica dentro del IAIP, como los diez días que recibió por dengue, del 17 al 26 de octubre de 2013, aplicándosele una deducción del 66% del salario, en lugar de aplicarse del 100% que correspondía al no ser cotizante del IHSS; y los tres días que recibió por cefalgia en estudio, del 14 al 16 de octubre de 2013, en donde nuevamente se le aplicó una deducción del 66% en lugar de aplicarse la del 100% que correspondía.

A parte de Rosa María Trimarchi, los empleados Abner Zacarías Ordóñez Gutiérrez, Carmen Alejandra Portillo Avilés, Mauricio Alejandro Salazar Velásquez, Bella Etelina Varela Osori, Tania Isabel Rodríguez Alonzo, Ledby Marisol Aceituno y Milixa Jacqueline Montoya, solicitaron adelanto de días de vacaciones, adelantos de pagos de vacaciones, adelantos de décimo tercer y décimo cuarto mes o el pago de bonificaciones entre el 9 de agosto de 2007 y el 30 de junio del 2012, a un costo de 221,606.85 lempiras, que luego no se dedujeron de la planilla.

El 7 de mayo de 2013, Madrid Zerón envió un memorando a María Trimarchi solicitando una auditoría especial de los adelantos pagados. Según la comunicación, la entonces comisionada presidenta había tenido «información extrainstitucional» de adelantos de sueldos y salarios a través del Sistema de Administración Financiera (Siafi) y de dos cuentas de cheques del Banco Central de Honduras sin la autorización del pleno de comisionados. Además, se hablaba de «anomalías» en los cálculos y reintegros de los mismos.

El 2 de octubre de 2014, la entonces gerente administrativa Cinthya Borjas, a solicitud del pleno de comisionado que pidieron actualizar las vacaciones de todo el personal del IAIP, comunicó a Trimarchi Galindo que no existía registro alguno de la asistencia diaria del personal de 2007, 2008, 2009, 2010, 2011 y enero y febrero de 2012.

«En vista de lo anterior —decía el comunicado remitido a Trimarchi Galindo— le solicitamos la justificación de la falta de estos registros, tanto en el reloj biométrico y los libros únicos de asistencia correspondientes a esas fechas».

Ese mismo día, Trimarchi Galindo contestó que: «Durante el año 2007 e inicios de 2008, no se contó a lo interno del IAIP de un control de asistencia a través de un reloj marcador, razón por la cual no existen registros de la asistencia de los funcionarios y empleados del Instituto. El referido reloj biométrico fue adquirido a inicios de 2008, expresándose que ciertos cargos, catalogados como de confianza —entre los que se encuentra el de Jefe de la Unidad de Auditoría Interna— fueron exonerados de la obligación de un registro de asistencia». Esto, según la funcionaria, se amparaba en el memorando de fecha 5 de mayo de 2008, firmado por la entonces comisionada presidenta Elizabeth Chuiz Sierra.

El oficio número 0031-DP-IAIP-2011 informó que «la actual administración ha considerado desde el mes de septiembre del año 2010 que todo el personal sin excepción debe registrar su entrada y salida de la institución, por lo que se hicieron gestiones en el ultimo trimestre del año pasado para adquirir una memoria de mayor capacidad o expandir la memoria del control biométrico en vista que actualmente el reloj marcador solo tiene capacidad para registrar 50 empleados. Por razones presupuestarias y por tratarse de cierre de año no fue posible concretar la adquisición...»

La marcación obligatoria para todos los empleados se impondría según el acuerdo No. 01-2012/IAIP, por el pleno de comisionados. Pero, debido a que el sistema de marcación no tenía «memoria suficiente» para almacenar todos los datos, durante un «lapso de tiempo», Rosa María Trimarchi no fue incluida en la marcación obligatoria. Según el registro de marcaciones, Trimarchi Galindo aparecía con ausencias durante todo el mes de enero de 2012.

Llama la atención la alta rotación de los Gerentes Administrativos del IAIP: Darío Humberto Hernández Bonilla (2012); Cinthya Borjas (2014); Raúl Eduardo Borjas Castejón fueron Gerentes Administrativos, este último de carácter Interino en 2015.

En la prensa independiente sin embargo, aparecieron denuncias en contra de la actitud soberbia del Comisionado Arturo Echenique Santos, quien según la periodista Eleana Borjas del portal electrónico revisazo.com, la intimidó cuando ella pretendía obtener una declaración del funcionario que votó en contra del un Recurso de Revisión presentado en esa institución, luego que se le negó la información de los subsidios que desde el Congreso Nacional se entregaron a los diputados en el período 2006-2010.

«Y vos, quién sos?» —le dijo el abogado Echenique a la periodista despectivamente, advirtiéndole, frente a todos en el vestíbulo del edificio del IAIP, que iba a esperar lo que ella publicara y luego iba a reaccionar judicialmente en contra de la periodista.

«Cuando me respetés te voy a dar la entrevista» —le gritó el Comisionado Echenique a la periodista Eleana Borjas.

UN INTENTO DE RESTABLECER EL ORDEN (2012-2014)

En agosto del 2012 se llevaron a cabo las elecciones para elegir a los nuevos comisionados del IAIP que suplantarían a Guadalupe Jerezano, Arturo Echenique Santos y Gilma Agurcia.

El Congreso Nacional, presidido en ese momento por el abogado Juan Orlando Hernandez, tenía una composición excepcional en la historia del país. El Partido Nacional contaba con una mayoría absoluta en el Congreso y prácticamente eligió sin resistencia alguna a la terna compuesta por Doris Imelda Madrid, Miriam Guzmán y Damián Pineda, quienes tomaron posesión en agosto del 2012, para un periodo de cinco años, de 2012-2017.

La Prensa escribió al día siguiente, a propósito de la elección de segundo grado: «El Congreso Nacional eligió la noche del miércoles, con 113 votos a favor, tres en contra y dos abstenciones, como Comisionados del IAIP para el periodo 2012-2017, a la abogada Doris Madrid, propuesta por la Presidencia de la República; al General retirado, Damián Gilberto Pineda, propuesto por el Tribunal Superior de Cuentas; y a la abogada Miriam Guzmán, propuesta por la Procuraduría General de la República».

A criterio de Wilfredo Mendez de CIPRODEH, el haber nombrado a un militar retirado en el cargo de Comisionado del Instituto de Acceso a la Información Pública, deja un mensaje claro a la sociedad, de quién controla la información en este país.

«Los militares han sido una de las instituciones que mas daño le han causado al país, no hay que olvidar que han estado vinculados a la corrupción de la forma mas atroz en la década de los 90, fueron los primeros vinculados al narcotráfico, no hemos tenido una institución castrense que este del lado del pueblo, sino que se ha corrompido en el camino y ha aprovechado su poder para tener el control político y económico», agrega Mendez.

Fue electa presidenta del IAIP, propuesta por el presidente

Porfirio Lobo Sosa, la abogada Doris Imelda Madrid Zerón, quien antes se había desempañado como Secretaria General del Despacho de Finanzas a cargo de Wilfredo Cerrato Rodríguez.

El nombramiento de Madrid fue duramente criticado en su momento por el Frente Nacional de Resistencia Popular (FNRP), por considerar que ella jugó un papel importante al negarse a resolver de forma favorable a una petición de información en 2011 en torno al caso Latincom, empresa contratada por el gobierno de Roberto Micheletti Baín, a través del Secretario de Defensa Adolfo Sevilla, para dar dar seguridad a las elecciones generales de 2009. Los argumentos usados por Madrid en aquella ocasión para negar la información al periodista Alex Flores de diario *El Heraldo*, fueron «que dicha información es de seguridad nacional».

Desde su ingreso a la presidencia del IAIP, Madrid Zerón mostró un intento legítimo por depurar la institución de los excesos cometidos en las anteriores administración. A parte de los ya explicado en el manejo inapropiado de adelantos de días y pagos de vacaciones, décimo tercer y décimo cuarto mes, o el pago de bonificaciones a los empleados a un costo de 221,606.85 lempiras, que luego no se dedujeron de la planilla, y quienes no tenían además un control de entradas y salidas argumentando falta de presupuesto para comprar el equipo apropiado, redujo el personal de 65 a 50 empleados con el correspondiente ahorro en el presupuesto; pagó los saldos pendientes ante la Alcaldía Municipal del Distrito Central que en concepto de multas por el retraso del pago del año 2010 acumulaba 6,412.88 lempiras; ordenó la revisión de los documentos de soporte de pagos y contadores por el servicio de agua potable pagado al SANAA, descubriendo que el IAIP pagó desde 2008 hasta marzo de 2013 la cantidad de 208,042.00 lempiras de más a lo que por ley correspondía pagar y recibió un bono de pago por parte del SANAA para descontar esa cantidad del consumo futuro de la institución; cotejó además el contrato de arrendamiento en el edificio Panorama, propiedad de la inmobiliaria San José, representada legalmente por los ingenieros José Ramiro Zúniga Soto y Manuel Zúniga, descubriendo que el pago de alquiler pasó de 3,500US$ en 2007 por cinco locales (no se especifica la extensión en m2); a 5,000US$ por 1084 m2 en ese mismo año 2007; luego pasó a pagar 6,500US$ por 1374 m2 en 2008;

después 7,873US$ por 1374 m2 en 2009; más adelante 8,244US$ por la misma extensión en 2010; para cerrar el alquiler a un costo de 9,618 dólares a partir del año 2011 por la extensión de 1448 m2. Actualmente el IAIP paga un aproximado de 217,000 lempiras mensuales por concepto de alquiler. Una institución que a criterio de la abogada Madrid funciona con apenas 900,000 lempiras mensuales de presupuesto.

En un estudio realizado por la presidencia del IAIP, se logró confirmar que el instituto había estado pagando de más en el alquiler, contando no el monto del pago sino en la extensión real del edificio, pues lejos de ser la cantidad contratada de 1448 m2 era en realidad 1226 m2. La inmobiliaria San José acordó otorgar un crédito al IAIP equivalente a 307,726.56 Lempiras correspondiente a alquiler cobrado de más.

En 2014, luego que llegó a la Presidencia de la República el abogado Juan Orlando Hernández, la Comisionada Miriam Guzman pidió permiso al Congreso Nacional para retirarse del IAIP y pasar a la Dirección Ejecutiva de Ingreso (DEI), mismo que adquirió sin problema, dejando vacante el puesto. Nuevamente la estructura del Instituto se transformó y como en los años de Chiuz Sierra la lucha interna comenzó por el control de la institución.

TERCERA CRISIS: LA LEY DE SECRETOS (2014-2016)

Tras la salida de Miriam Guzman del IAIP en 2014, las negociaciones por el puesto de Comisionado comenzaron al interior del recién estrenado Congreso Nacional. El nuevo Partido Anticorrupción (PAC), liderado por el ingeniero y presentador de televisión Salvador Nasralla, siguió la estrategia usada por el Partido Anticorrupción de Costa Rica, de colocar cuadros del partido en puestos claves para combatir la corrupción y negoció con el Partido Nacional, a través del diputado Luis Redondo, intercambiar el voto para el Comisionado Nacional de Derechos Humanos y la Dirección de la Procuraduría General de la República, por el puesto de Comisionado del IAIP. Se nombró así al abogado Gustavo Adolfo Manzanares, ex candidato a diputado por el PAC, en el cargo de Comisionado del IAIP.

Manzanares fue propuesto mediante una moción presentada

por el diputado del PAC, Aníbal Cálix y fue electo por 94 votos afirmativos.

«La negociacón para que el PAC tenga un Comisionado la hizo el Diputado Luis Redondo», dijo a *El Pulso* el diputado Ernesto Rumán del PAC.

Al conocerse su nominación, Salvador Nasralla declaró: «Obviamente que vamos a apoyar a los candidatos que están nominados, son gente muy competente... entre más personas del PAC estén metidos en las estructuras del Estado, más posibilidades tenemos de cambiar el país».

El diputado del PAC, Rafael Virgilio Padilla, manifestó por su parte, que él votó en contra de la elección de Manzanares y alertó que la institución que representa podría tener problemas por apoyar al Partido Nacional. Él aseguró que en esa votación, se quedó al margen y agregó que para un grupo de diputados del PAC, tomar una decisión sobre la oferta fue algo difícil, «porque nosotros debemos tener una lealtad con el partido, con el ingeniero Salvador Nasralla a quien le estamos muy agradecidos por darnos la oportunidad de participar».

«El PAC no es un partido que vota en plancha, cada quien tiene su criterio y pensamiento y eso se respeta, sabemos que deben de haber diversas posiciones, pero nosotros nos debemos a los electores y con ellos tenemos que ser congruentes», señaló el diputado Virgilio Padilla.

El abogado Manzanares, al ser electo comisionado del IAIP, manifestó que «no hubo ninguna componenda... Salvador Nasralla sigue con su posición, no hay ningún pliegue al gobierno».

Dijo a la vez que Nasralla no le giró ninguna instrucción y depositó su confianza en su persona, a la vez que le pidió que hiciera honor al PAC y a la patria.

«Hay un marco legal, no tengo por qué estar en contra de los otros dos comisionados, hace falta empoderar e involucrar más a la ciudadanía para que tenga acceso a los derechos que le da la ley, como el derecho a la información y a la protección de sus datos como que se suban a los portales los datos de las instituciones», dijo el abogado Gustavo Manzanares.

Una vez en el puesto, Manzanares desconoció al PAC como su

partido, y afirmó que él «no respondía a líneas de nadie».

Sea cual sea el equilibrio establecido con la terna electa en 2012, este se rompió al entrar Manzanares como comisionado del IAIP.

La abogada Madrid, un cuadro importante en la administración Lobo, intensificó su retórica en contra del gobierno de Juan Orlando Hernandez, atacando la aprobación de la Ley de Secretos Oficiales y Desclasificación de la Información Pública que, según sus palabras, cercena la función al IAIP, al prohibir la divulgación de información nacional y violenta convenios internacionales contra la corrupción.

«Prácticamente le disminuye y le tergiversa la acción al IAIP y evita que la ciudadanía tenga acceso a la información pública», cuestionó Madrid.

La Ley de Transparencia faculta al IAIP para que emita acuerdos para declarar secreto o público determinados documentos, según su nivel de importancia y protección a los intereses públicos y del Estado. Pero la Ley de Secretos Oficiales y Desclasificación de la Información Pública también le otorga esa atribución al Presidente de la República, a los titulares de las instituciones estatales y a la Dirección de Investigación e Inteligencia.

«Hay un conflicto porque cuando alguna institución decrete secretividad mediante la Ley de Secretos, las personas ya no podrán usar la Ley de Transparencia para lograr que se le dé la información mediante recurso de revisión», cuestionó Madrid.

Según la ley aprobada en 2014, existen cuatro categorías de información que serán objeto de clasificación o secretividad: Reservado, Confidencial, Secreto y Ultrasecreto. La aplicación de una de esas clasificaciones significa que la información no será de uso público sino hasta que se hayan cumplido ciertos plazos que van de 5, 10, 15 y 25 años respectivamente.

A juicio de la Comisionada Madrid, es incorrecto que los funcionarios tengan discrecionalidad para blindar información sobre sus gestiones porque se convierten en jueces y partes.

Para marzo de ese año, 2014, tras reunirse con el presidente Juan Orlando Hernández, la presidenta del Instituto de Acceso a la Información Pública, Doris Madrid, suavizó su oposición a la Ley de Secretos Oficiales.

Doris Madrid indicó a la prensa que analizará la Ley de Secretos

Oficiales publicada en *La Gaceta*, para ver si hay contravenciones con convenciones internacionales.

«Luego veremos si hay contravención con la Constitución de la República, leyes especiales sobre lo que son los derechos fundamentales de todo ser humano como son el derecho de acceso a la información pública», expresó Madrid refiriéndose al marco jurídico que en ese momento estaba en suspenso y que luego apareció publicada sin una oposición por parte del IAIP.

Sin embargo, poco duró la paz entre Doris Madrid y la administración Hernandez. A las pocas semanas, intensificó el ataque cuestionando los contratos de Coalianza, Registro Nacional de las Personas, Dirección Ejecutiva de Ingresos y el Instituto de la Propiedad por transferir información de los usuarios a la banca y empresas privadas de telefonía.

En enero de 2016, la comisionada presidenta del Instituto de Acceso a la Información Pública (IAIP), Doris Imelda Madrid, anunció que había puesto su cargo a la disposición del Congreso Nacional, negando enfáticamente que la decisión tenga que ver con conflictos con la Junta Nominadora de magistrados a la Corte Suprema de Justicia.

Según ella indicó, su intención de renunciar surgió desde agosto de 2015, cuando expuso por primera vez a la junta directiva del Congreso su intención y desde entonces sigue a la espera que en el Parlamento se reúna la mayoría calificada, es decir 86 votos de los diputados, para que se proceda a aceptar su retirada. Posteriormente insistió en septiembre y luego en diciembre, pero no hubo consenso.

Madrid justificó su renuncia a planes que tiene en su vida privada y profesional. Dijo que desea jubilarse de la función pública y regresar al ejercicio privado de «donde yo vine y donde yo siempre he tenido muy buen suceso».

Según Wilfredo Méndez, la actitud de Doris Imelda Madrid, durante el proceso de elección de la Corte fue un proceso de juegos de poderes para presionar en un lado, evitar la presión del otro extremo y de esa forma conformar la propuesta que se conformó».

El día que el Congreso Nacional eligió la nueva Corte Suprema de Justicia, se aceptó la renuncia de Doris Madrid a la dirección del IAIP y desde entonces permanece vacío el puesto del tercer Comisionado.

CUARTA CRISIS:
LAS AGUAS CALMAS DEL BAJO PERFIL (2016)

Gustavo Adolfo Manzanares Vaquero fue electo Presidente del IAIP en enero de 2016, luego de la salida de Doris Madrid Zerón del cargo. Su nombramiento, corresponde más a una decisión de imagen del instituto. De los tres Comisionados electos en 2012 para rectorar el IAIP, el único que permanece aún en el cargo es el General retirado Damián Gilberto Pineda. La dirección correspondía a él, pero nombrarlo en el cargo hubiera creado la imagen de un Instituto de Acceso a la Información Pública rectorado por las Fuerzas Armadas.

A criterio del abogado Wilfredo Méndez, la dirección del IAIP de Manzanares ha sido «pusilánime».

«El papel del IAIP, ha sido muy tímido, no ha tenido beligerancia. Ha sido una institución pusilánime. Los Comisionados tienen la posibilidad de tener la independencia si quisieran, por la conformación política en el Congreso Nacional es difícil que el partido de gobierno pueda irse en de contra ellos, pero no existe esa voluntad, por lo tanto la inversión es mayor al beneficio que el pueblo hondureño pueda tener del IAIP», concluyó.

A juicio de Gustavo Manzanares, el principal problema que genera la inoperancia del IAIP está en la Ley de Secretos y la falta de una Ley de Archivos.

«Hablo con sinceridad, el IAIP, tiene deficiencia con el tema, la libertad de expresión no existe si no se garantiza el acceso a la información, no puede haber información si no hay una ley de archivos. Como Gobierno hemos asumido la responsabilidad de promover una ley de archivos, se ha trabajado en su elaboración y está presentada ante el Congreso Nacional, desde el año anterior, se ha discutido en su primer debate», manifestó el presidente del IAIP en una entrevista a *El Pulso*.

El tiempo pasa. El IAIP sigue funcionando sin el tercer comisionado, dejando a la institución sin capacidad de actuar y a la población sin acceso verdadero a la información pública.

El abogado Gustavo Manzanares, un cuadro posicionado por el PAC en el IAIP con la esperanza de ejercer mayor control en las instituciones del estado, ha resultado ser más de lo mismo. Él ordenó darle «bajo perfil» a la institución, luego que Madrid mantuviera una guerra abierta en contra el gobierno de Hernández. Al tener «bajo perfil», Manzanares han logrado que nadie lo escrute y le permite, al personal del IAIP que antes ha sido acusado de excesos en la administración, hacer lo que han venido haciendo desde la fundación del IAIP en 2007: Contratos sin el debido concurso, como el nombramiento del abogado Héctor Longino Becerra del Partido Libre, antes director de C-Libre, como asesor de la presidencial del IAIP; viáticos, viajes y contratos sin control de nadie; problemas con el manejo de personal, despidos injustificados para luego contratar amigos y personas cercanas a la presidencia. De continuar estas acciones sin control, no cabe duda que terminarán con la institución a costa del derecho a la información «privilegiada» a la que tenemos derecho el pueblo hondureño, dando una victoria a quienes desde la sombra del poder maniobran para que el Instituto de Acceso a la Información Pública desaparezca, esperando así que los hondureños no podamos cribar el grano de la paja y al final, nada pase.

NOTA: El 16 de mayo de 2017 falleció el abogado Gustavo Adolfo Manzanares Vaquero, Comisionado del Instituto de Acceso a la Información Pública (IAIP). Con su fallecimiento quedó la vacante la presidencia del Instituto. Los partidos políticos en el Congreso Nacional acordaron realizar la elección de los nuevos comisionados después de las elecciones de 2017.

LA UNAG, EL FEUDO EN CRISIS DE MARLON ESCOTO

Catacamas, Olancho, noviembre de 2016.

La toma que protagonizan los estudiantes de la Universidad Nacional de Agricultura y Ganadería (UNAG) en Catacamas, en el departamento de Olancho, al oriente del país, lleva ya una semana. Lo que se originó como un conflicto disciplinario luego de la suspensión de ocho estudiantes durante la tradicional alborada, se ha incrementado poniendo en riesgo no solo el mandato de Rector de la Universidad Agrícola (y también Secretario de Educación de la República) Marlon Escoto, sino el prestigio que él ha construido con las cooperación internacional y un proyecto que lleva ya más de una década de gestación.

A criterio de Orlando Murillo, catedrático despedido esta semana por las autoridades de la ENAG, el problema se origina en el interés del Rector Marlon Escoto en reelegirse para un tercer mandato consecutivo.

«Tengo 22 años de dar clases en la UNAG y mi delito es dercile a Marlon Escoto que no puede ser Rector, porque es ilegal. No se puede ser el origen del problema y después pretender buscar ser la solución», argumenta Murillo.

Gustavo Ramos, ex rector de la UNAG, ahora también despedido, coincide con lo expuesto por Murillo.

«Los estatutos de la UNAG indican que se puede ser reelecto a la rectoría una sola vez. Marlon Escoto va ya por un tercer mandato seguido, luego de dos períodos como vicerector, lleva más de doce años en el poder de la Universidad», indica.

Pero la reelección aparentemente ilegal de Marlon Escoto, que tiene en suspenso 621 títulos rechazados por las autoridades de Educación Superior de Honduras, al no reconocer su firma, es solo la punta del Iceberg de un problema aún más profundo.

Se le acusa de la compra ilegal de materiales para la Universidad, tráfico de influencias, contrataciones ilegales sin licitaciones, pago de alquiler ilegal del edificio El Chino en el barrio La Hoya, en donde se hospedan los estudiantes de primer ingreso; nepotismo entre otras irregularidades de las cuales, a criterio de los estudiantes consultados en la toma, ya tiene conocimiento el Tribunal Superior de Cuentas y el Ministerio Público.

«Hay además un convenio con la OABI, en donde los animales confiscados al narcotráfico vienen a dar a la UNAG. Son miles de cabeza del mejor ganado del país que llegó acá y del cual no se sabe su destino», indica un estudiante de la carrera de Medicina Veterinaria, líder de la movilización, quien indicó que entre los estudiantes y catedráticos de la UNAG se conoce, que los narcotraficantes recientemente arrestados, conocidos como Los Amador, le pidieron a Escoto que tomara el control sobre sus animales, para evitar que el ejército lo haga.

Joaquín Santos, estudiante de la universidad y vocero del movimiento, confirmó lo denunciado en una entrevista a *El Pulso*. Según Santos, hay varios vehículos de lujo, electrodomésticos y hasta camas incautadas al narcotráfico que ahora son manejadas por la escuela.

«Todos los seguidores y personas cercanas de Escoto andan vehículos nuevos asignados por OABI», dijo el líder estudiantil.

Las autoridades universitarias, en un intento por recuperar el control, reaccionaron a la toma despidiendo a 17 catedráticos y expulsando a más de medio centenar de alumnos. Según Gustavo Ramos, las medidas represivas de Marlon Escoto solo han empeorado la situación.

«Los muchachos no quieren destruir lo que es de ellos. Han permitido que entre la compañía constructora para seguir con el proyecto de los dormitorios, permitieron que entre el personal administrativo a pagar la planilla, no estamos ante muchachos fanáticos». Afirma el ex rector, quien acusa que el tractor que embistió a los estudiantes durante la semana, fue conducido por un empleado de producción animal controlado por la rectoría.

Según los estudiantes en la escuela, el tractor que embistió a los estudiantes el martes pasado, intentó romper la toma para ingresar al edificio en donde mantienen la documentación que desnuda la mala administración de Marlon Escoto.

«El rector Escoto lo mandó», dice Ramos, recordándole a Escoto que la fuerza no funcionará en este conflicto.

«¿Como vamos a dialogar si los acusa de vándalos y les pone un requerimiento fiscal?», dice.

«Esconde en la oficina demasiadas cosas que lo incriminan,

mientras esté en nuestro poder la Universidad, él sabe que está a nuestra merced», dijo Santos.

Los estudiantes custodian ese edificio en espera de una auditoría de las autoridades.

Marlon Escoto, graduado de la Escuela Nacional Agrícola de Catacamas, sacó una maestría en Chile y después un doctorado en España. Fue dirigente estudiantil en su momento. Los catedráticos y alumnos le reclaman ahora su desconexión con la realidad que ahora vive la universidad. Si bien le reconocen su labor al aumentar el ingreso de 300 a 5000 estudiantes becados de todo el país, le reclaman que llegue a las instalaciones en helicóptero y maneje la Escuela como su finca privada.

«Él se cree que esto es de él y que nosotros somos sus mozos. Él maneja la UNAG a su manera. Cree que puede hacerse dueño de la Universidad a través de una fundación. Busca hacer la universidad gratuita y además privada», dice Joaquín Santos, vocero de los estudiantes que mantienen tomada la UNAG.

«Escoto y su gente andan buscando la autonomía de la universidad, ¿se imagina si así como tiene ahora la escuela la maneja como su finca personal, ya con la autonomía como harían?», pregunta el estudiante de Veterinaria.

La UNAG fue fundada el 20 de enero de 1950, siendo presidente de Honduras el Doctor Juan Manuel Gálvez. Inicialmente fue identificada con el nombre de «Escuela Granja Demostrativa» y los servicios académicos se abrieron a partir del mes de mayo de 1952.

En 1977, la ENA es objeto de una remodelación, ampliación en su planta física y transformación académica, para adecuarla a las necesidades del país. Desde 1979 y hasta el 6 de diciembre del año 2001, la ENA depende de la Secretaría de Recursos Naturales (hoy Secretaría de Agricultura y Ganadería).

Se incorpora al sistema de educación superior, otorgando desde entonces el título de Ingeniero Agrónomo en el grado de Licenciatura, el año 2002. Actualmente la UNA cuenta con cinco carreras universitarias: Ingeniería Agronómica, Tecnología Alimentaria, Recursos Naturales y Ambiente, Medicina Veterinaria y Administración de Empresas Agropecuarias.

Según los estudiantes, desde sus inicios «La Alborada» ha sido parte de su tradición.

«La alborada es una tradición que viene desde el origen de la escuela en 1950. Marlon Escoto, como graduado de la Escuela, participó en ella. La hacen los estudiantes de cuarto año como una despedida», comentó el estudiante Justo Suazo, recordándonos que la misma tradición tienen los estudiantes de la Escuela Agrícola Panamericana.

«El consejo universitario rompió con la tradición al prohibir La Alborada. Los estudiantes pasaron 4 años esperando hacer su despedida. Ha sido la tradición. Les tocaron el ego al impedírselo. Ahora los estudiantes de cuarto año manejan la producción que da de comer a los estudiantes que tienen tomada la universidad», afirma Joaquín Santos, líder estudiantil.

El jueves 17 de noviembre, los estudiantes de cuarto año fueron notificados por los agentes disciplinarios, que este año no se haría la tradicional alborada. La noticia causó indignación entre el estudiantado y los de cuarto año se rebelaron. El incidente causó la expulsión de ocho alumnos, lo cual fue la chispa que inició la huelga.

Los estudiantes se quejan de que el reglamento es demasiado pesado y que fue aprobado en ausencia de ellos y sin socializarlo. Igualmente dicen que los agentes disciplinarios son demasiado estrictos.

«No son gente capacitada para ese puesto. No son sicólogos o pedagogos, sino «pega afiches» del rector Escoto», dicen.

Mientras, la toma se mantiene. Las distintas empresas productivas de la Universidad continua bajo funcionamiento a cargo de los estudiantes de cuarto año. Aquellos que el rector Escoto impidió la celebración de La Alborada.

«La comida ahora es buena, —dice Santos, describiendo la comida de esa cena—, antes no era así. Cuando eran 300 estudiantes dicen que era mejor, pero desde que subió la matrícula la comida es muy mala. Apenas le dan a uno frijoles parados con dos tortillas y un chorizo feo en la cena. Y todo lo compran afuera de la escuela, quién sabe a qué precio. Cuando aquí tenemos para producir lo que necesitamos. Tenemos vacas para lácteos, gallinas, cerdo y la producción de vegetales. No le hemos tocado su almacén a Marlon Escoto, ha sido por la producción de la escuela más las donaciones que han llegado. Tecnología de Alimentos está a cargo de la cocina», afirma Joaquín Santos.

Según Santos, existe mucha desinformación que sale desde la UNAG.

«Nos están aplicando una estrategia para agotarnos, es como un juego para Marlon Escoto. Tiene gente adentro que desinflama y crea dudas entre nuestra gente. Esta huelga estaba programada para del lunes, en contra de la privatización, pero Escoto logró que estallara antes para que saliera débil».

Desde *El Pulso* intentamos hablar con Escoto para preguntarle al respecto, pero ni él ni su asistente Lisandro Vallecillo han respondido nuestras llamadas.

Al salir de la UNAG, pueden verse los jóvenes, hombres y mujeres, volver de los campos de producción. Las máquinas siguen funcionando, demostrando al Rector Marlon Escoto que él no es quien mueve la Universidad.

Lista de estudiantes, según COFADEH, que aparecen en el expediente # 137-2016 del Juzgado de Catacamas, contra quienes el Ministerio Público presentó cargos de detención de suelo o espacio de uso o dominio público propiedad del Estado de Honduras. Y para quienes solicita orden de captura:

1. Gerardo Alcides Álvarez García
2. Ana Cristina Amaya Deras
3. Elvis Lenon Aparicio Morales
4. Melvin Javier Arita Erazo
5. Nancy Vanessa Arteaga Bejarano
6. Roy Orlando Artica Mejía
7. Aarón Josué Artola Mendez
8. Tomasa del Carmen Artola Deras
9. Óscar Orlando Ávila Fúnez
10. Marco Antonio Barahona Santos
11. Roger Francisco Benítez Pineda
12. Laura Denisse Berrios
13. Ingrid Celeste Bustillo Martinez
14. José Habraham Cadena Mendoza
15. Erlin Arel Cano Padilla
16. Ángel Noé Carranza Pineda

17. Edin Joel Cerrato Zelaya
18. Edin Oney del Cid Gómez
19. José Alberto Discua Cruz
20. Mario Antonio Duron Castellanos
21. Keny Mauricio Fúnez Miranda
22. Lilian Esther García
23. María Iveth Andino Granados
24. Dalma Yaneth Inestroza Martinez
25. Nancy Marary Isaula Rivera
26. Edgar Joel Leiva Moreira
27. Erlin Josué Lemus del Cid
28. Luis Miguel Martínez Matute
29. Darwin Enoc Mejía Montoya
30. Deydin Armando Mendoza Centeno

EL NEGOCIO REDONDO DE MARLON ESCOTO: DEMANDANTE Y DEMANDADO

Los abogados consultados para este artículo coinciden al decir, que por regla absoluta del Derecho, no se puede ser demandante y demandado en un mismo proceso, pues se eliminaría el principio contradictorio del proceso judicial contencioso. Eso sin embargo no impidió que el doctor Marlon Oniel Escoto Valerio, Rector de la Universidad Nacional de Agricultura (UNA) de Catacamas, y Secretario de Educación de la República de Honduras, participara (como demandante) en una demanda ejecutiva de pago de CIENTO SESENTA Y SIETE MILLONES, SETECIENTOS CUARENTA Y NUEVE MIL, CIENTO DOCE LEMPIRAS CON OCHENTA Y OCHO CENTAVOS (L.167.749,112.88) en contra de la institución que el rectora (y a la que representó en ese proceso como demandado).

Lo anterior consta en el convenio extrajudicial y conciliatorio de pagos diferidos del 10 de diciembre de 2015, y que firma como «Rector» (antes secretario de la UNA y cercano colaborador de Escoto) Óscar Ovidio Redondo Flores y el abogado Guillermo Antonio Escobar Montalván en representación de 89 profesionales de las ciencias agrícolas que laboran como profesores de la Universidad Nacional Agrícola de Catacamas.

En este documento se indica además, que Escoto Valerio y

Redondo Flores recibieron DOS MILLONES, OCHOCIENTOS SESENTA Y UN MIL, TREINTA Y SEIS LEMPIRAS CON DIECISEIS CENTAVOS (L.2.861,036.16) y DOS MILLONES, DOSCIENTOS OCHENTA Y OCHO MIL, OCHOCIENTOS VEINTIOCHO LEMPIRAS CON CINCUENTA Y DOS CENTAVOS (L.2288828.52) respectivamente.

ANTECEDENTES:

El arancel del profesional de las ciencias agrícolas reformado en 2008 determina una base de salarios para los profesionales de las ciencias agrícolas. Según la ley los ingenieros agrícolas deben ganar diez salarios mínimos; si cuentan con maestría, doce salarios mínimos; y si cuentan con doctorado quince salarios mínimos.

La UNA, al momento de elegir Rector al doctor Marlon Escoto, en 2009, pagaba salarios entre 20,000 y 30,000 lempiras para sus profesores. El ingeniero Oscar Ovidio Redondo, al conocer del descontento de los profesores de la Universidad y en su condición de Secretario General de la UNA, advirtió mediante oficio al Doctor Escoto con fecha 27 de agosto de 2012, que debía cancelarse el pago para evitar posibles demandas en contra de la institución.

El doctor Escoto, aprovechando la circunstancia y según consta en entrevistas a profesores que en su momento participaron de la demanda, contactó al abogado Guillermo Antonio Escobar Montalván, para que representara a los profesores descontentos en el reclamo de pago en contra de la UNA.

«Uno por uno nos llamó a la rectoría para que firmáramos el poder del abogado que él buscó», expresó uno de los profesores entrevistados para este reportaje, que pidió mantener su nombre en el anonimato por temor a represalias contra su vida.

DEMANDA:

En fecha 4 de marzo de 2013, el abogado Escobar Montalván en representación de noventa y cuatro profesores de la Universidad, interpuso en el Juzgado de Letras de Catacamas una demanda en contra de la UNA, por NOVENTA Y SIETE MILLONES, DOSCIENTOS CUARENTA MIL, SETECIENTOS DIEZ LEMPIRAS CON CUARENTA Y CINCO CENTAVOS (L.97.240,710.45).

En los números 64 y 72 de la lista de profesores demandantes, aparecen Marlon Oniel Escoto Valerio y Oscar Ovidio Redondo Flores, respectivamente.

«No hubo defensa. Después de la demanda se reunió al Consejo Directivo Universitario (CDU) para hacer el arreglo de pago», dijo el profesor consultado.

El proceso judicial fue conocido en su momento por la juez abogada Lidia Marlen Martínez Amador, concluyendo el mismo con el Acuerdo Conciliatorio Extrajudicial firmado el 14 de abril de ese mismo año 2013, apenas 29 días hábiles después de interpuesta la demanda.

El documento en mención hace referencia al aumento presupuestario de CIENTO TREINTA Y CINCO MILLONES SETECIENTOS CUARENTA Y NUEVE MIL LEMPIRAS (L.135,749,000.00) que el congreso nacional aprobó en 2012 con el objeto de hacer efectivo el ajuste salarial, según manda el Arancel del profesional de las ciencias agrícolas.

Nuevamente, Marlon Oniel Escoto Valerio y Oscar Ovidio Redondo Flores, aparecen en el documento como demandantes representados por Escobar Montalvan en los números 60 y 68 respectivamente.

El proceso concluyó en diciembre de 2015. La UNA, bajo rectoría interina de Oscar Redondo Flores (Marlón Escoto fue impugnado de la Rectoría de la UNA por el Consejo de Educación Superior al tener prohibida, según estatutos, la reelección para un tercer período) acordó cancelar lo adeudado hasta la fecha más los intereses correspondientes, haciendo un total de CIENTO SESENTA Y SIETE MILLONES, SETECIENTOS CUARENTA Y NUEVE MIL, CIENTO DOCE LEMPIRAS CON OCHENTA Y OCHO CENTAVOS (L.167,749,112.88).

Los profesores demandantes fueron llamados para recibir su pago. Según consta en el contrato iniciar, se le descontaría por planilla el 35% de lo recaudado para pagos de honorarios del abogado Guillermo Escobar Montalván, pero se llevaron la gran sorpresa al conocer, que lo descontado ascendía al 70% del total o sea, CIENTO DIECISIETE MILLONES, CUATROCIENTOS VEINTICUATRO MIL, TRESCIENTOS SETENTA Y NUEVE LEMPIRAS CON

CERO CENTAVOS (L.117,424,379.00).

«Ese fue un acuerdo entre el Rector Marlon Escoto, la Juez Lidia Marlen Martínez Amador y el abogado Guillermo Escobar Montalván. Cuando reclamamos por que se nos había descontado el 70% de nuestro salario, solo se nos dijo que el otro 35% había sido usado para repartir al personal de finanzas y en el Congreso Nacional y asegurarse que se aprobara el aumento en el Presupuesto General de de Ingresos y Egresos de la República y para que se agilizara en desembolso en la Secretaría de Finanzas», expresó el profesor consultado.

Este año, un grupo de 40 profesores del área de Estudios Generales de la UNA, no profesionales de las ciencias agrícolas, demandaron un aumento salarial a través de los juzgados de Catacamas. Estos profesores, conociendo la experiencia de sus colegas, no contrataron los servicios de Escobar Montalván. Fueron despedidos de la Universidad usando como causal el artículo 116 de la Ley Orgánica que manda, que ningún profesional que haya demandado la institución puede trabajar en la UNA.

Cuando se le consultó sobre este caso, vía telefónica al número 9572**46, al abogado Guillermo Escobar Montalván este fue cortante al decir, que esta demanda estaba ya cancelada en su totalidad y era cosa juzgada.

LA REPRESA DE SANGRE
«AGUA ZARCA» Y EL ASESINATO DE BERTHA CÁCERES

San Francisco de Ojuera, Santa Bárbara, marzo, 2016

El sol de la tarde reventaba en las paredes blancas de las casas en San Francisco de Ojuera, quemando los ojos de los que a esa hora deambulaban por las calles del pueblo. El calor era intenso, ni una pequeña brisa refrescaba las espaldas sudadas de los mozos que se agrupaban en la plaza central que lleva el nombre del alcalde: Raúl Pineda Pineda.

Era un grupo de unos diez vecinos que conversaban en una banca en el parque. Al sentirnos pasar nos observaron siguiendo nuestros pasos con la mirada hasta la alcaldía municipal. Saludamos y un silencio incómodo se instaló entre aquellos hombres. «Aquí correrá la sangre». Oí decir cuando llegamos. Más que amenazantes, aquellos sujetos parecían asustados, incómodos con nuestra llegada.

En la alcaldía preguntamos por el alcalde y nos dijeron que no estaba, que se había reportado enfermo desde el día anterior, cuando trascendió la muerte de la líder ambientalista Bertha Cáceres, y no era posible localizarlo para pedirle una entrevista. En su lugar nos mandaron a hablar con el vice alcalde, el señor Plutarco Mejía, que mantenía una reunión de emergencia con un grupo de unos cincuenta hombres, con el propósito de discutir los proyectos de ayuda social que la alcaldía había decidido impulsar —ese día— en las comunidades del municipio.

Pregunté qué tipo de ayuda pensaban dar en las comunidades y nadie en el grupo supo darme respuesta. Pregunté por cuántos habitantes habían en el pueblo y nadie allí sabía el dato exacto.

En una entrevista anterior concedida a la prensa, el vice alcalde Mejía calificó al COPINH como un minúsculo grupo de borrachos y mariguaneros: «Si Bertha Cáceres quiere lavarse la cara o todo el cuerpo en el Gualcarque, que vaya a orinar al territorio de los copines que es Intibucá» —dijo, remarcando que el proyecto de Agua Zarca estaba en jurisdicción de San Francisco de Ojuera y nada tenía COPINH qué hacer allí.

Cuando pregunté al señor Mejía por las acusaciones que trascienden en los medios de comunicación que responsabilizan de la muerte de Bertha Cáceres al alcalde Pineda, él nos manifestó que eso debía hablarlo con el alcalde, pero que tendría que ser otro día, porque ese día estaba enfermo.

San Francisco de Ojuera es un pequeño pueblo de 8,000 habitantes en medio de las montañas de Santa Bárbara, rodeado de potreros repletos con vacas flacas, cerros secos y pinares verdes aún libres del gorgojo descortezador que ha destruido miles de hectáreas en todo el país. Desde la muerte violenta de Bertha Cáceres el pasado 3 de marzo, el alcalde Pineda y San Francisco de Ojuera se han visto en el centro del escándalo que podría traer graves consecuencias para la vida del pueblo, al haber sido éste denunciado por familiares y miembros del movimiento social, como posible responsable del asesinato de la ambientalista.

Entre el grupo de hombres que conversaban en la plaza era unánime el apoyo al alcalde Pineda. «El profesor Raúl Pineda ha sido alcalde por dieciséis años de San Francisco —comentó el señor Ventura Leiva Castellanos, un vecino de la comunidad que se acercó a nosotros—, y si ha sido electo tantas veces es porque debe ser bueno».

San Francisco es además un pueblo olvidado, lejos de los polos de desarrollo del país. En él, los jóvenes se quejan por la falta de fuentes de trabajo y comentan en las pulperías de las pericias que pasaron en su intento por llegar a los Estados Unidos.

«Un año estuve preso esperando la deportación en los Estados Unidos —nos dijo un joven en una tienda, mientras miraba en la televisión un partido de fútbol de la liga europea— y así como yo, hay muchos en este pueblo, porque la gente sólo quiere irse» —concluyó.

El pueblo cuenta con un casco urbano recién pavimentado por el alcalde Pineda, con maquinaria de la hidroeléctrica Desarrollo Energético S.A. (DESA), según denunciara en su momento Bertha Cáceres. Constantemente se ven pasar volquetas y camiones que cargan las retro excavadoras rumbo al río Gualcarque, en donde se construye la cortina de la represa Agua Zarca.

Es un lugar pintoresco y seco, lleno de casas centenarias de altas paredes blancas pintadas con cal y techos carcomidos de teja roja, habitadas por familias de ascendencia sefardí, orgullosas de algún lejano origen español, que insisten en posicionarse como un grupo más «sensato» (a diferencia de los indígenas lencas) que según dijo el joven deportado, «son los que se meten a problemas por los ríos».

«A nosotros eso no nos mueve» —comentó.

En una esquina del pueblo estaba un grupo de indígenas comiendo pan dulce con refresco y nos invitaron a hablar con ellos sobre Bertha Cáceres. Estaban enojados. Comentaban una y otra vez que Bertha era la madre de todos los lencas, repitiendo la sospecha de que el alcalde era el responsable de su asesinato.

«A mi me levantaron los policías que nos mandó el alcalde hace cuatro años y me tiraron sobre el machete que estaba en el suelo —dijo don Manuel Díaz, un anciano lenca de 81 años de edad, que se quitó los zapatos para mostrarnos la cicatriz en la planta del pie—. Fue Bertha la que nos fue a sacar de la cárcel. A ella la mataron por defender los derechos de nosotros los indios».

«Esa mujer no se vendía a nadie —comentó entre lágrimas Isaías Hernández, otro indígena de la zona, —ese alcalde siempre ha querido robarnos la tierra y ella lo detuvo. Por eso la mataron».

AGUA ZARCA

Desde el años 2009, DESA pretende construir la represa Agua Zarca en el río Gualcarque, en la frontera de la reserva de vida silvestre Montaña Verde, con una capacidad de producción de 21.3 MW de energía, a una inversión de veinticinco millones de dólares (US$25,000,000) según informa en su portal el Banco Centroamericano de Integración Económica (BCIE).

A diferencia de otros proyectos hidroeléctricos en el país, que fueron ejecutados con poca o nula resistencia, Agua Zarca se ha visto obstaculizado por la persistente oposición de los indígenas lencas del municipio, apoyados por el Consejo Cívico de Organizaciones Indígenas y Populares de Honduras (COPINH) que dirigía Bertha Cáceres. Desde el inicio de la lucha, los copines asistieron a las comunidades en la campaña en contra de Agua Zarca, porque según indican los vecinos lencas de San Francisco, la represa les afectaría el ecosistema del río que claman como parte de su territorio ancestral.

Antes de DESA, el proyecto hidroeléctrico fue impulsado por la estatal china SINOHYDRO, que cuenta además con varios proyectos hidroeléctricos en Centroamérica, como la represa Chalillo en

Belice, que desde 2009 fue denunciada por los habitantes de la zona como responsable de la contaminación irreversible del río Macal.

En 2013 y luego de la presión que ejercieron los indígenas agrupados en COPINH bajo el liderazgo de Cáceres, SINOHYDRO anunció su retiro del proyecto. Victoria por la cual Bertha Cáceres fue premiada en 2015 con el Premio Ambiental Goldman, mismo galardón que anteriormente habían recibido, el ahora exiliado sacerdote Andrés Tamayo en 2005, por su lucha en contra de la tala ilegal de los bosques en Olancho y en 1999, Jorge Varela, por su defensa del ecosistema en el golfo de Fonseca.

Pero si bien la victoria en contra de SINOHYDRO fue contundente, no se produjo sin efusiones de sangre. El 15 de julio de 2013, el ejército hondureño disparó en contra de una manifestación de indígenas lencas que se oponían a la represa, matando en el acto a líder Tomás García e hiriendo a su hijo Allan García, según lo denunciara en su portal electrónico el COPINH.

El 5 de marzo de 2014, un grupo de hombres supuestamente contratados por la compañía hidroeléctrica, atacaron con machete y piedras a la líder lenca María Santos Domínguez, causándole heridas de gravedad. En el hecho fue herido también su hijo de 12 años, quien perdió una oreja a causa del ataque.

Bertha Cáceres fue procesada en su momento por el supuesto delito de posesión ilegal de arma de fuego en perjuicio del Estado de Honduras en los juzgados de Santa Bárbara, logrando el sobreseimiento definitivo el 11 de febrero de 2014. Ella denunció, en muchas ocasiones, el constante hostigamiento a que la mantenía el personal de la empresa DESA y hombres organizados y pagados por el alcalde Pineda, razón por la cual la Comisión Interamericana de Derechos Humanos le otorgó medidas cautelares.

Hoy las maquinas trabajan en la construcción de la cortina de la represa sobre el río Gualcarque y el cuerpo de Bertha Cáceres yace en el cementerio de la ciudad de La Esperanza. Nada se sabe aún de quién o quiénes son responsables de su muerte. Pero queda claro, que sobre la represa Agua Zarca ha corrido mucha sangre y aún más correrá, antes de que alguien haga algo.

COPINH

A mediados de la década de los noventa aparece en la escena política nacional, el Consejo Cívico de Organizaciones Populares Indígenas de Honduras (COPINH), fundada en 1993 por el matrimonio que componían Bertha Cáceres y Salvador Zúñiga, entre otros líderes comunitarios. Su intención, en un inicio, era agrupar las distintas organizaciones sociales del occidente de Honduras. Fue la dinámica comunitaria de la zona la que los llevó a consolidarse como una organización indigenista y en defensa de los recursos naturales.

En 1994 las calles de Tegucigalpa se llenaron, por primera vez, de indígenas lencas, en lo que llegaron a llamar la «Primera peregrinación por la vida, la libertad y la justicia», logrando el reconocimiento por parte de las autoridades gubernamentales de los derechos de los pueblos indígenas.

A partir de entonces y según lo manifiestan en su portal de internet, la organización consolida su tendencia de ser un movimiento social con clara orientación indígena, fomentando y canalizando su participación, sus reclamos para mejorar sus condiciones de vida, por establecer vínculos de solidaridad con otras etnias y por ligar lo regional a lo nacional.

El 12 de octubre de 1997, en la conmemoración del Día de la Hispanidad, un grupo de aproximadamente 100 indígenas iconoclastas de COPINH, derribaron la estatua hecha a base de mármol de Cristobal Colón, en protesta por la colonización de la que fueron objeto los pueblos de América cuando el almirante llegó al continente.

Da inicio así a una relación tensa entre el COPINH con el Estado y las élites locales y nacionales, por su confrontación y denuncia permanente de las condiciones de vida de las comunidades indígenas. COPINH se declaró en contra del Plan Puebla Panamá (PPP), el Plan Colombia, el Área de Libre Comercio de las Américas (ALCA), el Tratado de Libre Comercio (TLC), la Organización Mundial del Comercio (OMC), el FMI, el BM, el BID y otros organismos financieros internacionales.

En 2009, en el contexto de la convocatoria para la consulta popular impulsada por el entonces presidente Manuel Zelaya, el COPINH se incorpora al proceso, buscando posicionar que la Asamblea

Nacional Constituyente fuera Popular e Incluyente y no sólo una negociación entre las élites políticas. Ese mismo año se impulsó desde las organizaciones populares la candidatura independiente a la presidencia del líder sindical Carlos H. Reyes, formula en la cual iba Bertha Cáceres como primera designada presidencial.

En 2009, COPINH se involucró de lleno en el Frente Nacional de Resistencia contra el golpe de Estado, mismo que más adelante pasó a llamarse Frente Nacional de Resistencia Popular, participando activamente en la discusión del camino a seguir para oponerse al golpe de Estado, formando parte de lo que se llegó a conocer como «Espacio Refundacional», que se oponían a la participación del FNRP en las elecciones generales de 2009 y de 2013, por considerar que no habían condiciones favorables para participar en la lucha electoral y los esfuerzos del partido desviarían la atención de los verdaderamente urgente, que era la defensa de los recursos naturales y los territorios indígenas.

Esa postura le produjo tensiones con los sectores tradicionales de la izquierda hondureña y del melismo, que miraban en las elecciones de 2013 una oportunidad para recuperar el proyecto frustrado en 2009. Pero era tal el prestigio que COPINH y Bertha Cáceres habían logrado en el movimiento social, que esos sectores de la izquierda no podían prescindir de su participación en las acciones de calle y movilización, hasta la conformación del partido LIBRE, en donde COPINH y Bertha Cáceres deciden separarse del FNRP, por considerar que el esfuerzo organizativo que había venido gestándose desde julio de 2009 sería aprovechado por los sectores liberales que tomarían control del nuevo partido.

Consolidado el gobierno de Porfirio Lobo Sosa y cerrado el capítulo del golpe de Estado de 2009, las organizaciones de financiamiento del movimiento social comienzan a retirarse de la escena, empujadas por la creciente crisis económica en Europa y un cambio de interés de las agencias que desvían su atención al norte de África y sudeste de Asia, dejando a muchas organizaciones populares hondureñas sin fondos suficientes para operar, en medio de la avanzada de los proyectos neoliberales de concesiones de ríos y montañas por todo el país.

COPINH se queda sin fondos y la crisis económica se agrega a la fractura interna. En 2013 COPINH se divide, cuando líderes de la organización denunciaron a Salvador Zúñiga de haber negociado el apoyo al proyecto hidroeléctrico de Río Blanco, en nombre de los pueblos indígenas, cerrándole los espacios de articulación con otras organizaciones del movimiento social, que optaron por sumar su respaldo a Bertha Cáceres. Se expulsó a Salvador Zúniga de la organización y Bertha terminó con él su matrimonio. Zúñiga fundó su propia organización, la Coordinadora Indígena del Poder Popular de Honduras (CINPH) llevándose consigo a la mitad de la militancia de COPINH y desde entonces se dedicó a bloquear los espacios políticos de Cáceres, asegurando en distintos espacios que lograría terminar con la organización que ella dirigía. Actualmente la CINPH es coordinado por la hija mayor del matrimonio Cáceres Zúñiga.

Los últimos años han sido difíciles para COPINH. Los recursos para funcionar se han ido reduciendo a un punto mínimo, la militancia ha desertado producto de las necesidades económicas que han obligado a muchos a migrar a los Estados Unidos, o por miedo a morir a manos de sicarios que han aumentado como amenaza en los últimos años.

En 2015 Bertha Cáceres recibe el premio Goldman, un galardón que se constituye en 175,000 dólares. La situación parecía dar un respiro para COPINH, pero el respiro duró poco.

BERTHA ISABEL CÁCERES FLORES

Quienes conocieron a Bertha Cáceres en vida, coinciden en definirla como una mujer valiente. Desde muy joven se involucró en las operaciones de la guerrilla en El Salvador y cuando volvió, después de firmados los acuerdos de paz en 1992, inició su lucha en el movimiento social de occidente. Una vida en la lucha la hizo una líder astuta y con una gran capacidad de lectura de la realidad. Se involucraba con igual pasión en el tema indígena, social, político, antipatriarcal o antimperialista. Su lucha, más que de un sector, era de todos y de todas.

Hija de una familia de políticos, su hermano Gustavo Cáceres fue Ministro de Manuel Zelaya en la cartera de Juventud y su madre, Austra Bertha Flores, fue gobernadora del departamento de Intibucá y Alcaldesa de La Esperanza. En el contexto de la muerte de Bertha

Cáceres apareció el padre, Plutarco Cáceres, como convencional del Partido Nacional, quien de inmediato dedicó su tiempo en Tegucigalpa a posicionar en los medios que la muerte de su hija había sido usada por el partido Libre.

A pesar de simpatizar con esa institución política, como casi todos en el movimiento social lo hacen, Bertha nunca se involucró en el partido y fue dura crítica a las actuaciones autoritarias y demagógicas del ex presidente Zelaya.

EL ASESINATO DE BERTHA CÁCERES

Bertha Cáceres fue asesinada en su casa de habitación en la ciudad de La Esperanza, en la madrugada del 3 de marzo de 2016. En los primeros reportes que aparecieron en la prensa se dijo que dos hombres armados habrían entrado a su casa y forcejeado con ella, provocándole fracturas en los brazos hasta causarle la muerte de cuatro disparos de bala.

Ahora se conoce que no hubo fracturas en los brazos y sólo fue un disparo de bala que le perforó el pulmón derecho causándole la muerte. La teoría, incluso, de los dos hombres armados y encapuchados se ha puesto en tela de juicio. Se dice que realmente fue sólo uno y que lejos de parecer un trabajo profesional, fue un asesinato "burdo".

Inmediatamente y por el alto perfil de Bertha, el caso fue sellado con «secretividad», impidiendo así a la prensa que pueda especular con el mismo en el proceso de investigación.

Quedó como único testigo, el mexicano Gustavo Castro, que ese día estaba hospedándose con ella y a quien el Ministerio Público mantuvo en el país sin causa aparente, por casi un mes después del asesinato.

En dos ocasiones Castro logró comunicarse con cartas públicas dando valiosa información. En la primera carta, él habla de como las autoridades policiales le obligaron a ver varias veces las fotos que la policía guarda en su poder de las movilizaciones del COPINH, pidiéndole que identificara al posible homicida. En la segunda carta, lanza la alarma de que teme ser procesado como responsable por la muerte de Bertha Cáceres.

Finalmente y antes de abandonar el país, Castro dio una entrevista a Radio Progreso, la única que concedió, en donde habló de cómo se sentía atrapado en Honduras, «como en una ratonera» refiriéndose también al proceso de investigación del caso de Cáceres.

Lo cierto es que la presión internacional continúa creciendo en el caso, exigiendo al gobierno de Honduras que de pronta respuesta en las investigaciones, que a pesar de tener en el país al Buró Federal de Investigación (FBI), no ha logrado presentar públicamente una sola línea de investigación en el caso.

El asesinato de Bertha Cáceres sigue en la impunidad. Al momento de escribir este artículo no se ha presentado un culpable y todo se maneja aún en la especulación, moviendo el dedo acusador a las autoridades del gobierno que debieron dar protección a Bertha Cáceres, a la empresa DESA y el alcalde Pineda quienes la hostigaron en repetidas ocasiones, hasta su compañero de lucha y expareja sentimental Aureliano Molina, líder de base del COPINH, apareció en algún momento como posible sospechosos del crimen. Molina fue liberado horas después del asesinato por falta de pruebas contundentes, según lo manifestó en su momento la misma policía, que ahora dicen contar con a lo menos, cuatro líneas de investigación.

Los dirigentes provisionales de COPINH acusan hostigamiento por parte de las autoridades al querer manipular las pruebas para involucrarlos en el asesinato de su líder, haciendo creer que se produjo a causa de tensiones internar relacionadas con el dinero recibido del premio Goldman. Mientras, las miles de voces que clamaron justicia en el entierro se silencian poco a poco, dejando el grito solitario de las hijas de Bertha Cáceres, quienes aún mantienen el reclamo de justicia, en un país que no cree en nadie.

ASESINOS CON UNIFORME:
CASO HERMANOS DÍAZ RODRÍGUEZ

El 11 de abril de 2014, Zenia Maritza Díaz Rodríguez y su hermano Ramón Eduardo Díaz Rodríguez fueron capturados por un grupo de cuatro hombres encapuchados, fuertemente armados y con vestimenta militar. Sus cadáveres fueron encontrados al día siguiente de la desaparición en la aldea El Empedrado. Sus asesinos: dos capitanes y dos subtenientes de diferentes ramas de las Fuerzas Armadas de Honduras, que prestaban servicios de contrainteligencia a la recién creada FUSINA.

El fiscal del caso, un abogado chaparro, un poco desaliñado, con resmas de papeles que manipula con pericias, guarda los testimonios de testigos que comparecieron meses atrás a ratificar lo que vieron, quiénes eran Zenia Maritza y Ramón Eduardo, dónde los vieron la última vez, antes que fueran raptados y asesinados. Él está un poco inquieto, de pie y toca continuamente los fólderes que tiene en su escritorio. Al fiscal lo acompaña su asistente.

Al centro de la sala, un joven perito de videocámaras, viste de saco negro y tenis. Su trabajo es nuevo en el sistema judicial. Él controla las cámaras de vigilancia de «Ciudad Inteligente» que fueron compradas con los fondos del Tazón de Seguridad.

En la sala para el público hay siete personas. Dos son militares, dos señoras, esposas de los oficiales y dos señores mayores, padres de los procesados. El Alguacil ordena apagar los teléfonos celulares y recuerda que grabar está prohibido.

Entran tres mujeres con rígidos atuendos negros, son las Jueces de Sentencia que evaluarán las pruebas presentadas para decidir el futuro de los oficiales.

«¿Cuáles son las pericias de pruebas que va presentar?», pregunta la presidenta del tribunal.

El fiscal le manifiesta que hará la presentación del perito, el análisis comparado de las videocámaras que muestra que el vehículo sospechoso circuló en la sector el 11 de Abril del 2014, día en que fueron raptados los hermanos Rodríguez Díaz, y que después aparecieron al día siguiente muertos por la aldea de Mateo.

Por la bocacalle de un pequeño bulevar en la colonia América aparece un carro color gris vidrios polarizados, marca Toyota, tipo pickup 3.0. Toma la calle paralela al aeropuerto Toncontín, luego se detiene donde comienza el Bulevar Comunidad Económica Europea, frente al restaurante de comidas rápidas Pizza Hut, a la entrada del aeropuerto Toncontín. Nadie desciende del carro. Después de un tiempo toma el bulevar y llega a Camosa. En El Pedregal circulan buses y otros vehículos. El Pickup se desplaza entre estos y llega hasta la San José de la Vega. Van atrás de un vehículo turismo blanco, donde iban los hermanos Díaz Rodríguez. El vehículo blanco de los hermanos Díaz cruza la calle de Las Vegas e ingresan al Súper Mercado Despensa Familiar. El vehículo gris los sigue. No hay imágenes que muestren la captura de los muchachos. Pero minutos después sale el vehículo gris y toma hacia la San José de la Vega. Las cámaras de seguridad lo captan a la altura de la entrada de la colonia La Cañada, rumbo al anillo periférico.

El Ministerio Público, con las pruebas aportadas en audiencia de este juicio oral y público, considera que ha podido acreditar en primera instancia que el día 12 de Abril del año 2014, siendo aproximadamente la 3:39 de la tarde se produce o realiza el levantamiento cadavérico de dos personas, una de sexo femenino y otra de sexo masculino, las cuales fueron identificados con los nombres de Zenia Maritza Díaz Rodríguez y Ramón Eduardo Díaz Rodríguez, ambos hermanos.

Se ha acreditado, Honorable Tribunal, que estas dos personas el día 11 de Abril del 2014, siendo aproximadamente las 2:27 de la tarde fueron privadas de su libertad, en las cercanías de lo que es la Despensa Familiar a inmediaciones de la colonia El Pedregal, por cuatro sujetos que cubrían sus rostros con gorros pasamontañas, vestimenta militar, y se protegían con chalecos antibalas y andaban fuertemente armados.

Lo interesante también es que se conducían en un vehículo tipo pickup, color gris, doble cabina, marca Hilux, sin placas. Una vez sometidos a la impotencia, los hermanos fueron subidos a ese vehículo y conducidos por la calle que da a la Colonia La Cañada, salida por el anillo periférico. Posteriormente fueron llevados al lugar donde finalmente lo ejecutaron.

El Ministerio Público, mediante datos específicos ha logrado explicar que ese vehículo pertenece a las Fuerzas Armadas de

Honduras, y que estaba asignado a la Dirección de Información y Estrategia, conocida también como Contrainteligencia o C2, el día que ocurrieron los hechos. Siendo las 11:15 de la mañana, ese mismo vehículo salió a misión y a bordo iban los capitanes Elmer Eliazar Mejía Aguilar, Juan Carlos Paz Tabora, y los subtenientes José Luis Melgar Duras y Walter Noé Serrano Gálvez. Entre las armas que cargaban los oficiales iba el fusil 41162981, que con pruebas presentadas resultó ser el arma homicida de ambos hermanos.

El perito Nelson Ordoñez realizó el levantamiento de cadáveres en la entrada a la aldea El Empedrado. Él describió la escena como un lugar boscoso, de mucha vegetación, piso de tierra, ideal para cometer el crimen sin peligro a ser descubiertos. Se encontraron ambos cuerpos en posición cubito dorsal sobre la maleza, sus cuerpos estaban ensangrentados producto de varias heridas producidas por arma de fuego. Ambos tenían aros de presión en las muñecas, lo cual es indicativo de que fueron sometidos y reducidos a la impotencia antes de ser asesinados y no representaban un peligro para sus ejecutores. En la escena se encontraron 7 casquillos color amarillo. Estos casquillos fueron debidamente levantados, debidamente envasados por la técnico Deysi López, remitidos a la dirección de Medicina Forense, específicamente al laboratorio de balística para ser analizados. Mediante dictamen número 5140 del año 2014, se llegó a la conclusión de que estos 7 casquillos fueron percutidos por una misma arma, y que esa arma se trataba de un fusil automático calibre 5.56 mm/2.23.

Mediante examen de autopsia numero 664 año 2014, practicado por la doctora Nadia García que se incorporó en audiencia de este juicio oral y público mediante acta autorizada, se puede establecer que Zenia murió de manera homicida a causa de laceración cerebral que le provocó hemorragia cerebral; que su cuerpo presentó seis heridas producidas por arma de fuego, expuestas en la cabeza, espalda, abdomen, en brazos, dedos y múltiples golpes en el costado que le produjo glóbulos negros en el pulmón derecho e hígado.

La autopsia también estableció a través del estudio de los fenómenos cadavéricos como la rigidez y la temperatura corporal, que la muerte se había producido en un rango hasta de 24 horas.

El testigo protegido PMY manifestó que conoció a los hermanos

Díaz Rodríguez y que ese día 11 de Abril observó que los hermanos se conducían a bordo de un vehículo tipo turismo color blanco y que era conducido por una tercera persona. Refirió también que frente a un Car Wash que está ubicado en la colonia Las Vegas, 4 individuos tapados los rostros con gorros pasamontañas, protegidos con chalecos anti balas y fuertemente armados habían requerido a los hermanos Díaz Rodríguez, y que estos se conducían en un vehículo Pick Up 3.0 color gris, doble cabina sin placas. Éste testigo refirió y reiteró que este vehículo presentaba dos "chocoyos" o dos golpes en la parte trasera. También el testigo refirió que pudo observar que uno de los encapuchados hizo una llamada pidiendo información de los datos personales de los ahora occisos.

Posteriormente estos sujetos soltaron a los hermanos, para luego seguir en seguimiento, y es a la altura de la Despensa Familiar, que se ubica en las cercanías de la colonia El Pedregal, que los vuelven a interceptar y esta vez los suben al vehículo antes descrito, conduciéndolos y llevándolos con rumbo al sector de la Cañada, saliendo por el anillo periférico.

El testigo protegido PMR, ha referido que ese día 11 de Abril 2014, siendo la 1:30 de la tarde, Zenia y Ramón se dirigían desde su casa de habitación en la colonia Calpules a realizar unas compras en la Despensa Familiar que se ubica en las cercanías de la colonia El Pedregal. Según su testimonio, una tercera persona les hacia las carreras cuando estos salían, reiteró que habían salido en un vehículo tipo turismo color blanco. Él se encontraba en las cercanías del lugar, cuando recibe una llamada por una tercera persona que le informaba que Zenia y Ramón los habían requerido frente a ese Car Wash de la colonia La Vega, motivo por el cual se desplazó a ese lugar y al no encontrarlos siguió avanzando hasta lograr ver que a la altura de la Despensa Familiar sale el vehículo sospechoso que le habían descrito. Él se dirigió al vehículo blanco, donde originalmente se conducían ambos muchachos y pudo observar que al volante iba uno de los encapuchados, como copiloto iba la persona que transportaba a Zenia y a Ramón y que en la parte de atrás iban otros dos encapuchados, y cuando les refirió que era el papá de los muchachos, salieron en veloz carrera con rumbo hacia la calle que conduce a la colonia La Cañada.

Manifestó también el testigo protegido PMR, que Zenia laboraba como supervisora de los buses ejecutivos que operan en la sector de Calpules y que él logro en un microbús, pero que finalmente los perdió de vista por el sector de La Cañada,

Después buscó a Zenia y a Ramón por algunas postas policiales con la creencia que habían sido policías los que les habían dado detención a ambos hermanos y es hasta el día 12 o sea, al día siguiente, por medio de las noticias es que se da cuenta que ambos habían sido encontrados en el sector de Mateo.

El Ministerio Público teniendo la información del lugar donde privan de libertad a ambos hermanos, teniendo de voz de los testigos las características del vehículo que fue utilizado para transportar a ambos hermanos y sabiendo que el arma que causa la muerte a Zenia y Ramón es de tipo fusil 5.56 por 45 mm. / 2.23 procede a realizar algunas diligencias investigativas conectadas a encontrar dichos instrumentos, es así que solicita al departamento de Ciudad Inteligente adscrita a la Policía Nacional preventiva, los videos captados por las cámaras de seguridad de La Vega, El Pedregal, La Cañada, La Alemán, en busca de un vehículo que contenga las características mencionadas por los testigos protegidos PMY, PMX, es así su señoría que esos decomisos fueron ratificados por el analista Alexis Aguilar.

Efectivamente mediante los videos y el álbum fotográfico elaborado por el perito Erik García es que se llega a establecer la existencia de ese vehículo tal como lo describían los testigos protegidos.

El vehículo es captado el día que ocurrieron los hechos: a la 1:03 minutos se le ve pasar frente a la pista del aeropuerto Toncontín, a la 1:12 ese vehículo se le ve entrar al parqueo de comidas rápidas Pizza Hut, una hora después sale del parqueo de Pizza Hut, a eso de las dos de tarde y se conduce para el sector de Camosa, a las 2:05 el vehículo sospechoso es captado por las cámaras ingresando a la colonia El pedregal, como se puede ver a esa hora se va dirigiendo al lugar del conflicto, a las 2:07 pm, el vehículo es captado en la colonia El Pedregal, a las 2:08, un minuto después, el vehículo es captado por las cámaras en Jardines de San José, rotulado así por el proyecto de Ciudad Inteligente, pero en ese lugar específicamente es donde se encuentra ubicado el súper mercado Despensa Familiar. A las 2:10, 2:11, este vehículo es captado por las cámaras que se encuentran en la colonia Las Vegas. Se ve claramente que el vehículo se conduce detrás del vehículo donde se iban las víctimas, se ve en el video que se conducen hacia la calle de El Pedregal, ambos se dirigen hacia ese sector, hasta que a las 2:27 se ve el vehículo ingresar y subir a la acera de la Despensa Familiar ubicada en las cercanías de la colonia El Pedregal tal como lo describieran los testigos PMR y PMY, que es el lugar donde capturan a los ahora occisos. Posteriormente ese vehículo se dirige al sector de Las Vegas y es cooptado a las 2:33 P.M. que pasa por ese lugar, 2:34, 2:36 P.M. es captado por las cámaras de seguridad de colonia La Alemán y La Peña, es en este video que se logra establecer, según el perito forense, algunas características específicas individualizadas de este vehículo, tales como que en la parte de arriba de cada vía presentaba un golpe, también una mancha ovalada. A las 2:40 P.M. es captado por las cámaras de seguridad de la colonia La Cañada entrada al anillo periférico.

La Policía Nacional informó al Ministerio Público en fecha 18 de Mayo de 2014, que agentes policiales asignados en la colonia Kennedy requieren un vehículo con las mismas características que el Ministerio Público estaba buscando: un vehículo tipo Pickup, color gris, doble cabina sin placa, marca Toyota, modelo Hilux, y es mediante este informe que el Ministerio Público da cuenta que este vehículo pertenece a las Fuerzas Armadas de Honduras y que se encuentra asignado a FUSINA, porque así se identifican las personas que se transportaban en el mismo. Es así que se llegó a identificar al señor Elmer Eleazar Mejía como el conductor que andaba ese vehículo, así como Omar Antonio Flores Gutiérrez.

Teniendo el vehículo y sabiendo donde debe estar asignado, sabiendo donde están asignadas las personas que en él se conducían, el Ministerio Público logró conformar un operativo de registro en las instalaciones de las dirección de información y estrategia conocido como C-2, o contra inteligencia. Este operativo estaba conformado por agentes de la fiscalía de lucha de delitos contra la vida, miembros de la Dirección de investigación Criminal (DIC) y técnicos de inspecciones oculares, en fecha 1 de Julio 2014, siendo las 12:30 P.M. Se logró así ingresar al lugar y decomisar el vehículo sospechoso, también 13 armas de fuego que salieron el mismo día que privaron de su libertad Ramón y Zenia. Se decomisaron los libros de control de armas, tanto de salida como de entrada de las bodegas de control, también los libros de novedades de las diferentes postas.

El vehículo fue remitido a la dirección de Medicina Forense a efecto de realizar una inspección ocular, a efecto de realizar un peritaje marcas y patrones, y poder determinar las características de clase, como individualizantes del vehículo y poder posteriormente compararlo con las características del vehículo captado, y con el dictamen descrito por el video forense.

El otro objetivo de trasladar este vehículo a Medicina Forense era recolectar evidencia biológica, por tanto las armas fueron debidamente embaladas y se levantaron con cadena de custodia remitidas al departamento de balística de la dirección de Medicina Forense, a fin de poder comparar los 7 casquillos encontrados en la escena de crimen y de la bala encontrada en la cavidad torácica del cuerpo de Ramón Eduardo Díaz Rodríguez, y estos fueron los resultados:

Se logró determinar con el acta de inspección denominada anexo, que ratificó Yesenia Delgado con número 1046, y con el dictamen de marcas y patrones, que el vehículo decomisado se trata de un vehículo tipo pickup, marca Toyota, color CHIPER NET, placas PBN 8745. Este vehículo ya tenía placas desde el año 2006, y se estableció que en la parte trasera presentó dos golpes, uno arriba de cada vía, y en el techo una mancha ovalada, que en el chasis del Bumper delantero del lado derecho presenta una pequeña separación con el chasis, características estas que nos dan la idea y la pauta de que este es el vehículo que el Ministerio Público buscaba y ese es el vehículo que se establece en el dictamen médico forense ratificado por Erik Fabricio García, que se hizo comparación de imágenes capturadas de videos con las fotografías tomadas por inspecciones oculares estableciendo el dictamen video forense que las características son coincidentes. También se acreditó que este vehículo pertenece a las Fuerzas Armadas y que en ese momento estaba asignado a la dirección de Información y Estrategia C-2.

El dictamen 5436 del 2014 de biología forense ratificado por el perito Aldo Romero, indica que se compararon cabellos recolectados del cuadrante uno, y se compararon cabellos recolectados en el cuadrante dos, de ese vehículo y puntualmente se concluye que presentan las mismas características del patrón tricológico de Ramón Díaz Rodríguez, por lo que podemos acreditar que Ramón estuvo en el interior de ese vehículo.

En cuanto a las armas se estableció mediante dictamente 5489, 2014, que los 7 casquillos encontrados en la escena del crimen donde se encontraron los cuerpos sin vida de Zenia y Ramón fueron percutidos por el tipo de arma de fuego asas tipo fusil, marca de astillas modelo Galil, asas de tiro 5.56 por 45 mm, / 2.23 con serie 4116 2981; que la bala que se recuperó de la autopsia 693 de la autopsia de la cavidad abdominal de Ramón, fue disparada de ese mismo fusil y que dicha arma pertenece a la Fuerzas Armadas y asignada al C-2 o dirección de Información y Contra Inteligencia.

Identificado el vehículo y el arma homicida, faltaba establecer las personas que ese día utilizaron ese vehículo y esa arma que sirvió para asesinar a Zenia Maritza Díaz Rodríguez y su hermano Ramón Eduardo Díaz Rodríguez, y es mediante el decomiso del libro que el Ministerio Público logra establecer lo siguiente:

El 11 de Abril del año 2014, siendo las 11:15 AM, salieron a misión en un vehículo tipo pickup, doble cabina, sin placas (cuando el vehículo se decomisó ya tenía placas), Elmer Eliazar Mejía, José Luis Melgar Deras, Juan Carlos Paz Tabora y Walter Noé Serrano. Mediante el libro de salida de armas de la bodega de Contra Inteligencia el Ministerio Público logró establecer que el arma tipo fusil serie 4116-2981, establecida como el arma homicida el 11 de Abril del año 2014, fue retirada por el Capitán Elmer Eleazar Mejía de esa bodega de armas de Contra Inteligencia, y eso está avalado por la firma del bodeguero.

La pericia del análisis telefónico que realizó Hilda Leticia Casco, con número 0801-2001-UDA-00132, quien ratificó a través de los soportes y vaciado telefónicos, y explicó el análisis realizado de los números telefónicos tanto de las víctimas como de los imputados, se analizó el número 96-75-95-87 de la compañía Tigo perteneciente a la víctima Ramón Eduardo Díaz Rodríguez, y se analizó el número 99-87-06-71 de la compañía Tigo, y el número 33-48-89-02 de la compañía Claro a nombre de José Luis Melgar Deras; se analizó el número 87-50-84-88 de la compañía Claro a nombre de Elmer Eleazar Mejía Aguilar y se analizó el número 33-89-73-16 de la compañía Claro a nombre del señor Juan Carlos Paz Tabora.

Estableciendo por parte del Ministerio Público que el aparato del ahora occiso Ramón Eduardo Díaz Rodríguez, el día que fueron privados de la libertad el 11 de Abril del 2014, es captado desde la 1:07 p.m. hasta las 16:53 PM por diferentes antenas que nos indican que tuvo un recorrido por las celdas siguientes:

1:07 PM es captado por la antena de la colonia Calpules, el lugar donde ellos vivían y de donde ellos salieron.

1:15 PM es captado por la colonia Cañada.

3:02 PM lo capta la antena generación, que tiene cobertura a inmediaciones del anillo periférico, la entrada que conduce a Mateo.

3:09 a las 4:53 PM lo capta la antena de las Tapias, antena que tiene cobertura, en donde finalmente ellos fueron ejecutados estableciéndose entonces por parte del Ministerio Público que a las 3:19 PM estas personas ya se encontraban en lugar donde fueron ejecutados, tal como lo dijo el Dr. Guerrero que establece que tenían de 20 a 24 horas de muertas o sea de 4 a 7 de la noche.

También se analizó el teléfono del señor Elmer Eleazar Mejía, número 87-50-84-88 de la empresa Claro, del día 11 de Abril a eso de la 1:38 de la tarde.

A 2:04 este aparato del señor Mejía se registra en la antena de la zona de Las Torres. Coincide con el video de Ciudad Inteligente que entre las 2:04 PM y 2:05 PM el vehículo sospechoso color gris, sin placas sale del parqueo del restaurante de Pizza Hut, y se dirige hacia el sector de Camosa ingresando a la calle principal que conduce a la colonia El Pedregal.

De las 2:00 PM a las 4:00, el aparato telefónico realiza un recorrido por todo el anillo periférico hasta llegar al sector de Mateo, ya que fue captado por las antenas de la Centroamericana, que queda por la International School. Es captado por la antena de la colonia Calpules, International School, Altos del Loarque, Lomas de Toncontín, Seminario, finalmente Mateo y Aldea Mateo, coincidiendo en tiempo con el recorrido del hoy occiso Ramón Eduardo Díaz Rodríguez, ya que fue ahí el lugar que fueron encontrados Zenia y Ramón.

Durante todo ese recorrido, manifestó el fiscal del caso, existió una comunicación fluida con el otro imputado José Luis Melgar Deras que hacían el mismo recorrido mantenían comunicación.

El testigo protegido PMX dijo que dos se fueron en el vehículo color gris sospechoso y dos se habían ido en el vehículo donde se transportaban ambas victimas.

También se analizó el numero 33-46-89-02 del señor José Luis Melgar Deras y se establece que hizo un recorrido por todo el anillo periférico hasta la aldea Mateo, captado por las antenas de la Centroamericana, Calpules, International School, Mateo, Aldea Mateo y de regreso a Seminario.

El día en acaecieron los hechos 11 de Abril 2014, los imputados capitanes Elmer Eliazar Mejía Aguilar, Juan Carlos Paz Tabora, y los subtenientes José Luis Melgar Duras y Walter Noé Serrano Gálvez, ostentaban los cargos de oficiales de las Fuerzas Armadas de Honduras en la posición de sujetos activos asignados a la dirección de Información y Estrategia conocida como Contra Inteligencia C-2. Las pruebas recabadas por la fiscalía demostró que usaron el vehículo del Estado para trasladar a los ahora occisos Zenia Maritza Díaz Rodríguez y Ramón Eduardo Díaz Rodríguez al lugar donde finalmente les quitaron la vida usando un arma de las Fuerzas Armadas de Honduras asignadas a labores de contra inteligencia.

Los ex oficiales Elmer Eleazar Mejía Aguilar y José Luis Melgar Deras fueron declarados culpables del delito de asesinato y abuso de autoridad, no así los ex oficiales Juan Carlos Tábora y Juan Carlos Serranos quienes fueron absueltos del mismo caso.

DR. SEBI, EL CURANDERO DE LAS ESTRELLAS

Alfredo Bowman, más ampliamente conocido como Doctor Sebi, se reportó enfermo de neumonía cuando estaba en prisión en la ciudad de La Ceiba, a unos 400 km de Tegucigalpa. Las condiciones de la cárcel a la orilla del mar, la humedad del piso de hormigón y la depresión deterioraron su salud acelerando su muerte.

«Él no tenía la dieta apropiada y algunos dicen que no mucha comida en lo absoluto. Estaba viviendo en la miseria y sin sus hierbas para ayudarlo a recuperarse», afirmó Mel Watkins, amigo del doctor Sebi, quien calificó la comida de la cárcel como algo que no alimentaría ni a su perro.

Pamela, de 30 años, es madre de la última de 17 hijos de Dr. Sebi, una niña de cinco años. Ella lo visitó en la cárcel varias veces. Según afirmó, le llevaba comida y sus hierbas para cuidar su salud.

«Al final dejó de comer del todo. Estaba deprimido, sentía que todos lo habían abandonado», dijo Pamela.

Junia Garden, un exfutbolista de primera división y amigo de Dr. Sebi, fue quien encontró su cuerpo.

«Fui a visitarlo esta mañana a su celda, entré y me quedé mirándolo. Ya no estaba respirando», dijo Garden.

LA CÁRCEL DE LA CEIBA

Dr. Sebi Fue trasladado al hospital D´Antoni, el mejor Hospital de La Ceiba, el 6 de agosto de 2016. El Dr. Edwin Interiano lo recibió. Cuando llegó al hospital, ya estaba muerto. Tenía 83 años.

El 28 de mayo de 2016, Dr. Sebi y su socio Pablo Medina Gamboa fueron detenidos en el aeropuerto de la isla de Roatán cuando intentaban tomar un vuelo privado a La Ceiba, con un total de 50,000 dólares en efectivo: $20,000 en posesión de Dr. Sebi y $ 30,000 en Gamboa. Según trascendió a la prensa, Sebi reportó el origen del dinero como producto de la venta de las medicinas que fabricaba. Las autoridades judiciales le dieron cita en la corte para el 3 de junio, a donde debía presentarse con la documentación que acreditara la procedencia del dinero.

El día de la audiencia, el Ministerio Público reportó que Dr. Sebi tenía ya un expediente en similares circunstancias. Meses atrás intentó ingresar al país sin reportar unos 30,000 dólares. En aquella primera ocasión comprobó el origen de los fondos, pero una reforma aprobada por el Congreso Nacional al Código Procesal Penal derogó la discrecionalidad de los jueces a la hora de otorgar medidas cautelares por los delitos de lavado de activos y conexos con el narcotráfico, lo cual quitó a Sebi la posibilidad de ser juzgado en libertad —a pesar de su avanzada edad— y fue enviado a prisión preventiva el 3 de junio de 2016, bajo los cargos de lavado de activos.

Dr. Sebi, quien decía ser amigo íntimo de muchas celebridades, era desconocido en Honduras, su muerte apenas trascendió en la prensa como una noticia peculiar, de aquel hombre que decía curar el SIDA y había «tratado» a Michael Jackson.

En esta nota, entregada en dos partes, contaremos la historia de Doctor Sebi, el curandero de las estrellas, que aseguraba tener las curas para casi todas las enfermedades y murió en la cárcel en un proceso de lavados de activos.

ALFREDO BOWMAN, EL ORIGEN DE DOCTOR SEBI

Según sus propios testimonios, Dr. Sebi nació el 26 de noviembre de 1933 en el pueblo de Ilanga en el norte de Honduras, cerca de Trujillo. Se le llamó Alfredo Bowman, hijo de un isleño y una garífuna. En aquel tiempo, el puerto de Trujillo era un lugar aislado y distante, se necesitaba de varias semanas de camino para llegar a Tegucigalpa o San Pedro Sula. Era más fácil viajar a New Orleans que al interior del país.

Dr. Sebi no era doctor en realidad, ese título lo inventó apelando al prestigio médico, como una marca para el tratamiento que él creó. Nunca asistió a la escuela, en los años treinta y cuarenta en Honduras, solo un pequeño grupo de niños de las ciudades principales recibían educación formal. Muy joven se fue a La Ceiba, en donde las oportunidades laborales eran mejores para los jóvenes negros. Comenzó a trabajar en el puerto cargando los barcos de bananos que luego partían a Estados Unidos. Al poco tiempo logró convertirse en marinero. Fue en alta mar en donde aprendió el funcionamiento de los drenajes de los barcos —su trabajo era limpiarlos—, y según él mismo explicara años después, ese mismo principio aplicó al cuerpo humano.

Llegó a los Estados Unidos con muchos problemas de salud. A Sebi le gustaba contar cómo, a sus 30 años, había desarrollado asma, diabetes, impotencia, esquizofrenia y obesidad, según él, pesaba más de doscientas cincuenta libras.

A principio de los años 60 Sebí buscó atención médica para sus problemas de salud. Fue incluso internado por esquizofrenia y paranoia en un sanatorio de New Jersey en 1961. Pero ninguno de los tratamientos a que se sometió dieron resultado positivo. Hasta que su búsqueda lo llevó a un herbolario en México, Alfredo Cortés, quien lo curó y quien se convirtió en su maestro. Allí nació Doctor Sebi.

USHA VILLAGE

La estancia de siete días en el Usha Village tiene un costo de 1,000.00 dólares por persona, según indica su página web. Debe además ser acompañado por una persona más en el tratamiento a un costo de 75 dólares por día. El tratamiento básico tiene un costo de 750 dólares el frasco.

«Siempre hemos cobrado 250 dólares por la primera consulta para obtener los compuestos de hierbas. En el SIDA, lo aumentamos a $500, debido a la razón psicológica que va junto con el precio. Cuando alguien invierte suficiente dinero, van a mantenerse en el programa», afirmó Sebi en una entrevista por CBS-TV's.

Usha está ubicada afuera de Jutiapa, Atlántida, a unos 30 minutos al este de La Ceiba en la carretera que conduce a Tocoa, a las faldas del Pico Bonito. Es un lugar conocido en Honduras por ser un punto estratégico de narco laboratorios y empaque para embarque de cocaína a los Estados Unidos. El pueblo puede parecer un pequeño mercado. Una posta de policía, en donde conversan y comparan armas los agentes asignados a la estación policial y los pandilleros de la zona.

«Si la familia no quiere que investigue sobre Dr. Sebi, es mejor que no lo haga», dijo el comandante de la estación policial cuando le preguntamos por el famoso vecino.

El dueño del pequeño comedor afuera de Usha fue enfático al afirmar que el centro poco se involucraba con la vida de la comunidad.

«Aquí vemos los carros entrar y salir solamente. Dicen que es gente famosa, pero nunca sabemos quién», dijo el tendero.

Para este reportaje intentamos varias veces contactar a Saama Bowman para entrevista. Fuimos a Usha Village y un hombre fuertemente armado nos recibió en la entrada para comunicarnos que no podíamos entrar.

«Es mejor que dejen de insistir, no los vamos a recibir», dijo por teléfono Samanta, administradora del centro Usha Village, cuando le pedimos una entrevista para conocer el centro.

Pamela, la última pareja conocida de Dr Sebi y madre de la última de 17 hijos, definió a Usha Villages en una conversación afuera del centro, como un lugar agradable, con piscinas de aguas termales y tranquilo. Ella afirmó ademas que vio morir por lo menos a cuatro personas adentro de Usha Village. Cuando le preguntamos si había habido alguna consecuencia legal por las muertes, ella dijo que no, «porque ya estaban muy enfermos».

El centro Usha Village no ha sido supervisado o inspeccionado por autoridades de salud de Honduras. No existe registro al respecto. Eso, porque no se definen como un centro de salud, sino de nutrición y las normas para ello son más flexibles en el país.

MICHAEL JACKSON NO CREÍA EN MÍ

«Escuchó de mí en una revista y mandó a su hermano Randy, a quien conozco desde hace 12 años. Él me dijo: doctor Sebi, Michael lo quiere ver, ¿para qué?, pregunté, para que esté a su lado, necesita su ayuda, contestó».

Eran los meses previos a las últimas demandas de que recibió Jackson —incluyendo las de abuso sexual a menores— por las cuales pagó 3.6 millones de dólares. Según Dr. Sebi, sus remedios le llegaron tan bien a Jackson «que en las primeras tres semanas ya estaba cantando y durmiendo bien».

«Está bien, dije, pero debe haber un contrato. Cuando fui a su casa, Michael me preguntó cuánto iba a cobrarle y le dije dos mil dólares al día. Está bien, manifestó. En seis meses lo he recuperado de la muerte» afirmó Dr Sebi en una entrevista con el diario hondureño *La Prensa*, citada por la French Associated Press.

«Él estaba tomando pastillas para dormir. No podía dormir. Estaba temblando. Estaba intoxicado de tanto químico que su cuerpo no podía expulsar», dijo.

Sebi afirmó en las entrevistas a los medios que Michael Jackson no creía en él. Para eso debió curar a un amigo de Guatemala que padecía diabetes y aún después, no convencido, también curó de lupus a su secretario privado.

«Por último mandó a traer a su amiga de Noruega, se llama Helga, estábamos en Orlando y no sabía que la mujer estaba paralizada porque cuando la atendí estaba tapada, tendida en la cama y allí le di los remedios», explicó.

«A los cuatro días, Michael Jackson vino a decirme emocionado: doctor Sebi, Helga está bailando y caminando, y dije ¿y qué?, yo no sabía que cuando llegó venía en una silla de ruedas».

Durante los meses de febrero y marzo de 2004, prestigiosas cadenas de televisión norteamericana informaron que el "Rey del Pop" estaba siendo tratado por un médico naturista.

«Le di el Biomineral Africano que se compone del sistema de limpieza intracelular y revitalización de las células eléctricamente con plantas naturales», explicó Sebi, quien manifestó además que la enfermedad de Jackson fue provocada por los químicos inorgánicos y carcinógenos que recibía de los médicos.

«Ya sabía eso y entendía que debía hacer una limpieza intracelular y lo hice, le di energía y todos los medios de comunicación me llamaban. El programa "Celebrity Justin's" me preguntaba qué le había dado y quién era yo, me llamó CNN y las grandes cadenas como NBC y CBS... pero no les he dicho nada porque he estado ocupado en Honduras», afirmó.

Pero aunque Dr. Sebi asegura que Jackson estaba complacido con el tratamiento a que fue sometido, al punto de recuperarle de la muerte, cuando Jackson no pagó lo que según Sebi habían acordado, lo demandó por 380,000 dólares. Sebi contaba como Randy Jackson le dio solo 10,000 dólares como "pago completo" por sus servicios.

«Mi contador les dio un ultimátum, porque sentía que era realmente abusivo, porque lo que hice por Michael, todo el mundo lo vio», afirmó Dr. Sebi.

«Me siento muy, muy triste, porque lo que le ofrecimos no lo encontrará en ningún otro lugar», afirmó.

La demanda contra Michael Jackson fue desestimada en 2015.

LISA LOPES: «TODOS ESTAMOS ENFERMOS»

El 25 de abril de 2002, Lisa "Left Eye" Lopes del grupo TLC murió en un accidente automovilístico volviendo del centro de Dr Sebi. Iba a alta velocidad y perdió el control de su vehículo. Tenía 30 años. Su repentina muerte en el auge de la popularidad provocó rumores de que el accidente había sido en realidad un atentado. Lisa Lopes era una fiel defensora del tratamiento de Dr. Sebi.

Pero ese no fue el único accidente de tránsito en que Lopes se vio involucrada en esa visita a Honduras. En un reporte del diario *La Prensa* del 6 de abril de 2002 se indica que Lisa Lopes estuvo involucrada en la muerte de un niño de 10 años, semanas antes del accidente que le causó la muerte a la cantante.

El rotativo destacó que Lopes, quien integraba el grupo TLC, viajaba en el coche que el 6 de abril atropelló al menor Bayron Isaúl Fuentes, quien posteriormente falleció. El accidente se registró en una autopista que conduce desde San Pedro Sula a El Progreso, en el norte de Honduras, de camino a Jutiapa, donde Dr. Sebi mantiene su centro Usha Village.

El auto en el que viajaba Lisa Lopes era conducido por una mujer identificada como Stefani, añadió el rotativo, que citó como fuentes a familiares del niño que identificaron a la artista tras su deceso el jueves en el Caribe hondureño.

Miguel Ángel Rivera, tío del niño fallecido, dijo que identificaron a la cantante por los tatuajes en sus brazos y un pendiente en la ceja del ojo izquierdo.

Glenda Rivera, también tía del menor, declaró que el día del accidente anotaron el nombre de Lisa Lopes y le preguntaron si era pandillera, por los tatuajes que la cantante llevaba en su cuerpo, a lo que ella respondió que no, y añadió que residía en Atlanta (Estados Unidos).

Los parientes del niño dicen que no procedieron judicialmente porque Stefani y Lisa Lopes contrataron los servicios de un abogado y se responsabilizaron por la hospitalización y demás gastos por la muerte del niño.

Lopes pagó alrededor de 3,700 dólares por el cuidado médico y el funeral del niño y también le dio a la familia unos $925. La familia del chico muerto quedó satisfecha. Nadie la culpó.

Según consta en un video de Usha Village, el centro de sanación de Dr. Sebi, Lopes le preguntó a Sebi, qué debía hacer para mantener una vida de paz y salud, y él le recetó ayunar 40 días y 40 noches como lo hizo Jesucristo.

«Lisa ayunó 42 días y 42 noches. Llegó a mi choza a las dos de la madrugada y le pregunté ¿qué vio Lisa?", "Ví a Dios", respondió, "¿y que vio de Dios?", volví a preguntarle, "Que la única cosa que debemos ofrecer el uno al otro es compasión, porque todos estamos enfermos", replicó».

Wanda, madre de Lopes, intentó demandar a la Mitsubishi Motors porque según ella, la camioneta Montero era un modelo que tendía a darse vuelta en las curvas, según reporte de Consumer Reports 2001.

Un documental sobre Lisa Lopes titulado "The Last Days of Left Eye" fue presentado en el Atlanta Film Festival en abril de 2007. Gran parte de las tomas fueron grabadas en Usha Village. La película captura el momento del accidente automovilístico en donde murió el menor Bayron Isaúl Fuentes. En el documental, Lopes afirma que siente la presencia de un espíritu alrededor de ella. La producción muestra además el momento en donde Lopez muere.

LA DIETA ALCALINA

Dr Sebi afirmó haber viajado a Sudáfrica para ofrecer su ayuda y tratar a pacientes con SIDA. Según él, conocía la forma de curar la enfermedad, a través de su diera alcalina.

«Al inicio obtuve respuestas positivas, pero los ministros de Salud terminaron orientándose a la medicina convencional. Puedo decir que no hay líder africano interesado en la cura del SIDA. Hablé con el ministro de Salud, con técnicos de laboratorio, farmacéuticos, y me miraban como si violaba algo», dijo.

Sebi dividía todos los alimentos en seis categorías: directo, crudo, muertos, híbrido, o con fármacos genéticamente. Su dieta enfatiza lo que él llama «alimentos eléctricos». Según Sebi, estos alimentos son alcalinos y pueden ayudar a curar el cuerpo de los alimentos ácidos, que incluyen todas las carnes, aves, mariscos, productos que contienen un agente de fermentación como la levadura, artículos sintéticos o procesados, alcohol, el azúcar, la sal yodada.

«Usted evitará todas las frutas sin semillas, cultivos por insectos o resistentes a la intemperie, como el maíz o determinados tomates, y cualquier cosa con vitaminas o minerales añadidos. En su lugar, va a comer la fruta madura, verduras sin almidón, verdes, especialmente de hojas; nueces y mantequillas de frutos secos crudos; y granos como la quinua, el centeno o kamut», indica la página web de Usha Village.

Expertos en nutrición advierten, sin embargo, sobre las dietas alcalinas, porque reduce o elimina categorías completas de alimentos y puede tener deficiencia de nutrientes esenciales como el hierro, calcio, vitamina D, vitamina B-12 y los ácidos grasos omega-3.

Sebi afirmaba que su dieta funciona porque las enfermedades e infecciones son causadas por una acumulación de moco que sólo puede ser rectificada por su plan alcalino. Esta dieta, según dr. Sebi, cambia el PH de los fluidos corporales, es decir, que cambia la acidez o basicidad (alcalinidad) de la sangre y todos los fluidos del cuerpo. Permite asentar más fácilmente las sales que fortalecen los huesos, eliminar algunos metabolitos peligrosos y modificar la fisiología en varios aspectos beneficiosos.

Según los defensores de esta idea, las células cancerosas se encuentran en un entorno ácido a su alrededor. Al aumentar el PH (y bajar la acidez) prevenimos el entorno de las células cancerosas, evitando su formación o, incluso, matándolas.

Los detractores de esa teoría por su parte afirman que «alterar el ambiente de las células del cuerpo humano para crear un entorno menos ácido no es posible».

Y está bien que así sea, dicen los distintos estudios sobre este tipo de dieta que califican como engañosa. Según ellos, incluso pequeños cambios en el pH pueden provocarnos graves trastornos capaces de poner en serio riesgo la vida.

«Para evitarlo, nuestro organismo dispone de varios mecanismos que permiten mantener el equilibrio ácido-base, como por ejemplo la capacidad tampón de la sangre o las funciones respiratorias y renales. El único fluido que ve afectado su PH por la dieta es la orina, precisamente porque es uno de los mecanismos que ayudan a mantener ese equilibrio».

(PARTE 2)

Alfredo Bowman, también conocido como dr. Sebi, creó una de las marcas de dieta alcalina más populares entre la población afrodescendiente de Norteamérica y el caribe, Dr. Sebi Cell Food. Su carisma y popularidad le permitió tratar a varias estrellas de la cultura pop norteamericana, como Michael Jackson, Edy Murphy y Lisa Lopes. Eso sin embargo no le impidió ser objeto de varias demandas que le acusaban de estafador. En 2016 fue acusado de lavado de activos al ser detenido con varios miles de dólares en su posesión. Su avanzada edad y su detención le llevaron a la muerte. En esta segunda parte de la investigación sobre dr. Sebi, conocemos sobre su proceso criminal en New York y Los Ángeles, sus intentos de vender lo que llamó El Gen Africano a dictadores de varios países de África y las peleas internas de la compañía que le separaron de la administración de su propia empresa.

NEW YORK «NOT GUILTY»

En 1985, doctor Sebi colocó un anuncio en *The Amsterdam News*, *The New York Post* y *The Village* que decía: «El SIDA ha sido curado por el Instituto de Investigación Usha. Nos especializamos en la cura de célula falciforme, lupus, ceguera, herpes, cáncer y otros».

«Un joven con SIDA vino a mí, me fue enviado desde Memorial Hospital en Boston. Estaba a punto de morir, y ya tenía su ataúd en el hospital. El joven era de Washington, D.C., y la entonces editora de *Financial Independence Magazine* me llamó y me dijo: "¿Alguna vez has tratado el SIDA?" Dije que no. Pero ella había visto a gente que vino a mí con anemia de células falciformes, con leucemia y con ceguera que se curó en Washington, D.C. Le dije: "Nunca he curado el SIDA antes". Ella dijo que su cuñado tenía SIDA. Yo estaba en Puerto Rico en ese momento, y le dije que volara a Nueva York, donde tengo un centro en la esquina de Flatbush y 5th Ave. Le dije que fuera allí. Ella lo hizo», afirmó Dr. Sebi en una entrevista a un medio norteamericano.

«Mike estaba en la cama gimiendo y gimiendo, su ataúd en la habitación. Eso fue el sábado. Le dieron a Mike el tratamiento y unas horas después abrió los ojos. El domingo por la mañana Mike se sentó en la cama. El lunes, martes, miércoles se está bañando a sí mismo. Regresó dos meses más tarde al hospital y le dijeron que ya no tenía SIDA, que debieron haber cometido un error», concluyó dr. Sebi.

Según Dr. Sebi poco después usó ese tratamiento con un haitiano y también le curó del SIDA. Luego a otro haitiano y luego a un puertorriqueño.

«Cuando yo tuve 5 enfermos de SIDA que fueron curados comencé a publicar anuncios en los periódicos diciendo que había curado el SIDA», afirmó.

Dr. Sebi describió por varios medios cómo fue arrestado en 1987 por un proceso iniciado en su contra en una corte criminal de Nueva York, por anunciar al mundo que curaba el SIDA y el cáncer. Según él, ganó la demanda porque pudo probar a la Corte Suprema, a través de 70 personas, que en efecto era capaz de curar todo lo que decía.

La demanda del Gran Jurado afirmaba: «Sr. Alfred Bowman AKA Dr. Sebi, por la presente se le acusa de practicar medicina sin licencia, vendiendo productos no aprobado por la FDA y afirmando curar el SIDA y otras enfermedades que es una afirmación fraudulenta».

«Antes del juicio, el juez había pedido que proporcionara un testigo por cada enfermedad que había pretendido curar, sin embargo, cuando 70 testigos en persona se reunieron con él en el tribunal, el juez no tuvo otra opción que proclamarme NO CULPABLE en todas las cuentas», afirmó Sebi en distintas entrevistas.

Sin embargo, cuando hicimos un estudio más minucioso del caso, descubrimos que no fue la «Corte Suprema» quien desestimó el caso de Dr. Sebi, como él hizo creer, sino el Tribunal Supremo de Brooklyn, que es el tribunal penal del condado y contrario a los que el mito de dr. Sebi afirma, el Tribunal nunca dijo que él podía curar nada.

En el juicio Alfredo Bowman fue acusado de practicar la medicina sin licencia. La defensa demostró que no estaba practicando la medicina, sólo dando suplementos de hierbas, y por lo tanto fue absuelto. Un juego de palabras permitió a la defensa que el jurado considerara a dr. Sebi "no culpable", porque el fiscal no fue capaz de presentar un caso en donde él diagnosticara a alguien o prescribiera sustancias medicinales.

Dr. Sebi sin embargo, aprovechó las débiles leyes con respecto a las reclamaciones sobre sustancias que no son ilegales, controladas o reguladas por la FDA, para afirmar que la «Corte Suprema» admitió que él, en efecto, podía curar cualquier cosa.

Posteriormente, en una audiencia del Congreso en 1993, Shirley Stark, que encabezó la Sección de Fraude al Consumidor de NYAG, indicó que había un caso civil con éxito contra la compañía de Dr Sebi. Ella declaró:

«Un ejemplo particularmente llamativo de afirmaciones terapéuticas no fundamentadas hechas para suplementos de hierbas ocurrió hace unos años cuando el USHA Herbal Research Institute, dirigido por un nutricionista llamado "Sebi", anunció en la *Village Voice* y en el *Amsterdam News* que «El SIDA ha sido curado por USHA y que también se especializan en las curaciones de leucemia, anemia de células falciformes, herpes, lupus y otras enfermedades». Por una cuota inicial de $500 y $80 por cada visita adicional, a los pacientes se les dijo que podían curarse del SIDA y otras enfermedades. Las «curas» consistían en varios productos herbarios, para cada uno de los cuales USHA hizo afirmaciones terapéuticas. Eva Therapeutic Salve, por ejemplo, se mencionó en el folleto de USHA como... «Muy eficaz en los principales problemas de la piel, en el uso prenatal, contra la mala circulación, cáncer, quistes, hemorroides y artritis». De hecho, estas afirmaciones eran falsas. Nuestra oficina presentó una demanda contra USHA e ingresó un acuerdo de consentimiento bajo el cual USHA ya no puede hacer reclamaciones terapéuticas para ninguno de sus productos».

El acuerdo de consentimiento a que se refiere Shirley Stark, de la Sección de Fraude al Consumidor de NYAG, prohibió a Ogun Herbal Research Institute, a Fig Tree Products Company, a Alfredo Bowman, a Maa Bowman y a sus sucesores y cesionarios (a) afirmar que sus productos o servicios eran eficaces contra el SIDA, el herpes, Leucemia, anemia de células falciformes, lupus o cualquier otra enfermedad o condición humana, (b) vender cualquier producto, y (c) diagnosticar o tratar cualquier enfermedad humana sin una licencia estatal válida. Los acusados también tuvieron que pagar $900 por los costos.

Pero el caso continúa. Casi veinte años después de la demanda original en la Corte de New York, en 2008, la Corte de New York admitió un proceso civil en contra de The USHA Herbal Research

Institute (Dr Sebi Office LLC). Se trata de la demanda: Alexis Carrington VS. The USHA Herbal Research Institute (Dr Sebi Office LLC), que puede verse en la página iapps.courts.state.ny.us/webcivilLocal/LCSearch index # CV-112709-08/KI.

Los documentos del caso no se publican en línea, pero el expediente indica que la demanda fue desestimada en 2015 por falta de enjuiciamiento.

El USHA Research Institute y el Dr. Sebi, LLC, cerró sus operaciones en New York y las trasladó a Los Ángeles, en el Estado de California.

EL GEN AFRICANO

En 2001, el sitio Web de USHA anunció la creación de su «Fórmula africana». Dr Sebi afirmaba que sus métodos eran útiles para todos, pero especialmente para los negros.

El mercado afroamericano, en Estados Unidos y el caribe, era importante para el negocio de Dr. Sebi. Se valía de su cercanía con celebridades y de las teorías de conspiración que promovía a través de videos y conferencias, en las cuales la industria farmacéutica y las grandes corporaciones de la medicina convencional le perseguían, por conocer la cura de todas las enfermedades, pero especialmente por ser negro.

En septiembre de 2002 Dr Sebi escribió una carta a Simi V. Mubako, Embajador de Zimbabwe en los Estados Unidos, declarando que «El Balance Biomineral Africano es un enfoque terapéutico que complementa la estructura genética africana».

«La razón por la que hacemos la distinción entre la estructura Bioidentical africana y otros en la especie humana es porque nuestra investigación revela que el gen africano resuena en una vibración eléctrica más alta. En consecuencia, el gen africano requiere una calidad específica de alimentos y medicinales... La alta resonancia eléctrica del Hombre Negro debe ser complementada por alimentos orgánicos de origen vegetal que contienen un grado igualmente alto de resonancia eléctrica. Nuestra investigación muestra que un CUERPO ELÉCTRICO requiere ALIMENTACIÓN ELÉCTRICA. Esto se conoce como afinidad química, que es necesaria para la asimilación de los nutrientes que se produzcan».

Continúa Dr. Sebi en su carta que tenía la esperanza de hacer llegar hasta el presidente Robert Mugabe: «A diferencia de otras terapias, el Balance Biomineral Africano beneficia específicamente las necesidades nutricionales de la estructura genética africana. Pero la belleza del equilibrio biomineral africano es, por su naturaleza altamente eléctrica, que tiene una amplia capacidad para satisfacer las necesidades nutricionales de toda la especie humana. A lo largo de los años, hemos tratado a personas de todos los sectores de la vida. En nuestros primeros años, la mayor parte de nuestra clientela era mexicana y caucásica, que se beneficiaba especialmente de las curaciones para la diabetes, el lupus, y las enfermedades del sistema nervioso central —de la locura a la esquizofrenia a la paranoia—. Estamos orgullosos de decir que nuestra metodología, aunque inicialmente diseñada para rescatar el gen africano, complementa la genealogía de todas las razas. Sin embargo, esto no se puede decir de otros enfoques terapéuticos. Otras terapias, incluyendo los enfoques alopático, homeopático y naturopático, pueden producir beneficios para otros tipos de genes, pero no logran satisfacer las necesidades nutricionales del gen africano porque las sustancias utilizadas en esas terapias no complementan su alta resonancia eléctrica».

Y concluye diciendo: «Debemos actuar. ¡DEBEMOS SALVARNOS! La Raza Negra ya no puede depender de los demás, ya sea que sean bien intencionados pero ignorantes de nuestras necesidades o que sean francamente divisivos con una agenda negativa para proveernos de lo que creen que necesitamos para nuestra salud y bienestar. África es rica en recursos naturales, y somos una gente llena de recursos. Sobrevivimos y GRAVADOS como pueblo, mucho antes del advenimiento de la intervención europea y de la tecnología moderna. Además de ser el creador del equilibrio biomineral africano, soy un ingeniero de vapor, y he aplicado mis conocimientos en Botánica y Bioquímica a la horticultura. Utilizando la tierra en la aldea de sanación de USHA en Honduras, Centroamérica, he conducido experimentos hortícolas exitosos en los efectos de la comida natural de la célula de la vegetación en cultivar las frutas y las verduras abundantes, abundantes y ricas en nutrientes…»

Desconocemos si hubo respuesta por parte del embajador Simi V. Mubako a la carta de Dr. Sebi, podemos sí apreciar a través de esa carta como Dr Sebi apeló durante toda su carrera a los elementos africanos para hacer su negocio fructífero. En las muchas páginas de internet que le defienden, es permanente el elemento racial en los argumentos. Desde su clientela más famosa, Lisa Lopes, Michel Jackson o la madre de Eddy Murphy, hasta los intentos que tuvo de acercarse a senadores y políticos negros en Washington.

Según las audiencias del Congreso de los Estados Unidos, se gastan alrededor de 1,000 millones de dólares en terapias fraudulentas contra el SIDA cada año. Los estafadores se aprovechan de los sentimientos que pueden acompañar un diagnóstico de cáncer o VIH, promocionan sustancias no probadas —y potencialmente peligrosas— como pomada negra, té de essiac o laetril, anunciándolos como productos "naturales" y efectivos. Pero el término "natural" no necesariamente significa que sea efectivo o seguro.

DR. SEBI VS. SEBI INC.

En 2014, Alfredo Bowman demandó en Los Ángeles a Dr. Sebi Inc., Dr. Sebi Products, Dr. Sebi USHA Club de Salud Internacional, a la Oficina del Dr. Sebi, a Xave Bowman Chapman (una hija que sirvió como director ejecutivo de los Productos del Dr. Sebi durante varios años), y otras diez personas por "fraude contractual".

Según entrevista dada para este reportaje por El Jaguar, dueño de un bar a la orilla de la playa en la ciudad de La Ceiba, amigo de Dr Sebi, él fue apartado del control de la compañía en 2014, por los accionistas de la empresa y actualmente se encuentra en control de su hija Saama Bowman.

Según el vídeo publicado en septiembre de 2016 por Saama Bowman, «la oficina en los Ángeles no ha sido afectada en su calidad como ocurrió en 2014», el año que se separó a Sebi del control de la compañía.

Fue luego de ese incidente que Dr. Sebi comenzó a ingresar efectivo a Honduras, según afirmaba, producto de la venta de sus medicinas.

En la página web de Cell Food de Dr. Sebi, junto al obituario de su fundador, está la promesa de que el tratamiento y la calidad del producto no se han visto afectados por la ausencia física de Alfredo Bowman. Además reporta que la corte declaró al Dr. Sebi libre de todo cargo por lavado de activos, luego de su muerte, limpiando de esta manera su imagen y legado.

«Ayer la Corte en San Pedro Sula, Honduras, encontró al Dr. Sebi y Pablo Medina NO CULPABLES de Lavado de Dinero. Después de 5 largos meses de lucha contra la injusticia y los individuos sin corazón, finalmente se hizo justicia y la memoria y la integridad del Dr. Sebi permanecerán intactas. Asimismo, estamos muy contentos de anunciar que nuestro querido amigo Pablo Medina fue liberado de prisión ayer y que está de camino a casa con su familia en California», dice el comunicado.

Pamela, la última pareja de Alfredo Bowman, conoció a Dr Sebi en compañía de Pablo Medina en el mall de La Ceiba. Siempre andaba mucho dinero en efectivo, afirmó Pamela.

«Yo le pregunté: ¿dime la verdad, andas metido en eso de las drogas? Y el me dijo que no, que era por la ventas de sus medicinas», afirma Pamela.

*Asistencia de Investigación de Raúl Valdivia.

CAMBIOS EN LA SOMBRA
MUJERES, MARAS Y PANDILLAS ANTE LA REPRESIÓN

1. CUIDAR LA PLAZA.

Ahora las pandillas son grupos más cerrados. A criterio de Guadalupe Ruela, director de Casa Alianza, las maras y pandillas no están ya interesadas en aumentar su membresía para pelear territorio con la otra pandilla. Más que defender un territorio geográfico defienden al grupo y sus actividades criminales. Lo que priva, en todo caso, es el control del negocio y el territorio supeditado a este. Sostienen la empresa criminal con actividades homicidas.

«Antes las maras estaban interesadas en aumentar su membresía porque el enemigo era la otra mara. Hoy no están interesadas en pelearse una con la otra, están interesadas en hacer efectivo su negocio en determinado territorio», afirma Ruela.

El Freezer, un pandillero de Comayagüela entrevistado para este reporte, coincide con lo afirmado por el director de Casa Alianza al decir que las pandillas ya no son la organización de barrio integrada por jóvenes que peleaban con otras pandillas por el solo control territorial de una zona marginal. Ahora a las pandillas y maras les interesa «controlar la plaza» que es una concepción más amplia del territorio.

La plaza, en la jerga del narcotráfico, es la zona en la que manda determinado capo, constituye el espacio y la clientela de la droga, o las rutas que manejan para la extorsión. Es un espacio tanto territorial como simbólico. La mara MS-13 llama a el conjunto de plazas que componen sus ingresos, «La Empresa», según reporte de inteligencia en la Operación Avalancha.

«La MS no tiene rival, la MS controla la plaza», afirma imperativo, el Freezer, que sin embargo reconoce la muerte de miembros de la 18 en manos de su pandilla, como producto de las disputas que se dan por el control de esa plaza o por conflictos viejos.

«El pedo con esos majes es que nos han matado a un montón de camaradas, ¿me entendés?, y por eso no los perdonamos ni verga, por eso los pelamos. Como te dije antes pué, esta onda es a muerte, y a todos esos perros chavaludos *pusioyo* les cantamos las tablas en vivo pué, muerte a esos putos pué. Pero sí, no te voy a mentir, peleamos las plazas porque de ahí comemos», afirma el Freezer.

Las maras y pandillas han demostrado a lo largo de estas dos décadas, una gran capacidad para adaptarse y sobrevivir. Desde su aparición como fenómeno social en los países del triángulo norte de Centro América, a finales de la década de los 90, han sido blanco de constante ataque por parte de los gobiernos de la región. La implementación de una serie de políticas de mano dura y la criminalización, las han obligado a incrementar su violencia en los territorios y mutar sus características más visibles, limitando el uso de tatuajes, lenguaje corporal y la vestimenta que las maras importaron del Éste de Los Ángeles en su etapa temprana.

La discriminación social y la fuerte represión han provocado que cada vez menos niños y jóvenes se sientan atraídos por las maras y pandilla, con lo cual se ha reducido el número de sus integrantes. De 2002 a 2010 los miembros de maras y pandillas «desaparecieron» públicamente en Honduras, reduciendo su campo de acción a zonas marginales de Tegucigalpa y San Pedro Sula, así como algunas ciudades periféricas del país. Se quitaron los tatuajes, cambiaron su forma de vestir y hablar con el objetivo de pasar desapercibidos por los organismos represores del Estado, de no ser detenidos por la policía ni asesinados o discriminados socialmente. Pero en 2010, luego que la ley Anti Mara dejó de ser foco de atención mediática, procedieron a gestar una reconfiguración de las organizaciones, modificando sus estrategias.

La propaganda oficial señala a las maras y pandillas como mafias transnacionales a un paso de constituirse en carteles, pero la economía de las organizaciones sigue siendo de subsistencia. El dinero que producen con las actividades criminales debe ser distribuido entre los integrantes de la pandilla, pago de armas y pertrechos, costos médicos, abogados y pensión para los compañeros presos, y aunque el producto de cierto golpe pueda parecer mucho dinero, cuando se suma todo el costo de las pandillas, al final apenas ajusta para sobrevivir, lo que en su lógica les obliga a reforzar la actividad criminal diversificando la misma.

En las condiciones precarias con que se mantienen las maras y pandilla en Honduras, no se puede confiar en la plaza para la subsistencia.

2. MOVERSE.

Doña Santos, vecina de La Peña, al sur de la capital, ha visto como las pandillas de su barrio ha mutado. Ella vio cuando llegaron los primeros pandilleros después del huracán Mitch en 1998 y luego como los fueron exterminados uno por uno hasta desaparecerlos como clica.

«Antes era la MS la que controlaba acá —dice—. Pero los fueron matando poco a poco y luego se metió la 18».

Según doña Santos, las pandillas que ahora controlan su barrio no son de la zona. Llegaron a cubrir una plaza que la cárcel y la muerte de la anterior pandilla dejó libre. «Ni siquiera son hondureños», asegura, y afirma que los pandilleros en su barrio son extranjeros.

«La mayoría de los pandilleros en mi barrio no son de acá. Son gente que vienen de afuera, de Guatemala o El Salvador. Sus mujeres sí son hondureñas, pero ellos no», afirma doña Santos, reconociendo el carácter transnacional de las maras y pandillas.

Como último capítulo en la guerra contra las pandillas, los gobiernos de Guatemala, Honduras y El Salvador anunciaron la creación de una Fuerza Trinacional anti pandilla que busca, a criterio del presidente hondureño, Juan Orlando Hernández, impedir «que los delincuentes cometan sus atrocidades en un país y para evadir la justicia huyan a otro».

«Estos grupos criminales han logrado cooperación entre ellos mismos, salen de El Salvador, se refugian en Honduras y Guatemala», argumenta el secretario de comunicaciones de la Presidencia salvadoreña, Eugenio Chicas, según reporta *La Prensa Gráfica* en su edición digital, al momento de inaugurar operaciones de la Fuerza Trinacional.

Michael T. Hannan y John H. Freeman, en la Teoría de la población ecológica, califica que «la mejor forma de organización es la que consigue adaptarse al entorno y seguir operando con eficiencia». Términos parecidos usa Ilya Prigogine en su Teoría de los sistemas alejados del equilibrio, cuando nos indica que «la mejor forma de organización es la que puede adaptarse y autoorganizarse». Ambas teorías intentan explicar organizaciones convencionales exitosas, desde una visión empresarial, pero sus preceptos pueden ayudarnos a comprender la mutación de las maras y pandillas.

Porque a pesar de la guerra abierta y de los millones de dólares invertidos en su desarticulación, las pandillas siguen activas en los barrios y colonias de las principales ciudades del norte de Centroamérica.

Hostigamiento permanente, persecución y exterminio, acompañan al origen de miseria y violencia con que surgen las pandillas, moldeado su estructura en organizaciones complejas, con raíces profundas en los territorios pobres de las urbes. Alianzas estratégicas con policías corruptos, o los carteles de la droga, de dónde sacan su producto para vender en los barrios y colonias. Los gobiernos y sus estrategias represivas, lejos de deshacerlas, las han vuelto exitosas y sólidas.

3. REPLEGARSE.

Una de las «mutaciones» más importantes de las pandillas en los últimos años, ha sido la de «permitir» y buscar la participación de las mujeres en las tareas de la organización, aunque siempre en un papel secundario en la toma de desiciones.

La Organización Mundial de la Salud define el género, como los conceptos sociales de las funciones, comportamientos, actividades y atributos que cada sociedad considera apropiados para los hombres y las mujeres. El género es el modo de ser mujer o de ser hombre en una cultura determinada. A través del rol de género se prescribe cómo debe comportarse un hombre y una mujer en la familia, el grupo, la comunidad y la sociedad. Al ser una construcción social, la concepción de género está sujeta a modificaciones históricas, culturales y aquellas que se derivan de cambios en la organización social.

Las pandillas juveniles, al ser tradicionalmente una organización conformada por un grupo de hombres, configurado por hombres, pensado por hombres y diseñado por hombres, en donde las mujeres son minoría cuantitativa, cuenta con todos los estereotipos, prejuicios, desbalances y desigualdades entre hombres y mujeres que prevalecen en la sociedad patriarcal, potenciados por la violencia y marginalidad que prevalece en las pandillas. Así lo define la periodista española Rocío Pérez Domenech al afirmar que el machismo de la pandilla es una réplica (potenciada), del extenso patriarcado de la sociedad.

Es sin embargo, en ese ambiente misógino, en donde lo femenino es devaluado como débil, en donde la crisis obliga a la pandilla a recurrir a las mujeres para su supervivencia.

«Ana», una pandillera activa de la MS en Comayagüela, califica el rol de las mujeres en su pandilla como la columna vertebral que mantiene la organización.

«La mujer es la que guarda el dinero y las armas. La que cuando cae la chepa sale a dar la cara, porque los hombres no pueden salir tal vez porque andan tatuados o los están buscando. La mujer es gancho fácil para decirle "vení vos, guardame esto allí mientras pasa la jura", porque la jura no lo revisa a uno y uno se puede meter las cosas hasta en las partes si tiene qué y la jura no lo va a tocar a uno. Uno tiene derecho a no ser tocada. La mujer no puede andar tatuada. Antes te podías rayar la cara si querías, pero ahora no», dice Ana.

La mujer, entonces, es la que mueve la droga de la pandilla en la ciudad. Eso porque los hombres tienen un espacio de acción más limitado dada su condición de proscritos. Así lo afirma el Freezer al manifestar que los hombres en su pandilla no venden droga.

«Las chavalas son las que están a cargo de la plaza, son las que venden y las que hacen todas las movidas para camotear (esconder) la onda», afirma el Freezer.

Aprovechando la concepción patriarcal que dice las mujeres son menos sospechosas a los ojos de las autoridades, ellas sirven como «mulas» de la pandilla. Llevan y traen drogas o armas, son «banderas», carne de cañón, colaboradoras, compañera o como figuras más discretas frente a las autoridades. Son además las relacionadoras públicas de la pandilla. Sirven de mediadora entre las comunidades y las maras, enlace para la comunicación entre la clica del barrio con los líderes en la cárcel, encargadas del resguardo de las armas y la administración de la venta de drogas. Son las que llevan a cabo el contrabando de mercancías ilícitas en las prisiones, sirven de agentes de inteligencia para obtener información sobre las bandas rivales y portar armas en espacios públicos o se encargan de dar el seguimiento de víctimas para secuestros.

Las autoridades policiales reportan con mayor regularidad la participación directa de mujeres en acciones violentas, aprovechando tanto el atractivo femenino como la imagen inofensiva de la mujer para no levantar sospecha en las víctimas ni en la policía. Favorecen la ejecución exitosa del cobro de extorsiones a transportistas y comerciantes, asaltos a carros repartidores de productos o sicariato. Según los pandilleros varones, estas tareas son más exitosas cuando las realizan las mujeres. Este nivel de complicidad para asegurar el resultado de una acción criminal también es delinquir, en distinto grado de autoría y aunque sigue siendo menor el número de mujeres participando en acciones delictivas como el sicariato, en comparación con sus pares varones, ese número está en aumento.

«La mujer antes eran vista en las pandillas como algo doméstico. Ahora las lanzan a las calles a repartir droga, incluso hay casos a donde las mandas de sicarias. Son banderas u orejas de las maras. Las maras siempre andan buscando estrategias para poder cometer sus objetivos. El estado trabaja identificando mujeres que están involucradas en actos ilícitos, algunas como cabecillas», afirma Félix Arturo Alonzo del Programa Nacional de Prevención, Rehabilitación y Reinserción Social (PNPRRS).

El PNPRRS cifra la pertenencia de mujeres en maras y pandillas en al menos un 20%. 872 miembros de maras y pandillas son mujeres: 392 integran la pandilla 18 y 453 son miembros de Mara Salvatrucha (MS 13), según el ente gubernamental.

Su manejo de información y el control de los recursos básicos para la pandilla, hace que poco a poco acumulen mayor poder en la estructura. Aun no se reportan datos de mujeres en altos puestos de dirección de las pandillas, pero es cuestión de tiempo para que comiencen a aparecer casos.

«El Sun», un expandillero de la 18 de San Pedro Sula, recuerda como, ya al inicio del fenómeno en Honduras, las mujeres en su pandilla eran la avanzada.

«Las mandábamos para saber cómo estaba la onda en la otra colonia. Ellas iban primero para después movernos de barrio. Chamelecón, Planeta y a veces hasta Fesitranh», dice, advirtiendo que su rol era siempre secundario, pues «se supone que si las agarran (a las mujeres) son más débiles, por el tema de la tortura. Se cree que si las agarran aguantan menos que los hombres. Uno de hombre tiene un código de vida, está dispuesto a morir por la pandilla, pero se desconfía de las mujeres, por eso, porque son más débiles», afirma el Sun.

Hoy esa realidad ha cambiado significativamente, según lo manifestó el Freezer. Las mujeres ahora, a parte de servir de avanzada, son la base de la economía de la pandilla, pues los hombres están ocupados «cuidándolas».

«Los hombres siempre nos encargamos de cuidar a las chavalas y los niños, a todos los de la clica púe, nosotros sólo nos dedicamos a otros asuntos como "reventar cocos" (matar) o ir a calentar a los majes que no se pongan vivos y que anden pelando papas. La función de los hombres en las pandillas es proteger a la clica, cuidarle la espalda a los "voladores" (vendedores) de los chepos y los contrarios. Si venís a una plaza a comprar onda pero nadie te pinta, mejor no vengás, porque te la podés ganar del aire. Recordá que en cualquier momento se pueden aparecer una patrulla y o un combo de los contrarios pués, y si esos majes le hacen daño a la clica, o matan a alguien, entonces los que estaban cuidando a la clica tiene que responder, porque su misión es cuidar a la pandilla. Mirá, así en vivo te lo digo, los hombre se dedican a matar, al secuestro y la extorsión. Pero no creás que la pandilla es tan basura como esos perros chavaludos de los panosos (18), la pandilla no se mete a pedo con la gente que no la debe, ¿me entendés?, y no anda cobrando impuesto de guerra así a lo loco y a puros güevos como esos majes, la pandilla te da un tiempo para que recojás las varas, y si no las tenés te espera un tiempo, no como esos basuras que van a matar a la gente por todo».

4. SER FUERTE.

Guadalupe Ruela, de Casa Alianza, denuncia que el espacio que aparece como «ganado» por las mujeres, es en realidad una pieza que los líderes de las pandillas sacrifican en aras del éxito económico de las operaciones.

«Exponen a las mujeres y a los niños en busca de esa eficiencia comercial —afirma Ruela—. Hay mujeres siendo expuestas al sicariato, extorsión, a ser banderas, expuestas en la búsqueda de la eficiencia del negocio», dice, agregando que el discurso oficial afirma que las mujeres aparecen muertas porque se han metido a eso, pero en realidad están siendo víctimas de un esquema de violencia.

«Las pandillas ven en las comunidades un recurso de donde sacar a alguien que necesitan y luego asesinarlo. A veces escuchamos en los medios de comunicación que los criminales recluta a los niños porque no los pueden meter a la cárcel. Eso es falso, a un criminal no le interesa el bienestar de los niños. Lo que sucede en las comunidades es que si a mi me amenazan me da miedo, pero si amenazan a mis hijos me paralizan. La violencia en contra de mujeres y niños se hace para paralizar a las comunidades. Destruye el tejido social. Alguien que estará dispuesto a luchar o a rebelarse, pero sabe que cuando está trabajando su hija o pareja puede ser violada o asesinada, o que su hijo puede ser asesinado, está más dispuesto a callarse por temor a que algo le pase. Y encima lo que vemos es que los medios y un estado que no le cree y lo que dice cuando algo pasa es que lo crió mal a su hija. La mara no está interesada en crecer como organización social, sino en usar la población para que su negocio produzca y el ser violentos con mujeres o con niños inmoviliza al propio territorio y hace más efectivo el negocio para estos grupos» —agrega Ruela.

El esquema de violencia ligado a lo masculino como una forma de expresar la masculinidad, es mucho más fácil ejercerlo hacia la mujer. En la mara, en donde se está conquistando constantemente un territorio, la mujer se vuelve parte de ese territorio.

El tema de femicidio es un tema que siempre ha acompañado la historia de Honduras. El ingreso de los jóvenes en las pandillas no es una decisión consciente. Es la acumulación de una serie de circunstancias que van sucediendo desde la primera infancia y hasta la adolescencia. Desde que se levanta una joven en la mañana está sufriendo violencia. Muchas veces cuando ella piensa en ingresar a la pandilla, no piensa que allí va a sufrir violencia. Ya la está sufriendo. Podrá ser distinta la violencia de la mara en sus manifestaciones, pero no es distinta en como ella lo está viviendo: violencia verbal, violencia física, violencia sexual.

5. LAS JAINAS

Toda la literatura consultada para este artículo señalan el ingreso de las mujeres en las pandillas como un proceso degradante. Según los textos consultados, hay tres formas como las mujeres ingresan a las pandillas.

1. Por amor, siendo pareja, novia o enamorada de un pandillero, normalmente de cierto poder en la estructura, que parece ser el caso

de la China. (Reclutamiento sicológico); 2. Brincada, al igual que sus compañeros, 13 o 18 segundos de «calentón» o golpiza según sea de la pandilla MS o 18. (Reclutamiento violento); 3. Por sexo, teniendo sexo con varios miembros de la clica. (Reclutamiento sexual)

La Revista *Factum* publicó un artículo sobre el ingreso de las mujeres en las pandillas de El Salvador, «Así viven y mueren las mujeres pandilleras en El Salvador», escrito por Juan Martínez d'Aubuisson. En él se explican los rituales de ingreso a la pandilla.

«Cuando yo ingresé a la pandilla a mí me dieron verga (golpearon). Me brincaron (incorporaron) con vergazos. A otras las brincaron con sexo. Eso es horrible, luego los homeboys no las respetan. A nosotras sí porque saben que pasamos lo mismo que ellos (…)¡ Para las mujeres que así lo deseen hay otra posibilidad: acostarse con todos los miembros del grupo. Como un sarcasmo diabólico a esta forma de incorporarse —o "brincarse"— le llaman "por amor"».

Esta idea, de la pandilla pasando por sexo a las nuevas reclutas mujeres, se repite una y otra vez en los estudios del tema.

«La relación de noviazgo le ofrece a la mujer una situación de ventaja para evitar la golpiza y la degradante violación sexual». (*Violentas y violentadas, Relaciones de género en las maras y pandillas del triángulo norte de Centroamérica*. Interpeace-Oficina Regional Para América Latina).

«Las mujeres prefieren la paliza porque les parece más digno y porque de esta manera el grupo las respeta más. Es una manera de demostrar honor, fuerza y valentía, reproduciendo un modelo masculino que es de suma importancia para el grupo [...], cuando una chica opta por la vía sexual de ingreso no es tomada en serio por el grupo, el resto de miembros duda de su lealtad y, por lo general, no logra integrarse plenamente a la pandilla. [...] son desprestigiadas, desvaloradas y, en ocasiones, utilizadas como "carnada" frente al enemigo o por los mismos miembros del grupo. También son rechazadas por las otras mujeres que sí ingresan a través de una paliza». (Idem)

«El trato desigual de la mujer se ve en las prácticas de iniciación de las pandillas. Mientras que los hombres se someten a una paliza, las mujeres tienen la posibilidad de elegir entre esto o mantener relaciones sexuales con varios miembros de la pandilla por una duración de tiempo equivalente, pero luego son acosadas si eligen la segunda opción. Las mujeres que se unen a las pandillas, porque están saliendo con un miembro de una pandilla, por su parte, tienen una entrada automática y son tratadas con respeto por el resto de la pandilla» (Marguerite Cawley, *Las mujeres mara: Roles de género en pandillas de Centroamérica*).

Es importante acá aclarar, que no todas las compañeras de pandilleros son pandilleras, su ingreso a la pandilla sigue siendo una decisión de él o ella. Son, sí, parte de lo que en este artículo calificamos como la retaguardia de las pandillas: madres, abuelas, hermanas, compañeras, quienes mantienen un vínculo sentimental con los pandilleros y una conexión a las mismas, sin ser parte de de las maras o pandillas.

Reconociendo por otro lado la diversidad de actores que conforman las maras y pandillas, y el carácter anárquico de las mismas, creemos que la construcción de un mito de la violación para ingreso en la pandilla, es más un recurso para generar miedo en las mujeres que se ha extendido desde los no pandilleros y «demonizar» aún más a las maras y pandilla.

La violación de las pandilleras es aceptada y normalizada por la sociedad, como un ritual degradante. La víctima en este caso, es culpada y cosificada. La trivalizacion de la violación en las pandillas, asume la violencia sexual que podrían vivir las mujeres en las mismas como un ejemplo para modelar el comportamiento de las mujeres afuera de las pandillas. En Honduras no existen estudios serios que nos permitan reconocer que las descripciones plantadas en los artículos de maras y pandillas en El Salvador, sean equivalentes a la realidad hondureña. Por el contrario, las entrevistas realizadas por este estudio, niegan la violación como condición para ingreso en las pandillas.

«Eso de que se la cogen no es cierto», afirma Ana en la entrevista. «Puede ser que un maje te diga vení, está conmigo y si el man es un poco enojado, frustrado y es el mero toro, para dónde te haces. Pero eso de que te hacen que te acostés con todo mundo es paja. La mujer se mete porque empezaste como un pinche traca, empezaste vendiendo la mota, después de dicen que vendas coca, después piedra. La mujer misma es la que busca quien va a trabajar con ella. Calentada es cuando la torcés, cuando se te pierde droga. Allí si te matan a pija. Cuando perdiste dinero. Cuando te cae la jura por estar pelando papa. Cuando en la misma plaza en donde uno vende la droga hay gente que está fumando mariguana, fumando piedra. Ese es fijo calentón. Allí si te matan a pija. En la mara vas ascendiendo. Vas como traca, luego te sobás, te matan a un familiar, te defendiste y allí dicen, ah esta maje está loca. O matas otro maje y te dicen que estás loca. Eso de acostarse con uno y con otro, es si querés. Yo conozco majes que sí les gusta andar del timbo al tambo, que quizás comienzan con un paisa y luego están con un toro. Pero no es que es obligación de uno acostarse con esos majes o calentarte. Te calientan si la cagás o te cogen si te dejas coger», dice Ana.

«Las mujeres entraban igual que los hombres —afirma el Sun—, por el mismo rito, 18 segundos de golpiza. Se le prueba lo mismo con la idea de ver si puede sobrevivir una golpiza de la pandilla contraria. No entraban a las pandillas por sexo. Eso era muy bajo».

La violación, en todo caso, parece ser un recurso correctivo adentro de las pandillas.

«La forma sexual para nosotros era un castigo. Una vez a mi me obligaron a tener sexo con una chava a la que habían castigado. Yo no quería porque me daba como asco tanto hombre allí, en ella, pero tenía que hacerlo porque sino consideraban que estaba despreciando el «placer» que los homies me estaban dando. Pero era un castigo para ella. A ella la castigaron porque andaba con otros majes de la MS, como que se quería bandear y la descubrieron entonces la castigaron», afirma Sun.

«Los castigos son si la mujer la tuerce —dice Ana—. Si vos perdés droga tenés que pagarla. La mujer es la que tiene la plaza de droga. Los hombres se dedican más al sicariato. La mujer es la que la distribuye porque los hombres no pueden hacer eso. Los mareros no te van a matar si vos no debes algo. Si vos robaste algo, les robaste o robaste en la colonia, allí te matan. Si viene el hombre y plancha no lo matan. Tiene que ser un pija de planchón. Pero si robas sí, porque no tenés ni necesidad ni derecho a robar. Cuando vos miras un maje descuartizado es porque descuartizó. Los que descuartizan son los 18. Es como un signo de colonias donde uno ya sabe. La mujer que la tuerce también la matan, pero la matan a golpes. A lo que aguantés. Si aguantas bueno, sino también. Aquí te la cantan en la colonia. Te dicen vos hiciste esto y esto y te dicen perdete, sino te van a joder.

Pero al hombre no. Al hombre no le dan ese chance».

El control estricto que las maras mantienen sobre la plaza, se extiende a los cuerpos de las personas que en él viven. Es frecuente encontrar historias de mujeres que fueron «castigadas» por haber iniciado una relación sentimental con alguien de la otra pandilla o un agente de policía. Las mujeres son obligadas a trabajar en condiciones que podrían definirse como de esclavitud, con severas penas en caso de cometer errores en las cuentas. De igual forma, las redes sociales de los jóvenes son monitoreados muy de cerca.

«Hace poco mataron a unas cipotas de diez u once años —dice doña Santos, la vecina de La Peña—. Ellas eran hijas de gente de la 18, pero salieron en Facebook haciendo señas de la 13 y por eso las mataron. Decían que estaban involucradas con ellos pero no es cierto. Eran hijas de gente de las 18. A ellas les gustaba andar allí porque se creían las reinas del barrio. Andaban allí alucinando todo y si querían la empujaban a una. O si usted no les hacía caso decían a la mara que usted le había dicho algo y entonces lo mataban, por puro gusto», indica.

«Yo todos los pedos de las chavalas que he visto así de chavalas, es porque se las tiran de muy bonitas y a la hora de la hora solo son *güiri güiri*, o se las tiran de locas y las mismas chavalas las despabilan o porque se meten con un man de otra chavala. A menos que sea una chavala de la otra mara contraria», afirma Ana.

6. CONCLUSIÓN

Las condiciones de violencia, miseria y marginación estructural que favorecieron el ingreso y proliferación de las pandillas en las principales ciudades del país continúan aún intactas. El Estado no tiene la capacidad para «controlar» a las maras y pandillas en Honduras, pero sus acciones han pervertido y orillados a realizar determinadas mutaciones en el tiempo para sobrevivir como estructuras.

En esas condiciones, poco se podrá hacer para eliminar la presencia de maras y pandillas. El despilfarro que hacen los gobiernos de la región en el combate contra este tipo de criminalidad, poco podrán hacer para terminar un problema que no están interesados en comprender.

Al sentirse amenazados, como en toda sociedad en guerra, los hombres pandilleros han recurrido a su retaguardia natural. Las mujeres: madres, abuelas, parejas, hermanas, son esa retaguardia que les permite a los pandilleros seguir activos.

Algunas mujeres se involucran directamente con las pandillas e inician el ciclo de violencia y criminalidad común entre sus pares varones. Otras, en cambio, permanecen siempre al margen, sin vincularse directamente en la vida pandillera, pero sin desprender los lazos afectivos que las unen con los hombre de las maras y pandillas.

Son las mujeres que cuidan, alimentan, visten, curan y entierran a los hombres que caen en una guerra que lleva ya veinte años y lejos está de concluir.

Los estudios que existen en el tema, poco reflejan la realidad que las entrevistas desnudan, en cuanto a los reclutamientos de mujeres en las maras y pandillas.

La mayor presencia de mujeres en negocios y empresas de pandilleros, no necesariamente implica un aumento en su poder en la estructura. Los líderes de las maras y pandillas mantienen un control estricto de las mujeres y sus relaciones, redes sociales y vínculos, el cual traducen en violencia cuando esos líderes consideran que ella ha fallado a las reglas de la pandilla.

Los pandilleros utilizan a las mujeres y niños como recursos descartables para el éxito en sus negocios. Las maras y pandilla se están enfocando a un mayor control territorial sobre todo por el tema lucrativo.

Definitivamente el manejo mediático de las mujeres que integran maras y pandillas es en muchas veces maximizado y fantasioso, en muchas ocasiones generador de odio hacia las mujeres.

La difusión intencional de los actos de violencia donde están implicadas mujeres, ha venido de la mano con el aumento de los femicidios en el país.

©2017 Friedrich Ebert Stiftung FES (Fundación Friedrich Ebert). La Fundación Friedrich Ebert no comparte necesariamente las opiniones vertidas por el autor ni éste compromete a las instituciones con las cuales esté relacionado por trabajo o dirección. Se autoriza a citar o reproducir el contenido de esta publicación siempre y cuando se mencionen las fuentes.

EL DESPLAZAMIENTO POR GOTEO EN HONDURAS

Imagínese despertar una noche, su hermano, su padre, madre o su pareja llega y le dice que tiene que recoger lo que pueda de ropa. Solo lo que pueda llevar consigo, todo lo demás queda allí. En la oscuridad de la noche sale de su casa y lo deja todo. Aun no entiende qué pasa, solo sabe que si vuelve perderá la vida. Desde ese momento usted es un desplazado por la violencia en Honduras, una crisis que, al ocurrir por goteo, es invisible, pero afecta ya a miles de personas.

Según datos presentados por la Secretaría de Estado en el Despacho de Derechos Humanos, Justicia, Gobernación y Decentralización (SDHJGD), en Honduras se estiman alrededor de 174,000 personas desplazadas internas como efecto de la violencia. Ese dato podría incluso ser conservador, según lo manifestó Carlos Sierra de Ciprodeh, quien estima que podrían llegar a ser más de 300,000 las personas desplazadas en el país.

«El tema del desplazamiento en Honduras es de reciente estudio pero no de reciente afectación», indica Sierra, resaltando que en Honduras, a diferencia de Colombia o México —países de referencia para entender el fenómeno hondureño— el desplazamiento se ha dado por goteo.

«El fracaso de la política de seguridad en el país ha llevado a un desbordamiento de la violencia y este desbordamiento de la violencia ha generado una gran cantidad de víctimas que es lo que no vemos en los diarios. Vemos a las personas muertas, vemos las capturas, escuchamos todas estas crónicas sobre la criminalidad en Honduras pero nadie habla sobre la esposa que quedó viuda, el hijo que quedó huérfano; las personas que tienen que desplazarse de su comunidad por el tema de la criminalidad propiamente dicha», afirma Sierra.

Según el documento titulado "Características del Desplazamiento Interno en Honduras" presentado por la SDHJGD, dentro de las razones para el desplazamiento en Honduras están el ser el considerado "enemigo" o "traidor" por maras, pandillas o redes de narcotráfico; la real o presunta cooperación con las fuerzas de seguridad o justicia; la sospecha de colaboración con grupos rivales o, sobre todo en el caso de las maras, la decisión de abandonar la banda sin el permiso de sus líderes.

«Hace unos tres, cuatro años, una familia completa de unos ocho o nueve personas, llegó a una posta policial y dijo que no podían ir a ningún otro lado, no podían regresar a sus casa porque si regresaban los mataban. Ese caso puso las alertas de lo que ya venían recibiendo las iglesias, las organizaciones de derechos humanos y las organizaciones de mujeres...», cuenta Carlos Sierra de Ciprodeh.

El caso de esa familia demostró que no solo las personas ligadas de una u otra manera a las maras, pandillas y bandas de crimen organizado que caen en categoría de proscrito por esos grupos criminales sufren de desplazamiento forzado. También personas que no pertenecen a las maras o pandillas. Gente común, trabajadores que luchan por salir adelante y de la noche a la mañana, por suerte o circunstancia, lo pierden todo. El rechazo al pago de la extorsión, a la colaboración con maras o pandillas en sus actividades delictivas, mujeres jóvenes que rechazan las atenciones de los mareros o de los narcotraficantes; personas que discuten o enfrentan a los integrantes de los grupos criminales; niños o demás personas que frecuentan escuelas o realizan actividades en territorios controlados por maras o pandillas enemigas, son víctima directas de la violencia en las comunidades que las obliga luego a desplazarse.

La "resistencia" en contra de la criminalidad en barrios y colonias de Honduras puede ser sancionada con la muerte u otras violaciones graves a los derechos humanos, y llevar al desplazamiento.

Entre el 2011 y el 2012 se reportó un alarmante incremento de hondureños solicitantes de asilo en Nicaragua, Costa Rica, Estados Unidos y Canadá. Esos casos dispararon las alertas de la ACNUR, del Comité Internacional de la Cruz Roja y del Consejo Noruego de los Refugiados, tres instituciones que se habían retirado de la región luego del final de la guerra en Centro América y que volvieron en 2012, ante los llamados de alerta de los hondureños solicitantes de asilo. Esos elementos se conjugan para que tanto la Cooperación Internacional, como las organizaciones de la sociedad civil se acerquen al gobierno de Lobo Sosa para pedir que reconozca la problemática.

De los países de la región que sufren situaciones similares, sólo Honduras ha tomado la decisión política de reconocerlo como problema. Un paso importante, pero aún insuficiente.

«Para nosotros era muy importante que el estado de Honduras reconociera que la problemática de la seguridad se había ido de las manos, esa problemática había generado una gran cantidad de víctimas y muchas de estas víctimas estaban siendo desplazadas por la violencia. Ahí debemos reconocer un poco la apertura del gobierno de Porfirio Lobo Sosa a través de la ministra de Derechos Humanos, Ana Pineda, que primero emprendió un rápido análisis sobre lo que estaba ocurriendo, las cifras que estaba dando la policía, las cifras que estaba dando la Secretaria de Educación con traslados de muchos niños en las escuelas entre el país, las cifras que tenían las organizaciones de Derechos Humanos y las iglesias, para poder reconocer, que efectivamente se estaba generando un desplazamiento por goteo», afirma Carlos Sierra.

Un estudio realizado por la Asociación de las Hermanas Scalabrinianas en Honduras con el apoyo del ACNUR y ECHO evidencia, según el documento "Características del Desplazamiento Interno en Honduras" presentado por la SDHJGD, que al menos 5.4% de los migrantes deportados de Estados Unidos entre junio y diciembre del 2013, abandonaron Honduras para escapar de la violencia y la inseguridad.

De igual manera, un diagnóstico llevado a cabo por el Servicio Jesuita a Migrantes de México en siete albergues para migrantes de ese país, confirma que la violencia generalizada es la segunda causa de salida de los hondureños, con una tasa del 6% sobre un universo total de 9,313 registros.

La pastoral de movilidad humana en México estima, que en los últimos cinco años (2011-216) cerca de 300,000 hondureños intentaron pasar por México en su intento por llegar a los Estados Unidos, de esos 18,000 personas lo habrían hecho en condiciones de desplazados por la violencia.

Según el análisis 2011 del Instituto Nacional de Estadística de Honduras «Comportamiento de la Migración y las Remesas Internacionales», unas 850.000 personas de origen hondureño viven fuera del país. El mismo informe señala que a mayo 2010 emigraron 238,669 hondureños, el 6% de ellos, según las Hermanas Scalabrinianas, escapando de la violencia.

Cerca de 29,400 personas se vieron forzadas el año pasado a

migrar internamente en Honduras por la inseguridad, según datos divulgados por el Alto Comisionado de Naciones Unidas para Refugiados (ACNUR)

Dice el documento Características del Desplazamiento Interno en Honduras presentado por la SDHJGD: «La «inseguridad» generalizada que la población siente en sus comunidades, creada por el actuar de los grupos criminales no está basada en incidentes concretos de confrontación, sino que deriva más bien de un miedo instalado en la población (por ejemplo el temor de las madres al reclutamiento de sus hijos). Sin embargo, ciertos eventos específicos pueden desencadenar el desplazamiento, como por ejemplo la llegada de un grupo criminal a un barrio, la remoción de una posta policial, o el presenciar un crimen».

Carlos Sierra resume así las causas del desplazamiento de personas en Honduras: «hay personas que son víctimas de una extorsión y deciden irse. Hay también otras que viven en comunidades con alta criminalidad, que han presenciado un hecho violento o una muerte violenta, esas personas, por el temor se desplazan. Si usted llega a ver el rostro de determinados delincuentes, usted tiene que salir de esta comunidad. En otros casos es más directo, los delincuentes vienen y le dicen, "yo voy a reclutar a su hijo o hija mañana, así que me lo tiene listo con la maleta" y esta persona opta por irse…»

UNA TRAGEDIA DE MILES DE FAMILIAS EN HONDURAS

La noche del 16 de octubre de 2013 llegaron a una posta policía de San Pedro Sula, unos 16 miembros de una familia que salieron huyendo de sus casas en el sector de Chamelecón. Miembros de las pandillas que controlan la zona los amenazaron con matarlos a todos sino se iban; antes habían matado a tres de sus parientes.

«Le pedimos al presidente Porfirio Lobo que nos ayude», dijo uno de cabezas de la familia, argumentando que no podían volver a sus casas, porque si lo hacían, los mataban.

Carlos Sierra, del Centro de Investigación y Promoción de los Derechos Humanos (CIPRODEH), recuerda ese caso como el que disparó la alarma en la región y obligó a distintas organizaciones internacionales a poner atención en la crisis de desplazamiento forzado que estaba viviendo Honduras.

«Ese caso puso las alertas de lo que ya venían recibiendo las iglesias, las organizaciones de derechos humanos y las organizaciones de mujeres...», cuenta Sierra, afirmando que el caso de esa familia demostró que no solo las personas ligadas de una u otra manera a las maras, pandillas y bandas de crimen organizado, caen en categoría de proscrito por grupos criminales y sufren de desplazamiento forzado.

«También personas que no pertenecen a las maras o pandillas. Gente común, trabajadores que luchan por salir adelante y de la noche a la mañana, por suerte o circunstancia, lo pierden todo», dijo.

El rechazo al pago de la extorsión, a la colaboración con maras o pandillas en sus actividades delictivas, mujeres jóvenes que rechazan las atenciones de los mareros o de los narcotraficantes; personas que discuten o enfrentan a los integrantes de los grupos criminales; niños o demás personas que frecuentan escuelas o realizan actividades en territorios controlados por maras o pandillas enemigas, son víctima directas de la violencia en las comunidades que las obliga luego a desplazarse.

Roberto Zelaya, director del Instituto Jesús Aguilar Paz, habla de los problemas que a diario tienen que enfrentar en el colegio que dirige.

«Ellos tienen un control absoluto —dice, refiriéndose a la pandilla que controla la zona—, conocen en el barrio, quién es quién, dónde viven, qué hacen cada uno para vivir, hasta su posición ideológica. Cuando llega la policía pidiendo información no se le puede dar, si llega la fiscalía, igual, es prohibido dar información», dijo, agregando que maestros y estudiantes están a merced de lo que la mara disponga.

«Hay alumnos que venden droga al interior del colegio, pero como autoridad no podemos confiscarla», dijo. «Nosotros no podemos confiscar alguna sustancia porque genera problemas, muchos alumnos mercadean la droga y si no entregan el dinero de esa droga los asesinan, ya ha sucedido en otros centros educativos. Mis instrucciones a los consejeros es que cuando encuentren a un muchacho con droga se la decomisen, llamen al padre de familia y se la entreguen, ellos sabrán qué hacer con el menor de edad».

Roberto Zelaya contó además como cuando mandó a reparar el muro perimetral del instituto, con dineros de la matrícula gratis, había un tramo plaqueado (marcado por un grafiti) por la MS-13

(Mara Salvatrucha), cuando se llegó al lugar donde la mara tiene la placa, llegó el jefe de la mara a decirle al albañil que no fuera tocárselo porque lo iban a "pelar".

«El albañil me contó el incidente atemorizado y allí está todavía esa parte del muro, porque es intocable, con una placa de la MS13», dijo.

Otro profesor del Saúl Zelaya Jimenez confirmó lo expresado por Roberto Zelaya en el Instituto Aguilar Paz. Los maestros del país no están preparados para lidiar con el nivel de violencia que viven las comunidades que atienden. Una violencia que llega hasta los hogares y ataca a muchos inocentes.

«Se presentó un alumno del grupo del Pedregal y me manifestó que tenía problemas. Estaba preocupado porque lo habían perfilado de «ranflero». El ranflero es un marero. Lo habían perfilado porque sabía manejar motocicleta y tenía que transportar al que iba entregar la droga. El niño tenía miedo. Sentía que no podía decirle a su madre. ¡Es tu mama la que te tiene estudiando —le dije—, como ranflero no te vas a graduar, porque como ranflero hoy estarás vivo, mañana no. Tomá carácter y decile a ese hombre que no, porque te querés graduar en mecánica, le dije. Pero el niño siguió argumentando que necesitaba dinero. No pidas más de lo que tu mamá te pueda dar, los uniformes, los cuadernos, la comida y dormida, es lo que necesitas para graduarte. Le dije, haciéndole ver que lo que quiere es lujo. El negocio que pretendes hacer, lo que menos te garantiza es la vida, pero la decisión es tuya, de nadie más...» dijo el profesor, reflexionando sobre las cosas horribles que cuentan los niños en su colegio.

Una y otra vez, los profesores de los colegios públicos cuentan los mismos relatos. De jóvenes que mueren a manos de la delincuencia, o que abandonan sus estudios para irse por miedo a que lo maten las bandas que controlan la zona; familias que se desplazan por temor a que obliguen a sus hijas a vivir con los pandilleros, familias enteras que huyen.

«Había un alumno que notamos que estaba preocupado, nos acercamos para preguntarle qué le pasaba y él nos dijo que tenías miedo, porque había sido amigo del que mataron (otro estudiante de su colegio). "Tengo problemas en mi casa", dijo. "¿Cuál el problema que tienes en tu casa?", le pregunté y el nos contó que su hermano era un sicario. "¿Y tú has matado?", le pregunté. Él me aseguró que no, pero tenía miedo que por él (el hermano) fueran a matar a los demás hermanos, incluyéndolo a él. "¿Y tus padres?" le pregunté. "Están en España", dijo».

Según los profesores entrevistados del Saúl Zelaya Jimenez, uno de los problemas que tienen que enfrentar los alumnos en el colegio, es que los pandilleros y sicarios los escogen para recoger el cadáver y deshacerse de ellos.

«Le ofrecen cierta cantidad de dinero para que vaya a botar el cadáver, solo les dicen dónde lo tiene que ir a dejar y sino lo hacen, pues lo matan también», dijo el profesor.

Durante los últimos tres meses del año 2015, Estados Unidos recibió una segunda ola de inmigración procedente del Triángulo Norte centroamericano (Guatemala, Honduras y El Salvador) que agravó la crisis migratoria infantil que sacudió al país en el 2014. A finales de ese año, EE.UU. había detenido a 21,469 migrantes en su frontera sur. Este suceso impulsó la decisión del Congreso de EE.UU. para asignar el plan de ayuda llamado Alianza para la Prosperidad, que consiste, luego de múltiples recortes y ajustes, en unos 450 millones de dólares para los tres países.

La Alianza para la Prosperidad es la respuesta económica en contra de la crisis migratoria humanitaria que llevó a más de 40.000 niños no acompañados del Triángulo del Norte en el 2014 a la frontera con Estados Unidos. Esos niños, en un mayoría, huían de la violencia de sus países.

Un estudio realizado por la Asociación de las Hermanas Scalabrinianas en Honduras indica que al menos 5.4% de los migrantes deportados de Estados Unidos entre junio y diciembre del 2013, abandonaron Honduras para escapar de la violencia y la inseguridad.

De igual manera, el diagnóstico llevado a cabo por el Servicio Jesuita a Migrantes de México en siete albergues para migrantes de ese país, confirma que la violencia generalizada es la segunda causa de salida de los hondureños, con una tasa del 6% sobre un universo total de 9,313 registros. Ese registro hecho mes por mes por la Red de Documentación de las Organizaciones Defensoras de Migrantes muestra que son más los migrantes hondureños que pasan por México; en el primer semestre de 2013, fueron el 43.97% de los migrantes que llegaron a los albergues de la red. Le siguieron los salvadoreños, luego los guatemaltecos, mexicanos y nicaragüenses.

Según el análisis 2011 del Instituto Nacional de Estadística de Honduras «Comportamiento de la Migración y las Remesas Internacionales», unas 850.000 personas de origen hondureño viven fuera del país. El mismo informe señala que a mayo 2010 emigraron 238,669 hondureños, el 6% de ellos, según las Hermanas Scalabrinianas, escapando de la violencia.

Cerca de 29,400 personas se vieron forzadas el año pasado a migrar internamente en Honduras por la inseguridad, según datos divulgados por el Alto Comisionado de Naciones Unidas para Refugiados (ACNUR).

«La «inseguridad» generalizada que la población siente en sus comunidades, creada por el actuar de los grupos criminales no está basada en incidentes concretos de confrontación, sino que deriva más bien de un miedo instalado en la población (por ejemplo, el temor de las madres al reclutamiento de sus hijos). Sin embargo ciertos eventos específicos pueden desencadenar el desplazamiento, como por ejemplo la llegada de un grupo criminal a un barrio, la remoción de una posta policial, o el presenciar un crimen».

En abril de 2016, los vencidos de la colonias Losusa y Ebenezer, informaron que unas 25 familias se vieron obligadas a abandonar sus casas. Los pandilleros de la 18 dejaron un mensaje en el que pidieron a los residentes de la colonia sampedrana abandonar sus viviendas en 24 horas. Semanas atrás, un hecho similar se dio en las colonias Reparto Lempira de San Pedro Sula y en Las Torres #2 de Tegucigalpa.

«Uno de los vecinos dijo que ayer vinieron como a las ocho de la noche y se metieron a las casas, andaban como 10 encapuchados y con AK-47 y nos dijeron que nos daban unas horas para desalojar toda la cuadra, a todas las familias que vivimos aquí», afirmaron los vecinos de Reparto Lempira a diario *La Prensa*.

El comisionado Héctor Iván Mejía dijo que la Policía Nacional de Honduras ya comenzó a trabajar en la zona y que algunas familias ya pueden regresar a sus casas.

«La presencia policial va a ser permanente. Estamos haciendo investigaciones para determinar de dónde salió esa información», dijo Mejía.

Pero las familias que se van, no vuelven.

El informe Maras y pandillas en Honduras presentado el 20 de noviembre de 2015 por la revista *InSight Crime* y La Asociación para una Sociedad más Justa (ASJ), establece las fronteras de los principales territorios controlados por las maras y pandillas en las ciudades de Tegucigalpa y San Pedro Sula. Según ese informe la 18 actualmente opera en aproximadamente 150 barrios y colonias de Tegucigalpa, su mayor cobertura está en la zona sur de Comayagüela, mientras la MS13 opera en unos 70 barrios y colonias del Distrito de la Capital, y se supone que su concentración de fuerzas más grande está en la zona occidental de la ciudad. De los 222 barrios y colonias en las que operan, se cree que actualmente hay unos 12 barrios y colonias que tienen presencia de ambos grupos, lo cual podría dar explicación de la violencia relacionada con maras y pandillas, pues muchas de las masacres y desplazamientos provienen de esas zonas de la ciudad.

El estudio establece las fronteras para la ciudad de San Pedro Sula. Las colonias Losusa, Ebenezer, Reparto Lempira (y las Torres en Tegucigalpa) están en esa frontera que describen *InSight Crime* y ASJ. Sugiriendo que la causa de la violencia en esas colonias tiene que ver con el control del territorio por parte de las maras y pandillas.

¿Qué fue lo que pasó entre el 2010 y el 2011?

La crisis política generada por el golpe de Estado hizo que el tema de la criminalidad tomara mayor posesión del país, que tuviera mayor movilidad. Se expandió la influencia de los carteles de la droga en amplias zonas de Honduras, en territorios donde antes no existían, se consolidó el tema de la extorsión, encontró el asidero perfecto de una institucionalidad policial en total desorden.

«A finales del 2011 creemos que en un descuido de la política de seguridad hizo que la criminalidad avance en los territorios, por ende en las comunidades, volviéndolas más inseguras, haciendo que muchas personas empiecen a salir de sus colonias incluso del país», afirma Sierra, recordando que fue en el contexto del golpe de Estado cuando se generó una dispersión de que muchos policías, que en lugar de estar en los territorios estaban concentrados en Tegucigalpa y San Pedro Sula, y los territorios totalmente abandonados y la criminalidad avanzando.

«Eso agudizan también otros elementos de la violencia en el país, violencia que hemos vivido históricamente por la pobreza, pero también la violencia de género, el tema de la violencia intrafamiliar y otros tipos de violencia que están ahí ocultas como la trata y el acoso escolar conocido como "bullying". Todo esto del descuido de todos los elementos genera que esta gran cantidad de personas tenga que moverse, una gran cantidad tuvo que salir del país», afirma el oficial de Ciprodeh.

Olvin Osorto, un joven barbero de la colonia Smith de Comayagüela, habló con nosotros sobre la presión que vivía por causa del impuesto de guerra. Dijo que ya no aguantaba tanta mierda con «esos majes que pasan cobrándole renta», y que antes de seguir pagando ese billete mensual por el impuesto de guerra que le cobra la 18, prefería cerrar la «barber» y migran hacia la USA para mantener a su familia.

«Cómo puede ser posible que uno trabaje duro todos los días para estar dándole su pisto a esos majes, no es posible alero, no es justo, y lo peor es que si uno no les da el billete que le piden viene y lo matan, así, sin mediar palabra. Cómo se pone a creer que esto es vida compa, no alerito, esto no es vida, aquí ya no se puede ni trabajar, porque hasta por eso lo matan a uno», dijo, irritado.

Días después de su entrevista, dos sujetos entraron al pequeño local de Olvin Osorto y sin mediar palabra le dispararon en varias ocasiones, hiriéndolo de muerte por no pagar a tiempo el impuesto de guerra.

«La política de seguridad del gobierno ha sido la saturación policial y militar y extraer de las bandas criminales a los cabecillas», afirma Sierra, quien cree que eso no va a influir directamente en disminuir el tema del desplazamiento.

«Recordemos que el tema esta enraizado en la propia comunidad, en las condiciones que hacen que una persona se sienta segura en su casa, su centro de trabajo o en su centro de estudio y esto no se va a lograr. Por ejemplo en el Hato de Enmedio hay un comando militar plantado, una semana o diez días existió la saturación militar en el Hato de Enmedio y durante esos diez días no hubo crímenes, pero una semana después empezaron a haber muertos otra vez, destrucción. Y así podemos verlo en diferentes comunidades».

La presidencia de Juan Orlando Hernandez ha ampliado su estrategia buscando dar respuesta a las causas que provocan el desplazamiento forzado de la población. A la saturación policial y extradiciones se suma el aislamiento de los líderes de las bandas criminales que desde la cárcel mantenían el control del «impuesto de guerra», cambios en la legislación penal, haciendo más duro el castigo al delito de la extorsión y, en un giro de la política represiva hasta ahora ejecutada, ha ascendido (nuevamente) al grado de Secretaría de Estado a lo que hasta ahora era una Dirección de Derechos Humanos.

La Secretaría de Derechos Humanos deberá continuar con el trabajo iniciado por la ministra Ana Pineda, responsable de que Honduras reconociera la problemática del desplazamiento forzado. Será a través de ésta institución en conjunto con las organizaciones de la Sociedad Civil, que se deberá prestar atención a las víctimas del desplazamiento forzado por la violencia, para responder a esas familias que tienen que huir y encuentren un lugar a donde establecerse sin miedo, y buscar frenar de una vez por todas las causas que producen el desplazamiento por goteo.

SEGÚN LA ONU, MARAS Y PANDILLAS ESCLAVIZAN MUJERES Y NIÑAS EN EL SALVADOR

La Relatoría Especial de las Naciones Unidas, en el 33er período de sesiones, presentó el Informe sobre las formas contemporáneas de la esclavitud, incluidas sus causas y consecuencias, relativo a su misión a El Salvador, llevada a cabo del 18 al 29 de abril de 2016.

Durante su estadía en El Salvador, la Relatora Especial recibió múltiples informes según los cuales, en el contexto de la violencia cada vez más generalizada de las maras, existían prácticas análogas a la esclavitud que se manifestaban de varias formas.

Una de esas prácticas, indica el informe, consiste en la esclavización de mujeres jóvenes y niñas.

La Relatora Especial fue informada de la existencia de niveles extremadamente altos de discriminación de género y violencia ejercidas por las maras sobre las mujeres. Indica el informe que existe una práctica entre estos grupos criminales que obligar a mujeres jóvenes y a niñas a convertirse en parejas sexuales de miembros de las maras.

Aquellas que se niegan a ello pueden ser objeto de severas represalias, como el asesinato de toda su familia o amenazas en ese sentido.

Según las descripciones de los interlocutores presentadas a la Relatora Especial de Naciones Unidas, una de las formas más comunes de explotación sexual o de otra índole por extorsión consiste en forzar a esas mujeres o niñas a prestar servicios sexuales a miembros de las maras encarcelados.

Al parecer, los miembros de las maras amenazan a las mujeres y sus familias con recurrir a actos de violencia o con matarlas para obligarlas a realizar visitas conyugales periódicas a líderes y miembros de las maras que se encuentran en prisión. En muchos casos, las mujeres también se ven forzadas a introducir teléfonos y armas en las cárceles de manera encubierta, señala el informe.

Agrega el informe de Naciones Unidas, como a algunas niñas de corta edad escolarizadas les dicen que han sido seleccionadas como "obsequio" para el líder de una mara, detallando el caso de una madre de niñas de corta edad que dijo a la Relatora Especial que no permitiría que sus hijas asistieran a la escuela secundaria por temor a que acabaran cayendo presas de las maras que buscaban niñas en las escuelas.

La Relatora Especial señala en su informe las medidas legislativas que se han adoptado para robustecer las disposiciones relativas a las visitas en las cárceles que figuran en el capítulo III de la Ley Penitenciaria de 2015 de El Salvador, incluida la facultad para suspender las visitas en las cárceles y realizar controles para comprobar el estado civil de quienes soliciten visitas conyugales.

La Relatora Especial celebra esa disposición, como una forma de prevenir este tipo de esclavitud sexual, sin embargo informa que hasta la fecha, miembros de las maras podían recibir la visita de mujeres víctimas en las cárceles sin que se procediera a una supervisión y reglamentación suficientes.

Por consiguiente, la Relatora Especial insta al Gobierno de El Salvador a velar por la aplicación plena y efectiva de las disposiciones pertinentes de la Ley Penitenciaria de 2015.

La Relatora Especial también recibió información según la cual se habían observado en el país otras prácticas análogas a la esclavitud sexual entre los miembros de las maras. Por ejemplo, vino en conocimiento de casos en los que miembros de las maras habían invadido el domicilio de mujeres, desalojado o matado a los hombres del hogar y obligado a las mujeres a trabajar en condiciones de servidumbre doméstica y sexual.

La Relatora Especial también recibió datos sobre prácticas análogas a la esclavitud a las que las maras habían sometido a niños y otras personas reclutándolos por la fuerza en sus estructuras.

Según se informa, las maras buscan niños de corta edad por el hecho de que, al no haber alcanzado aún la edad de responsabilidad penal, son menos vulnerables a ser enjuiciados. Al parecer, esos niños son reclutados en sus escuelas y comunidades.

Las maras recurrían a la violencia y a las amenazas de violencia contra los niños y sus familias para forzarlos a incorporarse en las maras y realizar actividades delictivas, como observar los movimientos de la policía, recaudar el dinero exigido mediante la extorsión y transportar drogas. Indica el informe.

Según la Relatora Especial, la participación forzada en las actividades de las maras también afecta a las mujeres. En más de una ocasión, se informó a la Relatora Especial de que una vez que los niños y las mujeres eran reclutados por la fuerza en las estructuras de las maras, no tenían posibilidad alguna de salir de ellas, por lo que permanecían atrapados en situaciones peligrosas, de explotación e inhumanas.

La Relatora Especial afirma en ese informe, estar alarmada por esos informes y cree que se trata claramente de prácticas contemporáneas de la esclavitud.

JESSICA SÁNCHEZ: «LAS MARAS Y PANDILLAS EN LOS TERRITORIOS: ASÍ COMO OCUPAN LA CALLE, ASÍ OCUPAN LAS MUJERES».

Jessica Sánchez, escritora y feminista, es directora del Grupo Sociedad Civil. En septiembre de 2018 asistió en representación de la sociedad civil hondureña al 73° período de sesiones de las Naciones Unidas. Allí habló en reclamo por los más de 4,000 femicidios registrados en el país los últimos nueve años, de la violencia sexual que sufren las mujeres en el contexto de violencia generalizada en la región centroamericana, de las mutiladas, las que tuvieron que huir de sus casas, las expatriadas, las desplazadas, las migrantes; exigió además la aprobación de la normativa sobre las Casas Refugio para mujeres sobrevivientes de violencia, asumidas por el Estado, como paso necesario para prevenir los femicidios, así como caminar en la adopción de una Ley Integral para las mujeres, la despenalización del aborto por 3 causales y la adopción de la Resolución 1325 sobre mujeres, paz y seguridad.

En esa misma Asamblea General de Naciones Unidas, el presidente Juan Orlando Hernández habló también de femicidios, pero desde otro ángulo.

Según el mandatario en Honduras las maras, pandillas y narcotraficantes son "los principales" violadores de los derechos fundamentales como la vida, el derecho de acceso al trabajo, la educación y derechos económicos.

«Me parece que Naciones Unidas debe reflexionar y reinsertarse en su rol. (...) El narcotráfico en la región de Colombia, México y Estados Unidos, afecta tremendamente la vida de nosotros los centroamericanos, la mayor tragedia en pérdida de vidas humanas que ha tenido Honduras es consecuencia del tráfico de drogas.» Dijo Hernández en su exposición en la Asamblea General de la ONU.

Cuando me comuniqué con Jessica para expresarle mi interés de hacer una entrevista con ella hablando de su viaje a Nueva York en el contexto de lo expresado por el presidente Hernandez, su reacción fue, en el mismo tono de las organizaciones que defienden los Derechos Humanos en honduras, condescendiente: «Es ridículo eso», dijo. Pero cuando compartí con ella lo expresado en el informe de la relatoría Especial de Derechos Humanos en su visita a El Salvador, su postura inicial cambió.

En esta entrevista con Jessica Sanchez hablamos de Derechos Humanos, de la discusión que se inicia en torno a si debe o no incluirse a las Maras y Pandillas como violadoras de los DDHH y, según sus palabras, de la trampa que esto podría representar. Hablamos de violencia estructural contra las mujeres, de violencia machista intrafamiliar, de la respuesta insuficiente del INAM y de la necesidad de discutir el tema por el bien de las mujeres que hoy sufren violencia.

Jessica Sanchez: «Yo fui como representante de sociedad civil en una iniciativa de la Unión Europea y Naciones Unidas para erradicar y combatir la violencia contra las mujeres en el mundo, un fondo para combatir en varios continentes los diversos tipos de violencia contra las mujeres. Por ejemplo en África hay violencia sexual por todo el tema de mutilación femenina genital y en América Latina se definió que fuera femicidio, por los altos índices y fueron escogidos los tres del triángulo norte, el Salvador, Guatemala y Honduras, México y Argentina. Siempre la violencia contra las mujeres ha sido como marginal.»

—En el Triángulo Norte vemos un aumento bastante significativo en los últimos diez años en cuanto a violencia en contra de las mujeres y particularmente muertes violentas y femicidios ¿A qué se debe según en los estudios que ustedes tienen ese tipo de aumento en estos incidentes?

JS: «Dos factores básicos, primero creemos que este tipo de crímenes pasaban antes pero como no se hablaba de violencia contra las mujeres entonces se perdían en el anonimato. Nadie hablaba del tema, nadie lo exponía, era como muy normal incluso en nuestro código penal, hasta hace poco relativamente era válido asesinar a una mujer si el esposo la encontraba en una infidelidad o sea, matarla ahí en la casa era algo permitido por la sociedad.»

«Una segunda teoría es que las mujeres cada día estamos negándonos, rebelándonos ante ese papel que nos ha impuesto la sociedad, de mujeres sumisas, de que debemos estar en la casa: más mujeres en las calles, más mujeres opinando, más mujeres revelándose ante el sistema, más mujeres enfrentándose a la policía..»

«Me preguntaban ¿y por qué ahora agreden más a las reporteras? porque ahora están mas en las calles, antes se dedicaban más a ser presentadoras, a arreglarse bonito, entonces eso ha incrementado más los niveles de riesgo. O sea, que ya no nos quedemos calladas, que estemos también desempeñando un papel crítico dentro de la sociedad a diferentes estratos tanto las que son digamos críticas que son feministas, pero otras que no son feministas y que están en espacios bastante polémicos o que tienen que ver con corrupción, que tienen que ver con asuntos de estado..»

«Y por otro lado también, muchas de las mujeres que son asesinadas o las que tenemos registro, son mujeres amas de casa, son mujeres obreras trabajadoras y eso te muestra la inoperancia del Estado. Hace poco hubo un caso de una muchacha que el marido la mató y le fue a decir a la mama que ahí se la tenía, que le llevara el ataúd; esa mujer había puesto cuatro denuncias de violencia doméstica. Muchas mueren por la ineficacia de los operadores de justicia en aplicar la ley de violencia hacia las mujeres.»

—Hemos visto un cambio, por ejemplo en la constitución en el rol de las mujeres adentro de las maras y pandillas, ha cambiado también el nivel de violencia que reciben las mujeres.

JS: «Hay varios actores, están las maras y pandillas en los territorios, que así como ocupan la calle, la tierra, así ocupan las mujeres. Las mujeres son propiedad de ellos (los pandilleros) y eso no solo ahorita, es de más o menos la década de los dos mil. Las chicas que son captadas por la pandilla o más bien secuestradas por las maras y pandillas son sometidas muchas veces a trata, explotación sexual o tienen que hacer labores de cuidado, labores que tienen que ver con venta de droga, ese tipo de cosas, pero también y no quiero dejar de mencionar a las grandes transnacionales, a las grandes empresas que ocupan el territorio por ejemplo, nosotras tenemos testimonios de mujeres garífunas y está documentado, que al llegar una empresa transnacional X turística, minera no sé qué, incrementan las violaciones hacia las mujeres y hacia las niñas porque vienen estos extranjeros y hacen trata con las chicas de las comunidades, o sea en cualquier contexto que vos lo veas la mujer es el territorio a ocupar y a través de la violencia sexual muchas veces.»

—Como el aumento de la prostitución...

JS: «Exactamente, o como en Palmerola hace mucho tiempo. El cuerpo de la mujer es como el bien que esta ahí, que se puede ocupar inmediatamente y que se puede transgredir y violar, o sea el tema del acto sexual y visto desde nuestra cultura es un elemento de apropiación..»

«Varias mujeres en el mundo nos estamos revelando a eso, y eso te deja la puerta para el femicidio. Ahora ya no se habla de femicidio, se habla de femigenocidio o sea que a medida que las mujeres nos negamos cada vez más a aceptar, por ejemplo una violación o un mandato de cualquiera de estos actores de crimen organizado, porque también estamos hablando de narcotráfico, o sea, en muchas regiones al jefe del narco le gustaba la chica tal porque la miraba pasar y la rapta y se la lleva y la familia no la vuelve a ver, o con suerte la vuelve a ver dentro de mucho tiempo. Al negarse estas mujeres o al huir ha aumentado dos cosas, ha aumentado el femicidio y ha aumentado la migración, el desplazamiento forzado.»

«En el PNUD hicimos un diagnostico, una mirada de la seguridad ciudadana de las mujeres creo que en el 2014, muchas mujeres decían "nos vamos para proteger a nuestras hijas." Y aquí no estamos hablando de las desaparecidas, porque nuestro país ni siquiera tiene normativa para las desaparecidas que no sean políticas, estas son desaparecidas porque se las llevaron y las familias no las volvieron a ver, porque la asesinaron y la pusieron en una fosa común. Nosotras creemos, porque se han descubierto fosas comunes de mujeres en San Pedro Sula, Choloma, se está hablando ya de un "campo algodonero" como en Ciudad Juárez en México.»

«Lo que hemos encontrado nosotras es que hay mucho miedo, hay mucha incapacidad tanto de los operadores de justicia como de la persona que está en terreno, por las capacidades que tiene no solo las maras y pandillas el crimen organizado. Te pongo un ejemplo, en una de las investigaciones en Santa Bárbara encontramos que los jefes del crimen organizado tenían reclutadores que empezaban a ver a las chicas desde niñas para posibles capturas, como posibles secuestros. Eso nos asombró, porque eso solo lo habíamos visto en México. Cuando la niña alcanza 14 o 15 años, generalmente chicas de bajos recursos, se las llevan. Vemos en la prensa salir "desaparece chica en Santa Bárbara, en la gasolinera de Trinidad la vieron y después no la volvieron a ver". Esa incapacidad del estado de no poder abarcar, no ha priorizado hasta hoy el problema de la violencia contra la mujer y esto se está comenzando a desbordar; segundo, sí hay maras y pandillas pero como te digo hay otros sectores que no se están tocando, tienen que ver con el narcotráfico y crimen organizado, tiene que ver con presencia extranjera, con transnacionales o sea, creo que va a ser una discusión interesante cuando Naciones Unidas diga si las maras y pandillas son violadores de Derechos Humanos.»

«La discusión se va a generar en el marco de los Derechos Humanos, pero también la estructura misma del estado no da más; por ejemplo, Julissa Villanueva de Medicina Forense, ella misma dice "yo cuento con pocos médicos forenses a nivel nacional" ¿qué haces vos con menos de diez forenses a nivel nacional, la mitad se quiere retirar y ella ha dicho en foros "yo llego, veo el cuerpo lleno de semen, desnudo, violado y no se registra y yo confronto al médico forense y me dice, no mire es que eso ya pasó, es que la familia solo la quiere enterrar!" Esos son casos que no se registran, no hablamos ni siquiera de técnicas forenses, estas chicas desaparecidas ¿cómo desaparecieron? ¿con qué lesiones? y las familias ante la inoperancia o la ineficacia del Estado, lo único que quieren es cerrar el capítulo ¡denme el cuerpo la voy a enterrar y se acabó!».

«El tema no es tanto para nosotras las cifras sino cómo se puede evitar el dolor de las familias, el darles cierto tipo de justicia que aquí no estamos hablando de justicia restaurativa, el Estado tiene una responsabilidad con las familias de esas chicas que han muerto de esa forma y no solo con ellas, aquí no estamos hablando de las sobrevivientes de femicidios, de todas aquellas mujeres que son mutiladas, que quedan sin brazos, que quedan sin piernas, que quedan con la cara destrozada; nosotros tuvimos un caso de una chica que le destrozaron la cara a pedradas, le sacaron un ojo y como estuvo viniendo de Intibucá, los agresores llegaron a tal grado de amenazar a la chica y la familia de la chica, le dijeron "bueno, si ustedes no paran con el tema del seguimiento, vamos a seguir con sus otras hijas" y ¿que hizo la familia? migrar, irse y ahí ya estás hablando de responsabilidad del Estado ¿qué dijo la fiscalía? "no, ahí ya no podemos hacer nada".»

—¿Qué va a pasar entonces con esta discusión a nivel de Naciones Unidas?

JS: «Tienen consideraciones más serias de las que nosotras pensamos, obviamente se hace necesario una discusión, va a haber una fuerte discusión. No quiero exculparlos pero los chicos o las personas que están en maras y pandillas son como el último brazo del crimen organizado, entonces es fácil apuntar hacia eso porque es como el primo pobre, el gato más flaco, son la expresión más burda del crimen organizado, pero ellos no controlan toda la cadena de poder, sabemos que hay gente poderosa, desde personas muy importantes. ¿A dónde va a estar la investigación de esa cadena?.»

—¿Qué está haciendo el Instituto Nacional de la Mujer (INAM) en toda esta discusión?

JS: «El papel del INAM ha sido bastante silencioso. Hasta el día de la instalación de la comisión interinstitucional se pronunció al respecto, creemos que nosotras tenemos una fuerte demanda hacia el instituto, por lo menos una buena parte del movimiento, hacia el instituto nacional de la mujer porque dejó de ser el sueño que nosotras teníamos, el sueño que las feministas que nos precedieron tenían del proyecto del INAM. Dejó de responder a las grandes necesidades de las mujeres hondureñas y se ha convertido en una plataforma política para las que no esta llamada: labores de asistencia, labores de entrega de bono de vida mejor, no son acciones que le toca al instituto nacional de la mujer. El INAM es el rector de la política pública de género en el país, pero desde que lo degradaron y lo pusieron a una dirección, que aunque se diga ministerio es una dirección, ya hay un problema.»

«Ahorita estamos en el tema de ley casa refugio y estamos con una discusión sobre si lo va a llevar el INAM o no. Nosotras, no nos negamos que sea el INAM, pero también se ha demostrado que en violencia contra las mujeres es inoperante o sea no da respuestas. Vuelvo al tema de la seguridad de las mujeres, o sea, una mujer que llega a una casa refugio escapando de una situación de violencia, no podemos detenernos en procesos administrativos de cotizaciones de compras del estado, en eso ya se nos han muerto mujeres. Creemos que el INAM debería tener un papel más preponderante, más beligerante y que responda a las necesidades de las mujeres. Desde hace algún tiempo este instituto viene débil pero ahora creemos que es mucho más débil, lo dijimos en la asamblea de las Naciones Unidas y sería lamentable… mira, siempre hemos tenido como cierto grado de coordinación entre organizaciones de mujeres y el INAM, a veces no nos llevamos tan bien pero caminamos. Sin embargo hoy si estamos en un proceso de crisis entre las organizaciones de mujeres y sería lamentable que el resto de lo que queda del periodo sigamos en esta crisis sin poderla resolver, porque al final quien sufre, quien padece eso son las mujeres de nuestros pueblo.»

«Como vos decís, ahorita el tema (de los Derechos Humanos violentados por maras y pandillas) es así como de chiste, pero si ya hay una resolución, si ya están caminando hacia eso no sé, que nos pongamos de acuerdo es difícil, como cada movimiento social es diverso y cada quien tiene como sus estándares, sus procedimientos. Pero sí creo que debemos entrarle al tema para ver cómo lo vamos a abordar, porque también sería lamentable que le caigan a las maras y pandillas y se llene de un montón de chiquitos acusados de pertenecer a las maras y pandillas y que no vayan a caer las cabecillas, si no los chicos reclutados más pobres.»

«Para nosotras, los grandes problemas de violación de los Derechos Humanos tienen que ver con el Estado, porque ahorita está la presencia que ha sido denunciada de grupos de sicariato de paramilitares, eso no lo están viendo o sea ¿dónde está ese núcleo? están desviando el ojo hacia las maras y pandillas y están dejando en medio como un gran lago que es el que no quieren tocar».

RELATORÍA ESPECIAL DE NNUU RECONOCE QUE MARAS Y PANDILLAS SON VIOLADORES DE DD.HH.

En política, especialmente en política internacional, nada se mueve sin dar aviso. Así, cuando el presidente Hernandez manifestó en la Asamblea General de la ONU su decisión de "lanzar una ofensiva internacional para que Naciones Unidas reconozca que los grupos no estatales que existen en Honduras violentan los derechos fundamentales," está dándonos un aviso, no solo de las acciones que el gobierno de hondureño tomará para cambiar la doctrina en materia de Derechos Humanos, sino de un movimiento que se da al más alto nivel en Naciones Unidas.

Según el mandatario Hernández en Honduras las maras, pandillas y narcotraficantes son "los principales" violadores de los derechos fundamentales como la vida, el derecho de acceso al trabajo, la educación y derechos económicos.

"Me parece que Naciones Unidas debe reflexionar y reinsertarse en su rol. (…) El narcotráfico en la región de Colombia, México y Estados Unidos, afecta tremendamente la vida de nosotros los centroamericanos, la mayor tragedia en pérdida de vidas humanas que ha tenido Honduras es consecuencia del tráfico de drogas", indicó Hernández en su exposición en la Asamblea General de las NNUU en septiembre de 2018.

Ya esa intención de lanzar una ofensiva a más alto nivel fue hecha pública por el presidente en mayo de ese año. En aquella ocasión su declaración a la prensa pasó sin efecto entre expertos de la materia que amparados en la doctrina reconocen al Estado como único garante y por lo tanto único violador de los Derechos Humanos, según la Declaración Universal de DDHH aprobada y proclamada por la Asamblea General de las NNUU en su resolución 217 A (III), de 10 de diciembre de 1948.

Pero esta segunda declaración hecha por Hernandez en septiembre (2018) surge en un contexto distinto, un contexto en el cual la misma ONU le da la razón.

Primero debo aclarar al lector que no hay que confundir las palabras del abogado Juan Orlando Hernández, con aquellas declaraciones vertidas en la prensa por presentadores de televisión y reporteros ignorantes que señalan a manifestantes como "violadores de los Derechos Humanos de los policías antidisturbios." Eso no existe y si se dice en la prensa, se hace por ignorancia. Lo que el presidente Hernández apunta acá es más complejo todavía, porque está ligado a principios fundamentales del concepto de Estado.

Entendiendo Estado como la organización política de un país, es decir, la estructura de poder que se asienta sobre un determinado territorio y su población; definimos que Poder, Territorio y Población son, por consiguiente, los elementos que conforman el Estado. Es importante partir de este concepto porque si uno de los tres elementos está ausente, Poder, Población y Territorio, el Estado está ausente.

Los Derechos Humanos, según la definición de las Naciones Unidas, son derechos inherentes a todos los seres humanos, sin distinción alguna de raza, sexo, nacionalidad, origen étnico, lengua, religión o cualquier otra condición.

Entre los derechos humanos de primera generación se incluyen el derecho a la vida y a la libertad; a no estar sometido ni a esclavitud ni a torturas; a la libertad de opinión y de expresión; a la educación y al trabajo, entre otros. Estos derechos corresponden a todas las personas, sin discriminación alguna.

¿A qué se refiere entonces Juan Orlando Hernández cuando señala que las pandillas "violan los Derechos Humanos"?

En junio de 2018 la Relatoría Especial de Derechos Humanos presentó un informe sobre su visita a El Salvador, donde examinó la situación del derecho a la vida centrándose en la privación arbitraria de vidas, las respuestas jurídicas y normativas y las violaciones del derecho a la vida por agentes no estatales, en particular las pandillas, la situación de los grupos en situación de riesgo y la prohibición absoluta sobre el aborto.

Según el reporte de la Relatoría de DDHH de la ONU, El Salvador experimenta altos niveles de violencia interpersonal y sexual generalizada: cada 19 horas se mata a una mujer; cada tres horas alguien es agredido sexualmente. En más del 70% de los casos, las víctimas son menores de edad.

La población percibe estar bajo una guerra contra la juventud del país, llevada a cabo por las pandillas y las fuerzas de seguridad. Los jóvenes se enfrentan a ser reclutados a la fuerza o asesinados por pandillas (rivales) por pisar el barrio equivocado. Las mujeres y las niñas se enfrentan al feminicidio, la violación y la explotación sexual, incluso como represalia por parte de las pandillas. La policía y los funcionarios estatales suponen que los jóvenes son miembros de pandillas en función de su lugar de residencia.

Desde principios del siglo XXI, los sucesivos gobiernos de El Salvador (como en Honduras y Guatemala) han seguido una estrategia de mano dura contra las pandillas, con la excepción de una "tregua" de dos años en El Salvador entre 2012 y 2014 que trajo un alto costo político para los que la impulsaron desde el Gobierno.

A lo largo de los años, las estrategias de seguridad en toda Centro América han seguido enfoques similares: encarcelamiento masivo, militarización de la policía y privatización de la seguridad. Estas políticas parecen no haber producido resultados tangibles en ninguno de nuestros países y, de hecho, según reconoce el informe de Naciones Unidas, pueden haber empeorado las cosas al no abordar las causas profundas de la violencia y la fuerza de las pandillas.

El gobierno ha alentado la participación pública en el desarrollo del Plan El Salvador Seguro, pero el ambiente político general no es propicio para un debate público abierto y bien informado sobre las causas de la violencia y las pandillas, ni posibles opciones políticas y alternativas al paradigma dominante de la Mano Dura. Según el informe del Relator Especial, los entrevistados dijeron repetidas veces que el "diálogo" con los miembros de las pandillas y su rehabilitación son temas casi tabú.

LA GUERRA DE LOS FALSOS POSITIVOS AL CONTRA ATAQUE

El Relator Especial encontró un patrón de comportamiento entre el personal de seguridad, que equivalía a ejecuciones extrajudiciales y uso excesivo de la fuerza, nutrido y agravado por respuestas institucionales muy débiles. El hecho de que las instituciones del Estado no lleven a cabo investigaciones profesionales y efectivas constituye una violación separada del derecho a la vida, indica el informe.

El Relator Especial tuvo además conocimiento de un gran número de presuntas ejecuciones extrajudiciales o muertes resultantes del uso excesivo de la fuerza por parte de agentes de seguridad de El Salvador.

Si bien los funcionarios reconocieron que puede haber algunos casos de ejecuciones extrajudiciales, insistieron en que se trataba de incidentes aislados. Sin embargo, el Relator Especial considera que el patrón de comportamiento mencionado anteriormente por el personal de seguridad apunta a ejecuciones extrajudiciales facilitadas por investigaciones inadecuadas.

Las cifras oficiales indican un aumento alarmante en el número de personas, supuestos miembros de pandillas, asesinados por personal de seguridad, de 103 en 2014 a 591 en 2016 con otros 119 heridos.

Pero víctimas hay también del otro lado. Entre 2014 y junio de 2017, la tasa de mortalidad entre los agentes de seguridad y los civiles aumentó significativamente, de 15 a 112. En 2017, durante 536 supuestas situaciones de "asalto con arma de fuego", 66 miembros del personal de seguridad y 413 "delincuentes" fueron asesinados y 290 "delincuentes" detenidos.

Las entrevistas realizadas a sobrevivientes y testigos de la llamada "confrontación armada" señalaron patrones similares, altamente preocupantes en estos "enfrentamientos". En particular, presuntos miembros de pandillas asesinados según el estilo de ejecución y la escena del crimen manipulada por los responsables u otros, incluso al colocar armas y drogas junto a los cadáveres. Varios entrevistados en diferentes lugares señalaron un patrón de oficiales del ejército siendo reemplazados inmediatamente después de un incidente por otro equipo. Con pocas excepciones, estos testimonios sugieren asesinatos extrajudiciales en lugar de un uso excesivo de la fuerza.

Indica el informe que el Relator Especial recibió varias denuncias de la existencia de "escuadrones de la muerte" dentro de la policía y el ejército salvadoreño, algunos de los cuales han sido confirmados por funcionarios y corroborados por investigaciones. En agosto de 2017, la Oficina del Fiscal General anunció la apertura de investigaciones sobre tres escuadrones de la muerte que operan en el país, dos en la zona oriental y uno en la zona occidental, en los que participaron agentes de policía.

El Relator Especial recibió información sobre una serie de declaraciones formuladas por altos funcionarios con respecto a sus obligaciones en materia de derechos humanos que pueden violar las normas internacionales sobre la prohibición de la incitación a la violencia. Parece que las "soluciones rápidas" represivas a problemas extremadamente complejos se venden rutinaria y falsamente a una población profundamente traumatizada por décadas de altos niveles de violencia.

Por ejemplo, el presidente de la Asamblea Legislativa declaró que "la única forma en que un miembro de una pandilla puede pagar por el asesinato de un servidor público es con su vida [...] Por eso es importante que sigamos estando alerta, para que algún día podamos aprobar la pena de muerte para pandilleros o mareros que ponen en peligro la vida de los salvadoreños [...] La gente no espera que en cinco años pueda deshacerse de esta plaga de pandilleros [...] con la voluntad de un esfuerzo nacional, con decisión y teniendo esto como objetivo nacional, los mareros [...] pueden terminarse en un par de meses".

El Salvador está en guerra en contra de las pandillas. Lo siente la población y lo siente los pandilleros. Una guerra que no parece posible ganar por ningunos de los bandos y como toda guerra, la población civil es la más afectada al sufrir de la violación sistemática de sus derechos humanos tanto por actores estatales, como no estatales.

PANDILLAS VIOLADORAS DE DERECHOS HUMANOS

Indica el informe de las Naciones Unidas: "Las pandillas, en virtud de su control territorial, son responsables de violaciones masivas de los Derechos Humanos, incluida una gran proporción de homicidios en El Salvador. El Relator Especial descubrió que la mayoría de estos homicidios no son actos delictivos aleatorios. Están organizados y parecen ser parte de algo cercano a una "estrategia" deliberada, dirigida al personal de seguridad y sus familias para aterrorizarlos.

Hay dos pandillas principales operando en el territorio de El Salvador con un total no verificado de 60,000 miembros, en su mayoría hombres jóvenes: MS-13, que comprende aproximadamente dos tercios de miembros de pandillas, y dos facciones del Barrio 18. Una posible reorganización del paisaje de pandillas parece estar en marcha con la aparición de grupos escindidos. Algunas fuentes sugieren que la base de apoyo de estas pandillas incluye unas 500,000 personas (casi el 8% de la población total de El Salvador).

Sin embargo, a la Relatora Especial también se le dijo que quien vive en territorio de bandas tiene pocas opciones más que "cooperar" con ellas".

Destaca el informe del Relator Especial de DDHH de la ONU, las siguientes características de pandillas respecto a su organización y modus operandi:

"Ejercicio de control territorial expresado a través, entre otros, del uso de puntos de control. La narración sobre los territorios de las pandillas recuerda a la utilizada en los países devastados por la guerra: las personas hablan de fronteras, cuyo cruce no autorizado puede causar la muerte, lo que provoca grandes desvíos que se ven obligados a hacer para llegar al trabajo o llegar a cierto lugar.

Extracción de "ingresos", que tiene una base territorial y consiste en la extorsión a pequeña escala de pequeñas empresas. Algunos señalaron que las pandillas no tienen control comercial directo sobre las partes del tráfico de drogas, pero los traficantes de drogas las emplean esporádicamente como "músculo" en algunas operaciones".

Reconoce el informe el modus operandi de los miembros de pandillas que incluye la comisión de una serie de violaciones graves y generalizadas dentro de los territorios que controlan y, en ocasiones, más allá: Violencia sexual y explotación, incluida la violación, de mujeres y niñas; Restricciones a la libertad de movimiento y desplazamiento interno forzado; Reclutamiento forzado de niños, incluso mediante el control de las escuelas; Control sobre el sistema de transporte público, incluida su parálisis forzada a través de amenazas y asesinatos.

Los asesinatos por pandillas son una parte integral del ejercicio de control y poder de las pandillas. En gran medida, forman parte de una estrategia deliberada dirigida, entre otros, a miembros de pandillas rivales; las mujeres y las niñas; individuos que se resisten a la extorsión o se quejan de ellos; y representantes de servicios públicos.

Según las Naciones Unidas esto se evidencia por:

"La gran disparidad estadística entre los altibajos en los homicidios cometidos por pandillas, sugiere un alto nivel de determinación organizada sobre quién debe ser asesinado, cuándo y dónde.

Aumento en los homicidios y ataques generalizados contra

individuos específicos vistos como representantes del Estado: personal policial y militar, guardias penitenciarios, trabajadores de compañías públicas de electricidad, personal de la rama judicial y sus familias. Las organizaciones de derechos humanos y los funcionarios públicos hablan de una estrategia sistemática contra los agentes del Estado, en respuesta o como precursora de la guerra del gobierno contra las pandillas. Las cifras oficiales de El Salvador muestran un fuerte aumento de 13 asesinatos de personal de seguridad en 2013, a 60 en 2017.

Aumento en la supuesta cantidad de enfrentamientos armados entre miembros de pandillas y personal de seguridad enfrentados. Según datos oficiales, el número de enfrentamientos armados aumentó de 256 en 2014 a 407 en 2016. Si bien la descripción oficial de algunos de estos "enfrentamientos" puede ser cuestionada, las propias pandillas se han atribuido la responsabilidad por el aumento de los enfrentamientos armados".

Ya sea que las pandillas en Centro América hayan "desplazado" el control y la gobernanza del Estado, o simplemente hayan llenado un vacío, sigue abierto al debate. El informe de Naciones Unidas acertadamente afirma que lo que deja pocas dudas es el temor que generan entre la población a través de la violencia generalizada.

En vista de sus capacidades de control territorial, "se puede considerar que estos grupos tienen suficiente poder para violar de manera sistemática los Derechos Humanos de una gran parte de la población", incluidas las violaciones del derecho a la vida, la salud y la integridad personal, integridad y seguridad, propiedad y libertad de movimiento, así como una variedad de derechos económicos, sociales y culturales, que incluyen el trabajo y la educación.

El informe de Naciones Unidas no sugiere que se deba juzgar a los miembros de pandillas por violaciones a los Derechos Humanos. Eso, sigue siendo un privilegio de los Estados. Sin embargo, esta es la conclusión lógica de cualquier evaluación de la situación, a pesar de que tal paso presenta desafíos legales.

Por otro lado, encuadrar los crímenes cometidos por las pandillas como violaciones de los derechos humanos, abordando las causas de la existencia, crecimiento e influencia de las pandillas, como los déficits de gobernabilidad, así como las disparidades económicas y sociales y la marginación relacionada de secciones cada vez mayores de la sociedad, puede proporcionar narrativas alternativas a la situación, menos centradas en la seguridad y ayudar a asegurar soluciones a largo plazo.

Las mujeres y niñas constituyen el grupo de más alto riesgo en la nueva realidad que presenta la guerra contra las pandillas en Centro América. Según el Instituto Nacional de la Mujer (ISDEMU) en 2017, cada 18,7 horas una mujer fue asesinada en El Salvador. Muchos homicidios que constituyen femicidio todavía se registran como homicidio o "muerte violenta de mujeres". La falta de una sistematización unificada de los datos hace que sea difícil comprender la magnitud de estos asesinatos. Según ISDEMU, entre 2015 y junio de 2017, 1299 homicidios se registraron como "muertes violentas de mujeres", 846 de los cuales fueron clasificados como feminicidio. ISDEMU también indicó que, durante el mismo período, 1626 investigaciones fueron abiertas en total en casos de homicidio de mujeres, de los cuales 855 fueron registrados como feminicidios. De estos casos, 177 resultaron en condena (59 por femicidio) y 75 absolución (18 por femicidio).

El Relator Especial también recibió información preocupante sobre el aumento del número de desapariciones forzadas de mujeres (y hombres), lo que puede ser indicativo de una tasa de homicidios superior a la denunciada, ya que muchas desapariciones culminan en homicidios. Es preocupante que este número no sea denunciado debido a la falta de quejas presentadas por temor a represalias.

En la lógica patriarcal de las pandillas, los cuerpos de las mujeres son un territorio de venganza y control. Ninguna persona entrevistada para el informe de Naciones Unidas negó la dura realidad de las mujeres en las áreas controladas por las pandillas.

Las pandillas están dominadas por hombres y las niñas y mujeres a menudo son forzadas a la esclavitud sexual. Las mujeres también son asesinadas o castigadas por pandillas en venganza.

El Relator Especial escuchó el testimonio de un caso espantoso que involucraba la brutal violación de dos mujeres por parte de varios pandilleros por tener familiares en las fuerzas armadas.

La comunidad LGTBI es otro de los grupos de población altamente vulnerables en la situación actual de guerra contra las pandillas. Los informes de la sociedad civil indican una impunidad casi total en El Salvador para los homicidios de personas LGBTI. La violencia endémica en el país y el control territorial de las pandillas en ciertas áreas también han impactado negativamente a las personas LGBTI, quienes además de homicidios ilegítimos han sufrido una amplia gama de violaciones a los derechos humanos, incluyendo desplazamiento forzado, amenazas e intimidación, violencia sexual y tortura. La Relatora Especial se sintió profundamente perturbada al escuchar la historia de una mujer lesbiana asesinada por una pandilla en 2017, presuntamente por órdenes de miembros de su propia familia porque desaprobaban su orientación sexual.

La Declaración Universal de los Derechos Humanos (DUDH) es un documento que marca un hito en la historia de los derechos humanos. Redactada por representantes de todas las regiones del mundo de diferentes culturas y tradiciones jurídicas, en un contexto de postguerra y creciente descolonización del tercer mundo, la Declaración sirvió como un ideal común para los nuevos Estados que se sumaban al concierto de las naciones después de la Segunda Guerra Mundial. Estableció, por primera vez, derechos humanos fundamentales que deben protegerse universalmente.

Mucho ha cambiado el mundo desde aquel 1948. El 10 de diciembre se celebrarán el 70 aniversario de la Declaración, contexto que servirá para re-evaluar si la doctrina cubre la realidad actual.

ESTADOS UNIDOS DECLARA LA GUERRA A LA MS13, ¿POR QUÉ NO A LA 18?

Para quienes vivimos en los países del Triángulo Norte de Centro América, no nos resultan extrañas las imágenes que hoy aterrorizan las portadas de los grandes periódicos en Estados Unidos, señalando las atrocidades cometidas por la Mara Salvatrucha (MS13). Desde hace dos décadas venimos experimentando el efecto que las imágenes de cuerpos desmembrados, masacres o ejecuciones producen en la población, una proyección de la oxitocina a la amígdala del cerebro que nos paraliza como sociedad.

Pero quienes vivimos en los países del Triángulo Norte de Centro América sabemos también, que no han sido únicamente la MS13 los responsables de ese terror, tenemos otras bandas criminales, carteles de narcotraficantes, grupos paramilitares, bandas de policías, zetas y, claro está, la Pandilla 18, principal rival de la MS, que al igual que estos han hecho alarde de acciones despiadadas en contra de quienes corren la suerte de meterse en su camino.

Llama entonces la atención, que en medio de una política dura en contra de la migración indocumentada, el presidente Donald Trump anuncie además una guerra sin cuartel en contra de quienes califica como "animales", la "temible" Mara Salvatrucha. ¿Por qué Trump no ataca igualmente a la pandilla Barrio 18, a la Florencia 13, la Mafia Mexicana, Nuestra Familia, Barrio Azteca o los Trinitarios entre otras bandas que pululan en los Estados Unidos? ¿Qué de especial tiene la MS13 que la vuelva ahora blanco de la política militar del país más poderoso del planeta?

En la actualidad Estados Unidos es hogar de un millón 400 mil pandilleros distribuidos en 33 mil bandas criminales que operan a lo largo y ancho de los 50 estados de la unión, según el informe nacional sobre la amenaza que representan las pandillas, el National Gang Threat Assessment, que el FBI difundió en 2011.

Las pandillas más importantes hasta el 2011 eran la Mexican Mafia o eMe; la Aryan Brotherhood, Barrio Azteca, Black Guerrilla Family, Pistoleros Latinos, Mexikanemi también conocida como la Texas Mexican Mafia o "Emi", y la Ñeta de Puerto Rico. Hasta ese momento la MS-13 no aparecía en la lista de pandillas importantes o peligrosas en el interior de Estados Unidos. Es hasta el 2017 que el FBI agregó a la lista de los Diez Fugitivos Más Buscados a un miembro de la MS-13 que es sospechoso de matar con un bate de béisbol y un destornillador a un hombre en 2011.

Las autoridades norteamericana sospechan además que los miembros de la MS13 son los responsables de los asesinatos de cuatro jóvenes en la región central de Long Island, parte de los 11 homicidios que sacudieron a los inmigrantes que viven en Central Islip, Nueva York. ¿Es esa razón suficiente para mover toda la maquinaria de guerra de Washington en contra de un grupo de delincuentes de pacotilla?

El gobierno de Donald Trump ha prometido poner freno a la Mara Salvatrucha y acusó a las políticas fronterizas de la era Obama de permitir que crezcan sus filas.

"Estas organizaciones se enriquecen envenenando a nuestras comunidades, con el tráfico de menores con fines de explotación sexual e infligiendo horrible violencia en las comunidades en las que operan", dijo el secretario de Justicia Jeff Sessions antes de reunirse con altos funcionarios federales para discutir la manera de desmantelar a la MS.

Las advertencias de Sessions fueron respaldadas por el secretario de Seguridad Nacional, John Kelly, en un discurso por separado unas horas antes de que Trump tuiteara que "las débiles políticas migratorias del gobierno de Obama permitieron que se formaran las malévolas pandillas de la MS-13 en ciudades de todo el país. ¡Las sacaremos rápidamente!".

En su discurso en la Universidad George Washington, Kelly dijo que los grupos delictivos transnacionales, como los cárteles del narcotráfico y la MS-13, están involucrados en el secuestro, tortura y tráfico de personas, por lo que representan una de las mayores amenazas contra Estados Unidos. "Viven totalmente al margen de la ley y no tienen consciencia ni respeto por la vida humana", recalcó.

El sociólogo hondureño Ernesto Bardales, que por más de 25 años ha estudiado el fenómeno de las pandillas en el triángulo norte, tiene una explicación sobre el por qué del súbito interés de Washington en desmantelar a la MS.

Para Bardales, son tres las causales que explicarían esa política.

La primera, una suerte de respuesta a las posturas rebeldes del gobierno del FMLN en El Salvador.

"Se podría interpretar que es como devolverle el balón por parte del gobierno de Trump al gobierno de Sanchez", afirma.

La MS13, formada en 1988, originalmente por migrantes centroamericanos entre McArthur Park y Korea Town en la ciudad de Los Ángeles, tiene su base en la ciudad de San Salvador y su centro de control y operaciones se extiende por el Triángulo Norte (Honduras, El Salvador y Guatemala) hasta el sur de México. Aquí viene el segundo punto según el sociólogo Bardales.

"Tiene que ver con el tipo de felonías que cometen. La inteligencia norteamericana conoce muy bien a estos grupos y ha sabido identificar que hay una diferencia entre la MS y la 18, más que en el triángulo norte en donde la marginalidad tienden a hacerlas parecidas, en los EEUU esa diferencia es mucho más marcada, para comenzar la 18 está vinculada más con el tráfico de armas, custodia del paso de la droga, narcomenudeo para consumo en sus territorios, en cambio la MS se ha vinculado más con la trata de personas y los negocios que derivan las corrientes migratorias."

Según Bardales, aunque la extorsión es uno de los problemas que más aquejan a los pobladores del triángulo norte, no es este el principal medio de agencia de recursos de la MS y la 18.

"La inteligencia americana entiende que muchos de los negocios de la MS están relacionados con las corrientes migratorias, o la movilidad humana de centroamericanos: hondureños, salvadoreños y guatemaltecos."

Donald Trump ha hecho de la migración un tema de seguridad nacional. El tráfico de armas, en un contexto de crisis por constantes masacres en centros educativos, es un tema que prefieren ignorar.

"La 18, mas que tener relación con el tráfico de drogas lo hace con el de las armas. La inteligencia de EEUU debe saber que la 18 trabaja el tráfico de armas con miembros activos de las fuerzas armadas del TN," afirma Bardales.

El tercer punto, según el analista, es un cambio en la estrategia del gobierno norteamericano que involucra una mayor vinculación del Pentágono en la vida política de la región.

"Al final la decisión (de atacar a la MS13) no la toma Trump sino sus principales asesores de seguridad, que son miembros de la comunidad de inteligencia militar estrechamente vinculados al pentágono. Al interior de la administración Trump el ala que trabaja más la diplomacia, ahora están desplazados por un ala más agresiva del pentágono, con el desarrollo de una geoestrategia norteamericana que incluye arrimar su maquinaria de guerra a la región."

"Si observamos el guión de la política norteamericana vemos que temas de terrorismo, narcotráfico, seguridad, caen como anillo al dedo para esos objetivos geoestratégicos. Coinciden las declaraciones de Trump en una misma semana con el lanzamiento de la Fuerza anti Maras y Pandillas de la política del gobierno de Honduras, previo a la reuniones de trabajo en Florida y Washington… puede ser que estamos presenciando el inicio de una política de intervención directa norteamericana en la región, amparadas con el tema de la lucha contra la MS y Honduras es solo un punto de parada, teniendo como objetivo inmediato el gobierno sandinista en Nicaragua, en donde estamos viendo los inicios de la intervención en ese país. Honduras está totalmente plegada a esa estrategia," afirma.

Para Bardales, el tema de las pandillas en la óptica norteamericana, está vinculado con una política migratoria que también está en desarrollo.

"El combate a la migración ilegal y a la MS están vinculados, porque es la MS la que controla las rutas de tráfico de personas. Lo que viene es una intervención directa de uniformados del ejército norteamericano en el triángulo norte y Honduras es la base para ello. En un futuro próximo podríamos hasta ver escuadrones militares norteamericanos enfrentándose en nuestras calles con la MS."

El gobierno de los Estados Unidos, a través de la Agencia para el Desarrollo USAID, mantiene en la actualidad cerca de 12 programas orientados para prevención de violencia de pandillas y maras, entre ellos 2 programas que están enfocados en trabajar con miembros activos. La nueva política de Trump entra en conflicto con estos programas. Según Bardales, "lo que hay que esperar es el recorte para esos programas de USAID. El día de ayer en el marco de una mesa de trabajo en la cual estuvo el presidente Trump con víctimas de la MS, él presidente se comprometió en el recorte de fondos para estos programas que se financian a través de la agencia de cooperación de Estados Unidos en el triángulo norte. No quieren distorsión a la política de intervención que está en proceso."

La pandilla Barrio 18, principal grupo antagónico de la MS en el TN, ha sido ignorada adrede en los discursos del gobierno de Estados Unidos. Según Bardales, su principal fuente de ingresos proviene del tráfico de armas. Pero si seguimos un estudio de la Historia de la estrategia militar de Estados Unidos, podemos imaginar que tendrán una función clave en el desmantelamiento de la MS; la 18 sería utilizada como "carne de cañón" en la guerra que está comenzando. Esa "ha sido una estrategia clásica en la escuela militar de Estados Unidos."

"Probablemente a la 18 la persigan después, pero en este momento es más conveniente no atacarla", afirma Bardales.

Esa estrategia recuerda a la usada en Colombia en contra del cartel de Medellín, cuando el igualmente poderoso cartel de Cali fue usado para eliminar a Pablo Escobar, y luego ellos mismos desarticulados.

Algo puede aprender Estados Unidos de nuestra experiencia en la lucha contra las maras y pandillas en el Triangulo Norte, partiendo desde aquellos años cuando Rudolf Giuliani (ahora asesor de seguridad de Trump), llegó al país para impulsar la política de Cero Tolerancia del presidente Ricardo Maduro, y es que la guerra de exterminio contra las pandillas NO FUNCIONA. La experiencia nos demuestra que cuando a adolescentes y jóvenes no miembros de las maras y pandillas se les captura y son tratados de la misma manera que a mareros y pandilleros, ya sea porque comparten elementos de clase, origen o características parecidas, esos jóvenes que en otras circunstancias habrían tomado otros caminos, terminan ganando simpatía para las maras y pandillas, extendiéndolas en su membresía.

El gobierno de Estados Unidos ha declarado la guerra contra la MS13 y comenzará, por ende, a atacar a las comunidades que acogen a los mareros, que son comunidades de centroamericanos en las grandes ciudades de Estados Unidos y ampliará así la membresía de quien ahora ataca.

Mayo de 2018

EL JUEGO DE ESPEJOS DE HCH

Es imposible echar una ojeada a cualquier periódico, no importa de qué día, mes o año, y no encontrar en cada línea las huellas más terribles de la perversidad humana... Todos los periódicos, de la primera a la última línea, no son más que una sarta de horrores. Guerras, crímenes, hurtos, lascivias, torturas; los hechos malévolos de los príncipes, de las naciones, de los individuos: una orgía de la atrocidad universal. Y con ese aperitivo repugnante el hombre civilizado riega su comida matutina.

-Charles Baudelaire

La película iniciaría con un plano abierto de Tegucigalpa de noche. Como en *Nightcrawler* (2014), la película dirigida por Dan Gilroy que habla de Lou Bloom, un periodista aficionado de nota roja dispuesto a todo, con tal de ganarse 200 dólares por una nota. Un infeliz educado por el internet; un mercader de la autoayuda; un reptil de la noche, que llega a manipular la escena del crimen para «mejorar» su plano. O quizás debería iniciar en las minas del Corpus, en Choluteca, como en *El Gran Carnaval* (1951) de Billy Wilder, que cuenta la historia de Charles Tatum, un periodista sin escrúpulos que toma la tragedia personal de un minero indio (y retrasa su rescate) para triunfar en el mundo del periodismo haciendo de su muerte un espectáculo. O, siendo más crudos, debemos iniciar con el primer plano de un muerto, sus ojos abiertos como en un retrato de Weegee, el pionero del periodismo de la nota roja que, al igual que Bloom, cambiaba la posición de los muertos para lograr la iluminación y el encuadre necesario para el Arte. En el fondo, tendríamos la narración de Carlos Posadas «Halcon 1», del canal hondureño HCH, describiéndonos con detalle la condición de la muerte del infeliz del primer plano.

Camilo Taufic escribió en su libro *Periodismo y lucha de clases*, que no hay inocencia en las informaciones: «la información determina las decisiones de quienes la reciben» —dice, advirtiéndonos que con la información que recibimos «podemos ser dirigidos por la prensa sin advertirlo». Taufic argumenta además que no existe en ningún medio la información por la información. «Se informa para orientar en determinado sentido a las distintas clases y capas de la sociedad, y con el propósito de que esa orientación llegue a expresarse en acciones determinadas. Se trata de influir en las masas sobre las ideas, sentimientos, estados de ánimo, conceptos, imágenes emocionales, voluntad, juicios y aspiraciones de las personas, de acuerdo a intereses (...) para —de esta manera— crear, corregir o conservar una determinada conducta, para dirigir en alguna medida la acción social».

Desde que el espectro televisivo se abrió en Honduras a finales de los ochentas y surgieron nuevos canales, nos fuimos acostumbrando a los noticieros irrespetuosos de la dignidad humana. Antes de la televisión, la prensa cumplía esa morbosa función. Basta ver los periódicos en las hemerotecas para contemplar esos primeros planos de hombres aplastados por un camión con los sesos por fuera y la escabrosa descripción del redactor de la nota que no se medía en escrúpulos cuando de la muerte de pobres se trataba.

El sampredrano Canal 6 fue un fenómeno por amarillista. Cuando surgió, la gente comentaba con horror cómo el camarógrafo de ese canal no tenía límites para hacer los planos o presentaba las notas con irrespetuosos encabezados, como aquel que describía el hallazgo de un suicida que murió ahorcado y fue encontrado por su familia «como lámpara del techo».

Si partimos de la tesis de que el periodismo es un espectáculo que tiene de todo, menos inocencia, queda la pregunta de a qué corresponde este tipo de periodismo que parece molestarnos tanto y a la vez agradar a las masas.

¿Qué es HCH?

Hable Como Habla era un programa de radio en horario matutino, creado por el periodista Eduardo Maldonado. En menos de una década creció como la espuma y pasó de ser el programa estelar en una radio marginal, a ser su propio canal de televisión con los más altos rating del país. Ha logrado imprimir su propia factura y estilo en la televisión nacional, que ahora intentan emular el estilo desaliñado de HCH. Un canal que abusa hasta el límite, exacerbando el morbo y utilizando a las víctimas como material de comercio para ganar televidentes.

Javier Darío Restrepo en su libro *Ética para Periodistas* señalaba que a la prensa sensacionalista solo le interesa mostrar escenas de la vida privada, atizar el fuego del escándalo, alimentar el morbo con titulares llamativos y suscitar polémicas intrascendentes, pero no ejercer la actividad profesional con el objetivo de servir a la comunidad y de contribuir al bien común.

Según Restrepo «...el sensacionalismo es una deformación interesada de una noticia, implica manipulación y engaño y por tanto, burla la buena fe del público».

El periodista y profesor colombiano Omar Rincón asegura que para lograr mayor rating, los medios de comunicación —principalmente la televisión— hacen uso de lo que llaman «la porno-miseria», que no es más que exponer en forma grotesca las tragedias de ese Otro con que el pueblo se identifica.

La porno-miseria en HCH, son los primeros planos de Halcón 1, o el desnudo de Elsa Oseguerra en una transmisión en vivo, la boda de Ariela Cáceres o la pelea del periodista con el policía que no le permitió entrar y contaminar una escena criminal custodiada, según la ley manda.

Parecen acciones arbitrarias y chabacanas de un grupo de periodistas mal hablados que viven en la línea de la más cruda ignorancia, pero algo hay en eso que lo ha vuelto un fenómenos mediático. Porque admitámoslo, de todo hay en HCH, menos espacio para improvisar.

En la consciencia tradicional de la población se asienta la creencia de que ciertos dispositivos tecnológicos, como la cámara fotográfica o de video, dan pruebas fieles de la realidad auténtica y objetiva. Anuar Saad Saad, profesor de periodismo en la Universidad de Barranquilla, advierte en su artículo titulado *El sensacionalismo o la "insurrección" de las masas*, que lo que se ve en la televisión aparece en muchos casos como una verdad, aunque esta tenga una cantidad de versiones como de noticieros que la presentan, los hechos captados por las cámaras aparecen como verdaderos. En muchos casos, la repetición incesante de la misma imagen o secuencia de imágenes, logra anular la diversidad de los comentarios que se generan en torno a ella.

Se puede decir entonces que HCH es, ante todo, un sofisma de distracción, pues en la medida en que el medio de comunicación y sus periodistas se dediquen a explotar el morbo sensacionalista, menos tiempo le dedicarán a informar a la sociedad los problemas que a ésta verdaderamente le interesan.

Imágenes desmesuradas, como la de aquella mujer que vimos agonizar en directo después de haber ingerido pastillas para curar frijoles, profanándose groseramente un momento sagrado, el más íntimo que todos tendremos, el de la muerte; o aquella mujer que sufrió un accidente de tránsito y quedó con su cuerpo afuera del parabrisas y mientras agonizaba, el periodista se le acercó y le hizo una entrevista; u otras víctimas exhibidas sin pudor en medio de su propio charco de sangre, que de esas hay muchas en este tipo de prensa. Ariela Cáceres se peleó con otra periodista que fue despedida del canal y luego llamó para acusarla, en vivo, de hacerse un blanqueamiento de ano cada seis meses. ¿Es esto noticia? Y son solo alguno de los casos donde la dignidad humana, incluyendo la de los mismos periodistas, es arrasada en pro de subir audiencia, sin que el Estado le ponga fin a esta cada vez más lucrativa y expansiva forma de «periodismo».

Pero, ¿por qué es tan popular HCH?

Saad Saad asegura que gran parte de la legitimidad del contenido de la prensa sensacionalista radica en que en él es posible encontrar «rastros populares».

«En sus páginas se halla un abanico de situaciones, hechos y personajes que por razones históricas, por convicción o por ausencia de otras alternativas, están al margen de los grandes círculos sociales y culturales; muchos de ellos sujetos anónimos —hombres y mujeres de distintas edades y ocupaciones— que sin estar por fuera de lo aceptado socialmente institucionalmente, hacen parte de un vasto conglomerado social que tiende a diluirse en generalizaciones como las de la gente común y corriente o la gente de a pie que sólo llegan a ser visibles cuando salen registrados en este tipo de periódicos ya sea como víctimas o victimarios».

HCH entonces, es un juego de espejos. Por un lado nos muestra una ciudad mórbida que parece creada para la crónica roja. Una ciudad anónima, conformada por miles de almas que nadie nunca sabrá que existieron, excepto cuando forman un espectáculo trágico o cómico, en donde la violencia y la ignorancia es parte de nuestro folcklore. Y por el otro lado es la ciudad que se ve a si misma.

Anónimos viendo anónimos. Según expone la periodista Olga López Betancur «la actividad de la urbe encuentra su efectiva manifestación en estos textos hiperbólicos que cuentan las pequeñas fatalidades de seres anónimos, para ser leídas por otros seres anónimos, "vulgares e ignorantes"». HCH es el «lugar» del qué se hablará y desde el que se hablará.

HCH no «deforma» al televidente, sino que lo «forma», en el sentido que le ayuda a comprender la ciudad y los territorios. «La crónica de sucesos criminales, por su redundancia cotidiana —dice Michel Foucault en su libro *Vigilar y castigar* (1986)—, vuelve aceptable el conjunto de los controles judiciales y policiacos que reticulan la sociedad; refiere cada día una especie de batalla interior contra el enemigo sin rostro, y en esta guerra, constituye el boletín cotidiano (léase HCH) de alarma o de victoria».

Jesús Martín-Barbero se refirió a la telenovela en América Latina como una expresión de «identidad plural», aludiendo a los valores y comportamientos que la novela, como lo fue el cine en los cuarenta, contribuyen a crear en la población que los consume. En la actualidad, una era cargada de información y estímulos, la prensa sensacionalista (HCH) viene a ser ese formador de límites que la nueva sociedad requiere. Una manifestación de «identidad plural» como lo refiere Martín-Barbero.

En la película *Nightcrawler*, el momento del éxito del periodista llega cuando logra filmar el asesinato de su camarógrafo y nos deja saber que en este tipo de periodismo no hay fronteras. Difícil saber el plano que sigue en esta narrativa que es nuestras vidas bajo la lente de HCH, podemos sí, adivinar que el comentario mordaz estará allí, haciendo del sufrimiento de la familia doliente, un espectáculo para las masas.

SULAMBIENTE, MAFIAS, PARAMILITARES Y EL LARGO CAMINO DEL REY DE LA BASURA EN SAN PEDRO SULA

En abril de 2018 la sala IV del Tribunal de Sentencia de San Pedro Sula dejó en libertad al exalcalde sampedrano, Óscar Eduardo Kilgore López, luego de declararlo absuelto por el delito de enriquecimiento ilícito durante su mandato del 2002 al 2006. Se cierra la etapa de 12 años que el ex alcalde sampedrano calificó como una de sus peores pesadillas, que lo mantuvo dos años seis meses encarcelado. Kilgore, ahora inhabilitado para participar en política, buscará un retiro tranquilo lejos de las cámaras y reflectores que le permitan disfrutar del resto de su vida. Eso si no se levanta otro fantasma que podría entorpecer la vida tranquila del exalcalde, así como enturbiar aún más el "exilio" del otro exedil sampedrano, Rodolfo Padilla Sunseri, ahora prófugo luego de una orden judicial que ordenó su encarcelamiento por malversación de caudales públicos.

De cinco alcaldes que administraron la capital industrial los último veinte años, dos han pasado por los tribunales de justicia por temas relacionados con el manejo de los fondos públicos. Pero está aún sin tocar el caso Sulambiente, que trasciende el periodo de esos cinco alcaldes sampedranos, desde 2001 hasta la fecha, cuando los modernos camiones recorren la capital industrial recolectando los desechos sólidos a un alto costo para la ciudad.

Más de 400 millones de lempiras ha costado a San Pedro Sula un contrato de recolección de basura con la empresa que dicen pertenece a reconocidos políticos del Partido Nacional, entre ellos el alcalde capitalino Nasry Tito Asfura, y apenas tiene un año de funcionar. Un escandaloso desfalco que involucra a personalidades del mundo empresarial como de las mafias paramilitares de Colombia.

Si halamos la línea asquerosa que suelta una bolsa de basura en la calle del centro de San Pedro Sula, veremos que nos lleva por un largo recorrido hasta el mismo Vicente Castaño Gil, comandante del Bloque Centauros de las Autodefensas Unidas de Colombia, supuestamente asesinado en el 17 de marzo de 2007, si bien hay fuertes rumores que indican que la muerte del último de los Castaños fue fingida.

SULAMBIENTE: LAS MAFIAS POLÍTICAS Y EL PAGO DE 200 MILLONES POR HACER NADA

El 23 de Mayo del año 2001, a 8 meses de terminar su mandato, el Alcalde Roberto Larios Silva decidió licitar la Concesión de los Desechos Sólidos de la ciudad de San Pedro Sula. Entre las 3 empresas que participaron en la licitación, el contrato se aprobó para la empresa Sulambiente, la misma compañía que hace poco había ganado la licitación de la empresa de Aguas de San Pedro: AGACC Y OTROS, pagando al alcalde Larios, según lo manifestara el ex regidor de la alcaldía sampedrana (2010-2014) Wilfredo Flores, tres millones quinientos mil dólares por la adjudicación de la compañía de aguas y un millón quinientos mil dólares por la de basura.

"Esa era la prisa de Larios Silva por sacar el contrato a cinco meses de terminar su período", afirma Flores.

En el acta N° 90 del 28 de Septiembre del 2001, la Corporación Municipal de SPS de ese entonces, precalifica y adjudica la licitación, y en la sesión ordinaria N° 91 del 1 de Octubre del 2001 se ratifica la adjudicación de la licitación y se hacen las respectivas publicaciones.

El contrato, que excedía el período del alcalde, debió ser aprobado por el Congreso Nacional, pero el tema no llegó al mismo pues el pleno estaba en campaña presidencial para las elecciones de noviembre de 2001.

El 25 de Enero del 2002 tomó posesión Oscar Kilgore y en Febrero de ese año la empresa ganadora AGACC Y OTROS solicitó al nuevo alcalde la ratificación del contrato que deriva de la licitación adjudicada de los desechos sólidos y así solicitar al Congreso Nacional que presidía Porfirio Lobo Sosa, su aprobación.

Pero la nueva administración decide violentar la Ley de Contracción del Estado que rige el proceso de licitaciones, que obliga a un dictamen legal de la Procuraduría General de la República y la denuncia del mismo ante el Juzgado de lo contencioso administrativo y obtener sentencia de tal anulación. El alcalde Kilgore cancela de manera ilegal el contrato con la nueva empresa recolectora (que ya había pagado coima al alcalde anterior), causando un grave daño a las finanzas de la capital industrial.

Según el regidor Wilfredo Flores, "la basura ha sido siempre el negocio de los alcaldes."

Hasta la fecha, 100 carros recolectores de un sin número de propietarios recogían los desechos sólidos en la capital industrial, a un precio de 100,000 lempiras mensuales (de los cuales debían devolver el 25% al alcalde). Los contratos eran otorgados a activistas del partido del alcalde ganador como pago a sus aportaciones en la campaña. Roberto Larios Silva era un alcalde del Partido Liberal, Oscar Kilgore del Partido Nacional y los activistas eran distintos, la basura, pues, debía ir a personas distintas.

Con la decisión tomada por la Corporación Municipal de cancelar de forma ilegal el contrato a Sulambiente, la abogada Maribel Espinoza Turcios, actual vice presidenta del Comité Central Ejecutivo del Partido Liberal, a Nombre de HOLDING ELECTRICA CENTROAMERICANA, SOCIEDAD POR ACCIONES (HECA, S.P.A.), AGAC, SOCIEDAD POR ACCIONES (AGAC S.P.A.) ACEA SOCIEDAD POR ACCIONES (ACEA S.P.A.), AMA SOCIEDAD POR ACCIONES (AMA S.P.A.) Y ETERNA, S.A., empresas que conforman el consorcio AGAC Y OTROS, S.A., o SULAMBIENTE, impugna primero ante el pleno corporativo la resolución y obtiene respuesta negativa a dicha, y posteriormente presenta demanda con reclamación de daños y perjuicios ante el Juzgados de los Contencioso Administrativo de la ciudad de San Pedro Sula el 4 de Febrero del 2004 reclamando lo siguiente:

Que se anule el acto administrativo de fecha 27 de Febrero del año 2003, donde esa corporación municipal acuerda declarar fracasada la licitación adjudicada el 28 de septiembre del 2001.

Al pago de daños y perjuicios por la cantidad de SEIS MILLONES, SEISCIENTOS OCHENTA Y DOS MIL, NOVECIENTOS DIECINUEVE DÓLARES ($6,682,919.00), justificando dicha solicitud en que el consorcio AGAC Y OTROS, había pagado una comisión de éxito por dicho proceso licitado a un banco N+1 la cantidad de $1,000,000.00 (Un Millón de Dólares) y además habían inversiones en garantías bancarias por $1,500,000.00 (Un Millón Quinientos mil dólares) y en compra de equipo.

Pago de Costas y que se obligue a la firma del contrato.

El 25 de Enero del 2005, un año antes de terminado el período municipal, el Juzgado de lo Contencioso Administrativo de la ciudad de San Pedro Sula, presidido por el Abogado Mario Augusto

Peraza Zelaya, emite sentencia sobre ese juicio donde se condena a la Municipalidad de San Pedro Sula, al cumplimiento de las solicitudes de la parte demandante, agregando las costas del juicio por UN MILLÓN, QUINIENTOS MIL DÓLARES ($1,500,000.00.) Dio inicio entonces la etapa de negociación y arbitraje entre la administración de la alcaldía de San Pedro Sula y la empresa Sulambiente, modificando luego de forma arbitraria las tarifas a favor de la empresa que aún no arrancaba operaciones.

El nuevo contrato fue firmado el 10 de Noviembre del año 2005, a dos semanas de las elecciones y a pesar que el Juez de lo Contencioso Administrativo mandaba a firmar el contrato original y cumplir la sentencia, la alcaldía compromete a la nueva administración de la ciudad a pagar a la empresa Sulambiente la cantidad de L.1,989,631,687.68 (Un mil, novecientos ochenta y nueve millones, seiscientos treinta y un mil, seiscientos ochenta y siete lempiras con 68/100) más los costos de inflación anual en 14 años.

El nuevo contrato debió haber sido aprobado por el nuevo Congreso Nacional, esta vez presidido por Roberto Micheletti Bain, pero para obviar el trámite, el 16 de enero del 2006, a apenas once días para que terminara su gobierno, el Alcalde Óscar Kilgore remitió a la Secretaría del Congreso Nacional dichos documentos y sin ser conocido por ese poder del Estado publica en la tabla de avisos legales del diario *La Gaceta*, el contrato modificado, siendo publicado en la edición N° 30903; además dejó emitida la orden de inicio de limpieza de la ciudad con fecha 19 de enero de 2006 y efectiva a partir del 25 de enero del 2006, sabiendo que ese día terminaba su período de gobierno.

Rodolfo Padilla Sunseri, al igual que Kilgore, decidió no cumplir con el contrato y mantener la tradicional práctica edilicia de dar contratos a pequeños recolectores que distribuye entre activistas liberales.

Durante todo el proceso que duró la conciliación durante el gobierno de Zelaya Rosales, la empresa poco movió para presionar por el inicio de operaciones. No querían que el tema se volviera asunto del gobierno del poder ciudadano y prefirieron moverse bajo el radar; aparecieron sí los nuevos socios de la empresa, entre los que se mencionan a los señores Nasry Asfura, hoy alcalde de la Ciudad de Tegucigalpa, dueño de una de las empresas que forma parte del consorcio HOLDING ELECTRICA CENTROAMERICANA, SOCIEDAD POR ACCIONES (HECA, S.P.A.) y el señor Johny Kafati.

El día 3 de Febrero del 2010, afirma el regidor Wilfredo FLores, ya cuando había una nueva corporación municipal, notifican al nuevo Alcalde Dr. Juan Carlos Zúniga que incluya en el presupuesto de la Municipalidad el valor de la condena $6,615,794.00 (seis millones, seiscientos quince mil, setecientos noventa y cuatro dólares), más las costas del juicio. El Dr. Zúniga decide hacerse el desentendido de lo que la empresa SULAMBIENTE reclama y en Junio del 2012 embargan a la municipalidad.

En Noviembre del 2012 el Congreso Nacional autoriza a la municipalidad un préstamo de L.400,000.000.00 (cuatrocientos millones de lempiras) cuyos fondos deberían servir para el desarrollo de la ciudad; en conjunto eran de aproximadamente L.112,000,000.00 anuales. La influencia de los grandes socios de SULAMBIENTE se puso en evidencia cuando en ese decreto se consignó el pago de dichos fondos.

La actual corporación Municipal de Armando Calidonio (2014-2018) nombró una comisión que revisara la situación del contrato y recomendara una solución por el daño al patrimonio municipal.

Esta comisión, queriendo justificar la firma del contrato y decir que está favoreciendo al pueblo, detecta que en vez de recolectar 1000 toneladas métricas de desechos sólidos diarias, como se había venido diciendo por todos esos años, se recolectan entre 550 y 600 toneladas diarias.

Ese fue el preámbulo para que esta comisión recomendara al pleno corporativo actual, la firma de un contrato modificando sus tarifas a valores actuales .

El contrato se aprobó en el Congreso Nacional en 2014, en una sesión en donde solo hubo 49 diputados presentes, sin la presencia de la oposición que había mantenido una fuerte campaña en contra del contrato.

Entre los diputados de la oposición que sí aprobaron el contrato e hicieron campaña a favor de la empresa, resalta el diputado de Libre Edgardo "Chele" Castro, que según manifiesta Wilfredo Flores recibió $100,000.00 (cien mil dólares) para aprobarlo.

EL REY DE LA BASURA:
LA CONEXIÓN CON COLOMBIA Y LOS PARAMILITARES.

El 28 de diciembre de 2016 una nota en el portal electrónico kenworthcolombia.com anunciaba la entrega desde la ciudad Hidalgo en México a la compañía hondureña Sulambiente, empresa filial del grupo Ethus Interaseo Colombia de 26 unidades Kenworth, 20 con chasis dobletroque T800 6X4 y caja compactadora de basuras de 25 yardas cubicas marca Usimeca, y 6 con chasis T370 4X2, con caja compactadora de basuras de 17 yardas cubicas marca Usimeca, modelos 2017.

La nota del portal afirmaba que la negociación y venta fue realizada por Carlos Ivan Duque, Gerente de la Línea Vocacional de la compañía, y se llevó a cabo con el corporativo del grupo Interaseo con sede en Colombia, quienes por la fidelidad y confianza que les ha generado la marca en Colombia, y donde se les brindó total respaldo, a través de la capacitación y entrenamiento de todos sus conductores y el personal técnico que suministrará el servicio posventa a la flota de Sulambiente, con todas estas garantías decidieron continuar trabajando con la marca KW como equipo aliado.

Llama la antención como el portal kenworthcolombia.com afirma que la empresa Sulambiente que recoge la basura de los sampedranos, es filial del grupo Ethus Interaseo Colombia, empresa que pertenece al "paisa" Colombiano William Velez Sierra (que no hay que confundir con el senador también colombiano William Velez Mesa, cercano amigo del narcotraficante Pablo Escobar).

Vélez Sierra es conocido en Colombia por su estrecha amistad con el expresidente Alvaro Uribe Vélez. Es conocido también en su país como el Rey de la Basura, propietario de una de las empresas más importantes de Colombia, maneja el rubro de la construcción de aeropuertos, represas, compañías eléctricas y recolección de basura. Tiene bajo su control los desechos sólidos de Medellín y Bogotá, entre otras ciudades pequeñas de Colombia y desde 2011 controla todo el mercado de la basura en Panamá. Ahora parece moverse hacia Honduras.

A la muerte de Vicente Castaño Gil, comandante de las fuerzas paramilitares Autodefensas Unidas de Colombia (AUC), Vélez Sierra se vio inmerso en un escándalo al encontrarse en un computador personal de Castaño el memorándum del bloque norte, que indicaba un reporte financiero de las empresas que manejan los rellenos sanitarios en Medellín, en la cual aparece como testaferro de Castaño Gil, el señor William Vélez Sierra.

El caso ha pasado al olvido en Colombia, si bien vuelve de forma recurrente cuando aparece una nueva licitación en el rubro y se conoce a Vélez Sierra y sus empresas como licitante.

Su práctica empresarial, conocida en Colombia y Panamá, ha sido entrar a las empresas como un socio minoritario y desde adentro ir acaparando espacios de poder hasta hacerse con el control total de la misma; luego moverse a controlar el rubro a nivel local y nacional.

Así hizo Velez Sierra en Medellín y Bogotá con la basura, así hizo con la construcción del aeropuerto El Dorado en Bogotá; en empresas de producción de energía eléctrica, como el control de todos los desechos sólidos ahora en Panamá.

Sulambiente, empresa que vincula a José Alberto Díaz Lobo, ex designado presidencial de Ricardo Maduro, propietario de la empresa Eterna SA, a cargo además de la construcción del aeropuerto de Comayagua; a Roy Morales Hawit, amigo íntimo del alcalde Calidonio, al mismo Tito Asfura, alcalde de Tegucigalpa y empresario del rubro de la recolección de desechos sólidos, y al empresario Jhonny Kaffati entre otras personalidades del país, tiene ahora entre sus socios al Rey de la Basura, el colombiano Vélez a quien los alcaldes sampedranos han abierto el camino y llega al país conquistar nuevos territorios y hacerse con el control total de todo lo que botamos.

¿QUIÉN ES WILLIAM VÉLEZ SIERRA, EL COLOMBIANO LIGADO AL PARAMILITARISMO QUE CONTROLA LA EEH?

Una nueva etapa en las relaciones entre Honduras y Colombia se inició a partir del golpe de Estado de 2009. Algunos analistas lo calificaron como la «colombianización de Honduras», en referencia a la asistencia en que materia de seguridad brindan expertos colombianos que llegan al país a apoyar en el diseño de la estrategia a seguir en la guerra contra las drogas. Se conoce de los «Préstamos Colombia», que es dinero que mafias supuestamente de origen colombiano inyectan en la economía informal a altas tasas de interés.

Pero poco se dice de la presencia de fuertes capitales colombianos en puntos estratégicos de la economía nacional, como la recolección de desechos sólidos, el agua y la energía eléctrica.

Uno de los empresarios que mejor ha capitalizado el espacio que Honduras ha abierto, es el magnate William Vélez Sierra, conocido en Colombia como el «Zar de la basura», en referencia al control que tiene en el rubro en las principales ciudades de su país.

En este artículo haremos un recorrido por la trayectoria profesional de Vélez Sierra, un empresario ligado al paramilitarismo y corrupción al más alto nivel.

William Veléz Siera es accionista en la empresa Sulambiente, que recoge la basura en San Pedro Sula; y es propietario en un 51% de la Empresa Energía Honduras, que desde hace un año controla la distribución de energía eléctrica en todo el país.

Nacido en San Pedro de Antioquía, Colombia, el 5 de mayo de 1942. Estudio en el colegio San Carlos y se graduó en 1966 como ingeniero eléctrico en la Pontificia Universidad Bolivariana.

Ha estado presente en la instalacion de redes eléctricas en mas de 70 por ciento del territorio colombiano durante los últimos 40 años.

Pero el gran golpe de su fortuna se dio cuando ganó un millonario contrato para instalar redes eléctricas entre Queretaro y Tamazunchale en Mexico. Allí participaba en una gran licitación entre empresas estadounidenses y mexicanas.

El objetivo era construir torres de transmisión eléctrica y subestaciones a lo largo de 800 kilómetros en un terreno inexpugnable. Su competencia propuso utilizar helicópteros lo que encareció los costos, mientras que él compitió con horas hombre, pero con mulas. Se ganó la licitación y empleó equipos de última tecnología, que fueron transportados por 50 arrieros paisas en 300 mulas mexicanas.

El contrato en México le dio la fama de hombre pragmático y astuto.

Amigo íntimo de Álvaro Uribe Vélez, de hecho, su padre fue cercano a Alberto Uribe Sierra, progenitor del Presidente Uribe, en la época en que este último negociaba tierras. Con la familia Uribe comparte la pasión por fincas, caballos y negocios, tiene una propiedad cercana al Ubérrimo, la famosa finca del expresidente colombiano.

Del paso de Uribe por la gobernación de Antioquia le quedaron a

Vélez dos de sus grandes amigos: el fallecido Pedro Juan Moreno y el ex consejero presidencial José Obdulio Gaviria, con quien se reúne con frecuencia.

En los 70, William Vélez vendía repuestos eléctricos de pueblo en pueblo, en un camión azul, modelo 55. Hoy licita obras en 6 países; maneja las basuras de 16 ciudades (incluyendo San Pedro Sula y Panamá en Centro América); opera rellenos sanitarios, incluido el de Quito (Ecuador) y los alumbrados de 9 ciudades intermedias.

Es uno de los hombres más poderosos de Colombia, dueño del conglomerado empresarial Grupo Ethus que también tiene negocios en Panamá, Ecuador, Perú, México, Honduras y Chile.

Fue uno de los principales accionistas de Odinsa, una de las firmas de ingeniería civil más grande de Colombia que tiene megacontratos como dos carreteras de cuarta generación (4G) y una participación fundamental en el concesionario del aeropuerto El Dorado.

Además tiene contratos de mantenimiento de oleoductos y de redes eléctricas de alta tensión y concesiones de alumbrado público en capitales como Santa Marta y Cali en Colombia.

Financió el referéndum reeleccionista de Álvaro Uribe Vélez, en cuyo gobierno obtuvo los mejores contratos de su empresa.

Se le vincula en un escándalo de corrupción en España, en donde la Fiscalía de aquel país indaga (indagaciones a las que se sumó luego la Fiscalía colombiana) si recursos públicos de la Comunidad Autónoma de Madrid fueron desviados hacia paraísos fiscales y campañas políticas del partido español de derecha PP, a través de inversiones que Canal de Isabel II hizo en sociedades de América Latina como la Triple A, pagando precios inflados que después se recuperaban por debajo de la mesa.

Y también si, como en el caso Odebrecht, para entrar a esos negocios, esa red de corrupción repartió coimas y hasta financió a políticos en varios países, según detallan los medios españoles a los que les han filtrado datos, fotos y audios de la investigación bautizada como Operación Lezo (en Colombia, el fiscal Néstor Humberto Martínez la llamó Operación Acordeón).

Canal de Isabel II de España, una empresa estatal de la comunidad de Madrid, obtuvo la mayoría accionaria en la Triple A después de pagar un valor 10 veces superior al que las mismas acciones habían costado apenas un año antes.

Cuando la Triple A autorizó la llegada de un socio extranjero, el Distrito de Barranquilla tenía el 85 por ciento de las acciones de esa compañía. Pero en poco más de dos décadas se quedó sólo el 14 por ciento de las mismas.

La historia de William Veléz Sierra también incluye un supuesto pacto que hizo con los paramilitares para manejar los negocios del aseo en las ciudades de Santa Marta, Barranquilla y Soledad, según documentos de 2005 que la Fiscalía encontró en el computador del extraditado ex jefe paramilitar Jorge 40 y que el portal periodístico Verdad Abierta publicó y bautizó como para-memos en 2009.

Vélez siempre ha negado esos señalamientos. En 2009 dijo que ni él ni ninguna de sus empresas ha tenido vínculo alguno con las autodefensas. «Nunca recibimos ni una llamada ni un correo de esos señores», dijo en aquel momento.

«Con toda honestidad se lo digo, la política de la empresa, la orden a todo el mundo es no tener trato alguno con grupos ilegales ni pagar extorsiones», dijo Vélez.

Los mensajes fueron considerados por el organismo de investigación, pues hacen parte del paquete del llamado computador de 'Jorge 40', y además muestran un llamativo nivel de detalle de la operación en la que estaban los negocios de Vélez. «Quizá pudo haber gente infiltrada en las administraciones de esas ciudades o incluso en alguna empresa que tenía esa información», mencionó Vélez Sierra.

Hay sin embargo una declaración del paramilitar alias El Canoso, exjefe político del bloque resistencia Tayrona de las autodefensas que afirma hizo pactos con políticos para entrar a negocios públicos. En la declaración asegura haberle recibido unos cheques a García Arias, hombre de confianza de Vélez y directivo de una de sus empresas y a otro directivo de Metroagua.

Uno de esos para-memos es de 2005 y dice textualmente: "El nuevo gerente de la AAA de Barranquilla se posesionó del cargo a finales del año pasado era el antiguo gerente general de todas las empresas de WV (William Vélez) en el país y el exterior, y ha sido a través de WV con quien hemos logrado los acercamientos y compromisos con la AAA para el negocio de Barranquilla".

Si bien no hay referencia concreta a William Vélez Sierra, lo cierto es que los contenidos de los documentos del Bloque Norte de las Auc coincidían con el momento de renovación del contrato de recolección de basuras en Santa Marta, que ya venía siendo ejecutado por una de las empresas del grupo Ethuss, llamada Empresa de Servicios Públicos de Santa Marta (ESPA), presidida por el entonces alcalde José Francisco Zúñiga, quien posteriormente fue procesado por sus nexos con el paramilitarismo.

Otros ex jefes paramilitares como Edgar Fierro Flórez, alias 'Don Antonio' y José Gelvez Albarracín, alias 'El Canoso', se han referido a que Vélez les pagó 'comisiones' a los 'paras' para que intervinieran en la prórroga de la concesión para la recolección de basuras para la empresa InterAseo en Santa Marta.

A finales de 2012 se filtró a los medios una conversación entre Fredy Rendón Herrera, alias 'El Alemán'; Salvatore Mancuso; y Jesús Ignacio Roldán Pérez, alias 'Monoleche', donde hablan de las relaciones del empresario Vélez Sierra con las AUC. En particular se refieren al empresario como un testaferro de Vicente Castaño Gil, alias 'El Profe'.

En un memorando titulado "Escenario residuos sólidos Santa Marta" los paramilitares describen con minucia el contrato de concesión de basuras de la firma InterAseo S.A. ESP con ese Distrito Turístico. A renglón seguido, hacen una proyección de lo que sería el negocio a mediano y largo plazo: "Se formalizó una alianza estratégica y sociedad con WV por medio de la cual trabajaremos conjuntamente en el tema de residuos sólidos donde quiera que el mantenga una operación y exista un interés".

En una conversación que se filtró a los medios en noviembre de 2012 entre Fredy Rendón Herrera, alias 'El Alemán'; Salvatore Mancuso; y Jesús Ignacio Roldán Pérez, alias 'Monoleche', los ex paramilitares se refirieron a la relación entre William Vélez y las Auc.

"William se reúne con 'El Profe'", se escucha en la grabación. La afirmación la hace alias 'El Alemán', quien precisó que las reuniones tenían un claro objetivo: "que 'El Profe' le ayudara a cuadrar con el Bloque Central Bolívar y con otros grupos de autodefensa a nivel nacional por donde ellos (una empresa de Vélez Sierra) estaban tirando redes eléctricas, para que le bajaran al impuesto, para que no le cobraran tan duro, y donde ellos estaban haciendo exploraciones petrolíferas".

En la conversación, de la que se desconoce cuándo fue realizada, se habla de supuestas reuniones en Panamá con varios paramilitares para observar algunos negocios, entre ellos, de combustibles, en sociedad con un ciudadano de ese país.

El dato fue aportado por alias 'Monoleche', jefe de seguridad de Vicente Castaño Gil: "Él está metido en Panamá en combustibles y el socio es un panameño", afirmó el ex paramilitar, quien aseguró que esa información la conoció en una reunión entre Vélez Sierra y alias 'El Profe' en una reunión en una finca conocida como 'La 15', situada entre San Pedro de Urabá, Antioquia, y Valencia, Córdoba, donde al parecer le ofreció al exjefe de las AUC la oportunidad de ser socio.

De la conversación también se desprende que el empresario antioqueño le habría regalado al poderoso jefe paramilitar Vicente Castaño Gil, una finca de por lo menos 50 hectáreas ubicada en el municipio de Canaletes, Córdoba, para fortalecer el programa paramilitar conocido como 'Colombia sin hambre'.

"¿Las tierras que regaló William Vélez al 'Profe' dónde quedan?", preguntó uno de los ex paramilitares presente en la reunión, al parecer Mancuso. Tanto alias 'El Alemán', como alias 'Monoleche', le responden que en Canaletes.

Finalmente se escucha cómo se haría referencia al empresario antioqueño cuando llegara el caso. Una voz, que parece ser la de 'El Alemán', le da instrucciones a alias 'Monoleche': "Usted debe decir que William Vélez tiene un negocio en Panamá en sociedad con 'El Profe', donde 'El Profe' le dio un millón de dólares".

EEH Y LA GUERRA DE LAS TÉRMICAS

Cuando la relacionadora pública de la Empresa Energía Honduras (EEH), Alejandra Rodríguez, informó a la prensa el pasado 11 de junio de 2017 que fue un problema de la red de transmisión de la ENEE el que afectó a varios circuitos a nivel nacional, causando la interrupción del servicio de energía en varias ciudades de la costa norte del país, nadie la escuchó, porque nadie la quería escuchar. Comenzó lo que ahora podemos interpretar como una guerra mediática varias veces repetida en la historia reciente de Honduras, entre grupos muy poderosos del sector energético y el proyecto de hacer funcionales las finanzas de la Empresa Nacional de Energía Eléctrica, que luego de 20 años sigue pagando la energía más cara de la región, sin un cambio real en beneficio de la población. La señorita Rodriguez y la ENEE intentaron aclarar una y otra vez que la red de transmisión es responsabilidad de la ENEE, que la interrupción se debió a un error involuntario que se dio mientras los técnicos (de la ENEE) realizaban mantenimiento en un transformador de alta potencia en Subestación El Progreso (de la ENEE), pero todos señalaron a la recién creada EEH como culpable y la opinión pública comenzó exigir una cabeza.

Inmediatamente desplegaron las acciones ciudadanas reclamando por la suspensión del contrato con EEH, la prensa informó de pobladores de Copán Ruinas que se tomaron la carretera que conduce hacia la aduana de El Florido, para protestar por los constantes apagones que sufren en esa zona turística de Honduras; el presidente de la Camára de Comerico, Jorge Faraj, habló de las pérdidas en el sector empresarial producto de los constantes apagones; desde los foros televisivos se inició una campaña señalando un «aumento injustificado» en las tarifas, mostrando humildes familias con deudas desproporcionadas en los recibos de la luz; la oposición política aprovechó la crisis con ánimo de golpear al gobierno de Juan Orlando Hernández, produciendo videos que «explican» a la población sobre la lectura del contador de energía, haciendo creer que el problema es la medición, sin realmente profundizar en las razones de la crisis.

La crisis energética en Honduras no es nueva, tenemos más de veinte años de estar en ella. Desde aquellos meses de racionamientos en el gobierno de Reina, cuando fue necesario cambiar el uso horario para acoplar nuestro trabajo a las horas de luz; hasta este día, cuando el fantasma de los cortes prolongados oscurece gran parte del país. Seis presidentes de la República han pasado y un número aún mayor de gerentes de la ENEE y nada ha cambiado.

UN POCO DE HISTORIA: LA CRISIS DE 1994.

Antes de la formación de la ENEE en 1957 cada ciudad del país era servida de forma aislada por pequeñas unidades generadoras de energía eléctrica, en su mayoría movidas por motores diésel, que pertenecían a las municipalidades, Juntas de Desarrollo, al Estado o a Empresas Privadas.

Fue en 1964 cuando la ENEE finalizó la construcción del primer proyecto de energía, la Central Hidroeléctrica de Cañaveral en Peña Blanca, Cortés, que dio inicio de lo que es hoy el Sistema Interconectado a nivel nacional; es decir, una red de transmisión eléctrica que cubre las principales regiones del país, la cual están conectadas las centrales generadoras y los diferentes centros de consumo y que ha crecido de forma desordenada.

En los años 80 y 90, luego de la instalación de parques industriales de maquilas y empresas de manufacturación textil en el país, la demanda de energía subió y fue necesaria una expansión del Sistema Interconectado Nacional. Se construyó la represa El Cajón. Pero a pesar de haberse promovido como la solución al problema energético del país, la crisis se mantuvo.

Para 1994, el sector energético nacional no daba a basto. Comenzaron los razonamientos que duraban más de 12 horas diarias. La ENEE simplemente no podía satisfacer la demanda de energía. El Congreso Nacional, buscando dar respuesta a la problemática y siguiendo los lineamientos de los organismos internacionales, aprobó la Ley Marco del Subsector Eléctrico (LMSSE) que permitió el ingreso de inversores privados en la generación de energía eléctrica que por 40 años había sido monopolio estatal. Se firman así los primeros contratos calificados como leoninos con las generadoras térmicas de energía, dando inicio a la construcción de verdaderos imperios económicos que son quienes mantienen secuestrado, hoy en día, la generación de la energía eléctrica que consumimos los hondureños.

La demanda de energía eléctrica en Honduras, en invierno, es de 1600 Gigawatts al mes y en verano es de unos 1750 GW. Esa diferencia se debe al aumento del consumo de aire acondicionado (entre otras razones) durante los meses de calor y a la baja del nivel del agua necesaria para las hidroeléctricas. De esos 1600-1750 GW, 600 GW se producen en generadores de energía renovable, unos 800 GW en generadores térmicos y el resto es hidráulico. 2,000 GW es la potencia instalada del país, según afirman estudios de la ENEE que indican además que la demanda máxima se da en horas de la noche.

En total son 14 empresas térmicas las que le suministran a la ENEE, energía a base de búnker y diesel, pero de ese total, ocho compañías son las que venden más del 80% que compra la ENEE.

Entre las empresas que venden la mayoría de la energía al Estado están ENERSA, EMCE y Choloma, propiedad del Grupo Terra del magnate Freddy Nasser, que también cobran costos por mantenimiento de sus plantas al estado, lo que encarece en 25 por ciento el precio del kilowatio hora de energía; la empresa Luz y Fuerza de San Lorenzo, S.A de CV (LUFUSSA), propiedad del grupo Kafie y la empresa Eléctrica Cortés S.A. (ELCOSA) propiedad del actual presidente del COHEP, Luis Larach.

Está también la empresa Nacional de Ingenieros que opera desde febrero de 2000 en la ciudad de La Ceiba, facturando por concepto de cargos fijos unos 35 millones de dólares, con el agregado que la ENEE le provee el combustible diesel.

Son estas las empresas que han mantenido el control casi total de la generación de energía eléctrica en el país, por lo menos desde hace 20 años. Son el inicio de una larga y complicada cadena, y el único eslabón que hasta el momento no ha sido supervisado, dando lugar a cobros indebidos, como lo confirmó el Tribunal Superior de Cuentas (TSC) en junio de 2015, cuando obligó a la empresa de Nasser a devolver 31 millones de lempiras, que en su momento fueron pagados de forma indebida a la Empresa de Energía Renovable S.A. de C.V (Enersa), por concepto de compra de energía eléctrica.

LOS MEDIDORES DE FRONTERA
Y LA AUSENCIA DE CONTROL

Durante dos décadas la producción de energía térmica en Honduras se realizó sin medidores de frontera. La ENEE no tenía forma de saber cuánta energía entraba de cada generador y pagaban lo que el contrato decía, aunque el generador estuviera apagado.

Los medidores de frontera buscan contabilizar la energía de entrada, de los 52 generadores conectados a las redes de distribución que suman 182 fronteras de entrada en circuitos que son la red de transmisión.

Hay más de un millón ochocientos mil clientes a nivel nacional. Documentos de EEH (en 2017) indicaban la existencia de cuatrocientos mil clientes sin medidor, muchos de esos dañados porque la ENEE no le dio revisión apropiada.

Sin medidores de frontera para medir la entrada ni correctos medidores de salida en los usuarios, la ENEE ha funcionado a ciegas durante todos estos años, generando pérdidas de hasta siete mil millones de lempiras para el pueblo hondureño.

De esos siete mil millones de lempiras, tres mil millones son prácticamente incobrables, según fuentes internas de la ENEE, porque pertenecen a ciento cincuenta mil clientes que no se sabe qué pasó con ellos. Pero hay cuatro mil millones que se pueden cobrar, en su mayoría del mismo gobierno. El SANAA, para el caso, es el mayor deudor de la ENEE, de todos los doscientos noventa y ocho municipios de Honduras, solo sesenta y uno están al día.

OTRA CRISIS CREADA

No es la primera vez que las compañías generadoras de energía recurren a la crisis para forzar un acuerdo con el gobierno. En 2014, al momento que debía negociarse un nuevo contrato con varias de las grandes empresas térmicas, arrancó una crisis que llevó a racionamientos en varios rincones del país.

El presidente del Sindicato de Trabajadores de la Empresa Nacional de Energía Eléctrica (Stenee), Miguel Aguilar, denunció en ese momento que la crisis energética del país fue provocada por las empresas generadoras térmicas.

«Estas empresas han sacado la energía del sistema, aduciendo que no hay combustible, que hay problemas en las tuberías y otros argumentos», dijo Aguilar, pero «lo han hecho para chantajear al gobierno», agregó.

Para el mes de agosto de ese año, y luego que el Congreso Nacional aprobara 250 millones de dólares para el pago a las térmicas, acabaron los apagones.

EL PRECIO DE LOS CONTRATOS CON LAS TÉRMICAS.

Según un estudio de la CEPAL (Comisión Económica para América Latina), un 70 por ciento de la energía ofertada a Honduras se produce mediante la utilización de bunker y diésel.

De los 16,000 millones de lempiras de su presupuesto anual de la ENEE, la estatal eléctrica destinaba 14,000 millones para la compra de energía térmica o sucia.

En 2013, las tres mayores empresas de generación de energía recibieron 15,433.3 millones de lempiras por venta de electricidad (eso incluye energía renovable eólica y solar). El Grupo Kafie, que es propietario de las plantas Lufussa I Diésel (39.5 MW), Lufussa I Bunker (30.5), Lufussa Valle (80 MW) y Lufussa III (237 MW), vendió 7,421.5 millones de lempiras.

Por su parte el Grupo Terra, que es propietario de Emce Choloma (60 MW), Enersa (246 MW) y Enersa Excedente (30 MW) vendió 7,046.6 millones de lempiras en energía generada con bunker a la estatal eléctrica.

En cuanto a la empresa Electricidad de Cortés S.A. (Elcosa), propiedad de Luis Larach (presidente del Consejo Hondureño de la Empresa Privada) quien posee una planta con capacidad de 80 megavatios con bunker, vendió 965.5 millones de lempiras.

La ENEE además han erogado miles de millones de lempiras con empresas que les han pagado contratos sin generar un tan solo kilovatio de energía, por la figura del «costo fijo de instalación», de empresas que aunque no generen energía debe pagárseles, para que operen en el momento «que se les necesiten».

Son estas las empresas que durante años impidieron que la ENEE instalara medidores de frontera para controlar el flujo de energía que entra al sistema. Pero hay un elemento más a considerar. Este año vencen dos contratos de generación térmica, Lufussa de 33.5 megavatios y el contrato de 80 megavatios con la empresa Elcosa. El próximo año venden además el contrato de 200 megavatios de Enersa.

Según la nueva Ley de la Industria Eléctrica, una vez que se venzan los contratos de compra de energía (PPA- Power Purchase Agreement, en inglés) no se pueden renovar. La Enee debe entonces comprar energía mediante licitación pública internacional.

Ante el vencimiento de esos contratos, la Enee y la Empresa Energía Honduras (EEH), como operador del sistema de distribución, deben asegurar la compra de energía firme para garantizar el suministro a sus clientes. No hay aún idea de a quién le comprarán ni a cuanto.

Y esa es, la razón de la crisis. Una de ellas, a lo menos.

MIGUEL AGUILAR, DE LÍDER SINDICAL A MAGNATE DE LA ENERGÍA ELÉCTRICA

En septiembre de 2013 Miguel Aguilar, entonces presidente del Sindicato de Trabajadores de la Empresa Nacional de Energía Eléctrica (STENEE) apareció presentando en Frente a Frente el plan para rescate de la estatal eléctrica, "Optimización de la red de distribución para el aseguramiento de ingresos de la ENEE". Desde hacía décadas se venia hablando de la privatización de la ENEE como una amenaza permanente y el STENEE era siempre el primero en defender la empresa estatal. Ahora aparecía el presidente del sindicado defendiendo la tercerización de servicios como una forma de "rescate" de los intereses del pueblo.

«No podemos quedarnos solo con la huelga, solo con el contrato colectivo», afirmó en aquella ocasión Aguilar, junto a un grupo de sindicalistas colombianos.

Hoy, cinco años después, Aguilar pelea el reconocimiento formal de la presidencia del sindicato que lo llevó al poder. Sus compañeros lo cuestionan, pues según afirman aprovechó su condición de presidente del STENEE para adquirir acciones en la Empresa Energía Honduras (EEH). Pasó de ser líder sindical, a ser magnate de la energía eléctrica.

Sergio Medina, Secretario General de la junta central del STENEE, afirma que Miguel Aguilar ya no es el presidente del STENEE, el presidente es ahora José Luis Matamoros, «porque la Junta Directiva la eligen los afiliados,» afirma, señalando después que a Aguilar lo mantiene en el puesto porque funciona a los intereses de la patronal ENEE y la Empresa de Energía Honduras (EEH).

Pero Miguel Aguilar sigue siendo presidente del STENEE ante los medios en donde regularmente aparece con su cargo, los trabajadores no cuentan aún con la resolución firme y definitiva que acredite la validez de la asamblea extraordinaria que le sacó del poder.

«Miguel Aguilar está allí por Jesus Mejía (gerente de la ENEE) y por el Ministro Madero. El ministro le está hechando la mando porque son parte del negocio de EEH,» dice Medina.

Ángela Reyes, sindicalista del STENEE, llamó a asamblea extraordinaria del STENEE en agosto de 2016 para dar conocer lo que los convocantes calificaron como «despilfarro de los fondos del sindicato en manos de Miguel Aguilar.»

«Hay allí hasta pago de espectáculos con bailarinas nudistas», dijo Reyes, que no quiso revelar ante la prensa los pormenores de los gastos porque son medios de prueba que ante el Tribunal Superior de Cuentas (TSC) y el Ministerio Público (MP).

«Cada vez que él (Aguilar) sale a la opinión pública, siempre sale a defender la empresa EEH. Porque hay un contrato que dice que Miguel Arturo Aguilar en representación del STENEE es el accionista del 8% de EEH,» indica Sergio Medina, reclamando la ilegalidad del contrato.

En la escritura pública con registro de instrumento público 87 del 16 de febrero de 2016, autenticado por el notario sampedrano Geovanny Roosevelt Núñez Murillo, aparece Miguel Aguilar, en representación de los trabajadores del STENEE, como accionista del 8% de las acciones de la EEH, que equivalen a 35 millones de lempiras.

El capital con que se conformó la EEH fue de 455 millones de lempiras, representado por ochenta y seis mil cuatrocientas acciones comunes, nominadas por 10 mil lempiras por acción.

Según los sindicalistas de la ENEE, Miguel Aguilar afirmó en su momento que las 3,5000 acciones a su nombre, pertenecían a los trabajadores, pues fueron compradas con fondos del STENEE.

La empresa Eléctrica de Medellín, S.A.S. del colombiano William Velez Sierra aparece como accionista mayoritario al aportar 213 millones 850 mil lempiras, que es equivalente al 47%.

Interprise Consulting, S.A. destinó 186 millones 550 mil lempiras para el 41% del capital social.

Un tercer accionista es Unión Eléctrica SA, también de Velez Sierra que dio 18 millones 200 mil lempiras, siendo el 4% y por último el STENEE, de la mano de Miguel Arturo Aguilar Gámez, que aportó 36 millones 400 mil lempiras y es equivalente al 8% de las acciones que tiene dentro de la empresa privada.

Juntos, Eléctrica de Medellí y Unión Eléctrica SA de capital colombiano controlan el 51% de las acciones de EEH.

Al consultarle a los directivos actuales del sindicato sobre el beneficio que los trabajadores han adquirido de la aventura empresarial, ellos afirman que los obreros no han recibido ningún beneficio de parte de EEH, pues incluso desconocen el origen del dinero que Aguilar aportó para constituir EEH.

«Estamos hablando de unos 36 millones de lempiras que supuestamente son del sindicato. Nosotros estamos investigando si son del fondo de prestaciones sociales o del sindicato en sí», según Sergio Medina, no puede incluso descartar que sea dinero producto del lavado de activos.

«Puede ser lavado de activos, porque es un dinero que inicialmente él dijo que el socio era él Miguel Aguilar en representación del STENEE, ahora dice que él es el socio.»

Según el periódico digital *CondidencialHN*, Aguilar en su momento afirmó en un foro de televisión que la empresa Eléctricas de Medellín le prestó el dinero para convertirse en inversionista dentro de la nueva compañía que presta servicios a la ENEE. No queda claro aún el origen del dinero.

Agustin Castellanos, también directivo del STENEE, afirma que el sindicato denunció en su momento cuando el sindicato entraba a la constitución de EEH con 36.4 millones de lempiras que Miguel Aguilar dijo eran un préstamo de Eléctrica de Medellín.

«Ahora vemos que las utilidades, de la cual el beneficiario se suponía era el trabajador, no ha recibido ninguna utilidad. El valor por cada acción era de 10 mil lempiras, según Miguel Aguilar, hoy ninguno de esos trabajadores está en la empresa porque fueron despedidos, ¿a quién se le van a entregar las utilidades?», pregunta Castellanos.

«Si Miguel Aguilar tomó el dinero del fondo de pensiones va a tener problemas legales, para tomar dinero de allí (o del STENEE) necesita conseguir una autorización con la base a través de asambleas, plantear qué es lo que viene y qué es lo que se va a hacer. En la Asamblea de las seccionas y sub seccionares se debe de someter a votación la acción que se va a hacer y cada seccional tiene sus delegados de congreso, luego se hace un congreso de delegados para autorizar la acción que se va a tomar y él no hizo ninguna de estos procedimientos. Él presentó las actas, pero es maquillado. Nadie le autorizó que tocara ese dinero, nosotros ni nos dimos cuenta. El dinero si es del STENEE tiene que regresar al STENEE y si es del fondo tiene que regresar al fondo,» afirma Sergio Medida, enfatizando que el proceso está aún en investigación.

«Cuando tengamos las pruebas completas vamos a proceder ante la fiscalía contra la corrupción,» concluyó.

MANITOBA HYDRO, EL HISTORIAL DUDOSO DE LA EMPRESA QUE CERFITICA LOS NÚMEROS MAQUILLADOS DE EEH

Dos empresas participaron en 2015 en la licitación del contrato de Alianza Público Privada (APP) para asumir la administración y distribución de energía eléctrica nacional, que buscaban última instancia reducir las pérdidas de la Empresa Nacional de Energía Eléctrica (ENEE): la estatal Manitoba Hydro Internacional de Canadá y el Consorcio Energía Honduras (EEH), propiedad en un 51% de capital colombiano, en su mayoría del grupo Ethus del magnate William Velez Sierra. De las empresas concursantes, Manitoba Hydro se vio forzada a retirar la oferta alegando conflictos con la legislación canadiense que le impedía participar. EEH obtuvo el millonario contrato y como consolación Manitoba fue contratada para supervisar el cumplimiento de las metas establecidas a la empresa colombiana.

Manitoba Hydro fue la empresa encargada de certificar que EEH cumplió con la reducción en un 4% de las pérdidas de la ENEE. La certificación fue entregada el pasado 16 de febrero y en la misma se consigna que esta recuperación de pérdidas en un 4% se ejecutó entre el 1 de diciembre de 2016 y el 30 de noviembre de 2017.

La certificación de Manitoba establece, textualmente, que se basó en el acta de la reunión de la Comisión de Pérdidas de fecha 13 de noviembre de 2017 y las "actas mensuales conciliadas entre ENEE y EEH de Balances de Energía suscritas entre los representantes de ambas empresas". Pero, ¿quién es Manitoba Hydro International?

Manitoba Hydro Internacional

Fundada en 1961 sobre el caudal del río Manitoba, la empresa de capital estatal Canadiense ha consolidado su poder económico con la absorción de pequeñas empresas generadoras de energía eléctrica. Actualmente cuenta con 15 estaciones generadoras interconectadas atendiendo a más de 527,000 clientes de energía eléctrica y más de 263,000 clientes de gas natural.

En su rama internacional, a parte de contar con proyectos en la región centroamericana, maneja proyectos en Afganistan, Australia, Balkanes, Bosnia, Brasil, Chile, China, Congo, Ghana, Guyana, India, jamaica, Kenia, Liberia y Nigeria entre otros países, principalmente del tercer mundo.

En el caso de Nigeria, Manitoba Hydro International se ha visto envuelto en un escándalo de corrupción que resonó en Canadá, al afirmar la prensa canadiense que la compañía estatal tenia prácticas en el extranjero que su país natal serían causa de cárcel para los ejecutivos.

En los últimos cuatro años, la prensa nigeriana ha publicado cientos de artículos sobre los conflictos de ejecutivos de Manitoba Hydro International, con funcionarios locales y disputas sobre su contrato de cuatro años para administrar Transmission Company of Nigeria (TCN).

El presidente de la Comisión de Energía, Infraestructura y Tecnología del think tank NDI de Nigeria, Tunji Ariyomo, calificó de "un poco irónico que mientras Manitoba [MHI] sigue siendo una compañía estatal en Canadá con una protección legislativa para evitar su privatización, la compañía ha anunciado que uno de sus objetivos clave es reorganizar la Compañía de Transmisión de Nigeria de manera que su función como Proveedor de Servicios de Transmisión (TSP) pueda separarse y que el TSP se convierta en una empresa comercial privada".

Acusaciones de incumplimiento en el contrato, salarios onerosos, corrupción y el uso de influencias diplomáticas para que el senado nigeriano ignorara las denuncias contra Manitoba Hydro International son frecuentes en la prensa del país africano.

Los planes de provatización de Manitoba Hydro International fueron resistidos en su momento por el sindicato de la empresa estatal nigeriana, funcionarios del gobierno y gran parte de la población que calificaba de leonino el contrato con la empresa nigeriana. En agosto de 2012, sindicalistas de la empresa eléctrica en Nigeria impidieron que los gerentes de Manitoba Hydro International y el ministro de Energía, Bart Nnaji, ingresaran a la sede corporativa hasta que sus líneas de piquete fueron interrumpidas por docenas de militares armados. *The Daily Independent* informó que "los trabajadores fueron golpeados hasta la médula", pero se negaron a dar marcha atrás y "procedieron a convertir el medio ambiente en un infierno para la firma canadiense".

El contrato de $24 millones de dólares americanos de Manitoba Hydro International para administrar la compañía eléctrica nigeriana creó un conflicto dentro del gobierno y el ministerio de energía. Mientras el ministro de energía Nnaji lo apoyó, el *Daily Trust* cuestionó su impacto en la transferencia de conocimiento y la creación de empleo y expresó su temor de que un monopolio privado sobre la transmisión de electricidad del país condujera a la colusión.

Según el periódico nigeriano *Daily Trust*, Manitoba Hydro International, lejos de transferir conocimiento del manejo de la empresa canadiense a técnicos africanos, contrataron personal no calificado para aprender de sus contraparte en Nigeria el manejo de la energía eléctrica.

Cuatro meses después de tomar el control de TCN, el presidente Goodluck Jonathan canceló el contrato de Manitoba Hydro International. Con protestas de la fuerza laboral y muchos en el gobierno se opusieron a los planes de Manitoba Hydro International, el Director General de la Oficina de Contratación Pública, Emeka Eze, destacó las irregularidades en el proceso que llevó a la selección de Manitoba Hydro International. Según *This Day*, Eze envió un memorándum al presidente "presionando para que se cancelara [el contrato de Manitoba Hydro International] con la premisa de que no pasó el debido proceso como lo estipula la Ley de Contratación Pública".

Los funcionarios canadienses condenaron la cancelación del contrato de Manitoba Hydro International e hicieron uso de su influencia con la Agencia de Ayuda Internacional Británica (el equivalente de USAID para América) y el propio Banco Mundial. En un artículo titulado "Cómo el Gobierno canadiense forzó [al presidente] Jonathan a dar vuelta en U" el liderazgo de Abuja informó que el alto comisionado canadiense Chris Cooter contactó al ministro de finanzas, vicepresidente y presidente de Nigeria, diciéndoles "que el gobierno canadiense no estaba contento con el problema y puede mostrarse reacio a apoyar a Nigeria en otros sectores debido a la forma en que se ha tratado a Manitoba". Cooter sugirió que la decisión afectaría la inversión canadiense. "El mensaje que le envío a Canadá es que Nigeria está abierta a los negocios, y que el contrato de Manitoba Hydro lo demuestra".

El lobby canadiense fue exitoso y en una semana Manitoba Hydro International recuperó su contrato. Seis meses después, durante una reunión en Ottawa, el ministro de Comercio Internacional, Ed Fast, agradeció personalmente al vicepresidente nigeriano, Mohammed Namadi Sambo. Este día informó que "Rápidamente se expresó la gratitud de Canadá por la forma en que se resolvieron los problemas relacionados con Manitoba Hydro".

Pero el escándalo de corrupción en Nigeria no es el único escándalo que mancha el récord de Manitoba Hydro. En Canadá, Manitoba Hydro se prepara para echar a andar el ambicioso Proyecto de Transmisión Manitoba-Minnesota, un proyecto que ha levantado muchas dudas en la población, especialmente indígena, que mantiene atrasado el proyecto.

Para echar a andar la inversión, Manitoba Hydro solicitó al gobierno de Canadá que aplaque la crítica pública que se hace al proyecto de transmisión Manitoba-Minnesota, y evite una exhaustiva revisión de la empresa. En una carta fechada el 23 de agosto de 2017, el presidente de Manitoba Hydro, Kelvin Shepherd, le pidió al ministro federal de Recursos Naturales, Jim Carr, que acepte la revisión provincial de Manitoba y que no lance un comité de la Junta Nacional de la Energía.

El Proyecto de Transmisión Manitoba-Minnesota está siendo duramente cuestionado tanto por críticos conocedores como por residentes afectados. El único "accionista" de Manitoba Hydro, el gobierno de Manitoba, es quién ha certificado la expansión de la empresa en el Proyecto de Transmisión Manitoba-Minnesota. La empresa Manitoba Hydro, hace uso del aprendizaje que su subsidiaria internacional en Nigeria para impulsar el proyecto a través de la presión política.

Ambientalistas preocupados por el impacto que el proyecto podría traer al medio ambiente y territorios indígenas, recuerdan la represa que Manitoba Hydro ejecutó sobre el río Nelson en los años 70, cuando aseguró a todos que los impactos ambientales del proyecto serían mínimos, y no se realizó ninguna revisión ambiental y de hecho, los proyectos tuvieron efectos devastadores. El río Churchill se desvió para que fluyera hacia Nelson y se agregara a la velocidad de flujo de este último. Se construyó una presa cerca del extremo sur del Nelson, lo que efectivamente convirtió al lago Winnipeg en una gran reserva de agua cuyos niveles podían ser administrados por ingenieros. El río Nelson, una vez una fuente de vida prístina, se volvió limoso y peligroso. En ese momento, la población local y los ingenieros independientes cuestionaron el supuesto impacto neutral del proyecto; pero sus objeciones fueron ignoradas.

Manitoba Hydro International, es la empresa que ha acreditado el correcto actual de la Empresa Energía Honduras. ¿Se puede confiar en su informe?

PELEA POR CEMENTERIO, SUSPENDE EXPLOTACIÓN DE MINA EN AZACUALPA

«Los muertos no son animales, los muertos no se venden por ningún pisto porque eran seres humanos igual que nosotros», afirma José Ángel López, un campesino de 60 años residente en Azaculpa, uno de los siete vecinos que se oponen a la exhumación de los cuerpos de sus familiares por parte de la mina San Andres en Azacualpa, Copán, que pretende expandir la explotación hasta el cerro que hoy ocupa el antiguo cementerio.

Un juez de Letras de lo Contencioso Administrativo de la ciudad de San Pedro Sula ordenó la semana pasada, suspender temporalmente la exhumación de docenas de restos humanos en un cementerio de más de 200 años ubicado en la comunidad de Azacualpa, Municipio de la Unión en Copán, al occidente de Honduras.

La resolución judicial obedece a un amparo interpuesto por el abogado Victor Fernandez, del Movimiento Amplio por la Dignidad y la Justicia (MAD-J), en representación de media docena de habitantes de la aldea de Azacualpa, que se oponen de manera rotunda a las exhumaciones que desde hace años vienen ejecutando la mina de San Andrés, propiedad de Minerales de Occidente (MINOSA), filial hondureña de la empresa canadience Aura Minerals.

Desde 2016, MINOSA ha venido retirando más de 350 cadáveres del cementerio de la aldea, para hacer espacio la explotación de la mina de oro a cielo abierto San Andrés, otorgada bajo un concesión por el gobierno hondureño.

Víctor Fernández del MAD-J, el abogado de los demandantes en la aldea de Azacualpa, dijo en una entrevista a Reuters el viernes pasado, que un juez había pesado, por el momento, a favor de los aldeanos locales.

«Un juez ordenó a la oficina del alcalde suspender temporalmente la exhumación de los cadáveres... mientras él decide sobre una medida cautelar que presentamos en nombre de los aldeanos», dijo Fernández. «Según lo entendemos, las exhumaciones se han detenido».

Genaro Rodríguez, miembro del patronato de la comunidad, es quien está a cargo de la construcción del muro perimetral del nuevo cementerio que la minera ha asignado para trasladar los cuerpos exhumados. Según él afirma, existe un acuerdo firmado entre la minera y la comunidad que data de 2012, en donde la empresa se comprometió a hacer un proyecto habitacional.

«La empresa incumplió eso y hubo manifestaciones, protestas», afirma. Según Rodríguez, de ese conflicto surgió un addendum al anterior acuerdo en donde se consultó a la comunidad si estaban o no, de acuerdo con que se siguiera la construcción del proyecto habitacional o se pagara el valor de la vivienda.

Nadie, de las personas que consultamos para este artículo, afirma que la comunidad se opuso en algún momento al traslado del cementerio.

«El 95% de la población pidió se le diera el costo monetario», afirma Rodríguez, agregando que el acuerdo monetario se hizo por núcleo familiar y no por cuerpo exhumado.

«Una parte de la comunidad acordó hacer acciones porque exhumaron a una persona sin el consentimiento de todos los familiares, solo con uno o dos que dijeran que sí, sacaban el cuerpo sin que todos los familiares estuvieran de acuerdo», afirma.

Según Genaro, son solamente siete personas las que no aceptan ningún tipo de compensación por parte de la mina. El resto de la comunidad ya ha aceptado el pago hecho en tres partes.

«La mayoría, casi toda, ya agarró el dinero», confirma José Ángel López, uno de los demandantes. «Han jugado con la dignidad del pueblo, aquí por todos lados hay derrumbes y eso a ellos no les importa».

Manuel Pesquero, líder del comité ambiental de Azacualpa, afirma que la mina tiene más de 40 años de funcionar. Según indica, el costo ambiental ha sido grande para la comunidad, no solo en deforestación, sino también el polvo que aumenta las enfermedades respiratorias, el cianuro que se filtra a las fuentes de agua y aunque la mina ha cumplido en las obligaciones de reforestar, ahora están buscando volver a explotar en donde ya habían reforestado.

«La gente se enferma por el polvo», agrega López.

La mina de San Andrés fue explorada inicialmente en las décadas de 1930 y 1940 por numerosas compañías, incluidas Gold Mines of America y la empresa Rosario Mining Company con sede en

Nueva York y Honduras. En 1945, la propiedad fue adquirida por San Andrés Mining Company y luego comprado por New Idria Company. El circuito de cianuro fue instalado en 1948.

En 1949, San Andrés se convirtió en la primera operación en utilizar una pulpa de carbono para recuperar oro y plata por adsorción usando carbón granular, sin embargo, numerosos problemas y los altos costos de la minería subterránea hicieron que la operación se cerrara en 1954.

El área permaneció inactiva hasta que se reabrió en 1974, cuando se otorgó un permiso de exploración a Minerales, S.A. de C.V. ("MINSA"), una subsidiaria de Noranda Inc. MINSA en conjunto con la Rosario lograron un muestreo de suelo, mapeo y zanjeo con el propósito de identificar un depósito grande, diseminado, a cielo abierto de oro. Los cambios en la ley tributaria hondureña obligaron al MINSA a perder la concesión en 1976. Compañía Minerales de Copán, S.A. de C.V. ("Minerales de Copán") adquirió la propiedad en enero 1983 siguiendo cambios en las leyes fiscales hondureñas.

En 1993, Fischer-Watt Gold Company Inc. ("Fischer-Watt") adquirió una opción de Minerales de Copán para seguir explorando el propiedad. Fischer-Watt llevó a cabo programas adicionales de mapeo y muestreo con resultados alentadores.

En 1994, Greenstone Resources Ltd. ("Greenstone") adquirió la opción de Fischer-Watt. La opción se ejerció en 1996 y Greenstone posteriormente adquirió más del 99% de Minerales de Copán. Los estudios de factibilidad comenzaron en 1996, y en 1997 Greenstone completó un estudio de factibilidad que evaluó la extracción del depósito.

La filial hondureña propiedad de Greenstone, recibió el permiso de extracción el 9 de diciembre de 1998 y comenzó a explotar a principios de 1999.

«El acuerdo monetario es por las casas, a cambio de remover el cementerio», indica Genaro Rodríguez. «El fin de toda la negociación ha sido siempre el cerro del cementerio, lógicamente si se va a trabajar en el cerro, tienen que mover el cementerio», agrega.

La resolución del juzgado de San Pedro Sula deja en suspenso la exhumación y traslado de cuerpos del cementerio antiguo al nuevo local, si bien son pocos los cuerpos que restan por exhumar.

Mientras tanto, el boquete abierto en la tierra por la minera está ya a pocos metros de distancia de un cementerio que tiene tantos cuerpos como familias lo defienden.

La empresa Minerales de Occidente aún no se manifiesta al respecto. Su representante legal, Nadia Sofía Aguilar Fortín deberá preparar la respuesta al amparo interpuesto por Víctor Fernandez. La mayoría de la comunidad, mientras tanto, afirma haber recibido ya parte de las indemnizaciones que van de entre 288,000 a 574,000 lempiras, según el tamaño de la residencia.

«Esto se debió parar antes que la empresa hiciera toda esta inversión, ahora está difícil pararlo porque si el gobierno manda a parar la explotación de la mina, tendría que pagar una gran indemnización a la minera», afirma Genaro Rodríguez, al tiempo que da instrucciones a sus trabajadores para reiniciar el trabajo en el muro perimetral del nuevo cementerio.

José Ángel López, machete en mano, regresó a su trabajo en la milpa. Una y otra vez aseguró que no aceptará ningún dinero por parte de la minera, así sea el único que se le oponga.

«Con ese dinero de la mina, la gente se hace más haragana», concluye.

CRISIS DEL EXTRACTIVISMO Y CRISIS HEGEMÓNICA EN HONDURAS

Tegucigalpa, noviembre de 2018.

En la última década hemos experimentado en Honduras un aumento en la conflictividad en los territorios en donde se ejecutan proyectos de generación de energía hidráulica y extracción minera, lo que el Centro de Estudios para la Democracia CESPAD define como «Crisis del modelo extractivista».

Dicha crisis, manifestada en tomas de caminos, instalaciones y demás acciones diversas, alcanzó su punto más alto en 2016 con el asesinato de Berta Cáceres, actualmente en juicio. Berta había recibido meses antes el Premio Goldman y eso la colocó a nivel internacional como un referente en la lucha en contra del extractivismo.

Si bien la lucha por el medio ambiente no es nueva, esta tiene características distintas a la lucha llevada a cabo en el país durante décadas y por la cual dieron la vida otros ambientalistas como Jeanneth Kawas y Carlos Escaleras; o a los conflictos de clase suscitados por la explotación minera desde finales del siglo XIX.

Una de esas características parece ser la incapacidad de la clase empresarial de imponerse en la construcción de consensos en el tema extractivista.

Las empresas mineras e hidroeléctricas afirman que han cumplido con todos los requisitos que la ley establece para ese tipo de proyectos, que la resistencia a los mismos está llena de medias verdades, pues ni afectan al medio ambiente, como dicen los opositores que hacen, ni han violentado la consulta previa. El Estado hondureño, a través de instituciones como INHGEOMIN y MiAmbiente, coincide con los expresado por los empresarios del rubro.

«Siempre que hablan de minería ligada a contaminación del ambiente hablan de procesos viejos (como Entre Mares). Yo no conozco por ejemplo en Honduras explotaciones mineras otorgados con la nueva ley. Todavía no se ha otorgado una concesión minera. ¿Por qué? Porque los estándares de calidad y los estándares altos en temas de impacto ambiente son muy fuertes y para que una empresa pueda trabajar en Honduras debe de cumplir los estándares ambientales más altos a nivel mundial, en temas ambientales y temas sociales», afirma Fernando Erazo, de INHGEOMIN.

Según manifiestan Erazo, la nueva ley de minería promulgada en 2013 habría elevado los estándares a niveles nunca antes vistos en el país, regulando a las empresas mineras que pretendan conseguir permisos de explotación, según las exigencias más estrictas a nivel internacional. Eso, sin embargo, no ha detenido los conflictos, que por el contrario parecen intensificarse.

Esta semana, tres personas murieron en el desalojo violento de la toma en la mina Inversiones Pinares de Guapinol en Tocoa, Colón, un proyecto minero actualmente en exploración que tiene varios meses de estar paralizado por activistas de la comunidad que afirman que la construcción de la carretera les cambió la calidad del agua que consumen.

Debemos tomar en cuenta que el Conflicto de Guapinol se da en un lugar históricamente conflictivo, donde el narcotráfico y las bandas de sicariato han filtrado hasta líderes del movimiento campesino y empresarios de la agroindustria, conformando un cóctel sumamente volátil para el país.

El alcalde de Tocoa, Adan Fúnez, ha anunciado que convocará a un plebiscito para que la ciudadanía decida el destino de la mina de Guapinol, pero los activistas en contra de la minería han dicho que se oponen a esa acción, pues ellos prefieren un cabildo abierto en donde dirimir el tema. Mientras las autoridades del Ministerio Público y la Agencia Técnica de Investigación Criminal anuncian la orden de captura para 18 líderes de la oposición a la minera, relacionándolos con el sangriento enfrentamiento entre militares y manifestantes que tuvo resultados fatales.

Empresas como Minerales de Occidente, MINOSA, que tiene la mina San Andrés en Azacualpa, La Unión, Copán; o El Mochito, en Santa Bárbara, que cuentan con décadas de funcionamiento en el país, este año también han visto sus operaciones afectadas por acciones de grupos de ciudadanos que exigen el cese de operaciones de las mineras. Los mineros afirman desconocer de dónde surge el conflicto, si hasta hace poco parecían tener una buena relación con la comunidad.

Sofía Aguilar, de la Asociación de Empresas Mineras de Honduras, afirma que la relación entre empresa y comunidad es parecida a la de un matrimonio, en donde los conflictos hasta cierto punto naturales finalmente se solventan, para bien de la relación. Pero ahora el conflicto ha cambiado, porque ha cambiado la organización de la resistencia a los proyectos.

«Esta vez comenzamos a ver un tipo de actitud o de movimiento distinto, he hecho una investigación más a profundo y encontramos un montón de organismos que están involucrados en estos movimientos, en estas tomas ilegales, en destrucción de la propiedad privada, afectación física en algunos empleados y eso es lo que nos ha traído el día de hoy una gran preocupación», afirma Aguilar en una entrevista hecha por *El Pulso*.

Parafraseando el artículo Hegemonía y consenso: Lecciones de Antonio Gramsci para la lucha del proletariado, escrito por Alfredo Elizondo, de México, la actual crisis del modelo extractivista hondureño se debe, en parte, con la imposibilidad de la burguesía local de imponer su voluntad no sólo en el terreno económico, sino en el conjunto de la estructura social a partir de que sus concepciones, valores y creencias sean las aceptadas socialmente y tengan la capacidad de regular el comportamiento social en su conjunto.

Esa capacidad de clase de dirigir los destinos de la sociedad a través de «consensos» a partir de su supremacía ideológica a lo que se refiere Elizondo en su artículo, es la hegemonía.

¿Recuerdan antes, cómo cada vez que un conflicto explotaba en la sociedad, un grupo de ancianos "notables" emergía para encontrar salidas negociadas que al final diluían el conflicto? Eso ya terminó.

Desde el golpe de Estado de 2009, las instituciones democráticas del país entraron en una etapa de crisis de credibilidad que arrastramos hoy en día, en cada una de las esferas de la vida política y económica del país. Los discursos que hasta ese momento servían para imponer hegemonía, como las comisiones de notables o mesas de diálogo, se vieron enfrentados a la agresiva acción en contra de la Constitución de la República que como clase dominante ejecutaron. La cadena nacional que hizo el Cardenal Óscar Andrés Rodríguez "invitando" al presidente Zelaya a no volver al país, le pasó factura a su imagen y a la iglesia toda. Ya la iglesia Católica, La Confraternidad Evangélica, El COHEP, Las universidades, la OEA y hasta la ONU, carecen de la capacidad de dirimir diálogos que ayuden a encontrar salidas a los conflictos e imponer hegemonía en el país y gran parte de la culpa la tienen ellos.

El golpe de Estado y su manejo de la crisis le pasó factura a la clase dominante, que se enfrenta hoy con la dificultad de no lograr legitimidad en sus acciones y proyectos.

La misma crisis que lleva a un amplio sector del país a creer que las elecciones de 2017 fueron fraudulentas, pese a no existir más pruebas que la intuición o el discurso conveniente de opositores; hace dudar de la lucha en contra de la corrupción, por más exfuncionario y personalidad que esté bajo proceso judicial; es la misma crisis que empuja a miles de personas a aventurarse en caravana huyendo de la violencia, que no cree en las promesas de seguridad del gobierno, ni en las ofertas de incentivar la pequeña empresa que no saca a nadie de la pobreza, que no retorna al país por más que el ejecutivo les describa las acciones que tomará para solventar las causas que les obligaron a partir.

Esa crisis que tiene al filo de la silla al gobierno entero, es la misma crisis de hegemonía que tiene ahora al capital minero y generador de energía renovable de rodillas, frente a un pequeño grupo de activistas decididos, y que puede poner a otros rubros de la economía contra la pared, en la medida la conflictividad de la sociedad crece y no existan espacios para lograr los consensos necesarios para el desarrollo de proyectos a largo plazo.

La presidenta de la Asociación de Empresas Generadoras de Energía Renovable, Elsia Paz, hace un llamado a la paz en una entrevista publicada por este medio. Al igual que Sofía Aguilar, Paz afirma que las organizaciones sociales que atacan a los proyectos extractivos, lo hacen con argumentos incompletos, manipulando a la opinión pública, pues, según ella, es mentira que los proyectos contaminan o roban el agua,«pues necesitan del caudal del río» para su correcto desempeño.

Paz acusa además a las organizaciones de atacar a las empresas como una forma de generar campañas y hacerse de recursos provenientes de donantes extranjeros que solo buscan una buena bandera para vender.

«Estos grupos están liderados por tres o cuatro personas. Existen grupos que tienen bandera indígena, otros que tienen bandera ambiental, otros bandera ecológica y lo que hacen es que entre ellos organizan manifestaciones y se acompañan. Pueden ser cinco personas en la comunidad que estén en contra, pero son acuerpados por personas de afuera. Hemos visto un patrón que se repite en estas oenegés, que tal vez se dedicaban a algo similar pero ahora ven que este es un negocio que les va a permitir ingresos, no solamente a nivel local pero también a nivel internacional», afirma Elsia Paz en la entrevista en donde exige al Ministerio Público que proceda en contra de los responsables de las acciones que mantienen paralizadas las empresas extractivas, a costa de millones de dólares en pérdidas para las empresas.

«Como sector vemos una insistencia de grupos foráneos que no pertenecen a las comunidades, en llevar a cabo actos que perjudican no solamente la integración física de las obras de los proyectos, pero también de las comunidades, los empleados, todas aquellas personas que están en la zona de influencia», afirma.

La hegemonía, entendida como capacidad de clase de establecer "consensos", exige de procesos constantes de lucha con otras ideologías, de otros grupos opuestos a la clase dominante y la aceptación de las clases dominadas (aceptación no por cierto total ni completamente pasiva) de las formas ideológicas de la clase que las domina. La incapacidad de las industrias extractivas de imponer hegemonía en sus proyectos, aún con el respaldo de las estructuras del Estado, no es más que el reflejo de la incapacidad del gobierno mismo de construir consensos.

Entiéndase esto, que mientras el Estado de Honduras sea incapaz de establecer consensos hegemónicos, la crisis del sector extractivo persistirá.

Carlos Padilla, del Centro Hondureño de Promoción Para el Desarrollo Comunitario, CEHPRODEC, afirma que la consulta previa en las comunidades es un asunto clave en esta discusión.

«Muchas veces hay un discurso en el cual se habla de que pagan los impuestos, que tienen todos los estudios y la documentación necesaria, a nosotros eso nos tiene sin cuidado, lo que a nosotros nos importa es que hay un impacto social en las comunidades y que ese impacto puede preverse si tan solo hubieran mecanismos reales de participación y de consulta», afirma Padilla y agrega: «Muchas veces lo que pasa, es que se desvía un río, tenemos en el estudio que hemos presentado, creo que fue San José de La Paz, se desviaron seis comunidades o sea, el río dejó de pasar por seis comunidades en Aurora 1 y eso ha implicado que esas seis comunidades ahora tienen que ir por el agua a un kilómetro de distancia y si estamos hablando de poblaciones que son vulnerables, que no tienen recursos, pues eso implica realmente una violación a sus medios de vida y a su derecho al acceso de agua.»

Elsia Paz responde a esa inquietud de los activistas, en cuanto al acceso de agua en las comunidades en donde hay hidroeléctricas. Según ella, la experiencia de más de 80 proyectos indica que se puede generar energía hidroeléctrica sin afectar las fuentes de agua.

«Hay 80 proyectos en Honduras y hay más de 33 plantas operando comercialmente —afirma Elsia Paz—, si hacemos una auditoria de las que ya operan comercialmente van a enterarse de que el agua vuelve al río», dice y agrega que la oposición a los proyectos es únicamente a aquellos que están en proceso de construcción.

«Atacan los proyectos que están en construcción, porque teóricamente pueden utilizar los discursos de que es mundial (general) la oposición, para desprestigiar y realmente confundir a la población. Pero si vamos a ver a cada una de las (represas) que ya operan, tenemos una en La Esperanza, Intibucá, que fue construida por Copines, porque eran los empleados de esta planta y esa planta está operando comercialmente desde el 2004. ¿Por qué no hablamos de esa planta? Como ya opera, ya existe la evidencia de que el agua vuelve de nuevo al río, a estos opositores no les conviene hablar de eso. Hay proyectos en Intibucá, en Jesús de Otoro, en la Paz o sea, tenemos proyectos en toda Honduras, donde ya está la evidencia de que lo que entra en las turbinas vuelve a subir en calidad y en cantidad», agrega Paz.

Aunque las características de la extracción minera y generación de energía hidroeléctrica en el país son distintas, distintos dueños, distintas leyes que cubren la producción, estos dos rubros han estado estrechamente ligados desde su origen.

Fue la New York and Honduras Rosario Mining Company la primera en instalar un generador de energía hidráulica en San Juancito y fue esta misma quien a principios de siglo XX instaló el primer sistema de represas y alcantarillado de agua para consumo y producción de energía eléctrica en Tegucigalpa, en 1929.

El extractivismo, según CESPAD, es un modelo de desarrollo que prioriza los recursos naturales como fuente principal de acumulación de riquezas y beneficios. Define la oenegé en su artículo «Hidroeléctricas y minería: la corrupción desde el Estado, detrás de las concesiones», que los rasgos principales del extractivismo son la adopción de la naturaleza como una forma de mercancía, el desarrollo de la corrupción por los monopolios y la orientación de las estructuras legales y policiales del Estado que se orientan a preservar los intereses de los grupos económicos y políticos.

Desde la colonia española y más específicamente desde la Reforma Liberal de Marco Aurelio Soto en 1876 se reconoció en la minería una matriz para generar riqueza. Honduras en aquel tiempo era un país eminentemente agrario y con la minería llegó la promesa de desarrollo industrial e integración al sistema capitalista mundial.

Entre 1876 y 1915 se otorgaron 276 concesiones a empresas inglesas, estadounidenses y algunas nacionales de propiedad de grandes millonarios hondureños, como los expresidente Marco Aurelio Soto y Luis Bográn que aportaron capitales que terminaron siendo absorbidos por empresarios estadounidenses que acapararon el rubro minero y formando el Central American Syndicate Company.

La minería, durante siglos, ha sido un importante recurso para el Desarrollo. Honduras, inmerso en un modelo capitalista internacional, al no contar con fuentes generadores de riqueza y necesitar de la constante inyección de divisas para adquirir bienes de uso de la población, se ha visto obligada a usar el modelo extractivista como una forma de generar ese capital. La inversión extranjera siempre ha sido la fuente para inyección de capital en el país: mineras, bananeras, maquileras, tienen en común que han logrado acuerdos convenientes con el Estado con la promesa pública de la generación de empleos para una pequeña parte de la población y en privado, el soborno para el poder político.

Esa historia de corrupción y encubrimiento de la contaminación, parece ser la raíz de los desacuerdos entre comunidad y empresa privada, que se intensifica con lo que anteriormente describimos, la incapacidad de los consensos.

«El modelo de desarrollo de la empresa privada es el que tiene años de estar vigente en el país, es el que ha provocado el cerca del 70% de personas pobres en Honduras, el que contamina el ambiente, es el que desconoce el derecho a participar y a decidir que tienen las comunidades, es el modelo de la empresa privada parasitaria, corrupta y violenta. Es el modelo que trafica con las necesidades de la gente, que pretende usar, atropellar la dignidad de la gente diciéndole que les va a llevar una carretera pero en realidad la carretera que les va a hacer es la carretera que le sirve a sus empresas, si no fuera que tienen un proyecto ahí nunca llevarían una», afirma Víctor Fernandez, del Movimiento Amplio por la Dignidad y la Justicia, una organización que surgió en 2008 en el contexto de la huelga de hambre de los fiscales en contra de la corrupción y que luego del golpe de 2009 mutó a la lucha ambiental y territorial.

Fernando Erazo de Inhgeomin, afirma por su parte que en el tema minero hay mucho desconocimiento de la población, de cómo funciona la minería. Según él, incluso activistas en el tema desconocen realmente el comportamiento del mineral.

«Cuando me hablan de impacto ambiental, contaminación ambiental producto de la actividad minera, los grupos anti mineros siempre se refieren a ejemplos que han estado en el pasado y son ciertos, no hay que desconocerlos y hay que trabajar para que estos ejemplos de esta actividad minera que se dio en el pasado no se vuelva a dar, por eso hay que apoyar esta nueva ley general de minería, para que estos proyectos que se desarrollan en el país se realicen siempre en pro del beneficio de las comunidades», afirma Erazo, remarcando que el gran problema de contaminación de minería en el país se encuentra en la minería artesanal, que parece no interesar a los activistas medioambientales.

El modelo de desarrollo extractivista busca, según su criterio, generar riqueza material, usufructuando los recursos naturales con que cuenta el país, una idea que no es nueva en Honduras y que no debería producir resistencia, pues solo existen dos formas de generar riqueza en una sociedad, la explotación de los recursos naturales y el trabajo de las personas.

Pero la historia de Honduras nos habla de otra realidad. Las empresas extractivas han hecho uso de sobornos y maniobras políticas para lograr las concesiones y beneficios de ley desde hace muchos años. Tanto la experiencia de la New York and Honduras Rosario Mining Company en el siglo XIX, la Mina Entre Mares, como la de las empresas bananeras durante todo el siglo XX, han construido un nefasto antecedente que hoy pesa en la crisis que experimentan las empresas extractivas. Cientos de promesas de desarrollo inclumplidas y la destrucción ambiental de las comunidades con proyectos protegidos por el Estado, pesan ahora en la opinión pública, que no cree en la intenciones del gobierno.

Al escudriñar el Archivo Nacional nos encontramos que el primer movimiento huelguístico que propicio la clase trabajadora de Honduras se verificó el 5 de febrero de 1871 en el entonces Real de Minas de San José de Yuscarán. El movimiento fue motivado por los malos salarios, el rechazo a los pagos en moneda de níquel y la urgente determinación de un mejor salario mínimo. Cerca de 600 mineros de las minas de Guayabillas, Capiro, La Esperanza, El Platero, San Juan, Mina Grande, Monserrat, Quemazones, Comunidad, Santa Elena y también transportistas de minerales fueron los incitadores de la huelga.

La minera en ese tiempo tuvo serios problemas para llegar a un acuerdo con los obreros en huelga, que pedían demandas inéditas hasta entonces como el salario justo y las ocho horas de trabajo. La empresa hizo uso de la fuerza policial para reprimir, antes de lograr llegar a un acuerdo.

Durante el siglo XX, la minas de El Rosario en Francisco Morazán y más adelante la del Mochito en Santa Bárbara, experimentaron tensión entre los obreros de la mina, la comunidad y los empresarios. Estos últimos a la larga preferían llegar a acuerdos con el gobierno central que tratar con las municipalidades y habitantes de los territorios en donde explotaban el recurso. Acuerdo que se lograban a veces con el pago de sobornos a altos funcionarios del Estado. Eso no parece haber cambiado con la nueva ley de minería.

Carlos Padilla, del CEHPRODEC, explica que desde el 2010, una nueva legislación hondureña fue creada en favor de los intereses extractivistas.

«Toda la institucionalidad del Estado está creada puntualmente para favorecer a los intereses privados más que a las comunidades, nosotros advertimos que después del 2010 hubo un cambio en la institucionalidad del Estado donde todos los elementos jurídicos se prepararon para fomentar estas políticas concesionarias y entreguistas de territorio, y en el cual los entes operadores de justicia están mas del lado de la empresa privada y de las transnacionales que de la población», afirma Padilla, un argumento que parece compartir Vladimir López Sánches de CESPAD.

«Muchas comunidades se han alzado en contra de proyectos extractivos, cuestionando que su otorgamiento se ha hecho sobre la base de una serie de irregularidades legales: ausencia de consulta y participación de las comunidades, otorgamiento de concesiones en áreas protegidas, la complicidad de los gobiernos locales con las empresas extractivas, destrucción y degradación de recursos naturales, como el agua y bosque», afirma López Sanchez.

Víctor Fernandez agrega: «Muchos de esos proyectos eran inviables, por opiniones técnicas del mismo gobierno de Honduras y algunos funcionarios se confabularon con el sector económico para imponerlo, para tergiversar las mismas opiniones técnicas del gobierno del estado de Honduras que determinaban que estos proyectos eran inviables, que estos proyectos son lascivos a los intereses del país y aun así los metieron». Fernandez no ha presentado hasta el momento las pruebas de la "inviabilidad" de los proyectos a los que se refiere (como tampoco las empresas extractivas).

Ante ese contexto de resistencia territorial, la élite política gobernante, sectores económicos y otros actores han expresado abiertamente que estos grupos, con sus acciones de protesta, alejan la inversión extranjera y frenan el crecimiento económico y desarrollo del país. Ese argumento, desgastado por su uso constante, ha sido el que hemos visto en cada acción que toman los obreros en contra del capital. En las huelgas, en las tomas, los dueños de las empresas y el estado siempre argumentan la pérdida que esto genera para el país, especialmente después del final de la guerra fría. Pero ahora hay un nuevo argumento en la mesa.

«Hemos identificado algo, esta es una oposición sistematizada que viene a lo largo y ancho de toda la región, inclusive Latinoamérica, en general. Es un negocio. Si usted logra la fotografía perfecta, si usted logra mandar fotos de que lo están reprimiendo y es un proceso sistematizado, vemos que el mismo discurso, la misma manera que hablan, que tocan el sentimiento del ser humano, lo están haciendo de manera sistematizada. Los preparan, hay movimientos que se dedican a esto, hemos identificado en Honduras que también hay presencia de organismos internacionales que están avalando todas estas actividades de estos opositores y los están autodenominando, sin verificar en campo, como líderes de ciertas comunidades», afirma Elsia Paz, de la Asociación de empresas de energía limpia.

Miriam Miranda, coordinadora de la organización Garífuna OFRANEH, considera que la reacción de los empresarios en contra de la lucha anti extractivista, criminaliza la defensa de los territorios y como respuesta promete un boicot en contra de las empresas.

«Nosotros sí estamos defendiendo los recursos naturales, los bienes comunes de la naturaleza y estamos defendiendo la vida, pero también eso implica que nos están estigmatizando. Que no se les olvide que aquí no hemos iniciado un boicot y hay necesidad ya de comenzar un boicot contra esas empresas, que son las empresas a las que les compramos nosotros en las comunidades, para que después nos terminen jodiendo a nosotros mismos y ya es tiempo que comencemos a identificarnos, a esa empresa privada que nos señala de que somos vándalos, que somos criminales, que somos asesinos, para ver si le vamos a seguir comprando su producto, que llega ahí o sea, imagínese que nos criminalizan, nos juzgan y les compramos», afirma Miriam Miranda. «Estamos defendiendo los recursos naturales, los bienes comunes de la naturaleza, porque nosotros sí somos responsables», agrega.

Según Asonog, hasta el 2017 el Instituto Hondureño de Geología y Minas (INHGEOMIN), había otorgado un total de 282 concesiones mineras. Cortés es el departamento más concesionado, con 56 proyectos, le sigue Olancho con 33, Choluteca con 28, Francisco Morazán con 27 y Santa Bárbara con 25.

En Honduras operan las compañías mineras, Minerales de Occidente, en La unión, Copan, Inversiones Pinares en Guapinol, Tocoa, la Compañía Minera Cerro del Sur, en Choluteca, Mina el Mochito en Santa Bárbara, Américan Pacific y Agregados del Caribe en Cortés generando un ingreso de cerca de 147.8 millones de dólares al año, según manifestara Agapito Rodríguez, director de INHGEOMIN.

En el país, hasta el 2018, se registran un total de 315 plantas generadoras de energía. De esa cantidad, 157 se tipifican como hidroeléctricas, siendo Cortés, Olancho, Atlántida y Santa Bárbara, los departamentos en donde más se registran proyectos hidroeléctricos.

Apenas una pequeña parte de los proyectos en ejecución se encuentran en abierto conflicto en Honduras. Pero la incapacidad de establecer consensos entre los sectores involucrados y la crisis general que vive el país, amenaza con extender los conflictos a más proyectos, dada la incapacidad de establecer hegemonía por parte del Estado o la empresa privada.

La CIDH, en una visita a Honduras informó que solo una ley de Consulta Previa e Informada, consensuada con las organizaciones sociales que disputa con las empresas extractivas, podría poner en pausa los conflictos. Pero parece que los políticos están lejos de llegar a esa solución.

CÓMO SE QUEBRÓ CONADI
(Y QUIÉNES FUERON LOS RESPONSABLES)

Todos sabemos de la corrupción en Honduras; del escándalo Pandora (el más reciente) en donde se procesó a 38 personas incluyendo varios diputados y ex funcionarios; del desfalco del IHSS, a donde a altos ejecutivos de la institución estructuraron una compleja red de sobre valoraciones y fraudes a costa de los abonados; y otros escándalos más que han pasado a la historia como prueba manifiesta de que la corrupción es un cáncer presente en la vida política de Honduras. Pero contrario a lo que pareciera, la corrupción no es algo nuevo en el país, ya en 1821 se registra en la historia la fuga del tesorero de la ciudad de Real de Minas de Tegucigalpa, José María Midence con más de diez mil pesos en plata, dejando la ciudad en banca rota. Muchos de los responsables de la corrupción en Honduras son hombres que nunca respondieron por sus acciones, algunos aún se pasean impunes ante los ojos de la Historia.

En este artículo haremos memoria del escándalo de la quiebra de CONADI, un proyecto que surgió como promesa para sacar al país del subdesarrollo y que terminó sirviendo para enriquecer a individuos inescrupulosos que luego se vendían como baluartes de la moral y la libre empresa. Uno de ellos, el magnate de la agroindustria, Miguel Facussé Barjum.

La Corporación Nacional de Inversiones, CONADI, fue creada en 1974 por el gobierno militar de Osvaldo López Arellano. Al tomar el poder Juan Alberto Melgar Castro concluye el proyecto que surgió a iniciativa de la empresa privada, que dirigía en ese entonces el industrial Miguel Facussé.

Se creó como parte de la estrategia para consolidar el nuevo modelo de desarrollo e industrialización por sustitución de importaciones. Se sabía que la economía agraria del país resultaría insuficiente para las últimas décadas del siglo y se buscaba crear las condiciones necesarias para un proceso de industrialización.

En teoría, el Estado iba a servir como un impulsor para colocar a Honduras en la era industrial, sacarnos de las condiciones semi feudales que vivía el país y colocarnos, finalmente, en la segunda mitad del siglo XX.

Miguel Facussé, entonces un empresario de 50 años, tenía una sólida amistad con los gobiernos militares. Eso le permitió conseguir el aval solidario del Estado a través de la CONADI y logra algunos préstamos con instituciones bancarias del extranjero por los montos de L. 2,529,397.00 Bank Of América y L. 11,239,318.00 Lloyds Bank International, para hacer un capital de 13 millones 768 mil 715 lempiras, en ese tiempo casi 7 millones de dólares.

Paso 1: El Empresario se endeuda con un banco extranjero para formar una empresa.

Con ese capital expandió su pequeña industria y la registró como Quimicas Dinant de Centro América S.A de C.V., que dedicaba su producción principalmente a los jabones.

También fundó la empresa Comercial e Inversiones Galaxia S.A. de C.V. ambas con garantía hipotecaria de CONADI.

MIGUEL FACUSSÉ, EL ALQUIMISTA

Honduras en ese tiempo sufría de un déficit de divisas. El país apenas producía para la exportación y lo poco que generaba se iba para pagar la deuda externa que para entonces comenzaba a crecer. Miguel Facussé, como consejero económico de la presidencia, le presentó al presidente Roberto Suazo Córdova, la formula para evitar la fuga de divisas, convirtiendo la DEUDA EXTERNA de Honduras EN DEUDA INTERNA.

Paso 2: El Estado es aval de la deuda.

La conversión de la deuda externa por interna se habría de realizar mediante las "acreedurías", es decir que el Estado pagara todos los activos que debían las empresas por él avaladas a bancos extranjeros y adquiriera los activos y títulos valores de éstas.

O sea, el Estado en vez de ser aval, sería dueño de las empresas.

Paso 3: El Estado paga la deuda.

Luego el Estado debía pasar los activos de estas empresas creadas, a la empresa privada mediante la venta de dichas empresas en subastas públicas. De esa forma el Estado recuperaría su inversión y los empresarios podrían exportar y traer divisas frescas porque estas ya no quedarían en los bancos extranjeros.Allí estaba la trampa.

En CONADI existían activos distribuidos en 68 empresas deudoras y avaladas por un monto de 496.8 millones de lempiras, entre ellas Quimicas Dinant y Empresa de Inversiones Galaxia de Miguel Facussé Barjum.

A partir del 26 de septiembre de 1985 se legalizó la privatización de estas empresas que el Estado había adquirido en esta modalidad. Se llevaría a cabo a través de subastas públicas y compra de acreedurías, previo avalúo de los bienes de cada empresa.

Recordemos que para ese tiempo el Estado era el dueño de las empresas, puesto que las había adquirido a través de CONADI comprando la deuda con bancos extranjeros. En el caso de Miguel Facussé, este logró que CONADI, siendo aval de Quimicas Dinant de Centro América S.A. de C.V. se convierta en deudor de Bank Of América y Lloyds Bank International por un monto de 13 millones 768 mil 715 lempiras y así de simple, Quimicas Dinant quedó sin deudas.

Paso 4: El Estado vende la empresa al Empresario y este la adquiere con préstamo de banco nacional.

Las subastas públicas se realizaron de 1986 a 1988 pero fue un fracaso porque los activos fueron subvaluados y las empresas compradas a precios inferiores a su valor e incluso, en algunos casos, se aceptó pagarés por activos; El Estado vendió las empresas a un precio muy por debajo del valor como fueron adquiridas al comprar las deudas.

Paso 5: El empresario que administra la empresa X, en sociedad con ejecutivos de CONADI, subvalúan las acciones de la empresas que el Estado les compró y ahora les vende, para así adquirirlas a precio de gallo muerto.

Miguel Facussé compró en subasta la empresa Mejores Alimentos de Honduras mediante un pagaré por un valor de 25 millones 175 mil 428 lempiras con 07 centavos.

Pero cuando llegó el turno de la subasta de las empresas de Facussé, este le recordó a la junta directiva de CONADI que él aportaba un 10% de capital sobre exportaciones al capital de base de la Corporación y como tal tenía derecho al pago de participación industrial.

Miguel Facussé y el presidente de CONADI Jorge Epaminondas Craniotis eran íntimos amigos. CONADI aceptó estar en deuda con Facussé y como este a su vez estaba en deuda con CONADI por la compra de Mejores Alimentos, el 19 de enero de 1988, mediante el instrumento legal No.3 y ante el abogado y notario Marco Tulio Hernández Reyes (hermano mayor del actual presidente Juan Orlando Hernández Alvarado) y con la complicidad del gerente de Mejores Alimentos, Darío Humberto Hernández, y el presidente ejecutivo de CONADI, Jorge Epaminondas Craniotis, reconocieron la existencia de obligaciones recíprocas por la prestación de servicios y suministros y acordaron resolver las mismas por la vía extra judicial.

Las obligaciones y los acuerdos concertados consistían en el reconocimiento de Mejores Alimentos de tener una deuda por la suma de 27 millones 397 mil 108 lempiras con 10 centavos con Quimicas Dinant de Centro América y Comercial de Inversiones Galaxia. Así mismo Galaxia reconoció tener una deuda por la compra de Mejores Alimentos a CONADI por la suma de 25 millones 175 mil 428 lempiras con 07 centavos. En consecuencia "las partes de común acuerdo aceptan las compensaciones de créditos otorgados, y de este modo Mejores Alimentos fue entregada a Miguel Facussé para saldar una deuda con sus empresas. Facussé por su parte y en aras del espíritu de conciliación y con el propósito de solventar los problemas mediante una solución negociada" le condonó la diferencia de 2 millones 217 mil 680 lempiras con 03 centavos a CONADI.

Miguel Facussé entonces, en alianza con el presidente de CONADI Jorge Epaminondas Craniotis, compró en subasta la empresa Mejores Alimentos de Honduras mediante un pagaré, a cambio de los activos de dicha empresa por un valor de 25 millones 175 mil 428 lempiras con 07 centavos.

Paso 6: El empresario "compra" una empresa X con un pagaré, luego convence al Estado que éste le debe por haber fundado la empresa Y que pagó al banco extranjero y hace uso de la alquimia. X+Y=0

Negocio redondo, como buen estafador, Miguel Facussé hizo que el Estado de Honduras asumiera la deuda de su empresa Químicas

Dinant de Centro América y Comercial de Inversiones Galaxia y luego logró que le regalara Mejores Alimentos.

DOS EMPRESAS POR EL PRECIO DE... NADA

El 06 de Junio de 1988, la junta directiva de CONADI demandó a la empresa Galaxia de Facussé por considerar ilegal el instrumento No.3, en el que se fundó la transacción, no fué conocido y aprobado en sesión ordinaria de la junta, según reglamento de CONADI, por lo que se declaró ilegal. Se presentó por parte de la defensa de Facussé una excepción dilatoria de transacción, y no contestó la demanda.

En fecha 13 de Agosto de ese mismo año, el juez Rubén Darío Núñez, que conoció del caso, declaró con lugar la excepción alegada por Inversiones Galaxia S.A. de C.V., la sentencia del juez Núñez fue apelada y conocieron los magistrados Justo Abel Gálvez, Héctor Efraín Fortín Pavon y Juan Roberto Murillo, ratificando la decisión del juez Núñez.

A partir de 1989, la privatización de Honduras continuó bajo la modalidad de acreedurías, sistema mediante el cual el gobierno autorizó al Banco Nacional de Desarrollo Agrícola (BANADESA) a comprar las acciones de CONADI, y el banco estatal a su vez pagó los préstamos que las empresas de CONADI tenían con los bancos del extranjero, convirtiendo así la deuda externa en deuda interna.

LA CANCELACIÓN DE CONADI

En 1990 llega a la presidencia el nacionalista Rafael Leonardo Callejas, también íntimo amigo de Miguel Facussé. La llegada de Callejas al poder representa para Miguel Facussé una victoria, pues con él se consolidan años de trabajo con la ya desaparecida APROH. Aunque Miguel Facussé había apostado a ambos bandos, Callejas compitió en esas elecciones contra su sobrino Carlos Flores Facussé.

¿Qué era la APROH?

En 1981 se creó la Asociación para el Progreso de Honduras APROH, una organización corporativa presidida por el jefe de las Fuerzas Armadas Gustavo Álvarez Martínez. La APROH era el verdadero poder de Honduras, para lo cual usaba, según las circunstancias a los dos partidos tradicionales (Nacionalista y Liberal) o al Ejército. El Presidente de APROH era el jefe de las fuerzas armadas y el vicepresidente el empresario Miguel Facussé Barjúm. Rafael Leonardo Callejas era secretario de asuntos obreros y estudiantiles; estaban también Oswaldo Ramos Soto, para entonces rector de la Universidad Nacional Autónoma de Honduras (UNAH); José Rafael Ferrari, dueño de la única televisora del país; Fernando Casanova, Rigoberto Espinal Irías, Benjamín Villanueva; los ex dirigentes sindicales Andrés Víctor Artiles y Mariano González; Osmond Maduro, hermano del ex Presidente Ricardo Maduro Joest.

El 29 de septiembre de 1990, mediante Decreto de Ley No. 106-90 se creó la Ley para la cancelación y liquidación de CONADI, haciendo énfasis en que se debía proceder por la vía judicial contra los que cometieron actos dolosos contra CONADI.

CONADI ya estaba en quiebra. El dinero que el Estado había invertido para desarrollar la industria se había perdido. Los deudores no pagaban y no había forma de recuperar la deuda.

LOS PROCESOS LEGALES

En enero de 1991, el Procurador General de la República, Leonardo Matute Murillo acusó criminalmente a Miguel Facussé Barjum, Jorge Epaminondas Craniotis, Darío Humberto Hernández y Rubén Darío Núñez, por los delitos de Estafa, Fraude, Malversación de Caudales Públicos, y Prevaricato en perjuicio de CONADI.

Esas demandas nunca prosperaron; entonces el Procurador General de la República, Leonardo Matute Murillo procedió en contra del presidente de CONADI y su apoderado legal.

El 2 de julio de 1990 el Abogado Matute Murillo, en su condición de Procurador General de la República y apoderado legal de la CONADI, compareció ante el Juzgado de Letras Segundo de lo Criminal de Francisco Morazán presentado Acusación Criminal contra los señores: Jorge Epaminondas Craniotis y el apoderado legal de CONADI, el abogado Óscar Raúl Matute Cruz por los delitos de FRAUDE Y ESTAFA CONTINUADA en perjuicio de su representada la CONADI.

Óscar Raúl Matute Cruz sería luego Secretario de Estado de Gobernación y Justicia en la administración de facto de Roberto Micheletti Baín, en 2009.

El 4 de julio de 1990 el Abogado Óscar Raúl Matute Cruz se presentó voluntariamente ante el Juzgado Segundo de Letra conocedor de los autos, y en relación a la Acusación criminal que le incoara en su contra, prestó su declaración indagatoria ante el Juzgado Instructor ordenándose en la misma fecha su detención en la Penitenciaria Central por el término de Ley para inquirir.

Mediante providencia de fecha 10 de julio de 1990 el Juzgado de Letras Segundo de lo Criminal de Francisco Morazán decretó la libertad provisional del procesado por no haber mérito suficiente para decretar auto de prisión en su contra.

El Abogado Leonardo Matute Murillo pidió reposición y subsidiariamente apelación, siendo denegado el recurso de reposición y en el efecto devolutivo se admitió la apelación interpuesta en auto de fecha 11 de julio de 1990.

El 20 de diciembre de 1990, la Corte Primera de Apelaciones dictó sentencia mediante la cual falló Declarando con lugar el recurso de Apelación interpuesto por el Abogado Leonardo Matute Murillo; revocó el auto de fecha 10 de julio de 1990.

El 21 de diciembre de 1990 y contra la anterior resolución el Abogado Marco Tulio Hernández Reyes, actuando en representación de Abogado Oscar Raúl Matute C., interpuso recurso de reposición, ante la Corte Primera de Apelaciones de esta Sección Judicial, siendo declarado dicho recurso sin lugar en auto de fecha 2 de enero de 1991. No obstante lo anterior, en la sentencia dictada por el Tribunal de Segunda Instancia, al revocar la resolución en que el Juez de Letra Segundo de lo Criminal, se ordenó la libertad del encausado por considerar que no había mérito para decretarle auto de prisión.

En 1994, el tribunal de segunda instancia resolvió el recurso de amparo interpuesto por la Abogada Elena Matute de Hernández a favor del Abogado Óscar Raúl Matute Cruz, contra la sentencia interlocutoria dictada por la Corte Primera de Apelaciones mediante la cual declaraba con lugar el recurso de apelación interpuesto por el Abogado Leonardo Matute Murillo, en relación a la Acusación Criminal por los delitos de Fraude y Estafa continuada contra los señores Jorge Epaminondas Craniotis, presidente de CONADI y Óscar Raúl Matute Cruz.

En su defensa, el abogado Óscar Raúl Matute Cruz expuso los casos en los que actuó en representación de CONADI, argumentando que hizo todo lo posible para cobrar las deudas de las empresas que habían desfalcado al Estado de Honduras.

Uno de los casos que documentó y que perdió por inacción, fue la demanda contra la Sociedad Mercantil CAPITALES DE HONDURAS (HONDUCAP) y los señores FAIZ y FEIZAL SIKAFFY.

Según la contestación de la demanda del abogado de CONADI Oscar Matute, las empresas de los hermanos Sikaffi tenían una deuda con CONADI por ocho punto cinco millones de lempiras y otro por cuatro millones de lempiras, deudas que fueron dejadas prescribir al dejarse vencer el pagaré respectivo.

Consta documentalmente en el proceso la instrucción precisa para llevar el juicio ordinario contra los señores SIKAFFY teniendo en poder de CONADI dos títulos valores, un pagaré por ocho punto cinco millones de lempiras y otro por cuatro millones de lempiras, deudas que fueron dejadas prescribir.

A criterio del abogado Matute, era mejor investigar sumariamente quienes eran los responsables de haber dejado prescribir esos títulos.

Afirmó además que demandó también a la empresa INDUCASA y promovió demanda en representación de CONADI contra COMERCIALES E INVERSIONES GALAXIA, de Miguel Fasusse, así como llevó la defensa en la demanda que ésta promovió a MEJORES ALIMENTOS DE HONDURAS en virtud de haberse rematado la misma, acción de remate que ocurrió a cargo de la Abogada Elizabeth Chuiz Sierra.

El Abogado MATUTE, conoció también los casos ya que fue contratado por la Sociedad Mercantil MENDIETA Y ASOCIADOS S. DE R.L., Propiedad del abogado Marco Tulio Mendieta, para el saneamiento de COMERCIAL CONTESSA Y CONTESSA INDURTRIAL, S.A DE C.V.

Durante sus últimos años, muchos abogados suscribieron contratos para la prestación de servicios profesionales para CONADI. Así lo afirmó el abogado Matute Cruz en su defensa, señalando como ejemplos a los Abogados ELIZABETH CHIUZ SIERRA, DOUGLAS DIAZ, RENE VELÁSQUEZ, CARLOS GOMEZ MORENO y otros.

Las deudas sin embargo, no se hicieron efectivas, declarándose finalmente en quiebra.

Al ganar la presidencia Rafael Leonardo Callejas Romero, Miguel Facussé se vuelve fiel aliado de su gobierno y nombran en la Presidencia de la Corte Suprema de Justicia a quien había sido miembro de la APROH, el abogado Osvaldo Ramos Soto.

En 1992 el gobierno de Callejas Romero, con Rodolfo Irías Navas en la presidencia del Congreso Nacional, hacen que BANADESA condone las deudas agroindustriales argumentando que eran impagables, y que únicamente generaban trabajo administrativo. En dichas condonaciones también se incluyeron los dineros de CONADI pagados por BANADESA a bancos extranjeros y que ahora le debían los empresarios.

Ese mismo año, la Junta Liquidadora de CONADI rindió su último informe y desapareció.

El caso contra inversiones Galaxia fué a casación y el abogado Oswaldo Ramos Soto en sesión del pleno falló a favor de Miguel Facussé Barjum.

A partir de 1993, aquella pequeña industria que creció desfalcando el fisco hondureño, se convirtió en la poseedora de la patente y distribución en toda Centro América de las marcas Colgate, Palmolive, Fresca, Churritos Fiestas, Naturas, Élite, Maseca, Tredia y otras. Todas estas marcas agrupadas en una corporación de empresas conocida como "CORPORACIÓN CRESSIDA".

Con el dinero que Miguel Facussé percibió de forma fraudulenta de parte de CONADI y el Estado hondureño, y con el apoyo de la Ley de Modernización Agrícola que aprobara el gobierno de Callejas en los años noventa, comenzó a comprar grandes extensiones de tierra en el bajo Aguán, una zona que debió ser para campesinos beneficiados de la reforma agraria y se convirtió, todavía, en una de las zonas más conflictivas del país.

A mediados de 1984, la Conferencia Episcopal de Honduras afirmó en un comunicado que: «Documentos fehacientes nos revelan que algunos empresarios privados son responsables de cerca del 25% de la deuda externa de Honduras y tienen también deudas millonarias locales, que han provocado crisis en instituciones del Estado. Si dichos empresarios pagaran sus deudas con el Estado, no se tendría necesidad de poner nuevos impuestos al pueblo hondureño».

¿MIGUEL FACUSSÉ MATÓ A CARLOS ESCALERAS?

El 18 de octubre de 1997, aproximadamente a las 18:30 horas, el señor Carlos Escaleras Mejía, al regresar a su establecimiento comercial de una actividad política de su partido Unificación Democrática (UD), fue sorprendido por dos sujetos que salieron de entre las sombras y le dispararon dos tiros en la espalda. Escaleras fue llevado a la Clínica CEMECO donde no pudo ser atendido. De ahí fue llevado a un hospital de la Ceiba donde fue intervenido quirúrgicamente pero no resistió la operación y falleció en el transcurso de la madrugada.

El señor Escaleras era uno de los más reconocidos líderes populares del Valle del Aguán, habiéndose desempeñado como dirigente en diversas organizaciones, tales como el Comité para la Defensa de los Derechos Humanos en Honduras (CODEH), el Frente común de Patronatos y la Coordinadora de Organizaciones Populares (COPA). En esta última organización, en la que su trabajo tuvo más impacto, se vinculó a los movimientos de organización comunitaria y ambientalista, que gozaban de mucha credibilidad por su fuerte denuncia en defensa de los derechos humanos.

Una de las facetas importantes de su lucha fue denunciar y oponerse a las actividades de empresas que causaban daño al medio ambiente y al ecosistema del valle al derramar sustancias tóxicas en los ríos. Esto trajo como consecuencia presiones y amenazas contra su vida que culminaron con su asesinato.

El expediente judicial, investigación de la DGIC folio 161 apartado 3 indica que en una ocasión el fallecido empresario Miguel Facussé mandó a advertirle (a Carlos Escaleras), con su propio hermano René Escaleras, que por favor "aconsejara a su hermano para que no siguiera siendo un obstáculo a sus negocios".

La investigación de los hechos que determinaron la muerte de Carlos Escaleras Mejía no fue conducente, exhaustiva, imparcial o efectiva pues estuvo marcada por el desinterés de la policía y del Ministerio Público en encontrar los verdaderos autores materiales del delito. Es de Destacar que la deficiente investigación configura la violación, por parte del Estado de Honduras, de su obligación de asegurar y proteger el derecho a la vida reconocido en el artículo 4 de la Convención Americana.

Entre las irregularidades cometidas en la investigación del asesinato de Carlos Escaleras, destaca que no fue sino hasta el 13 de noviembre de 1997, es decir un mes después del asesinato del señor Escaleras Mejía, que se realizó la inspección personal del juez al lugar de los hechos; no existió autopsia ni se tomaron pruebas fotográficas del cadáver, elementos necesarios para llevar a cabo la investigación efectiva de una muerte; no fue hasta el 27 de marzo de 1999, es decir 17 meses después de los hechos, que el Fiscal solicitó al médico forense de la ciudad de la Ceiba información sobre el reconocimiento del cadáver "todo ello en vista de no contar con el dictamen correspondiente agregado al proceso"; el Fiscal solicitó infructuosamente en dos ocasiones que se requiriera un arma que había sido incautada la noche del crimen a los cuatro sospechosos y que, por ser propiedad del Ejército, había sido devuelta sin habérsele realizado examen balístico alguno.

La acusación criminal presentada por el hermano de la víctima el 13 de noviembre de 2000 solicitaba la inspección de la empresa que presuntamente había emitido un cheque que involucraba a los autores intelectuales, así como un requerimiento al banco involucrado para comprobar el pago o no pago del mismo pero no fue sino diez meses después de aportada esta prueba que se llevó a cabo la inspección a la empresa para comprobar la emisión del cheque en cuestión.

El 26 de febrero de 2001 se dio por terminada la etapa sumarial del proceso contra los acusados y se ordenó que se elevase la causa a juicio, tramitándose por cuerda separada las causas de los autores materiales e intelectuales.

Con relación a los acusados de la autoría material del crimen, se dictó una sentencia condenatoria contra Lucas García Alfaro el 16 de octubre de 2005 por el asesinato del señor Carlos Escalera Mejía. El señor García Alfaro fue sentenciado a cumplir una pena de diecisiete años de reclusión mayor en la Penitenciaría Nacional.

El 20 de agosto de 2001 el juez a cargo dictó el sobreseimiento definitivo contra lo que se venía señalando como autores intelectuales del asesinato, el magnate Miguel Facussé Barjúm y su abogado personal Irene Castro, padre de quién luego sería la primera dama (2006-2009) y candidata presidencial en las elecciones de 2013, Xiomara Castro, esposa del expresidente Manuel Zelaya Rosales. El sobreseimiento definitivo se dictó sin haberlos oído previamente y sin haber realizado con respecto a ellos acto judicial alguno.

Esta resolución judicial fue apelada el 27 de agosto de 2001 y mediante sentencia del 14 de noviembre de 2001 la Corte de Apelaciones declaró la nulidad del sobreseimiento definitivo porque no se habían tomado los testimonios de los presuntos autores intelectuales. Los dos acusados de la autoría intelectual interpusieron recurso de amparo ante la Sala Constitucional de la Corte Suprema de Justicia, la cual, con fecha 8 de agosto de 2003, declaró sin lugar el recurso porque no se habían tomado los testimonios de los presuntos autores intelectuales y devolvió el expediente al Juez de Letras Seccional de Tocoa. La sala tardó casi dos años para resolver el mencionado recurso (noviembre de 2001 a agosto de 2003).

El 14 de octubre de 2003, el Juzgado de Letras Seccional de Tocoa admitió un escrito de solicitud de presentación voluntaria de los presuntos actores intelectuales señores Miguel Facussé Barjúm e Irene Castro; dictó el sobreseimiento definitivo a favor de estos disponiendo que la decisión surtiera "efecto de cosa juzgada" y extendió carta de libertad provisional a favor de ambos.

El Juzgado Seccional de Tocoa realizó todas estas diligencias el mismo día 14 de octubre de 2003 para favorecer el sobreseimiento inmediato de los señores Facussé y Castro, mientras que otras diligencias para esclarecer el asesinato del señor Escalera tardaron meses y años para realizarse. El 23 de octubre de 2003 los abogados de los señores Facussé y Castro solicitaron que se extendiera carta de libertad definitiva a favor de sus representados, solicitud que fue admitida y resuelta en la misma fecha, recibiendo los imputados sus respectivas cartas de libertad definitiva.

El proceso penal continuó abierto contra los otros autores intelectuales de la muerte del señor Escaleras Mejía, los señores Juan Ramón Salgado, José Salomón Martínez y Oscar Félix Sosa Vargas.

Carlos Escalera Mejía nació el 18 de agosto de 1958 en la ciudad de Tocoa, en el departamento de colón. El 25 de julio de 1979 contrajo matrimonio con Martha Mercedes Alvarenga con quien procreó seis hijos.

Cuando fue estudiante de secundaria perteneció al Frente Estudiantil Revolucionario (F.E.R) y al Movimiento Estudiantil

Progresista (M.E.P). Se incorporó al primer Comité Local de Defensa de los Derechos Humanos que el CODEH organizó en Tocoa, Colón.

En 1980 se incorporó como obrero en la Empresa Nacional de Energía Eléctrica (ENEE), militando en el sindicato del cual llegó a ser presidente y miembro de la junta directiva a nivel nacional; fue despedido en la década de los 90´ como consecuencia de la acción del gobierno orientada a crear paralelas a los sindicatos y gremios beligerantes en la década. Instaló una empresa de limpieza de vehículos y una barbería con el que sostenía a su familia.

Mas tarde se integró a la Coordinadora de Organizaciones Populares del Aguán (COPA) y a principios de 1997 se integró al Partido Unificación Democrática (UD) participando como candidato a la alcaldía municipal de ese Municipio.

Tres sicarios acabaron con su vida. Las diligencias procesales vinculan como responsables a Oscar Sosa, quien supuestamente contrató a Orlando Martínez y éste a Lucas García Alfaro. Martínez, confesó al profesor Narciso Orozco Campos que Sosa le ofreció 100 mil lempiras para cometer este crimen. Durante las diligencias procesales el maestro Orosco Campos también perdió la vida en un acto similar.

***

En 2017 el estado de Honduras, a través de la firma de un acuerdo de cumplimiento de recomendaciones de la Comisión Interamericana de Derechos Humanos, Cidhh, reconoció en la ciudad de Tocoa, Colón, su responsabilidad en el asesinato del ambientalista Carlos Escaleras.

La CIDH dictaminó hace doce años, el 24 de febrero de 2005, que el Estado de Honduras había violado la Convención Americana al no realizar una investigación exhaustiva y efectiva a fin de castigar a los responsables del homicidio del señor Escaleras, y al no tomar medidas efectivas para la prevención de delitos contra defensores ecologistas considerando el contexto nacional de derechos humanos.

Por segundo año consecutivo se otorga el premio Carlos Escaleras para aquellas personas y organizaciones que luchan en la defensa de los recursos naturales.

Consuelo Soto, indígena tolupán, perteneciente a la tribu San Francisco de Locomapa, en el departamento de Yoro, quien goza de medidas cautelares otorgadas por la Comisión Interamericana de Derechos Humanos (CIDH), fue la ganadora del premio nacional Carlos Escaleras en su segunda edición.

El anterior premio fue otorgado a la líder garífuna Miriam Miranda.

Organizaciones de los pueblos indígenas y garífunas de Honduras continúan luchando en contra de las grandes empresas que pretenden explotar los territorios a costa de todos en Honduras.

Que el Estado de Honduras reconozca responsabilidad y pida perdón por su pobre diligencia en la investigación del asesinato de Carlos Escaleras, proceso judicial que sobreseyó al que se consideraba como principal intelectual del crimen (y mayor beneficiado por el asesinato) Miguel Facussé, es un primer paso que solo tendrá valor si se acompaña con la protección de los indígenas que continúan muriendo en los territorios y la aplicación de la justicia a los magnates que se amparan en la impunidad que ese mismo Estado les otorga.

LO SICARIOS DEL AGUÁN

«No somos pájaros para vivir del aire...»
(MUCA)

1. LAS IMÁGENES DE LA MUERTE

El pasado 19 de octubre de 2016 murió asesinado el presidente del Movimiento Unificado Campesino del Aguan (MUCA), José Ángel Flores, conocido popularmente como «Coco liso» o «Coco», y el dirigente campesino Silmer Dionisio George, ambos de la empresa campesina La Confianza, en la ciudad de Tocoa, 545 kilómetros al norte de la capital de Honduras, Tegucigalpa. Hombres fuertemente armados llegaron al final de la tarde hasta donde ellos concluían una reunión en el taller de máquinas de la empresa y sin mediar palabra dispararon a la humanidad de los dirigentes campesinos. Testigos del hecho aseguran que Coco intentó huir entre las casas, pero fue alcanzado por sus asesinos quienes segaron su vida con varios disparos de AK47. Su cuerpo quedó tendido a pocos metros de la pulpería, ante la mirada atónita de decenas de personas que de inmediato comenzaron a denunciar los nombres de los asesinos. Porque a diferencia de los más de cien muertos y desaparecidos hasta la fecha en el conflicto del Aguán, esta vez los asesinos son compañeros del MUCA.

Una carta escrita por Coco antes de su muerte denuncia con nombres y apellidos la existencia de una banda de sicarios al interior del movimiento campesino, liderada por el expresidente de La Confianza y también líder del MUCA, Célio Rodríguez, yerno de Rafael Alegría, el director de Vía Campesina y diputado del partido Libertad y Refundación, que cuenta además con la protección de militares y terratenientes, narcotraficantes y organismos de Derechos Humanos.

Lo que confirma la carta de José Ángel Flores, que nadie había dicho hasta ahora (o que nadie había querido escuchar), es que los campesinos del Aguán se están matando entre ellos y que lo han venido haciendo desde hace años.

Todas las personas que consultamos para entender el asesinato de Flores nos dijeron que la situación del Aguán es compleja. Todos enumeraron los actores que desde la superficie sobresalen en un conflicto que parece no tener fin y ha costado la vida de decenas de campesinos y guardias de seguridad: a los poderosos terratenientes que explotan con monocultivo de palma africana las tierras más ricas de Honduras y un ejército privado a su disposición que usan sin contemplaciones para proteger sus propiedades; las miles de familias campesinas sin tierra que han llegado de todo el país y presionan por una verdadera reforma agraria, «recuperando» tierras que los terratenientes reclaman como suyas; las empresas de campesinos organizados, como MUCA y MARCA, que lograron a través de un acuerdo con el anterior presidente de la República, Porfirio Lobo Sosa, un préstamo de Banhprovi —con el aval del Estado— de más de seiscientos millones de lempiras, con el cual compraron cuatro mil hectáreas de tierra a Miguel Facussé y René Morales —y ahora que entraron en mora denuncian no poder pagar; un destacamento militar con más de 300 soldados entrenados en operaciones anti insurgentes, desplazado para controlar a los campesinos y proteger a los terratenientes; y el narcotráfico: Tocoa es la residencia de los Cachiros Rivera, jefes de la estructura de tráfico de drogas más fuerte del país y es desde donde construyeron su imperio entre 2004 y 2014, perneando con su dinero a empresarios, militares, policías, políticos y líderes sociales de la zona.

Pero nadie se imaginó que la muerte de Coco desataría una tormenta sin precedentes, que amenaza con sacudir no solo a los actores tradicionales en el distante Aguán, sino los cimientos del movimiento social en la zona norte, al partido Libre y a organismos de Derechos Humanos en el país.

UN POCO DE HISTORIA

La zona del Aguán comenzó a conocerse en Honduras hasta la década de los 70. Antes sólo se oía hablar de Trujillo. Con los gobiernos militares se dio inicio a un proceso de colonización agrícola con el objetivo de disminuir la presión sobre la tierra en otras partes del país y se le denominó la capital de la reforma agraria hondureña. Llegaron campesinos de varias regiones de Honduras para colonizar el Bajo Aguán y para ello se organizaron cooperativas agrícolas para la siembra de palma africana.

Según el economista Hugo Noe Pino, la escogencia del cultivo estuvo basada en que se conocía que la tierras eran inundables y que la palma era un cultivo resistente a tales efectos.

«Las cooperativas en un principio gozaron el apoyo del gobierno a través de asistencia técnica, crediticia, y la construcción de infraestructura económica y social, pero dicha ayuda se fue reduciendo hasta llegar a casi desaparecer con la puesta en boga de las políticas neoliberales. Adicionalmente, los precios de la tonelada de aceite que en un principio eran bajos, comenzaron a subir en el mercado internacional haciendo bastante atractivo el control del proceso productivo de la palma», dice el economista, señalando que esos factores incidieron para que grupos empresariales vieran la oportunidad de comenzar a comprar tierras a los campesinos e irse apropiando paulatinamente de las mejores tierras de la región.

«Como suele suceder en estos procesos, la apropiación se hace en base legal, pero también utilizando autoridades locales y nacionales para apropiarse de tierras ejidales y estatales. Esta es una de las fuentes reales del conflicto actual», agrega Pino.

La Corporación Dinant, propiedad del desaparecido magnate Miguel Facussé, es una de las empresas que posee más tierra en la zona del bajo Aguán. Se estima que tienen cerca de 4,000 hectáreas cultivadas de palma africana. Su permanente presencia en la política nacional, sus vínculos con sectores ultra conservadores responsables de la violación de los Derechos Humanos y la agresividad con que funciona la guardia privada de las plantaciones hicieron de Facussé (junto con otros terratenientes de la zona como René Morales y Reynando Canales) el símbolo de la reacción en contra de la lucha campesina.

Luego llegó el golpe de Estado de 2009. El conflicto en la zona se incrementó, cuando grupos campesinos de MUCA y MARCA «recuperaron» tierras que los terratenientes reclamaban como suyas. Era frecuente la denuncia de asesinatos de campesinos a manos de la guardia privada de los terratenientes y ante la amenaza de ataques los campesinos se armaron.

«En una ambulancia de la Cruz Roja llevaron armamento y empezaron a entrenar campesinos en las fincas, lejos de donde estaban las viviendas, en la orilla del río Aguán» —dice el testimonio de un campesino publicado por *La Prensa* en 2013—. «Hay árboles que están llenos de disparos, son los blancos que usan para entrenar. La invasión masiva empezó en el 2009, se ingresó a los terrenos y uno miraba bien las cosas (los grupos armados) porque los necesitábamos. César Ham incluso nos dijo que él estaba de acuerdo que tuviéramos armas para defendernos, pero no para que nos estuviéramos matando entre compañeros».

En 2010, y para ponerle fin al conflicto en el Aguán, el gobierno de Lobo Sosa sentó a las partes y acordaron comprar las tierras a los terratenientes y dárselas a los campesinos organizados en el Aguán. 4,000 hectáreas de tierra cultivada con palma africana fueron compradas a 600 millones de lempiras. El director del INA, César Ham, fue el responsable de elaborar un plan de negocios que los campesinos ahora denuncian, en el cual tendrían 3 años de gracia para luego comenzar a pagar a 6% de interés, estimando el ingreso a 3,500 lempiras por tonelada de fruta.

Los campesinos han visto el precio de la tonelada de fruta de palma africana bajar a 1,500 lempiras por tonelada, por culpa de la caída de los precios del petróleo a nivel internacional. Esa caída en el precio los tiene asfixiados y han entrado en mora con Banhprovi. Ahora piden se amplíe el tiempo de gracia a cinco años, pero el gobierno de Hernández aún no los recibe.

Según la denuncia formal del MUCA, la estrategia de infiltrar paramilitares en los asentamientos responde a un interés de crear el caos entre el sector campesino para que no puedan pagar la tierra y así recuperarla.

«Miguel Facussé dijo que en dos años recuperaría la tierra», denunció un líder del MUCA.

***

Cuando llegamos a la casa de uno de los dirigentes del MUCA, un hombre de unos sesenta años de edad que nos recibió acostado en la hamaca en el patio de su casa en uno de los asentamientos del bajo Aguán, y le preguntamos por la muerte de Coco, él fue enfático: «aquí Miguel Facussé no tiene nada que ver», dijo. Sus tono firme y fuerte, y sus brazos gruesos de campesino, nos hicieron comprender de entrada que su palabra pesa en el movimiento campesino. El dirigente, que no aceptó hablar con la prensa hasta que le aseguramos que no íbamos a usar su nombre en la nota, para protección de su seguridad personal, agregó que Facussé no tiene razón para matar campesinos del MUCA.

«Ya las tierras están todas pagadas a Facussé y Morales. El Estado es el aval que garantiza al banco que el préstamo será pagado. ¿Qué van a ganar con matarnos?», dijo. «¿Quiere saber quién nos está matando?», preguntó y sin esperar respuesta continuó: «nosotros. Nosotros mismos nos estamos matando en el Aguán. Aquí no hay infiltrados. Acá somos nosotros con nuestras propias armas. Es el grupo de Célio Rodríguez que tiene a todo mundo con miedo».

2. EL ASESINO DE «COCO»

Cuando la muerte de José Ángel, «Coco», luego de las denuncias y reclamos de justicia de familiares, amigos, organizaciones de Derechos Humanos y organismos internacionales, el reclamo más frecuente al Estado, fue la urgencia de revisar el plan de negocios firmado en 2010. Algunos comunicados denunciaban la existencia de un plan de exterminio de líderes populares impulsado por agentes paramilitares en la zona «infiltrados en el movimiento campesino» o compuesto por la guardia privada de Facussé, mientras otros medios advertían que el asesinato era una estrategia del gobierno de Juan Orlando Hernández para desviar la atención de las acusaciones por narcotráfico que versaba en contra de su hermano, Tony Hernández. Pero una y otra vez, el pedido de «renegociar el convenio» parecía ser lo más importante para los campesinos y de alguna manera, la causa del asesinato de Flores y George.

Jaime Adalid Cabrera, Coordinador de la Plataforma Agraria del Aguán, comentó en rueda de prensa en Tegucigalpa, que las amenazas en la zona son constantes. «Hay momentos en donde tenemos que salir del país», dijo, lamentando que esta vez «encontraron el espacio oportuno para asesinar a los compañeros».

«Responsabilizo al gobierno del presidente Hernández por no querer escuchar al sector campesino», continuó Cabrera, recordando que el 1 de Septiembre (2016) los líderes del MUCA tenían una reunión con la Sub Secretaria de Seguridad, Sagrario Prudot, «pero la señora suspendió la reunión cuando ya estábamos en la posta policial», lo que consideró como una humillación a la dignidad de los dirigentes.

«La señora Prudot ha ignorado las propuesta de seguridad que le hemos pedido, se quedan en papel porque no se ha cumplido lo acordado. Tal vez ahora el gobierno quiere sentarse con el sector campesino del Aguán», dijo el líder de la Plataforma Agraria, Jaime Adalid Cabrera.

Sagrario Prudot era además la persona encargada en la Secretaría de Seguridad de brindar la seguridad a Bertha Cáceres.

Iguales declaraciones dio en el foro Frente a Frente de Televicentro, el anterior vocero del MUCA y actual dirigente de la Plataforma Agraria del Aguán, Vitalino Álvarez: «Responsabilizo al Estado porque no ha querido hacer nada. El Estado no se ha preocupado por atender las denuncias y exigencias que el MUCA le ha solicitado» dijo, denunciando que (el asesinato de Flores) es una estrategia de los terratenientes para recuperar la tierra que el MUCA y MARCA compraron a través del préstamo de Banhprovi.

Los comunicados iban y venían. El bajo Aguán se presentaba nuevamente como una zona de guerra en la cual las personas mueren en manos de un «grupo de paramilitares». Desde Tegucigalpa, mirábamos a dos mártires que caían en la lucha por la tierra frente a los poderosos terratenientes y desde el gobierno se miraba un tsunami político, como lo fue el asesinato de Bertha Cáceres en marzo pasado. Pero nadie explicaba qué pasó. Nadie exploraba quiénes son esos «paramilitares infiltrados» que los campesinos del Aguán vienen denunciando desde 2013, ni por qué se acusaba a Célio Rodríguez, líder de la empresa campesina La Confianza, como jefe de una «banda de sicarios» responsable por la muerte de decenas de campesinos, líderes sociales y guardias de seguridad en la zona.

El diputado por Libre, Rafael Alegría, director de Vía Campesina, suegro del Célio Rodriguez, intentó por medio de un comunicado, defender a su yerno, señalando al Estado como responsable del asesinado de Flores y George: «Es el Estado quien tiene la responsabilidad sobre ellos, pero no hay voluntad política para resolver los problemas de los bienes comunes a favor de los campesinos y pueblos originarios de Honduras», dijo. Cuando la prensa le preguntó por su relación con Célio Rodríguez, el diputado

Alegría confirmó que era su yerno, pero negó que tenga algo que ver con el asesinato de Flores y George, porque según él, en el momento que ocurrieron los asesinatos, «Célio estaba con sus hijas en un hospital de La Ceiba».

«Es lamentable que el Ministerio Público ande tras campesinos», dijo, agregando que Célio no podría estar ligado al sicariato o narcotráfico, porque no tiene suficiente dinero y él tenía que darles combustible cuando venían a Tegucigalpa, ayudarle con la comida y unas láminas para la casa.

«Todo mundo sabe a dónde vive Célio Rodríguez y que vive en unas condiciones paupérrimas», agregó Rafael Alegría.

UNA DENUNCIA VIEJA

En abril de 2013 apareció un testimonio anónimo en el diario *La Prensa*. Era la denuncia de un testigo protegido de la Fiscalía en la investigación de varios casos de asesinatos de campesinos en el Aguán, que iniciaron con la muerte de Matías Valle. Luego que apareció esa denuncia, los organismos de Derechos Humanos y del movimiento social reclamaron la criminalización de la lucha agraria.

Dice el testimonio:

«En agosto de 2012 descubrí que la dirigencia mataba a los compañeros. Las muertes comenzaron el 20 de enero de 2012 cuando mataron a Matías Valle, secretario del MUCA, en Quebrada de Arena. A él lo asesinan porque era un hombre que defendía los derechos de todos, él no quería que uno comiera bien y otro comiera mal.

»Nosotros no sabíamos por qué habían matado a Valle, después nos dimos cuenta que eran los mismos compañeros quienes lo mataron, según dicen «para defender los derechos del grupo». Al principio tuvimos dudas de que eso estuviera ocurriendo, pero después lo descubrimos, cuando el 27 de agosto de 2012 asesinaron a Braulio Díaz. El que lo mató llegó a mi casa para pedirme dinero prestado y no pudo más: se puso a llorar y me contó de la muerte del compañero Matías Valle, él era uno de los sicarios que los dirigentes del MUCA tenían para asesinar compañeros.

»Los que están desaparecidos, están muertos. Hay una lista de 15 personas, miembros de las empresas a los que se ha dado la orden de que sean asesinados, nos pusieron en esa lista porque reclamábamos en las reuniones nuestro derecho y porque hablábamos de los asesinatos que estaban ocurriendo en las fincas. No podíamos permitir que siguieran perdiéndose vidas, y como nos sentimos amenazados, empezamos a huir.

»Los dirigentes del MUCA van buscando el beneficio económico, tener el control. Nosotros siempre quisimos cambiar la directiva, pero los que estaban en los cargos se molestaban. El que quería un cambio de directiva era asesinado.

»Son millones los que la dirigencia está manejando, son fondos que salen de la venta de fruta, y ese dinero lo están usando para comprar armas, municiones, no sabemos qué más están haciendo con el dinero, siempre que les preguntaba cuánto dinero había en el banco nunca daban las cantidades. Así es como uno empezaba a caer mal y lo colocaban en la lista para asesinarlo. Yo estoy en lista por seguir el camino de Matías, de defender a los que de verdad tienen necesidad, es lo que no les gustó.

»Cuando me di cuenta que me tenían en lista desde el mes de mayo y que habían ordenado asesinarme, sentí miedo. Durante tres ocasiones me siguieron con un rifle 2.23. Desde ese momento no dudé mas, dejé todo y salí de la comunidad. Ahora ando sin rumbo, preocupado porque pareciera que yo soy el delincuente y no los que ahora matan a los compañeros.

»Dejé el asentamiento, hemos pensado hasta en armarnos para hacer algo porque al final cuando uno anda huyendo ya no piensa en nada, todo lo he perdido. Las autoridades no hacen nada, nos están obligando a que las 15 familias que estamos en el exilio estemos decididos a todo.

»Yo pensé que todos nos íbamos a llevar como hermanos, pensé que iba a existir armonía, que el dolor de uno era el del otro, pero me equivoqué y eso nos entristece el alma. Por eso alerté a los que estaban en la lista para ser asesinados para que salvaran sus vidas y desde septiembre todos huimos del Aguán».

Otro relato en *La Prensa*, este de doña Alicia, esposa de Braulio Díaz, también asesinado en el bajo Aguán:

«A mi esposo lo mataron. Nosotros siempre teníamos sospechas, comentábamos lo que estaba pasando, la muerte de Jacobo nos impactó, era un líder que reclamó en una reunión y eso le costó la vida. Empezamos a analizar que era de allí mismo que venían los asesinatos, que no eran ni los guardias de Facussé, ni el ejército ni la Policía, pero nadie tenía valor de hablar. Teníamos miedo que nos mataran. Cuando asesinan a mi esposo buscaron un lugar estratégico por donde pasaban la policía y los guardias de las fincas para culparlos a ellos. Pero yo desde el primer momento supe que eran ellos, incluso cuando llegué a la morgue pedía que llegaran esos líderes del MUCA a matarme a mí. También les dije: "malditos todos, los han matado". Matan a la gente y luego llegan a los velorios como que si nada ha pasado, el cinismo de ellos llega a tal extremo que salen diciendo en entrevistas que habían matado a un hombre de Dios, refiriéndose a mi esposo, cuando fueron ellos los que le quitaron la vida».

El 10 mayo de 2013 a través del diario *Tiempo*, apareció la denuncia de un campesino en contra de la dirigencia del MUCA. Según indica la nota, «ellos tienen grupos fuertemente armados que se encargan de intimidar a la gente que labora en los asentamientos».

«Estas personas lo que pelean es el liderazgo, que mientras los trabajadores comen, como dicen, salteado, los dirigentes son los que están haciendo grandes negocios porque ellos son los que se encargan de lo que es el dinero, compra de armas, incluso niegan todo eso cuando es una realidad», dice el campesino que afirmó ser del MUCA, acusando directamente a «Célio Rodríguez junto a sus guardaespaldas».

Vitalino Álvarez, secretario en ese tiempo de relaciones públicas del MUCA, desmintió en esa ocasión las declaraciones que vinculan a la dirigencia con asesinatos de campesinos en el Aguán, calificándolas como parte de «una campaña que les está ocasionando muchos problemas y persecución».

«Son declaraciones absurdas, sin ningún fundamento, alejadas de la verdad. Yo fui a levantar a Matías Valle y la mayoría de los cuerpos de compañeros que han sido asesinados y me ha dolido en el alma porque ellos han andado conmigo peleando esta batalla, que no ha sido fácil y me duele mucho que la esposa del compañero Braulio Díaz, doña Alicia, se esté prestando para este juego sucio, para desacreditar esta lucha del movimiento campesino», dijo Vitalino Álvarez.

El 15 mayo de 2013, la Plataforma Agraria del Aguán respondió a las acusaciones con un comunicado en respaldo y apoyo a la dirigencia campesina de MUCA. En su inciso uno decía el comunicado: «Denunciamos el plan de hostigamiento, persecución, criminalización y muerte a través de una campaña de desprestigio generada por el Coronel Germán Alfaro Escalante, jefe de la fuerza Xatruch III, al pretender vincular a Yoni Rivas, Vitalino Álvarez, Juan Chinchilla y Celio Rodríguez, todos dirigentes de MUCA, en las muerte de campesinos en la zona del bajo Aguán».

Varias personas que consultamos nos describieron como Célio en efecto es un líder querido en el asentamiento, entre otras razones, porque llevó a las Chicas Rolland a presentarse en una cuadrangular de fútbol que él organizó en La Confianza. Cuándo era presidente, la violencia se redujo y no hubo muertes ni conflictos, afirman. Las fechas de su presidencia coinciden sí con las denuncias presentadas en la prensa en 2013, en donde argumenta que la persecución se dio en contra de quienes criticaban su administración financiera.

«Cuando Célio fue presidente de La Confianza, él andaba a su antojo. Llegaba a los karaoke como narco, seguridad armada y todo. Se movía con dos o tres vehículos. Tenía plata a disposición de él. Hacía fiestas, conciertos, cuadrangulares en La Confianza. El controlaba todo, tenía un grupo armado a su disposición», nos dijo un vecino de Tocoa que conoce a Célio Rodríguez.

Célio Rodríguez, además de ser yerno de Rafael Alegría, es además cuadro de base del diputado Óscar Nájera, según nos manifestaron analistas políticos locales. Es amigo de militares y policías. Cuando en 2013 se libró orden de captura en su contra, por suponerlo responsable del asesinato de varios guardias de la finca de Facussé, fue el COFADEH quien lo sacó de la zona y lo puso a salvo. Según la organización de Derechos Humanos, estaba protegiendo a un líder campesino perseguido por los terratenientes. Mientras, los muertos en la zona seguían apareciendo.

Un informe divulgado por el Comisionado Nacional de los Derechos Humanos (Conadeh) en 2012, reveló que entre 2011 y 2012, se reportaron alrededor de 58 hechos violentos que dejaron como saldo más de 70 muertos e igual cantidad de personas heridas, en su mayoría campesinos, pero también fueron víctimas guardias de seguridad, policías, soldados, empleados de la Corporación Dinant e incluso particulares.

El 2 de junio de 2012 en la comunidad Panamá, ubicada cerca de la finca Paso Aguán, se produjo el secuestro del campesino independiente Gregorio Chávez, su cuerpo fue encontrado sin vida y soterrado en uno de los lotes de dicha finca, el 6 de junio del mismo año.

En el 2012 también se informó sobre la desaparición del campesino José Antonio López Lara, secuestrado, según se informó, «por guardias de seguridad privados de Miguel Facussé». La exhumación de la osamenta fue realizada el 23 de abril de 2013, por peritos forenses guatemaltecos gracias a la intermediación del COFADEH.

El 11 de mayo de 2013, a eso de las 9:30 de la noche, cuando regresaba de la casa de su suegra en compañía de su esposa, tres hombres fuertemente armados asesinaron a José Omar Pérez Menjivar, presidente de la empresa Los Laureles, del asentamiento La Concepción. Juan Chinchilla, presidente del MUCA, acusó de la muerte al campesino, también del MUCA, Alfredo Isaí Pacheco Maldonado a quien calificó de sicario.

El 10 mayo de 2013, el coronel Germán Alfaro, comandante de la Fuerza de Tarea Xatruch, afirmó al diario *Tiempo*, que en los últimos días elementos de inteligencia han descubierto que de la finca La Aurora, supuestos campesinos han extraído las osamentas de unas 7 personas, las que han sido llevadas al asentamiento La Confianza, donde las han quemado.

«Eso lo hacen con el fin de que no se encuentren las pruebas de los crímenes que han cometido», agregó el jerarca militar, quien manifestó que en el mes de marzo las autoridades sacaron cuatro esqueletos de una fosa común, para lo cual utilizaron una retroexcavadora. Se cree que esos esqueletos eran de cuatro guardias de seguridad, quienes desaparecieron desde el mes de abril del año 2011.

El 13 de abril de 2014, el Ministerio Público creó la Unidad de Muertes Violentas del Bajo Aguán (UMVIBA), con el fin de resolver el conflicto que ha habido en esta zona del país. En la nota publicada por el portal electrónico de COFADEH, Defensores en Línea, manifestó que Javier Guzmán, Fiscal coordinador de la UMVIBA, está consciente de cuál es la misión de su trabajo, «pero desconoce por cuanto tiempo estará en funcionamiento esta dependencia del Ministerio Público en el Bajo Aguán, que hasta el momento no ha esclarecido las múltiples muertes violentas producto del conflicto en el Bajo Aguán».

«Hay casos que están muy difíciles, consideramos muy difícil su investigación porque son casos que sucedieron hace años y es muy difícil ubicar a los familiares y testigos, porque muchos ya no están en la zona del Aguán, se han ido huyendo del lugar y otra gente que se ha mostrado reacia a declarar en esta oficina; pero seguimos trabajando en las investigaciones», sostuvo Guzmán, agregando que «la mayor dificultad que hemos encontrado en los familiares de las víctimas de los ofendidos es que la mayoría no quiere colaborar y de repente sin la ayuda de ellos es un poco difícil tratar de encontrar el hilo de la madeja para resolver ciertos casos».

ELECCIONES DEL MUCA

El 22 de enero de 2015 fue la asamblea anual del MUCA en las instalaciones del asentamiento La Confianza. A Ellas fueron líderes y lideresas de las 16 Empresas Asociativas Campesinas de Producción con el objetivo de elegir una nueva junta directiva. En esa ocasión, Célio Rodriguez buscó infructuosamente ser presidente del MUCA. Testigos que consultamos nos informaron que los diputados Rafael Alegría y Will Paz hicieron campaña a su favor, como habían hecho para la reelección de la dirección de la empresa La Confianza, a donde Célio Rodriguez fue presidente en varias ocasiones. Pero resultó electo Juan Ángel Flores «Coco», como presidente del MUCA.

Coco era nuevo en el Aguán. Había llegado a la zona apenas dos años de ser electo presidente del MUCA. Era muy querido, los vecinos del asentamiento cuentan que estaba interesado en impulsar la formación de escuelas y colegios que el gobierno se comprometió en construir en 2010 y no lo ha hecho. Era transparente en el manejo de las finanzas, según lo manifiestan varios líderes que lo conocieron. Pero también Célio es querido en la zona. Querido y temido.

«En la empresa Célio tiene más gente que Coco», nos dijo una vecina de un asentamiento de campesinos en el Aguán. «No en el asentamiento ni en el MUCA, en la empresa», afirmó, con temor de estar siendo vigilada mientras hablaba con nosotros. «Aquí hay personas que nos están mirando. Aquí lo graban a uno, no es seguro hablar», dijo.

Ángel Onim Flores, hijo de José Ángel Flores, se presentó en el programa Frente a Frente de Renato Álvarez, denunciando lo que ya había denunciado antes en la radio: «A mi padre lo asesinaron porque estaba haciendo las cosas con transparencia y había obtenido cambios en la cooperativa y el movimiento campesino del bajo Aguán», expresó, agregando que su padre había implementados un modelo de transferencia y de equidad en la distribución y administración de los recursos financieros y materiales de la cooperativas La Confianza y fomentaba mecanismo de democracia participativa para la toma de decisiones y rendición de cuenta en el manejo de los recursos, «y pretendía llevar a otras instancias estos mecanismos de transparencia y democracia de Movimiento Unificado Campesino del Aguán».

«Ponía al descubierto cómo se han manejado y se manejan los asuntos políticos y administrativo del movimiento campesino en bajo Aguán», dijo.

Vitalino Álvarez, quien en 2013 negara la existencia de escuadrones de asesinos y calificara la denuncia como «declaraciones absurdas, sin ningún fundamento, alejadas de la verdad», hoy aparece en la prensa denunciando a Célio Rodríguez como un paramilitar que ha sido utilizado por los terratenientes y por la política militar del Estado. «Responsabilizamos a este grupo de paramilitares que pertenecen al crimen organizado liderados por el compañero Célio Rodríguez» —dijo, agregando que «el Estado no ha querido hacer nada a pesar de tener los expedientes de denuncias».

3. LAS PALABRAS DEL MUERTO

Luego de la muerte de José Ángel Flores en la empresa campesina La Confianza, familiares de la víctima se hicieron presentes en las instalaciones del Ministerio Público para presentar la denuncia en contra de Célio Rodríguez y una lista de 30 personas, quienes según ellos conforman la organización criminal que desde del MUCA, ha dado muerte a varias dirigentes campesinos.

La prueba que presentó el hijo de «Coco», Ángel Lenin Flores, para acusar a los compañeros de la empresa campesina de su padre, es la carta escrita en puño y letra de José Ángel Flores. Compartimos de forma íntegra la carta:

Quiero expresar que a finales de 2013 y principios de 2014 se dio orden de ejecutarme. Dicha orden fue dada por Célio Rodríguez, por no estar de acuerdo con sus ideas y las dio al compañero de seguridad Donis Obed López Cantarero. Lo que no se materializó porque me enteré y evité conducirme por lugares apartados o solitarios.

Quiero expresar que pasé momentos difíciles en lo psicológico, pues sabía de mi situación y era difícil sobrevivir. Hubo noches de desvelo, pues pensé me irían a sacar donde yo duermo. En el mes de febrero de 2014, el coordinador de trabajo, Julio Mejía, me reclamó al igual que a otros compañeros, aduciendo trabajos mal hechos. Yo le dije que sino me quería ver, que le pusieran más dinero por pago de retiro, pues solo daban cinco mil lempiras, y la contestación fue que yo ni los cinco mil iba a conseguir, pues estaba condenado a flotar mi cuerpo en el Aguán. Esto me lo dijo delante de varios compañeros, entre ellos Kevin Rivas, Carlos Muñoz y Faustino López. Quiero expresar que estoy dado protección por una organización de DDHH, por lo cual pido en caso se me de muerte, una investigación a esos organismos.

(ININTELIGIBLE) las muertes que quedaron en incógnitas como la de Matias Valle y otras (ININTELIGIBLE) ellos mismos mataron a Melvin Amaya que era de la seguridad, un compa, Julio Barahona se fue porque miró cuando lo mataron, al otro día se fue para el norte.

Hoy, un compa que se llama Santos Bernardo Rodríguez, fue brutalmente golpeado, considero que vio la ejecución de Antonio Martinez y lo callaron con esta golpiza. Últimamente han habido hasta violaciones a compañeras cometidas por algunos guardias, tal es el caso de Gladis Vazquez que fue violada por estos sujetos. Considero que han participado en asesinatos a empleados de Facussé, el último, un ingeniero que era de Olancho.

Se cree que en una planta construida en La Aurora hay tres cadáveres, que son los de Jovany Munguía, Bayardo Rivera y el de José Melgar Serrano.

Estos compas de la finca Los Laureles también mataron otras personas, unos de ellos los conocí pero no recuerdo su nombre. Lo acusaron de violar a una muchacha y por eso lo ejecutaron. Hay mucho más que contar. Quiero eximir de todo esto al compañero Yony Rivas, amante de la vida y no la muerte. Lucha por él y por los demás, por una vida más justa.

(ININTELIGIBLE) López Erazo fue asesinado por reclamar el volcamiento de una camioneta propiedad del asentamiento. Una 3.0, donde murió Julio Villeda, miembro de la seguridad. Se molestó Célio y todos los de la seguridad. Jacobo pocos días después fue asesinado bañado a plomo, casi quedó desfigurado.

Luego en la finca La Aurora murieron 2 compañeros y un particular en un solo día. Algo planificado por gente de La Aurora y la seguridad de La Confianza, siendo ellos Jovany Munguía, José Melgar Serrano y el particular Bayardo Rivera (los muertos).

Otro asesinato fue el de Jacobo Cartagena en la entrada del desvío. Jacobo era compañero.

Mataron a Eulogio Martinez y Antonio Orellana. Estos compañeros son asesinados por oponerse a formar una sola empresa, lo cual no se podía porque 5 empresas más tienen su personería jurídica. Pero el presidente Célio Rodríguez y el secretario Tony Misael Matute estaban necios de formar una sola empresa y por oponerse los mataron. A Eulogio, 4 tiros en la cabeza y a Toño lo mataron a golpes.

José Santos Caballero se retiró de la seguridad y fue muerto por su primo Osmio Naún Caballero, alias «Ardilla», el criminal o sicario más cruel, que supuestamente lo mataron en la Mosquitia (se cree que está vivo), lo cual es cierto porque regresó al asentamiento.

(ININTELIGIBLE) no se dio porque la gente no me creía capaz de eso, incluso el mismo Célio, pero las cosas quedaron como en la mesa. Mi situación de muerte, la cual hasta la fecha sigo vivo, pero siempre amenazado. Actualmente soy fiscal de la junta directiva central, siempre en oposición a las decisiones erróneas tomadas por el presidente Célio y el secretario Tony Misael Matute, como ser no informar, querer hacer una sola empresa, compra de equipo, cantidad de dinero por viáticos a Tegucigalpa, pues en sus andadas contrajo matrimonio con una hija de Rafael Alegría de nombre Mónica y los gastos se elaboraron por este motivo. Hago constar que en planillas del año 2011 y 2013 le colocó asteriscos rojos a

los compañeros muertos y azules o dorados a los que seguridad ejecutantes de los compañeros. Quiero que si me matan, este relato sea divulgado para que se haga justicia y la gente del asentamiento se sacuda a estos bárbaros. Ahora no lo hago porque me matarían más rápido.

Quiero darles a conocer los asesinatos a donde pude observar, la violencia y la saña, como los ejecutaban. Cuando acudía ya mis compas estaban muertos. Estando construyendo una caja puente en el lote #30 una mañana llegaron la mayoría de seguridad y probaron las armas tirando al blanco. Célio Rodríguez andaba un R15 niquelado. Ese día mataron a Donis López, disparos en el cuello y cráneo. Cuando me avisaron de la muerte fui de inmediato y dije, lo mataron, contestándome Célio ese hijo de... estaba robando. Pienso que por esta respuesta él lo hizo o ordenó.

A MODO DE CIERRE

En 1899 Joseph Conrad escribió la novela *El corazón de las tinieblas*, una obra clásica que nos cuenta la travesía de un marinero llamado Charlie Marlow, el cual busca a un tal Kurtz, el jefe de una explotación de marfil, y que a lo largo de la novela adquiere un carácter simbólico. Lo que Marlow descubre es que Kurtz, un exitoso hombre civilizado, ha construido un reino de terror y muerte en la profundidad de la selva del Congo. «¡Exterminad a todas esas bestias!» es la consigna civilizadora de Kurtz, que adorna su casa con cráneos humanos. La tesis te Conrad se explica quizás con mayor claridad en la película de Francis Ford Coppola, *Apocalypse now*. En ella Kurtz es un exitoso coronel norteamericano en la selva de Malasia. Ambos Kurtz han descubierto que el poder absoluto y la impunidad los ha convertido en monstruos despiadados.

El conflicto del bajo Aguan ha dejado ya muchas muertes. Como en la selva del Congo o Malasia, nuestros hombres buenos se han convertido en monstruos. La denuncia que Coco dejara después de su muerte nos demuestra que el silencio cómplice de todos ha vuelto al MUCA en *El Horror* del que nos habla Marlon Brando en la película de Coppola. Hasta que no hagamos algo, autoridades, prensa y organismos de Derechos Humanos, el horror que viven los campesinos del MUCA será una bofetada en la cara de todos.

¿QUIÉN MATÓ A CARLOS LUNA LÓPEZ?

La noche del 18 de mayo de 1998 Carlos Luna López concurrió a una sesión de la Corporación Municipal de Catacamas, a la cual asistieron, entre otros, Fausto Rovelo, Oscar Palacios, Adalid Euceda, Ramón Cálix, Luis Gonzalo Rivas, Raúl Cerna, Obdulio Navarro, Silvia González y el Alcalde de Catacamas, Alejandro Fredy Salgado Cardona.

Carlos Luna fue candidato a alcalde de Catacamas en 1997 en representación del naciente Partido Unificación Democrática. Fue electo regidor de Catacamas y en 1998 fue nombrado coordinador de la comisión municipal de Medio Ambiente donde se dedicó a la defensa de los recursos naturales y el bosque de Catacamas.

De acuerdo con las declaraciones que obran en el expediente de la investigación de su asesinato, al finalizar la sesión de la Corporación Municipal, Carlos Luna López, Silvia González, Fausto Rovelo y Obdulio Cruz Navarro salieron de las instalaciones y dentro de las mismas permanecieron Ramón Cálix y Alejandro Fredy Salgado Cardona. En ese instante dos hombres empezaron a disparar contra Carlos Luna López, Silvia González y Fausto Rovelo, hiriendo primeramente a la señora González. Carlos Luna López disparó en defensa contra los agresores y fue herido. El señor Luna y la señora González fueron transportados en un carro particular por los señores Salgado, Rovelo y Cruz Navarro con el fin de recibir asistencia médica, pero Carlos Luna López murió en el camino, a los 42 años de edad. La señora González sobrevivió al atentado pero perdió un ojo.

De conformidad con las diferentes versiones rendidas por Óscar Rodríguez, alias "Machetío", uno de los imputados como autor material de los hechos, existen diferentes supuestos sobre la autoría intelectual de los hechos que incluyen a empresarios y funcionarios públicos. Existirían varias personas, incluidos altos funcionarios públicos, con interés en que Carlos Luna López dejara de hacer su labor.

El 19 de mayo de 1998 el Juzgado de Paz de lo Criminal de Catacamas inició de oficio las investigaciones por la muerte del señor Luna López. Como parte de las primeras diligencias, el juzgado realizó una inspección al lugar de los hechos donde verificó la presencia de manchas de sangre y tomó varias declaraciones testimoniales.

El levantamiento del cadáver del señor Luna se realizó en su casa durante su velorio. El acta respectiva determinó la existencia de "un orificio circular en el tórax posterior línea paramedial derecha, a nivel de la doceava vértebra torácica, mide 0.8 centímetros de diámetro, con anillo de enyugamiento de 0.2 cm., el cual corresponde al orificio de entrada de proyectil sin orificio de salida", y concluyó que la causa de muerte fue el "traumatismo abdominal por proyectil disparado por arma de fuego, con probable lesión de grandes vasos".

El 16 de junio de 1998, José Ángel Rosa, señalado como autor intelectual, rindió declaración en relación con las amenazas proferidas por él contra Carlos Luna. El 7 de julio de 1998, Jorge Chávez rindió su declaración en la que manifestó, entre otros, que conoció al señor Luna la mañana del día de su muerte.

Según el libro, *Erguidos como pinos* del Comité de Familiares de Detenidos-Desaparecidos en Honduras, COFADE (Guaymuras, 2006) Jorge Chávez, José Ángel Rosa y Freddy Noel Salgado, hijo del alcalde de Catacamas, fueron quienes contrataron a Óscar Rodríguez, alias "Machetío" para cometer el crimen.

"Jorge Chávez había creado cooperativas fantasmas y había acordado con Luna, un día antes del asesinato, inspeccionar la legalidad de las mismas, lo cual nunca pudo hacerse. Luna además decomisó madera a Chávez y a José Ángel Rosa le impidió el corte de madera en Catacamas." Afirma el libro de COFADEH.

El 24 de junio de 1998, el Juzgado de Paz de lo Criminal giró orden de captura contra Oscar Aurelio Rodríguez Molina, alias "Machetío", luego de que varios testigos lo identificaron como una de las personas que estuvo cerca de la Corporación minutos antes de la muerte del señor Luna López. El señor Rodríguez Molina negó primero su participación en los hechos y dos días después el Juzgado de Letras de Catacamas decretó auto de prisión en su contra, por los delitos de asesinato contra Carlos Luna López y tentativa de homicidio contra Silvia González.

En 2001, Oscar Aurelio Rodríguez Molina rindió declaraciones al periódico *El Heraldo*, en las cuales señaló como autores intelectuales a Jorge Chávez y a dos personas más como autores materiales.

En dicha declaración judicial inculpó como autores materiales a Ítalo Lemus, Marco Morales y Wilfredo Pérez y como autor intelectual a Jorge Chávez. Asimismo, señaló que había callado los hechos por miedo a que le hicieran daño; específicamente señaló que había recibido amenazas de muerte en su contra o contra su familia estando preso. En virtud de dicha declaración, el 20 de febrero de 2001, la Fiscal del Ministerio Público solicitó al juez de la causa que brindara "la mayor seguridad posible" al señor Rodríguez Molina. El mismo día, el juez de la causa ordenó que se librara oficio al Director del Centro del Penal de Juticalpa en virtud de las amenazas recibidas "y por ser un testigo clave" en el caso.

En el curso de la investigación, el Tribunal abrió dos nuevos procesos penales en contra Jorge Chávez y José Ángel Rosa, como presuntos autores intelectuales; y un proceso separado contra José Ángel Rosa como presunto autor intelectual de los hechos.

El 28 de marzo de 2000, la Fiscal del Ministerio Público presentó al juez de la causa un informe de investigación remitido por la Dirección de Investigación Criminal (DIC) en el que se acreditaba la participación de Jorge Chávez en la explotación ilegal de madera. De acuerdo con dicho informe, un memorando remitido al Sub Gerente de COHDEFOR por el Jefe del Sistema Social Forestal concluyó que la Cooperativa Quebrada de Catacamas no estaba relacionada con el decomiso de madera de 13 de abril de 1998, sino que "se est[aba] usando el nombre de ésta para cometer irregularidades". De igual forma, estableció que Jorge Chávez y Jorge Núñez no tenían permiso de explotación en la región forestal de Catacamas.

El 14 de julio de 2002, se llevó a cabo la captura de Jorge Chávez y el 15 de julio de 2002, el Juzgado de Paz de lo Criminal decretó auto de prisión en su contra.

El 11 de diciembre de 2002, el Juzgado dictó sentencia contra Oscar Aurelio Rodríguez Molina, condenándolo a 20 años de prisión por el asesinato de Carlos Luna López y a 7 años de prisión por las lesiones gravísimas contra Silvia González. El Juzgado dejó constancia que dictaba dicha sentencia "hasta esta fecha por motivo de exceso de trabajo en el Tribunal y por lo complicado y voluminoso del caso".

El 1 de octubre de 2002, José Ángel Rosa rindió su declaración indagatoria. El 14 de mayo de 2003, su defensor solicitó la libertad por la presunta violación de sus garantías individuales, alegando que se le había tomado declaración indagatoria sin existir orden de captura y que el señor Rosa tenía seis meses de estar en prisión sin habérsele dictado auto de prisión. El juzgado otorgó la libertad al señor Rosa, por lo que el 11 de diciembre de 2003 el Ministerio Público solicitó que se librara una nueva orden de captura, ya que consideró que el juzgado no llevó a cabo "un análisis exhaustivo del expediente de mérito" y que el hecho que el señor Rosa se encontrara en prisión por otros delitos no significaba que el "error solamente atribuible" al juzgador no fuera subsanable.

El 16 de diciembre de 2003 el Juzgado de Letras libró orden de captura contra José Ángel Rosa en calidad de sospechoso de autor intelectual de los hechos. Dicha decisión fue apelada por la defensa del señor Rosa, y fue declarada sin lugar el 25 de marzo de 2004 por la Corte Tercera de Apelaciones, confirmando la decisión de 16 de diciembre de 2003. El 24 de junio de 2004, el Juzgado de Letras ordenó la detención preventiva de José Ángel Rosa.

El 28 de enero de 2004 Oscar Aurelio Rodríguez manifestó en declaración notarial solicitada por el señor Chávez que sabía quiénes eran los verdaderos autores intelectuales de la muerte de Carlos Luna López y que conocía a los autores materiales. Al respecto manifestó que diría sus nombres si se le garantizaba ser regresado al Centro Penal de Juticalpa y si se le "apoyaba" y se protegía a su familia. En dicha declaración afirmó que el señor Chávez no fue el autor intelectual. Agregó que "en una ocasión" envió una nota a la juez "de ese entonces" diciendo que diría los nombres de los involucrados si le daban protección, pero la jueza "no le puso atención, ni le dio respuesta alguna".

El 15 de junio de 2004, Oscar Aurelio Rodríguez Molina rindió una nueva declaración en la que inculpó a José Ángel Rosa como autor intelectual, y al hijo del Alcalde, Fredy Salgado, así como a Adán Orellana e Ítalo Iván Lemus como autores materiales. Agregó que el señor Rosa contrató a Alberto Isidoro Cálix, tío del señor Rodríguez Molina, para matar al señor Luna. Según dicha versión, el señor Rosa sugirió esperar a que el señor Luna tuviera problemas con alguien más "para que no le fueran a echar el caso a él". Por tanto, cuando Carlos Luna tuvo un problema con Jorge Chávez, el señor Rosa dio la orden de matarlo.

Respecto del desarrollo de los hechos, el señor Rodríguez Molina manifestó que Adán Orellana, Ítalo Iván Lemus, Alberto Isidoro Cálix y él se dirigieron a las cercanías de la Municipalidad, y que Fredy Salgado le avisó a su padre, el Alcalde Salgado Cardona, quien se encontraba en la reunión de la municipalidad, "que iban a matar a Carlos Luna" y luego se fue. Cuando la reunión acabó, Ítalo Lemus "se agarró a tiros" con el señor Luna. Agregó el señor Rodríguez Molina que, días después, José Ángel Rosa contrató al señor Lemus para matarlo y que cuando lo apresaron, el señor Rosa lo amenazó con matar a su madre y le dijo que "cerrara la boca o buscara la forma de echarle la culpa a Jorge Chávez para salir limpio". Añadió que "desde el principio habló con las autoridades de su [...] problema y no [le] hicieron caso porque no les [dio] nombres por miedo". Finalmente, afirmó que José Rosa y Fredy Noel Salgado Guifarro "ofrecían una buena cantidad" de dinero por matar a Carlos Luna y que les prometieron que "si en algún caso caía [preso] alguno [...] ellos lo enviarían a Estados Unidos". Al respecto, manifestó que creía que habían enviado al señor Lemus a Estados Unidos.

El Juzgado de Letras ordenó la ampliación de la declaración de Oscar Aurelio Rodríguez Molina, la cual se llevó a cabo el 20 de septiembre de 2004. En dicha oportunidad manifestó que rendía la declaración amenazado y que su único interés era esclarecer el asunto antes de que lo mataran. Agregó que hacía unos meses el señor Rosa le había mandado decir "que no quería problemas". Finalmente, el señor Rodríguez Molina manifestó que en su anterior declaración había mencionado nombres, pero que observaba "que los jueces se estaban quedando quedito con eso".

Con base en las declaraciones rendidas por el señor Rodríguez Molina, el 27 de septiembre de 2004, el acusador privado de la familia Luna Valle solicitó orden de captura contra Alberto Isidoro Cálix, Fredy Noel Salgado Guifarro, Alejandro Fredy Salgado Carmona y Adán Orellana. No obstante, el 15 de diciembre de 2004, el Juzgado de Letras declaró improcedente la solicitud, por considerar que "después de haber realizado un exhaustivo análisis de la causa de mérito" no logró establecerse "el enlace lógico y concatenado que existiera una íntima relación [...] de participación" de dichas personas.

El 16 de junio de 2006 la Corte Suprema de Justicia analizó las pruebas consideradas por la Corte Tercera de Apelaciones en su sentencia del 25 de abril de 2005 y determinó que dicho tribunal no exteriorizó "el íter de pensamiento seguido para demostrar que [Jorge Chávez] ordenó o planificó la muerte del señor Carlos Luna". Respecto de la alegada amenaza de que "no le corría horchata por las venas" al referirse a Carlos Luna, la Corte consideró que "en un momento de arrebato las personas pueden violentarse, en este caso el imputado lo hizo, pero no profirió amenaza expresa contra la víctima, sino que reaccionó como cualquier hombre común ante un acto que menoscabó sus intereses". En virtud de las anteriores consideraciones la Corte Suprema de Justicia declaró con lugar el recurso de casación interpuesto contra la sentencia de 25 de abril de 2005 y ordenó a que se dictara la sentencia correspondiente.

El mismo 16 de junio de 2006, la Corte Suprema de Justicia dictó sentencia, declarando que la prueba aportada para mostrar la culpabilidad del señor Chávez no era suficiente "para enervar su estado de inocencia […] y que esta prueba había sido suficiente para decretar auto de prisión en donde se exige la probabilidad y no certeza, pero no es suficiente para dictar sentencia condenatoria, pues no existe certeza más allá de toda duda razonable" de su participación. Por tanto, la Corte Suprema de Justicia absolvió a Jorge Chávez y ordenó su liberación.

El 28 de junio de 2006, doce días después de la sentencia de la CSJ, Oscar Aurelio Rodríguez Molina fue asesinado a balazos mientras cumplía pena de prisión en la Penitenciaría Nacional en una sección de alta seguridad a la que había sido trasladado días antes de su muerte. En la relación de hechos del requerimiento fiscal se destaca que el señor Rodríguez Molina manifestó a un testigo en la mañana de su muerte que temía por su vida. De acuerdo con los peticionarios, el señor Rodríguez Molina habría sido asesinado por un sicario pagado por los autores intelectuales y estaría relacionado con el caso del asesinato del señor Luna, y de conformidad con el Estado "se estaría investigando la posible relación [del señor Chávez] con los hechos del caso".

El 14 de agosto de 2006, el Juez de Letras reactivó la orden de captura de José Rosa. El 18 de septiembre del 2006, el mismo juzgador decretó auto de prisión y emitió medidas cautelares sustitutivas de prisión en su contra. El 26 de marzo de 2007, el mismo juez revocó el auto de prisión y las medidas cautelares sustitutivas, y decretó el sobreseimiento definitivo.

El señor José Ángel Rosa fue asesinado el 1º de julio de 2008 presuntamente producto de un ajuste de cuentas por su supuesta participación en el narcotráfico.

El 29 de abril de 2008 fue detenido en Estados Unidos el imputado Ítalo Iván Lemus, deportado y puesto a las órdenes del Juzgado de Letras para ser procesado por los delitos de homicidio y tentativa de homicidio en perjuicio del señor Luna López y Silvia Gonzales. El imputado fue detenido en el Aeropuerto Internacional de Toncontin. De esta forma, el 30 de abril del mismo año, se le tomó su declaración indagatoria. Posteriormente, el 5 de mayo, el Juzgado de Letras decretó auto de prisión en su contra.

El 14 de octubre de 2008 la defensa de Ítalo Lemus solicitó la revocación del auto de prisión decretado por falta de méritos. No obstante, la solicitud fue declarada sin lugar mediante resolución de 21 de octubre de 2008. En virtud de lo anterior, la defensa interpuso un recurso de reposición, el cual fue declarado sin lugar el 12 de noviembre de 2008.

El 10 de marzo de 2009 la Fiscal Adalgicia Silvana Chinchilla Suazo formalizó su acusación contra el señor Ítalo Lemus . Durante los días 10, 11 y 13 de agosto de 2009 se realizaron las audiencias correspondientes para la evacuación de prueba.

El 12 de noviembre de 2009 el Juzgado de Letras emitió sentencia en primera instancia, en la cual absolvió al señor Ítalo Lemus y ordenó su libertad provisional .

En virtud de lo resuelto, la Fiscal Chinchilla interpuso un recurso de apelación y solicitó la imposición de medidas cautelares contra el imputado, las cuales fueron ordenadas por el Juzgado el 13 de noviembre de 2009.

En virtud de la apelación interpuesta, el 4 de junio de 2010 la Corte Tercera de Apelaciones de Francisco Morazán resolvió condenar a Ítalo Lemus a 18 años de reclusión por el asesinato de Carlos Luna López y a ocho años y ocho meses de reclusión por tentativa de homicidio en perjuicio de Silvia Gonzales.

Finalmente, el 10 de enero de 2013 la Sala de lo Penal de la Corte

Suprema de Justicia declaró "inadmisible" el recurso de casación contra la sentencia condenatoria dictada por la Corte Tercera de Apelaciones. La sentencia fue notificada a la Fiscal de Casación Miriam Emilda García Pérez el 8 de febrero y al abogado del señor Lemus Santos el 13 de febrero. En este sentido, en virtud de que el señor Ítalo Iván Lemus se encontraba en libertad, el 20 de febrero de 2013 el Juzgado de Letras emitió orden de captura en su contra. No obstante, hasta la fecha no ha sido capturado.

En 2014, atendiendo una sentencia de la Corte Interamericana de Derechos Humanos (CIDH), el ministro hondureño de Derechos Humanos, Justicia, Gobernación y Descentralización, Rigoberto Chang Castillo, en nombre del Estado de Honduras, pidió perdón a los familiares del ambientalista Carlos Antonio Luna López, asesinado el 18 de mayo de 1998 en la ciudad de Catacamas, Olancho.

Durante la ceremonia, Chang Castillo expresó que Carlos Luna fue un Quijote en Honduras porque luchó contra grandes intereses. "Sabemos que no hay palabras para consolarlos, pero ustedes deben sentirse orgullosos del padre que tuvieron", manifestó.

El funcionario expresó que hechos como el ocurrido a Carlos Luna no deben repetirse en el país porque el Estado no se puede dar el lujo de ser expuesto a ser demandando por violaciones a los derechos humanos.

Carlos Luna, nació el 13 de junio de 1955 en la ciudad de La Ceiba, Atlántida. En 1969 obtuvo una beca para estudiar en la Escuela Agrícola John F. Kennedy en el municipio de San Francisco, Atlántida, de donde se graduó como perito agrícola en 1971.

Inició su cruzada pública como luchador social y trabajó junto a organizaciones campesinas en Copán y Santa Bárbara durante su desempeño como extensionista del Instituto Nacional Agrario (INA). Durante este período conoció al dirigente campesino Herminio Deras, quien fue asesinado en 1983 por cuestiones políticas ideológicas, según un informe oficial.

Junto a Deras, Luna continuó el trabajo de formación social y política en los campos bananeros de la costa norte de Honduras. En 1980 regresó a Catacamas para establecerse junto a su esposa Rosa Margarita Valle y sus hijos.

Su liderazgo ambiental y político le postuló como una figura con amplio futuro dentro del Partido Liberal, al cual pertenecía, trayendo consigo las rencillas propias de la política de viejos caciques de la zona olanchana que se sentían desplazados.

Uno de esos otrora caudillos, se asegura, expandió hojas volantes desde una avioneta para citar el pasado comunista de Carlos Luna, quien siguió gozando del apoyo de su partido, pero con el tiempo se retira y apoya la fundación del Codeh en Olancho. Se vinculó a organismos humanitarios como Cofadeh y Visitación Padilla.

Fuentes fiscales vinculadas al caso entre 2001 y 2002, aseguraron que "nunca hubo una investigación técnica adecuada" sobre el crimen contra Luna y que el caso "estuvo sustentado en testimonios".

También dijeron que durante el proceso hubo "demoras injustificadas" y "falta de diligencia". Criticaron que a pesar de que un convicto confesó su autoría material e involucró a cuatro personas más, nunca se les investigó a profundidad ni se les siguió un proceso condenatorio. Posteriormente, el sujeto que señaló a los otros sospechosos fue asesinado en la cárcel.

El caso de Luna que llevó a la sentencia de la Corte Interamericana de Derechos Humanos fue por violación a los derechos a la integridad personal, las garantías judiciales y la protección judicial en perjuicio de sus familiares, así como retardo de justicia e impunidad al no avanzar las investigaciones.

BREVE HISTORIA DE LA CORRUPCIÓN EN HONDURAS: DEL CONTRABANDO DE LA COLONIA A TEXTILES RÍO LINDO

Contrario a lo que muchas personas parecen creer, la corrupción no es un fenómeno reciente en Honduras. Toda nuestra Historia se encuentra plagada de escándalos de corrupción e impunidad, unos involucra a gobernantes y militares, otros a banqueros y empresarios que luego aparecían en la sociedad como exitosos hombres de negocios. En este pequeño resumen haremos el recuento de varios incidentes, que nunca fueron castigados con cárcel y de la cual el pueblo hondureño sigue pagando la cuenta.

Ya en el periodo colonial, los interese locales se vinculaban a la burocracia para contravenir las disposiciones reales con relación al tratamiento de la mano de obra laborante en las minas y obraje de añil.

El Contrabando en el Siglo XVIII fue una práctica común en esta colonia para burlar el monopolio oficial. Las fronteras del Imperio colonial español eran muy permeables, y las ciudades establecidas en suelo americano se convirtieron en potenciales clientes ávidos de los productos que desembarcaban desde barcos operados por europeos no españoles. Guillermo Céspedes del Castillo, Historiador americanista español, considerado la máxima autoridad en las instituciones políticas, la sociedad y economía de la América Virreinal, indica que "a comienzos del siglo XVII son los extranjeros los principales beneficiarios del comercio de Indias en Sevilla; a través de testaferros españoles, más del 90% del capital y utilidades del tráfico entre América y el puerto andaluz pertenecen en realidad a franceses, genoveses, holandeses, ingleses y alemanes... En 1686, las flotas [españolas] surtían sólo en una tercera parte a los mercados indianos, que eran abastecidos en los restantes dos tercios por el contrabando".

Ya en 1821, año de la independencia centroamericana y de la muerte del alcalde de Tegucigalpa Narciso Mayol, se registra en la historia nacional la fuga del tesorero de la ciudad de Real de Minas de Tegucigalpa, José María Midence, con más de diez mil pesos en plata, dejando la ciudad en banca rota.

El dinero nunca se recuperó y el ex tesorero no volvió a aparecer por tierras hondureñas, a lo menos no aparece más en los libros de Historia.

Aparece sí otro escándalo de corrupción, este con otro José María, Medina, quien contrajo una deuda externa excesiva para su tiempo, con el propósito de construir un ferrocarril interoceánico, que nunca se construyó.

EL CARO FERROCARRIL QUE NUNCA SE HIZO

Él proyecto del ferrocarril interoceánico había sido estudiado años antes, durante la presidencia del General José Trinidad Cabañas, pero fue en el gobierno de Medinón que se contrata el empréstito. En dicha transacción participaron diplomáticos hondureños, banqueros e intermediarios financieros europeos. Salieron muchos nuevos ricos y el ferrocarril nunca se concluyó.

El préstamo para su construcción no terminó de pagarse sino 100 años después, durante la administración de Juan Manuel Gálvez.

Maria de los Ángeles Chaverri Mora y Vicente Zavala Pavón, en su libro *Apuntes sobre la historia de la corrupción en Hondur*as (pag. 140-141) establece que el paso de Honduras de colonia a República (bananera) adhiere otro elemento a la estructuración de la cultura de la corrupción, cuando las empresas internacionales hicieron uso del soborno de políticos inescrupulosos, legisladores, presidentes y militares para adquirir beneficios y leyes favorables.

DE LOS ALEMANES EN EL CARIATO AL BANANAGATE

Los mismos autores antes citados, en su libro *Probidad y ética en las políticas públicas: el caso de Honduras*, (Foprideh, 2006) señalan cómo en la Segunda Guerra Mundial, luego que el gobierno de Tiburcio Carías Andino le declarara la guerra al gobierno alemán, en 1941, vía decreto y con el apoyo de sus comandantes de armas, procedieron a despojar de los bienes o negocios a ciudadanos germanos, como los Siercke o la familia Rossner, cuyos negocios y pertenencias fueron a parar a manos de cercanos colaboradores del gobierno.

Más adelante, en 1974, Honduras junto a otros países exportadores de banano acordaron cobrar 50 centavos por caja exportada de banano. El impuesto de Honduras había entrado en vigor en abril de 1974, pero fue cancelada repentinamente, cuatro meses después.

El 9 de abril de 1975 T*he Wall Street Journal* de Estados Unidos informó que se estaba investigando a la United Brands por cargos de defraudación a sus accionistas, a quienes no se les había informado sobre el acuerdo que logró la empresa con el gobierno de Honduras, al que se le había pagado un soborno por US$ 2.5 millones de dólares para lograr una rebaja del impuesto a la exportación de bananos.

El escándalo fue conocido en la Historia de Honduras como "Bananagate".

Eli M. Black, presidente de la United Brands Company aceptó haber pagado el soborno a las autoridades hondureñas para conseguir la derogación del impuesto. López Arellano y su ministro de economía, Abraham Benatton Ramos resultaron involucrados, según *The Wall Street Journal* en su edición del 9 de abril de 1975.

Las Fuerzas Armadas de Honduras reaccionaron al escándalo destituyendo a López Arellano y reemplazándolo con el coronel Juan Alberto Melgar Castro.

En este caso de corrupción también imperó la impunidad.

Con la llegada del sistema democrático al poder se restringe a los militares y la administración económica del estado recae en los políticos que adquieren la administración de los órganos del estado.

Aquí surge la Corporación Nacional de Inversiones (CONADI), de la que ya hablamos ampliamente en otra entrega.

EL MINISTERIO PÚBLICO, LA NUEVA ERA DE LA LUCHA CONTRA LA CORRUPCIÓN EN HONDURAS

Veníamos del gobierno de Callejas. Todos en Honduras coincidían en pensar, antes de 1994, que Honduras era víctima de una desenfrenada ola de Corrupción y que se carecía de las estructuras para atacarla. Surge entonces el Ministerio Público, bajo la dirección del abogado Edmundo Orellana Mercado.

Entre los departamentos más sobresalientes del Ministerio Público estaba la Fiscalía Especial Contra la Corrupción, que inició una guerra sin cuartel contra las manifestaciones de corrupción del gobierno de Rafael Leonardo Callejas.

El Ministerio Público acusó a Callejas por los ilícitos de malversación de caudales públicos, falsificación de documentos, abuso de autoridad, abrogación de funciones correspondientes al cargo y fraude en el caso del Petrolazo, Comunitas, la Familia I, La Familia II, Brazos de Honduras, Ciudad Mateo y el Chinazo. En ninguno logró probar culpabilidad, aunque los juicios fueron duramente cuestionados por supuesta mediatización en los fallos.

La jueza Mildra Castillo (involucrada luego en el caso de Barcorp) extendió cinco cartas de libertad a favor de Callejas y Normandina Ortiz otras dos (ella fue suspendida más adelante por la CSJ por haber otorgado medidas cautelares a dos ciudadanos vinculados al crimen organizado, capturados con material de guerra).

La Sala de lo Penal de Francisco Morazán ratificó más adelante las 16 cartas de Libertad definitiva que recibió el expresidente, en los casos de corrupción de su administración.

Pero fue el fiscal y amigo de Callejas, Ovidio Navarro, electo en 2004, quien se dedicó a limpiarle la cara y los archivos del expresidente. Las cartas de libertad que recibió Callejas Romero por todos los cargos de corrupción en su contra, fueron luego ratificadas finalmente por Vilma Morales en 2009 y la historia allí terminó.

LO QUE EL MITCH NOS DEJÓ

Para ese entonces, en 1998, la fiscalía contra la corrupción contaba con trece fiscales para realizar su trabajo a nivel nacional. Habían denuncias de corrupción básicamente contra todo mundo: contra la Contraloría General de la República, ahora Tribunal Superior de Cuentas, Corporación Hondureña de Desarrollo Forestal, Procuraduría General del Estado, Fuerzas Armadas de Honduras, Policía Nacional, Instituto de Jubilaciones y Pensiones de los Empleados y Funcionarios del Poder Ejecutivo, Instituto de Previsión del Magisterio, Varios Consulados, Relaciones Exteriores, Congreso Nacional, Marina Mercante, Aeronáutica Civil, Registro de la Propiedad, Registro Nacional de las Personas, Tribunal Nacional de Elecciones, ahora Tribunal Supremo Electoral, Algunas Alcaldías de todo el país, Recursos Naturales, Ministerio de Salud Pública, Ministerio de Educación Pública, Ministerio Público, Dirección de Investigación Criminal, Instituto Nacional Agrario, Instituto Nacional de Prevención de la Universidad Nacional Autónoma de Honduras, Secretaria Técnica de Cooperación Internacional, Corporación Nacional de Telecomunicaciones, Universidad

Nacional Autónoma de Honduras y la Secretaría de Obras Publicas Transporte Policía Nacional y Vivienda y otros.

No hay, sin embargo, condenas significativas a corruptos por ninguno de estos casos.

En 1998, con la llegada del huracán Mitch a Honduras, gran parte de la infraestructura económica del país colapsa, creando una crisis que cambiaría la historia del país de manera dramática. Los países amigos desembolsaron grandes sumas de dinero con el fin de aportar a la reconstrucción de Honduras.

Pero la idea de que la corrupción es únicamente acción del gobierno, es equivocada. Ya en este medio hemos hablado antes de la corrupción desde la empresa privada y la burguesía financiera.

Uno de los casos más interesantes, que involucra a actores no relacionados con el gobierno, es el que se dio entre directivos del Banco de los Trabajadores y la empresa Textiles Río Lindo.

Según consta en la demanda presentada por la Fiscalía en contra de los ejecutivos del Banco de Los Trabajadores, en sesión que se realizó el 14 de marzo de 2006, a sugerencia del gerente general, se aprobó un crédito por el valor de un millón de dólares a la empresa Textiles Río Lindo.

El crédito que se había solicitado era para inversiones de trabajo y la empresa, propiedad del expresidente de la ANDI Adolfo Facussé, no tenía capacidad de pago, ya que "técnicamente estaba quebrada", dice la nota de prensa que aparece en esa época.

La empresa Textiles Río Lindo puso como garantía su maquinaria, que años antes había sufrido la embestida del huracán Mitch. Luego de hacerse efectivo el crédito, la empresa entró en mora. Cuando el banco quiso ejecutar la garantía descubrió que la maquinaria estaba en deplorable estado y el préstamos fue a pérdida.

El Fiscal Especial Contra la Corrupción, Henry Salgado, presentó requerimiento fiscal por delitos financieros en contra de los ex directivos del Banco de Los Trabajadores, manifestó que dicho requerimiento abarca a toda la junta directiva, por el delito financiero establecido en el Código Penal. Añadió que parte de la responsabilidad determinada fue adquirida del informe presentado por la Comisión Nacional de Bancos y Seguros (CNBS).

"La CNBS presentó un informe especial donde nosotros

determinamos la responsabilidad sobre algunos hechos irregulares que colindan con la responsabilidad penal", expresó.

Explicó que el delito financiero se encuentra involucrado al préstamo de alrededor de un millón de dólares a Textiles Rio Lindo.

"Es obvio que no todos los casos, colindan con la responsabilidad penal pero el primero de ellos que estamos enviando es el caso de un préstamo por casi el valor de un millón de dólares a Textiles Rio Lindo", dijo.

Vilma Morales, la misma abogada que luego desde la CSJ limpiaría ratificaría las cartas de libertad de Rafael Callejas, era en ese tiempo la presidenta de la Comisión Nacional de Bancos y Seguros (CNBS).

La acusación fue contra Gustavo Adolfo Zelaya, gerente general, y Miguel Machetti, Isidro Rigoberto Romero Lozano, José Dolores Valenzuela Gavarrete, Luis Fernando Laínez Zambrano, Juan Carlos Saravia Rivera, José Alfredo Elvir Hernández, y Carlos Wilfredo Cruz Mejía.

Los exdirectivos del Banco de los Trabajadores autorizaron préstamos a personas inexistentes o quienes no tenían capacidad de pago, según argumentó el Fiscal Henri Salgado en su momento. Fueron 378 millones de lempiras, que representan el 99% del capital del banco, lo que se otorgó como préstamo a empresas que no tenían capacidad de pago. El mal manejo de las finanzas del Banco de los Trabajadores terminó descapitalizando la institución financiera.

En abril de 2014, el juez número 6 dictó Sobreseimiento Definitivo, a favor de los ejecutivos del Banco de los Trabajadores.

Al igual que todos los otros escándalos de corrupción en la Historia de Honduras, el dinero del desfalco del Banco de los Trabajadores nunca se recuperó. Toda esta situación hizo que el índice de mora del banco subiera a 25% cuando el promedio normal en la banca es de 4.3%. El banco entró en una crisis, las cooperativas de ahorro tomaron control de él y los responsables, como ha sido una constante en nuestra Historia, siguen disfrutando del dinero que nadie les cobra.

LATIN NODE: EL SOBORNO POR EL QUE SE CONDENÓ A MARCELO CHIMIRRI

Según informes judiciales en Estados Unidos, el 23 de marzo de 2009, altos ejecutivos de la empresa Latin Node Inc. (LatiNode) fueron acusados de violación de las disposiciones antisoborno de la FCPA en relación con el pago de coimas a funcionarios de las telecomunicaciones en Honduras y Yemen.

LatiNode era una corporación privada de la Florida que proporcionaba servicios de telecomunicaciones mayoristas usando tecnología de protocolo de Internet en varios países del mundo, incluidos Honduras y Yemen.

Indica el registro del caso, que el 14 de diciembre de 2010, el ex CEO y vicepresidente de negocios de LatiNode Desarrollo, Jorge Granados y Manuel Cáceres, fueron acusados por un Gran Jurado en el Distrito Sur de Florida de 19 cargos de conspiración, violación de la FCPA y lavado de dinero.

Posteriormente, el 17 de diciembre de 2010, Manuel Salvoch, ex director financiero de LatiNode, y Juan Pablo V. Vasquez, ex ejecutivo comercial senior de LatiNode, fueron acusados de un cargo de conspiración para violar las disposiciones antisoborno del FCPA.

Según el informe, de acuerdo con los documentos presentados en el caso contra LatiNode, la compañía pagó en total un aproximado de $1,099,889 en pagos a terceros, sabiendo que algunos o todos esos fondos se pasarían como sobornos a funcionarios de Hondutel.

LatiNode admitió que estos pagos estaban destinados a reducir las tasas de terminación de llamadas para el tráfico de la compañía. Entiéndase, tráfico gris.

Cada uno de estos pagos ilícitos se originó en la cuenta bancaria de LatiNode en Miami, y muchos de los pagos se ocultaron mediante el lavado de dinero a través de subsidiarias de LatiNode Guatemala y a través de cuentas en Honduras, controladas por funcionarios del gobierno de Manuel Zelaya Rosales.

Los destinatarios incluyeron un miembro del comité de evaluación responsable de la adjudicación de los acuerdos de interconexión de Hondutel, el subdirector general (que luego se convirtió en el gerente general) de Hondutel Marcelo Chimirri y un abogado sénior de Hondutel.

En 2013, un Tribunal de Sentencia estableció que el ex gerente de la Empresa Hondureña de Telecomunicaciones (Hondutel), Marcelo Chimirri, era inocente de los delitos de fraude, cohecho y abuso de autoridad en el caso Latin Node.

La magistrada del Tribunal Superior de Cuentas (TSC), Daysi Anchecta, calificó en esa ocasión, que lo sucedido en el caso Latin Node era "una bofetada" a la vez que dijo que incluso se sabe que el cheque del soborno se cobró en un banco hondureño.

En similares términos se refirió la entonces rectora de la Universidad Nacional Autónoma de Honduras (UNAH), Julieta Castellanos, al expresar que los responsables de investigar, conocer y juzgar el soborno a funcionarios hondureños conocido como Latin Node, ha quedado en la impunidad debido a que la Fiscalía Pública no apostilló documentos que requerían ese sustento legal.

Luego del fallo que declarara inocente al ex gerente de Hondutel, Marcelo Chimirri, autoridades del Poder Judicial investigaron la participación de empleados de la Corte Suprema de Justicia (CSJ), en una fiesta organizada por el ex funcionario, para celebrar el fallo emitido por un tribunal que lo declaró inocente en el caso de Latin Node.

El Ministerio Público presentó un recurso de casación porque consideraron que había suficientes elementos para declarar culpable al imputado.

Este agosto de año 2018, el Tribunal de Sentencia declaró culpable a Marcelo Chimirri, por los delitos de abuso de autoridad y fraude en el caso Latin Node.

Igualmente, el Tribunal le absolvió de los delitos de violación de los deberes de los funcionarios y cohecho por no encontrarle pruebas.

La individualización de pena quedó establecida para este 18 de septiembre a las 9:00 de la mañana.

Marcelo Chimirri podría cumplir una condena entre seis y nueve años por haber recibido sobornos de la compañía Latin Node.

En abril de 2015, luego de someterse a juicio oral y público, el exapoderado legal de Hondutel, Óscar Danilo Santos, se declaró culpable de recibir sobornos, por lo que fue sentenciado a cinco años de prisión.

Óscar Danilo Santos aceptó haber recibido dos depósitos en su cuenta personal por el valor de 15 mil dólares cada uno, sumando 30 mil dólares por parte de Latin Node.

¿QUÉ ES Y CÓMO OPERA EL TRÁFICO GRIS?

Hasta 1995, Hondutel era la única empresa que proveía los servicios de telefonía fija, de larga distancia nacional (LDN), de larga distancia internacional (LDI) y (ahora) algunos servicios de telefonía móvil. Ese año, sin embargo, el monopolio de Hondutel terminó con el ingreso de CELTEL en el servicio de Telefonía Celular, se creó la creación de la Comisión Nacional de Telecomunicaciones (CONATEL), como organismo regulador de la industria, a la cual le fueron traspasadas algunas funciones que antes estaban a cargo de Hondutel, como la administración del espectro radioeléctrico. Allí comenzó la muerte de una de las empresas más lucrativas del Estado hondureño.

Para darle un respiro al golpe económico que la entrada de los Operadores Móbiles OM significaba para Hondutel, los servicios de telefonía fija, larga distancia nacional y larga distancia internacional fueron provistos en régimen de exclusividad por Hondutel, hasta el 25 de diciembre de 2005. Dos años antes, en 2003, se autorizó la existencia de sub operadores de Hondutel (SO), que son empresas privadas que podían prestar servicios de telefonía fija y de larga distancia nacional con sus propias instalaciones, pero que debían recurrir a Hondutel para cursar los servicios de larga distancia internacional de sus clientes.

La figura del sub operador se creó para facilitar la expansión del servicio de telefonía fija, dado que había mucha demanda insatisfecha y que Hondutel tenía limitaciones presupuestarias para dar una respuesta completa y oportuna a esa demanda.

El mercado de telefonía fija alcanzó en ese momento, a 826 mil líneas a fin de 2008, de las cuales 297 mil fueron provistas por sub operadores y 529 mil por Hondutel.

El servicio de telefonía móvil se inició en Honduras en 1996 y hasta 2003 también fue prestado en régimen de exclusividad, pero en este caso por la empresa privada Celtel (hoy conocida comercialmente como Tigo). Al término de esta exclusividad se autorizó el ingreso de un segundo operador, la empresa privada

Megatel (hoy conocida comercialmente como Claro). Hasta fines de 2005 ambas empresas debieron recurrir a Hondutel para cursar los servicios de larga distancia internacional de sus respectivos clientes, dada la exclusividad que favorecía al operador estatal, pero a contar de esa fecha quedaron liberadas para cursarlos a través de sus propios medios. En 2006 se incorporó Hondutel como tercer operador a este segmento de mercado, y en 2007 fue autorizado el ingreso de un cuarto operador, la empresa privada Digicel que más adelante y en contra de la ley la señal fue vendida a Claro.

El mercado de telefonía móvil alcanzó a 6,13 millones de usuarios a fin de 2008.

No cabe duda de que el plan adoptado en 1995 para desarrollar y modernizar las telecomunicaciones de Honduras, con la participación de inversión privada, ha sido exitoso, ya que el país cuenta hoy con una alta densidad y oferta de teléfonos, y con servicios cuyos precios han bajado de manera significativa.

MOTIVOS DE LA EXCLUSIVIDAD DE HONDUTEL

Desde comienzos del Siglo XX y hasta mediados de la década de 1980, el servicio de telefonía fue provisto en régimen de monopolio en prácticamente todo el mundo, ya sea a cargo de entidades estatales (como Hondutel), o bien de empresas privadas (como las compañías telefónicas de los EUA). Ello obedecía a que las redes e instalaciones correspondientes tenían importantes economías de escala, que hacían muy difícil el establecimiento de empresas competidoras de menor tamaño. Además, se pensaba que la producción a gran escala abarataba el servicio para los usuarios. Ello exigía, eso sí, que las tarifas de los servicios correspondientes fuesen reguladas, ya que al no haber competencia, el mercado era incapaz de establecer precios justos para los usuarios.

Además de ser explotada como monopolio, la telefonía tenía una segunda característica: el precio del servicio local se fijaba por debajo del costo de proveerlo, en tanto que el precio del servicio de larga distancia, sobre todo el internacional se fijaba por arriba de su costo. El operador de telefonía fija hacía entonces un subsidio cruzado interno, de modo de compensar la pérdida que le generaba el servicio local con la elevada utilidad del servicio de larga distancia, sobre todo internacional, logrando una utilidad razonable por el conjunto de sus actividades.

La lógica de cobrar las llamadas locales por debajo del costo y las de larga distancia por arriba del costo, obedecía a un objetivo político: lograr precios bajos en las llamadas locales, que supuestamente utilizaba el grueso de la población, con cargo al servicio de larga distancia, que supuestamente también era utilizado por una minoría de empresas y personas de altos ingresos.

Sin embargo, una estructura de precios diseñada para hacer subsidios cruzados internos sólo es posible en un régimen de monopolio (como solución estable en el largo plazo), ya que si el mercado se abre a la competencia, los nuevos entrantes se interesarán por disputar sólo aquellos segmentos rentables o muy rentables, como los de larga distancia, con lo cual en un cierto lapso los precios bajarán, hasta impedir que el operador que subsidia internamente el servicio local pueda continuar haciéndolo.

Para confirmar lo anterior basta observar que en la telefonía móvil de hoy ya no hay diferencias de precios entre las llamadas locales y nacionales, y que las llamadas hacia los EUA cuestan sólo un poco más que las llamadas locales o nacionales. Y estos precios no han sido fijados por autoridad alguna, sino que han sido establecidos por libre juego del mercado.

El período de 10 años de exclusividad que la Ley concedió a Hondutel, estaba destinado precisamente a rebalancear las tarifas, es decir, a subir gradualmente las tarifas locales y a bajar de manera consecuente las de larga distancia, de modo de asegurar la viabilidad del operador estatal en un mercado abierto. Dicho sea de paso, estos procesos de ajuste se han tenido que llevar a cabo en todos los países que abrieron sus mercados de telecomunicaciones a la competencia.

Lamentablemente ninguno de los gobiernos que ha sido responsables de la administración de Hondutel, a contar de 1995, estuvo dispuesto a enfrentar el costo político que habría ocasionado un aumento en las tarifas locales.

Hondutel no ha rebalanceado sus tarifas, de modo que ella sigue vendiendo el servicio de telefonía local por debajo del costo, lo que ocasiona pérdidas, que subsidia con las utilidades que todavía aporta el servicio de larga distancia internacional de entrada a Honduras, cuyo precio siempre ha estado muy por arriba del costo de proveerlo.

EL TRÁFICO GRIS Y SUS CAUSAS

En 2005, antes del término de la exclusividad de Hondutel, todas las compañías de larga distancia de los EUA (también denominadas "Carriers") enviaban el tráfico sólo a través de Hondutel, ésta, por su parte, recibía el tráfico internacional de entrada, cursaba lo que correspondía a los teléfonos fijos de sus clientes, que era el grueso del tráfico internacional de entrada, y entregaba el resto a los operadores de telefonía móvil y a los sub operadores.

Las tarifas que cobraba Hondutel a los Carriers de los EUA a fines de 2005, por terminar llamadas internacionales en Honduras (cargos de terminación internacional), eran las siguientes:

US$0.21 por minuto en las llamadas terminadas en teléfonos de Hondutel, y,

US$0.23 por minuto en las llamadas terminadas en teléfonos de operadores de telefonía móvil o de sub operadores.

Si tomamos en cuenta que el costo de cursar una llamada en la red de Hondutel es del orden de US$0.03 por minuto, se deduce que la empresa obtenía una utilidad de alrededor de US$0.18 por minuto, por las comunicaciones terminadas en sus propios teléfonos (que era la mayor parte del tráfico internacional de entrada).

Por las comunicaciones destinadas a teléfonos móviles o de sub operadores, Hondutel tenía convenido pagar una tarifa para su correspondiente terminación (cargo de acceso), de alrededor de US$0.10 por minuto, hacía un buen negocio, ya que la función de tránsito le reportaba entonces una utilidad de aproximadamente US$0.13 por minuto.

Como el costo de cursar una llamada en la red de Hondutel es del orden de US$0.03 por minuto, y las comunicaciones locales se vendían a razón de unos US$0.02 por minuto, el servicio local ocasionaba una pérdida de alrededor de US$0.01 por minuto, que era subsidiada con las utilidades recién descritas, obtenidas de las comunicaciones internacionales.

También debemos referirnos a las llamadas telefónicas internacionales a través de Internet, que en 2005 eran embrionarias.

Internet fue concebida inicialmente para intercambiar archivos (textos, planillas de cálculo, imágenes, correos electrónicos, etc.), pero en los últimos años con el aumento de los anchos de banda, también ha permitido establecer comunicaciones telefónicas entre dos computadores o entre un computador y las redes telefónicas tradicionales, aplicaciones que usualmente se conocen como voz por Internet o telefonía IP.

La voz por Internet corresponde a un avance de la tecnología, que en general está libre de regulación y que gradualmente se ha ido convirtiendo en un sustituto legítimo de la telefonía tradicional, de modo que no es posible considerarla como tráfico gris.

A fin de 2005, cuando expiró la exclusividad de Hondutel, los operadores de telefonía móvil pudieron empezar a recibir directamente el tráfico internacional destinado a sus clientes. Sin embargo, parte de ese tráfico continuó llegando a través de Hondutel, ya que inmediatamente se desarrolló un mercado competitivo para terminar llamadas en los teléfonos móviles de Honduras. El tráfico hacia los teléfonos fijos (de Hondutel y de los sub operadores) siguió teóricamente en régimen de exclusividad, ya que los operadores de telefonía móvil no están legalmente facultados para transportar tráfico internacional destinado a terceros, pero en la práctica debía competir con el creciente tráfico de voz por Internet y con el tráfico gris.

A lo anterior se sumó un segundo factor: el alto crecimiento de la telefonía móvil en Honduras, hizo que el tráfico internacional tradicional se empezara a dirigir mayoritariamente hacia los teléfonos móviles, en lugar de los teléfonos fijos. En consecuencia, dentro del tráfico internacional que siguió recibiendo Hondutel, en forma directa, la mayor parte empezó a ser reencaminada hacia las redes de telefonía móvil.

Como consecuencia de lo anterior, Hondutel tuvo que bajar gradualmente los cargos de terminación internacional, que a fines de 2008 llegaron a los siguientes niveles: US$0.13 por minuto en las llamadas terminadas teléfonos de Hondutel; US$0.14 por minuto en las llamadas terminadas en teléfonos de operadores de telefonía móvil o de sub operadores, y; US$0.06 por minuto, sólo para llamadas de voz por Internet terminadas en teléfonos de Hondutel (llamadas originadas en un computador, presuntamente ubicado en el extranjero, que tienen como destino un número de Hondutel).

Los factores recién descritos: el término de la exclusividad de

Hondutel, el mayor atractivo de los teléfonos móviles para recibir tráfico internacional de entrada, las llamadas de voz por Internet y la consecuente baja en los cargos de terminación de las llamadas internacionales, han desmejorado significativamente los ingresos que Hondutel requiere para seguir subsidiando el servicio local.

Como señalamos anteriormente, puede afirmarse que el costo de uso de la red de Hondutel es del orden de US$0.03 por minuto, con independencia de que las comunicaciones a cursar sean locales, provengan de un sub operador, provengan de un operador de telefonía móvil o provengan del extranjero (los costos de la red de Hondutel no se afectan si cambia la procedencia de las llamadas). Sin embargo, Hondutel, por la falta de rebalanceo, se ve obligada a aplicar una gran variedad de tarifas o cargos, según, precisamente, la procedencia de las llamadas.

Si el costo de uso de la red de Hondutel es del orden de US$0.03 por minuto, el precio de la llamada local, que es esencialmente una venta al detalle, debería asemejarse a ese valor, en tanto que los servicios de terminación de llamadas procedentes de otros operadores deberían tener tarifas inferiores, ya que corresponden a ventas al por mayor, que además emplean menos recursos de la red de Hondutel. Pero, por la falta de rebalanceo, sucede todo lo contrario, y esta anomalía constituye precisamente el principal incentivo del tráfico gris.

En efecto, el alto costo que históricamente ha representado la terminación de llamadas internacionales en Honduras, motivó a los carriers de los EUA a estimular mecanismos para reducir ese costo, que dieron origen al tráfico gris.

No existe una definición legal de este concepto, pero podemos afirmar que el tráfico gris corresponde a llamadas internacionales destinadas a las redes telefónicas de Honduras, que evitan el cause habitual de las comunicaciones, con el objeto de reducir los costos de terminación.

Desde el momento donde no existe una definición legal de tráfico gris, podemos afirmar que quienes lo desarrollan o aprovechan no necesariamente cometen un delito, pero como explicaremos más adelante, en varios casos corresponde a un fraude en contra de Hondutel.

El tráfico gris no sólo afecta a Hondutel, sino que también puede afectar a los sub operadores y a los operadores de telefonía móvil, dado que todos ellos, de un modo u otro, todavía cobran más cara la terminación de llamadas internacionales que nacionales.

Debemos hacer una aclaración respecto del tráfico procedente de otros países centroamericanos, que está libre de pago en las llamadas que terminan en la red de Hondutel. Esta gratuidad fue convenida hace muchos años por Comtelca y favorece a los países de la región, de modo que las llamadas que envía Honduras hacia ellos también están, en general, libres de pago. Sin embargo, y tal como se verá más adelante, la gratuidad del intercambio de tráfico centroamericano se ha convertido en la actualidad en otra importante fuente de tráfico gris.

MECANISMOS PARA CURSAR TRÁFICO GRIS

En términos generales, podemos afirmar que hay cinco formas de cursar tráfico gris:

MEDIANTE DE LÍNEAS DE USUARIOS FINALES:

En este caso, el tráfico gris es enviado desde los EUA a Honduras a través de enlaces internacionales de voz de uso privado (que en la actualidad se implementan fácilmente sobre Internet), e ingresa a la red de Hondutel mediante una o más líneas de usuarios finales de esta empresa.

El tráfico que tiene como destino el teléfono 1, ingresa a la red de Hondutel por medio del teléfono 2, como si fuese una llamada local. En principio, Hondutel no tiene cómo saber que se trata de una llamada internacional, ya que en los sistemas de información de la empresa queda registrada como llamada local (originada en el teléfono 2 y destinada al teléfono 1). Sin embargo, los teléfonos que cursan tráfico gris se comportan de un modo muy particular: generan mucho tráfico (superior al de lo los usuarios normales) y no reciben llamadas, lo que ayuda a detectarlos. Cuando Hondutel detecta estas instalaciones, las denuncia al Ministerio Público, pero la única infracción que tal vez cometen las personas que contratan esas líneas a Hondutel es la provisión de servicios de larga distancia internacional sin autorización, ya que el tráfico gris no está definido ni penado en la legislación hondureña.

La inversión que se requiere para cursar tráfico gris mediante líneas de usuarios finales es ínfima, de modo que se estima que hay un gran número de personas y empresas que desarrollan esta actividad en el país, o que reinciden en ella una vez que sus equipos han sido decomisados por el Ministerio Público.

Finalmente, es importante observar que esta forma de terminar llamadas en Honduras, que corresponden a tráfico gris, no es considerada un delito en los EUA.

MEDIANTE UN SUB OPERADOR:

En este caso, el tráfico gris es enviado desde los EUA a Honduras a través de enlaces internacionales de voz de uso privado, como Internet, e ingresa a la red de Hondutel mediante las instalaciones de un sub operador.

El sub operador entrega esta llamada Hondutel como si hubiese sido hecha por uno de sus clientes en Honduras, que desea comunicarse con el teléfono 1 de Hondutel. Según técnicos de Conatel, la baja en los precios de las llamadas y la tendencia a los móviles ha hecho que muchos SO dejen de ofrecer el servicio. En la actualidad hay unos siete SO operando en el país.

En principio, Hondutel tampoco tiene cómo saber que se trata de una llamada internacional, ya que debido a los datos distorsionados que entrega el SO, la comunicación quedará registrada en los sistemas de información de aquella como si hubiese sido originada en un teléfono de Honduras, perteneciente a la red del SO. Además, las interconexiones entre Hondutel y los SO cursan mucho tráfico de manera habitual, de modo que, al analizar sólo el comportamiento del tráfico, no es fácil detectar la presencia de tráfico gris.

Pese a que el tráfico gris no está definido ni penado en la legislación hondureña, en este caso el SO sí comete un fraude en contra de Hondutel, ya que los contratos suscritos entre ambos prohíben expresamente que el SO curse tráfico internacional (lo que se convino precisamente porque Hondutel requiere del negocio internacional, para subsidiar sus operaciones locales).

Tampoco es fácil probar que el SO está alterando la identificación del origen de las llamadas, para ocultar el tráfico gris, de modo que las eventuales denuncias de Hondutel ante el Ministerio Público y ante CONATEL, pueden dilatarse indefinidamente.

Esta forma de terminar llamadas en Honduras tampoco sería considerada un delito en los EUA.

MEDIANTE UN OPERADOR DE TELEFONÍA MÓVIL:

En este caso el tráfico gris es enviado desde los EUA a Honduras, a través de los enlaces internacionales habituales que comunican a los Carriers con los operadores hondureños de telefonía móvil, para ingresar a través de éstos a la red de Hondutel.

El operador de telefonía móvil entrega esta llamada a Hondutel, indicando que desea comunicarse con el teléfono 1 de Hondutel, pero sin señalar el teléfono de origen (ya que las llamadas internacionales habitualmente no lo contienen). Para tal efecto, agregará la llamada al caudal habitual de tráfico que se cursa entre ambas empresas.

En todo caso, esta forma de terminar llamadas en Honduras tampoco sería considerada un delito en los EUA.

MEDIANTE UN TERCER PAÍS:

Como se señaló anteriormente, las comunicaciones entre la mayor parte de los países centroamericanos está libre del pago de cargos de terminación internacional. Sin embargo, ello permite, que la gratuidad se aproveche para cursar tráfico gris, el cual es enviado desde los EUA a un tercer país (centroamericano), para luego ser reenviado a Honduras.

El operador del tercer país entrega esta llamada a Hondutel, como si hubiese sido generada en ese tercer país y no en los EUA. Como tal, la llamada está libre del cargo de terminación internacional, generándose una diferencia absoluta con respecto a los cargos que cobra Hondutel a los Carriers de los EUA. Todo este ahorro se lo reparte el Carrier de los EUA con el operador del tercer país centroamericano, que se prestó para fraguar esta acción.

En principio, Hondutel no tiene cómo saber que se trata de una llamada internacional proveniente de los EUA, ya que los datos distorsionados que entrega el operador centroamericano indican que ella fue originada por éste. Además, las interconexiones entre Hondutel y los operadores centroamericanos cursan mucho tráfico, de manera habitual, de modo el comportamiento del tráfico tampoco indicará fácilmente la presencia de tráfico gris.

Además, en la remota eventualidad que Hondutel pudiera detectar tráfico gris cursado de este modo, está impedida de actuar, ya que es altamente probable que la propia Hondutel, inducida por aquellos carriers de los EUA que desarrollan esta práctica, haga el mismo juego en contra de los demás operadores centroamericanos, y obtenga beneficios económicos, en connivencia con estos carriers.

MEDIANTE LA PROPIA HONDUTEL:
Aparte de las cuatro formas recién descritas para cursar tráfico gris, existe una quinta, que es la más cuestionable y delicada de todas: el tráfico gris que es cursado a través de las propias instalaciones de Hondutel.

En este caso el tráfico gris es enviado desde los EUA a Honduras, a través de algunos de los enlaces internacionales habituales que comunican a los carriers con Hondutel, para ser terminado en los teléfonos de destino mediante las instalaciones de Hondutel.

En este tipo de tráfico gris, los registros de las correspondientes llamadas internacionales de entrada son destruidos o adulterados, por fallas en los procesos de facturación de Hondutel, lo que impide que ellas puedan ser cobradas a los carriers de los EUA. Estas fallas pueden ser accidentales, o lo que es más grave, pueden ser causadas deliberadamente por personal interno de Hondutel. Si esas fallas son accidentales, estaríamos frente a una negligencia administrativa, ya que ellas parecen ser significativas y prolongadas en el tiempo, pero si son causadas por personal interno, estaríamos ante un manifiesto caso de hurto a Hondutel.

Lamentablemente, es difícil identificar las causas precisas de la destrucción o adulteración de los registros de las llamadas, y más difícil aún es identificar al personal interno de Hondutel que pudiese haber cometido este delito, ya que los sistemas informáticos de la empresa son muy antiguos, y están demasiado expuestos a la intervención humana, sin que en todas sus instancias existan mecanismos de protección (uso de claves) que permitan registrar a las personas que los intervienen.

Es importante observar que los teléfonos de destino pueden ser de Hondutel o de otros operadores, de modo que cuando el tráfico gris cursado de este modo está dirigido a un SO, o un operador de telefonía móvil, Hondutel debe pagar los correspondientes cargos de acceso. Por lo tanto, a la pérdida del cargo de terminación internacional se suma el pago de esos cargos de acceso que debe hacer Hondutel.

Con todo, hay algunos indicios de la magnitud de este problema. Por ejemplo, según una muestra de 65.4 millones de registros de llamadas proporcionada por Hondutel a auditores del TSC, que fueron consultados el 6 de marzo de 2008, 33.6 millones mostraron errores, con lo cual fueron destinados al archivo que Hondutel denomina "Bolsa de Errores" y no pudieron ser cobrados. Si bien los registros válidos de esa muestra correspondían a comunicaciones valorizadas en L.31.3 millones, y los registros con errores a solo L.1.3 millones, la proporción de registros destinados a la "Bolsa de Errores" es inusualmente alta. Otros indicios podrían encontrarse en las liquidaciones de algunos operadores de telefonía móvil, que parecen registrar sistemáticamente más tráfico de interconexión recibido, con respecto al que les envía Hondutel según los registros de ésta.

HONDUTEL

Las utilidades de Hondutel cayeron de US$122.2 millones anuales en 2004, a US$20.2 millones anuales en 2009, es decir, un 84%. La empresa está al borde de la quiebra y parece que nadie está haciendo las acciones necesarias para rescatarla.

Estas bajas están causadas por tres factores:

El término de la exclusividad de Hondutel para cursar comunicaciones internacionales, algo que es ya irreversible.

El menor precio que tienen año a año las tasas de terminación internacional que cobra Hondutel, a causa de la competencia con los operadores de telefonía móvil.

La competencia del propio tráfico gris.

Y las fallas que parecen mostrar los procesos de facturación y cobranza de las llamadas internacionales de Hondutel.

Los aumentos de costos, por su parte, están causados por aumentos en los pagos a los operadores de telefonía móvil (ya que si bien Hondutel cobra alrededor de US$0.14 por minuto por las llamadas internacionales que recibe para los operadores de telefonía móvil, debe pagarles un cargo de acceso de US$0.06 por minuto para que ellos las terminen, que hasta hace poco era de US$0.10 por minuto).

Los aumentos de costos también están causados por otros factores, como un notable crecimiento en la dotación de personal de Hondutel.

Según entrevista que realizamos con técnicos de Conatel, la apuesta para rescatar la empresa hondureña de telecomunicaciones debe ser ofrecer un mejor servicio de internet comparado a las otras empresas del rubro. Eso y eliminar la diferencia en los costos entre las llamadas internacionales y nacionales.

SEGÚN TÉCNICOS DE CONATEL, NO ES POSIBLE DETENER EL TRÁFICO GRIS

Fundada el 5 de diciembre de 1995, Cotanel es el organismo estatal desconcentrado que ejecuta, mediante la regulación y coordinación, la política de Telecomunicaciones en Honduras. Administra, impulsa y democratiza el sector de las telecomunicaciones, según se lee en su página web, teniendo como misión el promover el acceso universal a las Tecnologías de la Información y la Comunicación (TIC), para potenciar la inversión y reducir la brecha digital.

Conatel emite las regulaciones y normas técnicas requeridas para la prestación de servicios; las regulaciones con respecto a las tarifas que podrían cobrar los operadores de servicios de telecomunicaciones; otorga autorizaciones, permisos, registros, y licencias, para prestación de servicios de telecomunicaciones y los renueva, modifica, declara su caducidad. Es esta la institución del Estado encargada de vigilar el tráfico gris en el país.

En entrevista con dos técnicos de Conatel —cuyos nombres mantenemos sin revelar porque, según nos dijeron, no están autorizados para dar declaraciones en nombre de la empresa—, nos explicaron el impacto que el tráfico gris sigue teniendo en la economía del país.

Según nos afirman los personeros de Conatel, el tráfico gris se volvió un problema desde 2005 que se le quitó el monopolio a Hondutel. Hasta ese año, Hondutel era el único que podía traer las llamadas internacionales y terminarlas en el país. «Eso le permitió a Tigo, Claro y otros Sub Operadores (SO) autorizados por

Conatel, para que ellos también puedan traer llamadas enrrutadas y terminarlas ellos», agregan, sin embargo que «el problema del tráfico gris no es el monopolio de Hondutel, si no los 3 centavos de dólar por minutos en llamadas internacionales que cobra el Estado».

«Honduras tiene las tarifas más altas en llamadas internacionales en Centro América», afirman.

«El volumen de llamadas que entran hacia Honduras es bastante grande. Todo mundo está buscando la forma de evadir esos 3 centavos. Ahora mucha gente lo que usa para sus llamadas es Whatsap o Messenger de Facebook, que es otro tipo de tráfico gris porque es una llamada que no está terminando a travez de la red».

«La forma de terminar con el tráfico gris es que el Estado se olvide de esos 3 centavos.»

Según los técnicos de Conatel, la modalidad de tráfico gris está tomando otros entornos. «Hay personas que comprar los sim, compran unas máquinas que leen esos sim, las llamadas vienen de EEUU a través de internet, crean la llamada como si llamaran localmente a un teléfono celular en Honduras».

«El internet es el segundo problema que tenemos ahora. Todo se está viniendo empaquetado y cuando llega al país no entra por Hondutel. Nosotros hemos visto como han decaído los ingresos al país por la evasión que genera el tráfico gris. Hondutel se ha quedado desfasado con la tecnología de llamadas.»

—¿Se pueden controlar las llamadas por las OTT (Over The Top, término que usan para referirse a las aplicaciones de llamadas como WhatsAp y Messenger entre otros)?

«Se puede, sí. Pero solo los países cerrados no permiten que las OTT estén entrando. Se pueden restringir, pero nosotros no vamos a entrar en esto».

—¿Cómo controlar entonces el tráfico gris?

«Con un proceso de transición para salir de la dependencia de los 3 centavos que cobra el Estado por las llamadas entrantes internacionales y pasar quizás a ofrecer otros servicios, como internet de banda ancha.»

«Lo que debemos entender es que a medida se va cambiando el hábito de los usuarios, las llamadas van a entrar más por internet, y los fondos del estado se van a ver afectados si el estado no cambia. Hay que darle un incentivo a la banda ancha para desalentar al grisero.»

—¿Hay personas procesadas por tráfico gris en Honduras?

«Hemos agarrado algunos casos de personas que se han dedicado a estos ilícitos y están en procesos de judicialización».

«Las redes de tráfico gris puede ser cualquier persona, a veces las redes llegan a las casas de alguien e incluso sin decirle le instalan un equipo parecido a DVD para que lo tengan allí, lo único que le conectan ellos es energía eléctrica y un puerto de datos, o sea internet. Van regando esos equipos por la ciudad para simular movimiento de 2 o 3 puntos. Porque los operadores móviles van analizando que si usted hace una llamada de un solo punto, allí hay algo raro y ellos lo identifican. Es equipo sofisticado que puede simular que se mueven por la ciudad.»

«Hace poco descubrimos un tráfico gris que costó 75,000 dólares en cinco líneas en menos 72 horas. Esas llamadas se generan principalmente en EEUU o España».

—¿Pero el usuario no sabe que está griseando?

«Usted va y compra una tarjeta, por ejemplo, usted la raspa y el período que se tarda es el período que esta buscando por donde conectar la llamada. El usuario no lo sabe. Hay llamadas que vienen legales, otras vienen ilegales. Con un centavo de dólar por minuto que gane la empresa por cada llamada, estamos hablando de mucho dinero cuando sumamos todas las llamadas y el tiempo de cada una.»

—¿Cuántos Sub Operadores hay ahora en el mercado?

«La gama de los SO se fue reduciendo a medida se fue ampliando la cobertura de los móviles. Ahora es casi lo mismo llamar entre ambos. Hay en la actualidad unos 6 o 7 SO, porque ya no les da el negocio porque el usuario ha mudado a los celulares y las llamadas internacionales al internet».

«El otro punto es que no es negocio ahora tener un SO. Para contratar un SO con un Carrier de Estados Unidos (que son las empresas que enrrutan las llamadas desde los teléfonos fijos o celulares y los pasan por internet hasta el destino final) usted tiene que asegurar un buen flujo de llamadas para que los carriers lo vean como negocio. Sino le garantiza unas 30,000 llamadas por mes, ellos no lo verán como un buen contrato y no le firmarán. Eso desestimuló a los SO en Honduras, eso y que ahora la mayoría de los teléfonos son móviles.»

«En las estadísticas de Conatel, en los indicadores, usted puede notar como las llamadas fijas y móviles en el país se redujo en un 9% para el primer trimestre de este año. Uno ve cómo va decayendo en ingreso de las compañías y entre esas, Hondutel. Ahora 2.6 millones de hondureño usamos internet.»

—¿Cómo se da el fraude del tráfico gris en Hondutel?

«Hay dos tipos de fraude, interno y externo. Pero siempre requiere gente desde adentro que le comparta cierta información clasificada. Por ejemplo los chips, para validarlos uno debe ligarlos a un número de identidad, por ejemplo, pero ¿como garantizamos eso? tendríamos que llamar a cada usuario y preguntarle por su número de identidad. Los griseros se aprovechan de las debilidades internas, conoce los triples saldos, cuádruples, todo eso. Esta leyendo las promociones continuas, paquetes. Ellos optimizan para generar más recursos o para darle más vida al chip.»

«Hay otro sistema de griseo que nosotros llamamos refiling, que es cuando una llamada viene saltando de país en país hasta caer en Honduras, aprovechando que tal vez el país tiene un costo más barato. Por ejemplo, usted quiere hacer una llamada a Afganistan, pero quizás saliendo de Estados Unidos sea más caro, entonces la redirectiona para que parezca que sale de Honduras, porque quizás en el país es más barato llamar a Afganistan, para dar un ejemplo».

«Otro problema —indican los técnicos de Conatel—, es que hemos encontrado que están hackeando las direcciones IP, porque estamos mutando al internet, eso son delitos cibernéticos. Se han dado casos de empresas que les han instalado sistemas de llamadas sin que se den cuenta o tengan control. Hay un caso por ejemplo de una empresa que apareció que hizo llamadas a la red satelital sin que ellos lo supieran y el costo fue tal que quebraron a la empresa».

—¿Cómo se reconoce cuando se está llamando a través del tráfico gris?

«Porque la llamada tiende a ser de muy mala calidad. Una característica de las llamadas grises es cuando usted escucha con retardo la voz, con eco o allá lejos».

Según la entrevista, el tráfico gris afecta no solo a Hondutel. La diferencia de precios en las llamadas internacionales y nacionales sigue siendo atractiva para los griseros, que buscan como enrrutar las llamadas para que parezcan generadas desde el país. Los Operadores Móviles también se han visto afectados por este tipo de acciones, que sin embargo no está contemplado como delito sino cuando hay fraude de por medio. Cuando le preguntamos a los técnicos de Conatel sobre las acciones que dichos OM estaban tomando para detectar y detener el tráfico gris, dio la impresión que no sabían cómo detenerlo, sino castigando al usuario.

«Ellos entraron en la onda de que querían cobrar las llamadas por Whatsap, se metieron al rollo de que podían poner una forma para cobrar toda llamada que se quiera originar por Whatsap, pero nosotros le dijimos que no, porque eso sería cobrar dos veces el servicio. Estarían cobrando la banda ancha y el uso de una aplicación que no es de ellos. No sería justo para la población, le dijimos, que le cobre algo que ya le está cobrando. Se pusieron allí que querían jugárnosla pero no se lo permitimos.»

EL CORREDOR TURÍSTICO, LA QUEMA DE LAS CASETAS DEL PEAJE Y LOS US$130 MILLONES QUE AHORA DEBEMOS

«Si vuelven a poner esas casetas de peaje, la gente va a volver a revolverse» —Bartolo Fuentes.

La Asociación para una Sociedad más Justa (ASJ) capítulo local de Transparencia Internacional (TI), presentó esta semana una denuncia que señala supuestas irregularidades en la concesión del Corredor Turístico de Honduras, que cubre desde La Barca, El Progreso a Tela y tramos carreteros de San Pedro Sula a El Progreso. Según indica la denuncia, el proyecto se adjudicó sin estudios previos, lo que provocó el encarecimiento del mismo y la posterior paralización; hoy el Estado de Honduras deberá responder con el pago de más de 130 millones de dólares para un proyecto que no llega a un tercio de su ejecución.

«Los pliegos de licitación reportan un costo original de US$98.2 millones; sin embargo, con las obras adicionales el monto contratado ascendió a US$162.5 millones según Coalianza y a US$268.9 de acuerdo a la SAPP,» indica la denuncia, que rápidamente cogió eco en los medios de comunicación del país que comenzaron a hablar de la multimillonaria compensación que el Estado deberá pagar a la empresa adjudicada.

Según la denuncia de ASJ, el contrato original suscrito el 14 de diciembre de 2012, debió finalizar el 3 de abril de 2017. Dicha obra se ha ejecutado en apenas un 26.38%, según cita el informe de la SAPP del mes de julio de 2018, lo que representa una inversión de USD 42.8 millones. «No obstante, existe una negociación de pago de la empresa concesionaria y los financiadores por US$110 millones adicionales», agrega Carlos Hernández de ASJ.

Miguel Gámez, Comisionado de Coalianza, salió rápidamente a defender el proyecto. Según indica, el contrato de APP se realizó conforme a la ley y el atraso del proyecto se debe a las protestas del movimiento social en la zona, que culminó en diciembre pasado con la quema de las casetas de peaje construidas por el proyecto.

«El repago estaba estructurado bajo la modalidad de peaje, esta es una Alianza Público Privada y si usted en el modelo de financiamiento tenía contemplado recuperar ese dinero, no hay forma de continuar», señala, dando la razón a ASJ al indicar que el

Estado deberá pagar una millonaria suma a la empresa por ingreso dejado de percibir.

«Honduras es responsable de sus actos», dijo Gámez en rueda de prensa, citando al Presidente Juan Orlando Hernandez. «Nosotros advertimos que eso iba a tener fatales consecuencias para el país», agregó.

ASJ denuncia también el trato «preferencial e indulgente» que el Estado otorgó a la empresa concesionaria Autopistas del Atlántico, S.A. (ADASA) y que incluye «aumentos a los ingresos garantizados para pagar la construcción de las obras, concesión de ampliaciones de plazos de nueve a 27 meses y que el mismo Estado asumiera el compromiso de pago de deuda a los bancos para que ADASA obtuviera financiamiento».

René Alfaro, abogado y periodista de San Pedro Sula, denunció el proyecto del Corredor Turístico en su programa de televisión, meses antes que saliera el informe de ASJ. Alfaro señaló los mismo puntos que hoy el capítulo hondureño de TI retrata. Según indica, la empresa no contaba con el capital suficiente para ejecutar el proyecto y fue gracias al contrato de APP que pudieron conseguirlo.

«Con el contrato de concesión ellos (ADASA) se fueron a sacar un préstamo. Lógicamente el banco pide condiciones, con el contrato ven si es factible la inversión para ver el retorno. El banco fue exigiendo se hicieran modificaciones al contrato y se hicieron cinco addendum, hasta que el banco vio satisfechas sus condiciones para dar el préstamo,» afirma Alfaro, señalando que entre esos addendum se incluyó el cobro del peaje en una etapa temprana del proyecto, para comenzar a recuperar la inversión.

Esos addendum son los que ASJ ahora señala como el trato «preferencial e indulgente» para la empresa.

Alfaro indica, como un punto cuestionable de la adjudicación del proyecto, que la empresa se haya constituido con apenas un capital de L.25,000 (monto legal para constituir una empresa) y fue gracias al contrato con varios bancos, entre los que señalan al banco FICOHSA (y las posteriores modificaciones en los addendum) que el proyecto consiguió el capital necesario para arrancar la construcción del Corredor Turístico del Atlántico.

Miguel Gámez, de Coalianza, señala que dicha acción es legal y legítima, recuerda que el proyecto era de Análisis, estructuración, contratación y ejecución del Corredor Turístico, que la ley que cubre las Alianzas Públicas Privadas es distinta a la Ley de Contratación de Estado, porque en este tipo de proyectos, la empresa debe buscar el financiamiento para la ejecución, que recupera a través (en el caso del Corredor Turístico) de los cobros en las casetas de peaje.

Pero la crisis electoral y las acciones de boicot pararon el proyecto.

Desde 2016, el movimiento social de la zona norte inició una campaña para concientizar a los usuarios de la carretera a no pagar el peaje, porque según indicaban era un cobro ilegal.

«La gente tomó consciencia de que le estaban robando y que no era justo que le cobrasen por uso de una carretera de más de 20 años», dijo Bartolo Fuentes, en ese tiempo diputado del partido Libertad y Fundación en el Congreso Nacional, muy activo en el boicot contra el peaje.

«La gente se opone a los peajes bajo la primicia de que las carreteras son del Estado de Honduras y hay un derecho a la libre circulación. Bajo la primicia de la libre circulación, el limitarte que vos no podes pasar porque no podes pagar, es limitarte tu derecho», afirma René Alfaro.

«El puente La Democracia, que tienen a medio construir, tiene un costo de 70 millones de lempiras y el presupuesto de las casetas es de 110 millones de lempiras al año», agrega Fuentes, señalando que con 3 meses de peaje se pudo haber construido el puente.

«Estuvieron cobrando más de un año desde octubre de 2016, pero la gente no les pagaba. La gente se acercaba a la tranca y ellos optaban por levantarla para los que no querían pagar», agrega, señalando que un aproximado de «8,000 personas diarias pasaban por el peaje sin pagar producto de la conciencia que adquirieron de la ilegalidad del cobro».

Según Miguel Gámez, los bancos financistas como JP Morgan pararon los desembolsos por las acciones del boicot y la crisis electoral.

«Al firmar este acuerdo, el Estado asume completamente los riesgos del proyecto y pierde la oportunidad de dar por terminado el contrato en legal y debida forma a su favor, considerando el indicio de alto riesgo del proyecto revelado con esta acción de los bancos». Agrega ASJ en su denuncia y continúa: «La falta de estudios de demanda (tráfico vehicular y factores asociados) por parte del Estado da lugar a la aceptación de un nuevo cambio en los ingresos garantizados a ADASA por el cobro de la tarifa del peaje (IMAG), con base en los estudios realizados por la firma Louis Berger para el concesionario. Este estudio además de ser realizado extemporáneamente en el año 2013 durante la etapa de construcción de la obra, contempló el conteo de los vehículos que transitan en los tramos del proyecto durante una semana. Para un contrato de 30 años, las buenas prácticas recomiendan estudios de tráfico de seis meses a un año o más».

«Es un cinismo por parte de quienes ahora están culpabilizando a las protestas», afirma el padre Ismael Moreno, del Espacio de Reflexión, Información y Educación ERIC de la orden jesuita, muy activos en la campaña de boicot al peaje en el corredor turístico. Según él, no sabe «a qué se refieren cuando hablan de vandalismo».

«De acuerdo a la información que nosotros recibimos, vándalos son ellos», agrega, señalando que en los convenios de «privatización de carreteras» lo que hay es «importantes y fuertes sobornos que nosotros incluso presentamos a la MACCIH cuando estaba Juan Jiménez Mayor».

Las casetas de peaje iniciaron su cobro el 7 de octubre de 2016, de acuerdo a datos de la SAPP. Inmediatamente el movimiento social de la zona inició la campaña de boicot al pago del mismo, argumentando que se violentaba el derecho a la libre circulación que la Constitución garantiza.

Según la denuncia de ASJ, si no se hubiera adelantado el inicio del cobro del peaje, la compensación del Estado sería aproximadamente USD 42 millones, que representa el valor de la obra ejecutada a junio de 2018.

«Sin embargo, con las casetas de peaje instaladas la compensación puede elevarse a aproximadamente USD 110 millones, según datos proporcionados por fuentes oficiales, ya que el Estado debe pagar la inversión en la obra realizada más el ingreso mínimo garantizado.»

«Si hay proyectada la cantidad de 100 mil vehículos que iban a transitar en cada una de esas casetas de peaje, la empresa lo que va a reclamar es el pago de la cantidad de vehículos mínimos que tenían que haber pasado, para cubrir esa cifra», aclara René Alfaro, señalando que la compensación que el Estado deberá pagar es el equivalente al «cobro (no percibido) que se ha venido acumulando a través de los años.»

«Al igual que el Trans 450 asegura un paso mínimo de pasajeros, este contrato el Estado asegura un paso mínimo de vehículos. Sino el Estado paga la diferencia», afirma Alfaro.

«Otra de las cláusulas del contrato es que en caso de tumulto o protestas, es el estado de Honduras el que asume no solo el costo de las casetas, sino todos los vehículos que no transitaron en ese momento», agrega.

«Queremos ser enfáticos. Todas las instituciones públicas y privadas, nacionales e internacionales vinculadas a este proyecto, rechazamos de forma categórica los argumentos planteados en torno a supuestos actos irregulares, sobrevaloración de la obra o negligencia», dijo Ignacio Williams, superintendente de Alianza Público Privadas.

«La ASJ tuvo falta de rigurosidad en la investigación y en la elaboración del informe», dijo, indicando que «la quema de las casetas de peaje durante la crisis política inviabilizó el cobro del peaje lo cual obligó al pago del ingreso mínimo anual garantizado, tal y como está establecido en el contrato».

«Las casetas estaban puestas en distancias muy cortas para poder justificar el pago en cada uno de los puntos», afirma Alfaro, agregando que las casetas fueron símbolos que la gente tomó en la lucha en contra del gobierno. «Con la poca información o lo poco que se ha conocido de esos contratos no creo que la gente supiera que la quema de esas casetas le iba a tocar pagarlo al pueblo», agrega.

Ismael Moreno es aún más suspicaz. Según él, las quemas se hicieron precisamente porque ADASA supo no podría recaudar el monto necesario.

«Ellos sabían que la recaudación no correspondía con lo establecido en el contrato», afirma Ismael Moreno, calificando a las casetas de peaje como un «símbolo a la corrupción».

«Yo estoy listo para que me investiguen, para ver si tengo relación con los derribamientos de las casetas. Exijo que haya una investigación a monto para saber quiénes son de verdad los que están detrás del derribamiento de esas casetas», agrega.

«Los que botaron las casetas no se quienes fueron, no era la gente que estábamos allí todos los días, sino gente que se cansó de ver esas casetas allí», concluye Bartolo Fuentes.

EL CUBANAZO, GERMAN ESPINAL Y LAS MAFIAS EN EL GOBIERNO DE MANUEL ZELAYA ROSALES

El pasado mes de mayo de 2016 el Congreso Nacional eligió la terna de comisionados de la Unidad de Política Limpia que velarán por un proceso transparente en las próximas elecciones de noviembre. Pese a los esfuerzos de la sociedad civil de promover un proceso de selección alejado del tradicional reparto patrimonial de los puestos del Estado, la terna terminó siendo constituida con miembros de los tres partidos mayoritarios: Nacional, Liberal y Libre, que responden a los intereses de sus respectivos partidos.

Durante el proceso de selección se supo que la Misión de Apoyo Contra la Corrupción e Impunidad en Honduras (MACCIH) presentaban oposición a la elección de German Espinal, propuesto por el diputado (y sobrino) Jorge Cálix Espinal. Nuestra fuente al interior de la MACCIH nos indicó, que la oposición de la misma al nombramiento de Espinal en el puesto, se debió sobre todo por su vinculación al escándalo de corrupción conocido en la prensa nacional como «El Cubanazo».

Entre 2006 y 2008, altos funcionarios del gobierno de Manuel Zelaya Rosales estuvieron vinculados en el tráfico ilegal de cubanos a tierras hondureñas. El escándalo fue conocido como «El Cubanazo», según trascendió en la prensa nacional en su momento. En él participaron funcionarios de la Secretaría de Relaciones Exteriores, Secretaría de Industria y Comercio, Instituto de la Propiedad, la Dirección de Migración y Extranjería y la Embajada de Cuba en Honduras. Además se involucraron personas particulares que invertían grandes cantidades de dólares en el «negocio».

El acto de corrupción se evidenció a principios del 2008 cuando, según manifestó un testigo protegido en el caso, el Secretario General de Cancillería, Juan Ramón Rivera,«descuidó la operación» y filtró a la prensa el escándalo. En mayo de ese año la prensa y las autoridades estatales informaron a la opinión pública sobre la existencia de una «poderosa red de traficantes» conformada por burócratas y altos funcionarios, principalmente.

Los gobiernos de Cuba y Estados Unidos pusieron su atención sobre Honduras. Estados Unidos quería saber quiénes conformaban la red de traficantes y Cuba estaba interesada en la vinculación en la red de la familia Nodarse de San Pedro Sula, propietarios de canal 6, quienes antes habían dado refugio en su casa al terrorista Posada Carriles.

El entonces Ministro de Relaciones Exteriores, Edmundo Orellana Mercado, expresó que en cuanto al tema de los cubanos traídos ilegalmente hasta Honduras habían descubierto «una red muy grande, poderosa, en la que circula mucho dinero». Según dijo que el cónsul de Honduras en La Habana en ese tiempo, 85 visas habían sido vendidas a ciudadanos cubanos a un costo de entre 25,000 y 35,000 dólares cada una, eso sin mencionar a los cientos de cubanos que arribaron en balsas y en cuyo tráfico se vieron vinculados oficiales de la Fuerza Naval, Bomberos, Cruz Roja y autoridades de Migración.

«Había ocasión en donde los cubanos eran custodiados hasta la frontera con Guatemala para que desde allí continuaran su viaje a Estados Unidos», manifestó el testigo protegido.

La Fiscalía General de la República inició entonces sus investigaciones. Algunos funcionarios, como Juan Ramón Rivera, Secretario General de Cancillería; su asistente, Raúl Anderson Pérez, y Reinyeri David Amador, encargado de asuntos consulares en La Habana; fueron destituidos de sus cargos. Pero al final, ninguno de ellos fue inculpado.

El sub Secretario de Industria y Comercio, ahora candidato a diputado por Libre Ferdis Cerrato, fue mencionado por la prensa de ser quien solicitó muchos de los visados para ciudadanos cubanos que luego aparecieron en los Estados Unidos. En entrevista a El Pulso Cerrato manifestó que él salió mencionado en el escándalo, cuando se negó a colaborar con los abogados Fredi Folgar y Cruz Ascencio. Ellos llegaron a su oficina para pedirle la autorización de 10 cubanos que venían al país, supuestamente, para impartir talleres de protección al consumidor, indicó.

«Yo no le creí porque Cuba no produce nada. Entonces se fueron y regresaron con una persona de CODECO. Yo les negué lo que pedían», manifiesta Fredi Cerrato. Según él, cuando se disponía a hacer una declaración pública ante su vinculación en el escándalo, el presidente Zelaya le dijo que se olvidara del asunto. «Ay dejalo, si eso a vos no te importa», le dijo.

«Cruz Ascencio es un sinvergüenza, yo lo increpé violentamente porque andaba hablando con Pineda Ponce de que yo le había dado una carta...» manifiesta Cerrato, quien niega toda vinculación con la red responsable del tráfico de cubanos.

Este medio intentó entrevistar al diputado Cruz Ascencio para que respondiera las acusaciones en su contra, pero declinó dar declaraciones.

El Director Nacional de Migración de ese entonces (y actual comisionado de la Unidad de Política Limpia), Germán Espinal, parece estar en el centro del escándalo. Espinal puso a disposición su cargo a principios de mayo de 2008, «para facilitar las investigaciones sobre el caso», según él mismo lo dijo. Pero la investigación no llegó a ningún lado.

Según manifestó el testigo protegido en la investigación, del total del dinero cobrado a las asociaciones cubano americanas que financiaban el ingreso de sus compatriotas,«unos 16,000 dólares por cabeza eran entregados a migración». Y si German Espinal no fue procesado, fue porque estaba muy bien conectado con Casa Presidencial, por su estrecha amistad con quien era su padrino político, el abogado Enrique Flores Lanza, actualmente prófugo de la justicia hondureña que le acusa de distintos actos de corrupción.

Luego de renunciar al cargo, German Espinal fue nombrado embajador en Venezuela, cargo que fue de suma importancia para la relación de Hugo Chávez y Manuel Zelaya en la suscripción de Honduras en el ALBA.

Para el V Estudio Migratorio de Honduras, el Cubanazo visibilizó y evidenció la utilización del territorio hondureño como lugar de paso. Se trataba de ciudadanos/as cubanos, que una vez llegados al país, se preparaban para partir hacia los Estados Unidos.

«Los cubanos ingresaban al país invitados por instituciones públicas y privadas para participar en diferentes labores técnicas. En investigaciones realizadas por la Cancillería y el Ministerio Público, se estableció que el tráfico de los cubanos se hacía bajo el amparo de una poderosa red en la que estarían involucrados funcionarios y personas particulares, los que clonaban las solicitudes y autorizaciones de ingreso. Uno de los casos involucra 37 cubanos».

El 14 de mayo del 2008 el Gobierno de Honduras determinó suspender los visados a los ciudadanos cubanos con el fin de esclarecer las anomalías registradas desde diciembre del 2006.

Eso, «se trataba de ciudadanos cubanos a quienes la red de traficantes cobraba fuertes cantidades de dinero (miles de dólares) para "facilitarles" su paso y llegada a los Estados Unidos».

Se supone que cada ciudadano cubano habría pagado entre 25 y 30 mil dólares para salir de Cuba y usar el territorio hondureño como "territorio de paso seguro", y no tener que emprender un viaje mucho más largo, costoso y peligroso desde países de América del Sur como Colombia o Ecuador.

Una vez en Honduras, cada ciudadano cubano debía pagar otros 25 mil dólares (50 mil en total) para completar su travesía hacia EE UU. El dinero, como indicamos antes, provenía de las asociaciones de cubanoamericanos radicados en Miami.

A pesar que el encargado de asuntos consulares en La Habana, Reinyeri David Amador, presentó un informe donde aparentemente constaba la legalidad y las buenas prácticas de la emisión de visados a ciudadanos cubanos por parte de esa dependencia del gobierno hondureño, la fiscalía encontró que muchos de esos visados habían sido dictaminados favorablemente en menos de dos horas por la Dirección de Migración y Extranjería.

Dicha brevedad de tiempo establecía un "record", y no se correspondía con la usual prolongación de la burocracia hondureña en asuntos migratorios.

German Espinal manifestó a *El Pulso* que la denuncia en su contra se debió a un libelo «que circuló de una persona interesada que yo destituí por estar vinculada a la trata de personas», dijo, sin mencionar ningún nombre, agregando que en su administración en la Dirección de Migración él luchó en contra de la trata y tráfico de personas, arruinándole el negocio a muchos interesados, que son los que hoy le adversan.

El 8 de julio de 2008 Espinal presentó su carta de renuncia definitiva ante el Ministro de Gobernación, Victor Meza, aduciendo que la misma había sido provocada por las amenazas a muerte de las que había sido víctima, incluso, de parte de organismo estatales que en varias ocasiones le había cateado la casa para presionarlo, «mientras los verdaderos culpables andan muertos de risa por las calles».

«Yo estaba consciente de que al asumir este cargo corría riesgos, y sobre todo por grupos dedicados al crimen organizado y la trata de personas. Esos retos los enfrenté y no me arrepiento», escribió Espinal en su carta de renuncia.

Por otra parte, dijo que la principal causa de su renuncia era «una recomendación médica».

A pesar de sus "temores" y su "delicado" estado de salud, un par de meses más tarde, en octubre del 2008, Espinal a sumió el cargo de Embajador en Venezuela.

La Fiscalía Especial contra la Corrupción encabezada por Henry Salgado, intervino las oficinas de la Secretaría de Relaciones Exteriores, la Secretaría de Industria y Comercio, y la Dirección Nacional de Migración y Extranjería. Todo con la intención de recabar información y obtener posibles pruebas.

El caso empeoró cuando la Fiscalía informó que se trataba de un acto de corrupción gigantesco en el que estaban involucrados funcionarios de casi todos los niveles del gobierno, incluyendo al Congreso Nacional, presidido en ese entonces por Roberto Micheletti Baín, y una importante cantidad de alcaldías. Tanto el Congreso Nacional como algunas alcaldías habían solicitado a la Cancillería la llegada de algunos cubanos, que una vez llegados al país, no eran recibidos ni reclamados por nadie. Lo mimo sucedía con ciudadanos chinos.

En el caso Fredis Cerrato, el diario *La Prensa* informó que «La solicitud para emitir visas consulares a doce ciudadanos cubanos fue recibida el 10 de noviembre del 2006 en el despacho del canciller Milton Jiménez Puerto, según consta en los archivos. La petición fue hecha por quien en ese entonces fungía como vice-Ministro de Desarrollo Empresarial y Comercio Interior, Fredis Cerrato».

Cerrato continua negando haber emitido tal petición, pero la misma consta en los archivos, y en el dictamen solicitado mediante oficio n°. 0295-06-SGV.

Lo cierto es que una vez llegados al país, cientos de cubanos solicitantes de visados desaparecieron del radar de las autoridades hondureñas. El gobierno nombró una Comisión Investigadora conformada por los abogados Juan Carlos Berganza, Mario Henríquez Chinchilla, Jesús Martínez Suazo y Francisco Wilfredo Madrid.

En agosto del 2008, los comisionistas presentaron un informe inverosímil y poco aclarador sobre los casos de tráfico humano. El mismo fue divulgado parcialmente por Radio Cadena Voces.

El informe especifica que el caso se descubrió cuando un grupo de cubanos fue detenido en el aeropuerto Toncontin de Tegucigalpa, por detectárseles anomalías en sus pasaportes y documentos migratorios.

Menciona el nombre completo y número de pasaporte de muchos de los ciudadanos cubanos detenidos. Una vez iniciadas las investigaciones —resalta— desaparecieron físicamente de forma misteriosa, sin dejar rastro.

Se menciona el caso particular de 4 ciudadanos, dos de ellos madre e hijo. Ambos fueron identificados como Leisy Suarez Aguilar y Renyel Perez Suarez, con números de pasaporte C593771 y C593567, respectivamente. Su visa consular estipulaba que venían a residir a Honduras.

En el caso de los otros dos, Eugenio Falero O. y Vania Juana Cabadilla, se supo que sus visas habían sido concedidas bajo las estipulaciones de la "categoría B", que se refiere a aquellas visas consulares o sin consulta, que son extendidas por un funcionario diplomático o consular sin requerir autorización de la Secretaría de Relaciones Exteriores o de la Dirección General de Migración y Extranjería.

«Según la investigación, el 28 de marzo de 2007, la subsecretaria de Deportes, de la Secretaría de Cultura, Artes y Deportes, Edda Patricia Castillo de Espinal, solicitó mediante oficio formal, a la Secretaría de Relaciones Exteriores, visa de ingreso a Honduras a un ciudadano cubano, quien venía a prestar servicios de entrenador a la Selección Nacional de Judo, la cual fue resuelta favorablemente. La irregularidad en este caso, es que el oficio número 13-04-07-006-SGV, de fecha 13 de abril de 2007, fue aprovechado por la asistente del secretario general de la Cancillería, Gloria Alvarenga, para girar instrucciones al Cónsul de Honduras en La Habana, Reynieri David Amador, para que incluyera en el otorgamiento de visa a tres ciudadanos cubanos más».

El Fiscal General Adjunto, Omar Cerna, expresó que se estaban haciendo «las valoraciones respectivas para realizar también las conclusiones finales y así preparar los requerimientos de rigor y así judicializar los hechos planteados en el informe».

El ex Ministro de Gobernación y Justicia, Víctor Meza, fue quien destituyó a German Espinal. Según sus palabras, Espinal había sido descuidado e irresponsable, y aunque nunca se había terminado de comprobar si Espinal tenía qué ver en el caso de los cubanos, era evidente que había sido negligente.

Hasta hoy, de los cientos de casos de cubanos "traficados" desde su país, con destino hacia EE UU, no hay ningún caso judicializado. No hay culpables. El caso —como todos los casos de corrupción de la administración de Zelaya Rosales— se olvidó por la crisis política del golpe de Estado de 2009.

La Misión de Apoyo Contra la Corrupción y la Impunidad en Honduras, MACCIH, ha anunciado que investigará una serie de casos de corrupción que se extienden hasta el gobierno del poder ciudadano. El caso del Cubanazo será uno de ellos.

Hasta hoy no sabemos quiénes fueron los verdaderos culpables, cuántos ciudadanos cubanos estuvieron involucrados, ni a cuánto ascienden las cifras de esos actos de corrupción.

Eso sí, el Cubanazo, no fue sino la continuación de los muchos actos de corrupción en materia migratoria en los que se han visto envueltos los distintos gobiernos hondureños: el chinazo, el pasaportazo, etc.

En la actualidad, miles de ciudadanos de Cuba, Sudamérica y África pasan por Honduras en su búsqueda del "sueño americano". ¿Cuántos casos de corrupción se dan con esta crisis humanitaria?, ¿cuántos son vistos como desplazados, cuántos como migrantes?, ¿quién se está enriqueciendo, aprovechando la necesidad de esas personas que a diario usan a Honduras como territorio de paso? y sobre todo ¿está en condiciones, el señor German Espinal de cuidar de la política limpia de este país, con esos antecedentes?

EL LADO OSCURO DE LAS ONG

Homo homini lupus est.

Las mujeres Trans son la cara más vulnerable de la comunidad LGTTBI. Su exposición y sus condiciones particulares las hace que se enfrenten cada día a la violencia de una sociedad que las discrimina por su orientación sexual —más que a los hombres gays y a las mujeres lesbianas—; pero también las sumerge en dinámicas de poder al interior de las organizaciones de la diversidad sexual, que reproducen patrones de dominación patriarcal en su seno y que aumenta su vulnerabilidad, y a veces, incluso, las explota.

Estigma, discriminación, violencia, son realidades que las mujeres trans enfrentan diariamente. A eso debemos sumar, según expresan, la misoginia y marginación que experimentan en sus propias organizaciones aliadas, que siguen reproduciendo la discriminación en contra de las mujeres lesbianas y trans.

La misoginia se define como la aversión y odio hacia las mujeres o niñas. Puede manifestarse de diversas maneras, que incluyen denigración, discriminación, violencia contra la mujer, y cosificación sexual de la mujer.

«En las organizaciones LGTB existe el patriarcado, los hombres quieren venir a dominar a las mujeres.» Afirma Rihanna Ferrera, líder de la organización Coszumel Trans, que no duda en señalar que en la jerarquía en las organizaciones de la diversidad, a más femenina menos poder.

Rihanna Ferrera es muy reconocida al interior de la comunidad LGTTBI de Honduras, quizás, como líder, la más conocida de la diversidad sexual del país. Fue candidata a diputada en las pasadas elecciones generales, aunque no ganó, ha asumido con valor el reto de luchar por los derechos de las mujeres Trans en el país, a veces a costa de colocarse en situaciones de riesgo para su vida.

No es la primera mujer trans que intenta abrir espacios en la esfera política, anteriormente Vicky Gómez, de la organización APUVIME, participó como precandidata en las elecciones de 2014 por el partido Libre. Tampoco lo logró, su candidatura sin embargo le trajo persecución: recibió un atentado contra su vida que la obligó a dejar el país y ahora vive como asilada en España.

Donny Reyes, director de la organización gay Arcoiris, afirma que el aumento de la violencia en contra de la comunidad LGTTBI tiene que ver con los medios de comunicación que perpetúa los mensajes de odio y discriminación. «Si usted hace una evaluación en medios de comunicación sobre temas LGTB, lo que va a ver es un leguaje amarillista, lleno de la apología del odio», dice.

Reyes señala además que la prensa hondureña mantiene el lenguaje de discriminación, sexista, homo-lesbo-transfóbico y eso reproduce más violencia en contra de la comunidad LGTTBI. En la entrevista para *El Pulso*, Reyes se empeña en remarcar las causas estructurales que reproducen la violencia en contra de la comunidad LGTTBI; no ve sin embargo la misoginia en contra de las mujeres Trans como un problema al interior de las organizaciones. Para él, afirmar eso es «una apreciación muy a priori».

«Estamos en una sociedad que está construida bajo el fundamentalismo religioso. (El patriarcado) existe hasta en el movimiento feminista. Se habla mucho en las organizaciones feministas sobre igualdad de género pero ¿cuántos hombres hay trabajando en organizaciones feministas? Si no es de chofer o de bodeguero. Desde allí se ve el patriarcado, te ven como desigual,» agrega Donny Reyes.

«El machismo, el clasismo y el racismo está en los grupos LGTB. Son misóginos, se consideran feministas pero no lo son» nos dice X, una activista trans que salió del país por temor a su seguridad luego de haber recibidos ataques contra su vida y nos pidió mantener su nombre en el anonimato por su situación migratoria.

«La violencia contra la mujer adentro de la misma comunidad LGTBI es frecuente (…) Muchas veces hemos visto como las mujeres, especialmente las mujeres lesbianas, han sido invisibilizadas porque se mantiene una práctica patriarcal y machista en donde el hombre habla en nombre de la mujer,» afirma Katherine Cerón, de la red lésbica Cattrachas. «Hay muchas organizaciones que las dirigen hombres gays, que tienen mujeres lesbianas, pero la toma de decisiones la tienen los hombres,» agrega.

«Aquí somos tres en la coordinación, yo en representación de los hombres gays, Esdra por las mujeres lesbianas y J.Lo por las trans. Entre los tres tomamos decisiones y como ve, son más mujeres,» afirma Reyes. Según él, eso demuestra que en Arcoíris las mujeres tienen el mismo poder que los hombres.

LOS ACTORES DE LA VIOLENCIA

Desde el 2009 a 2017, según el Informe sobre muertes violentas de la comunidad LGTTBI de la organización lésbica Cattrachas, hubo 277 muertes violentas de personas de la diversidad; de ese universo, 156 son hombres gays, 92 mujeres trans y 29 mujeres lesbianas. Siendo las mujeres trans un porcentaje bastante reducido en el total de la comunidad LGTTBI, resulta sorprendente que representen un tercio del total de las muertes violentas. Contrario es el manejo de los recursos, que según indican las mujeres trans que entrevistamos para este reportaje, es manejado casi en su totalidad por hombres gays.

El principal foco de violencia en contra de las mujeres trans continúa siendo los cuerpos de seguridad del Estado. Así lo señala Rihanna Ferrera, quien agrega que «ahorita ha cesado un poco la violencia por parte de la policía. De la sociedad ha habido algo de aceptación, especialmente luego de las elecciones que nos visibilizaron, pero no por parte de la Policía Militar.»

«Los mayores agresores de la comunidad LGTB son las fuerzas de seguridad estatal. Llámese como se quiera llamar,» agrega Donny Reyes. «Tenemos un número bastante significativos de secuestros exprés y violencia sexual por parte de la PMOP y lamentablemente el Ministerio Público casi nunca quiere tomar esas denuncias y le dice a los compañeros "no se metan en problemas, no va a pasar nada, no lo va a investigar, no es de nuestra competencia, tiene que ir a otro lado…" rehuyen a tomar los casos», agrega, señalando que «en los último 10 años, 65 casos han llegado a judicialización, de esos 3 guardan pena y los otros han salido libre. El MP es una institución fallida que no da respuesta. No hay resarcimiento del daño. Es un proceso largo y agotador», dice Reyes.

Esos problemas de violencia estructural se intensifican con las condiciones de vulnerabilidad que cada persona vive. La falta de oportunidades para el estudio y trabajo digno orilla a muchas mujeres trans a vincularse con la prostitución, colocándolas en situaciones de mayor riesgo en contra de sus vidas.

«Las compañeras trans han tenido muchos problemas por los

espacios en los que ellas están y el tipo de prácticas que ellas tienen, como el trabajo sexual», afirma Katherine Cerón. «Hay muchas muertes que tienen que ver con las prácticas de la misma persona LGTB», agrega. «Este año hemos registrado un aumento de las muertes en comparación al año pasado en donde hubo 34 muertes, ahora llevamos más de la mitad del año pasado y eso nos preocupa.»

«El tema del trabajo sexual es complicado adentro de los grupos LGTB. En el contexto social hay muchas trans que se ven obligadas a ejercer el trabajo sexual y desde allí se ponen en una situación de mayor riesgo. Han habido otras que han sido asesinadas por el tema del activismo, pero son muy pocas, te las puedo contar con la mano» afirma X.

Rihanna Ferrera coince con X en señalar que las condiciones como viven las mujeres trans aumentan los riesgos en sus vidas. «En la zona de Tegucigalpa no se ha llegado a dar casos de mujeres trans ligadas o alineadas con el narcomenudeo o el crimen en las calles, pero sí se ha dado en otras ciudades. Aquí si se ha dado el querer reclutar a las mujeres trans que trabajan en la calle para venta o consumo de drogas. Tenemos denuncias a dentro del CONADEH y tenemos compañeras que se fueron del país que han denunciado esas situaciones,» afirma.

Ferrera indica que en lo que va del año 2018, más de 30 mujeres trans se han ido del país. Solo en la caravana migrante de este año, se fueron 8 mujeres trans de Tegucigalpa y 6 de SPS. «Muchas de ellas se quedaron en México, otras fueron hasta EEUU a entregarse a la migración. Tenemos el caso de la compañera Roxana que fue asesinada por ICE. Tenemos 6 mujeres trans privadas de su libertad en los centro de detención en la frontera con EEUU».

LAS PUERTAS QUE SE CIERRAN

La desgracia de unos es la felicidad de otros, dice el refrán popular. Y en la violencia que sufren las mujeres trans el dicho calza como anillo al dedo.

X señala que existen organizaciones que «ganan mucho dinero diciendo que a las trans las están asesinando por cuestiones políticas, cuando a la mayoría de las mujeres trans que matan, son asesinadas por temas no relacionados con el activismo. Tiene mucho que ver con el tema de las maras que las pone en situación de riesgo» agrega.

No duda en señalar a la asociación Arcoiris como una de las organizaciones que ha sacado provecho de la violencia que viven las Trans.

Incluso antes de la llegada de Donald Trump a la presidencia de Estados Unidos, las condiciones para solicitar asilo político estaban volviéndose difíciles para los centroamericanos. Coincidía además con el aumento de la violencia en el país, estrechamente ligada al tema del narcotráfico. Con Trump en la presidencia, la violencia de las maras y pandillas y la que sufren muchas mujeres trans dejó de ser razón para recibir el recurso de asilo. Según argumentan las autoridades migratorias, hubo un «abuso» de la figura. Mismos argumentos están ahora manejando países como Alemania e Italia.

Las puertas se están cerrando y quienes pagan las consecuencias son las más vulnerables. El hacer activismo por derechos de las minorías violentadas no será suficiente para solicitar asilo. Según afirman autoridades migratorias, las nuevas solicitantes deberán contar con una constancia que defienda su caso que debe venir desde el Estado mismo.

«En Estados Unidos quemaron los recursos de asilo con personas que no eran de Derechos Humanos», afirma X en su entrevista, según ella, «Arcoiris canalizaba ayuda para asilar víctimas de la violencia en Honduras y luego cobraba un porcentaje por el servicio.»

«El proceder de esta organización es que, por ejemplo si son 5,000 (los que reciben para ayudar a asilar a una persona) yo te voy a dar 3,000 y me quedo con 2,000. Esos 2,000 te debe servir para comprarte el boleto aéreo, aduana, todo. Cuando llegas a España no tienes nada. No tienes para comida ni hospedaje.»

«De allí vienen enganchadas para una trans que llaman Nohelia, en España que ya está denunciada; ella las capta y les da a dónde vivir, pero tienen que trabajar para ellas. En Honduras le quitan ese dinero a las trans para mandarlas con nada. Les roban allá en Honduras, las mandan aquí sin nada, sin información ni nada y aquí Nohelia las recibe para meterlas a la prostitución,» señala X. «Se ha convertido en un negocio traficar con mujeres trans, ahora las mandan aquí a España, y gracias a esa práctica, ahora cuando se ha necesitado sacar a las defensoras de DDHH LGTB, las fronteras estaban cerradas, hay casos reales de las mujeres que han sido asesinadas por el tema de DDHH,» agrega.

Donny Reyes de Arcoiris niega las acusaciones.«Arcoiris no recibe recursos por eso.» Dice.

Afirma que su organización es autosustentable. «Hay compañeros que aportan pagando el mes de renta, otros pagan el internet. Somos un grupo bastante grande entonces nos ayudamos. No dependemos de una donación o subvención estatal, ni esperamos tenerla porque eso te compromete y te limita,» dice, siendo enfático al señalar como ejemplo que han decidido como organización no recibir dinero de USAID, «porque eso les compromete ideológicamente.»

«Aceptar dinero (por las asiladas) sería irresponsable de mi parte, eso sería antiético. Si aquí en la organización se enteran que eso pasa, me tendría que quitar del lugar. La primera regla es que si alguien quiere dar algo a la organización debe entrar a la cuenta institucional. Un cobro no puede ser, no está normado en ningún lado,» afirma Reyes ante los señalamientos.

«Nosotros no damos asilo. Eso no está en nuestras manos. Eso es responsabilidad del país a donde llega. Pedir dinero sería un chantaje, un fraude. Hay compañeros que han viajado en la delegación, que han conseguido su visado y se han quedado, pero eso es ya una decisión personal,» concluye.

DONNY REYES: "A ESAS ACUSACIONES NO LES PONGO ATENCIÓN PORQUE ES REPLICAR TONTERÍAS."

«Arcoiris es una organización gay de quince años que atiende a más de 600 personas,» comenzó a describirme su director Donny Reyes cuando llegamos a sus instalaciones en Comayagüela. Atrás de él, un mural colorido con globos que celebran un aniversario; en unos sillones a pocos metros de nosotros, un par de muchacho departen alegres viendo sus celulares. Durante toda la entrevista, varias miembros de Arcoiris entraban y salen de la casa.

«Comenzamos trabajando la temática de VIH pero luego giramos a la atención a la violencia que viven las personas LGTB y el desplazamiento forzado.» Afirma Reyes, agregando que la finalidad de Arcoiris es contribuir a la emancipación de las personas LGTB.

«Generar un espacio de confianza, libre de discriminación,» dice.

En 2008 lograron obtener la personería jurídica luego de cinco años de lucha. Anteriormente una ola conservadora desde gobernación y justicia intentó quitar la personería jurídica a las organizaciones LGTTBI del país, argumentando razones morales poco sustentables.

«Las organizaciones (LGTTBI) a diario enfrentamos intimidaciones. Tres organizaciones han tenido incidentes de agresiones. Asaltos, agresiones físicas y verbales. Es un patrón que se repite y eso nos ha hecho levantar las alertas. Recientemente el asesinato de unos compañeros gays en la zona en circunstancias que aún no se esclarecen nos hizo hablar con el sistema nacional de protección, porque hay un sistema de prevención, de alerta temprana».

—¿Por qué cree que hay un aumento en la violencia en contra de la comunidad LGTTBI?

«Creemos que el aumento de la violencia en contra de la comunidad LGTB tiene que ver primero con los medios de comunicación que perpetúa los mensajes de odio y discriminación. La prensa hondureña mantiene el lenguaje de discriminación, un lenguaje sexista, homo-lesbo-transfóbico. Si usted hace una evaluación en medios de comunicación sobre temas LGTB lo que va a ver es un leguaje amarillista, lleno de la apología del odio.»

«Todo esto sale del poder fundamentalista, comunicadores, los trabajadores de los medios de comunicación replican los mensajes de la sociedad fundamentalista.»

Donny Reyes continúa hablando de las causas estructurales que generan la violencia en contra de la comunidad LGTTBI. Para él, el principal responsable es el Estado «que permite todo este tipo de apologías y vejámenes hacia un colectivo en condiciones de vulnerabilidad.»

«Hasta que no exista una política en el Estado hondureño que proteja a las personas LGTB, una sola ley que diga que discriminar a las personas LGTB también puede ser sujeto a castigo, que la currícula educativa les hable de diversidad sexual, porque ni los estudiantes universitarios saben de diversidad sexual y de DDHH y cuando tenemos un Ministerio Público inoperante, que no castiga a los criminales, que da licencia para que pueda seguir ocurriendo este tipo de incidentes.»

Según información que manejamos, mucha de la violencia que recibe la comunidad LGTB está relacionada con situaciones de riesgos en donde viven, ¿qué piensa de eso? —le pregunto.

«En ese ambiente de peligro vivimos el 90% de la sociedad hondureña. Somos personas que vivimos en extrema pobreza, sí tenemos una expresión de género diferente a la hétero-normativa que nos obligan a ponernos en situación de mayor riesgo. No es que me quiero poner en situación de vulnerabilidad, sino que me obligan. Me quitan oportunidades de trabajo, de estudio, la salud es precaria. No es que yo me pongo, sino que la situación de país me orilla. Qué nos toca cuando en la familia, nuestros padres hablan que no quieren tener un hijo maricón, que somos una vergüenza. Y viera como le jode eso la vida a uno. Hay familias que expulsan a sus hijos o hijas de los hogares, tenemos compañeros a los que a punta de machete sus padres han querido que dejen de ser homosexuales.»

—¿Han dado asilo a través de Arcoiris, para personas LGTB?

«Pues nosotros no hemos tramitado proceso de asilo, hemos acompañado solicitudes de asilo en Estados Unidos y México, sobre todo de aquellos compañeros que han sido víctimas de violencia estatal. Cuando tenemos un número bastante significativos de secuestros exprés y violencia sexual por parte de la PMOP y lamentablemente el MP casi nunca quiere tomar esas denuncias y le dice a los compañeros "no se metan en problemas, no va a pasar nada, no lo va a investigar, no es de nuestra competencia, tiene que ir a otro lado..." rehuye a tomar los casos.»

«Entonces nosotros acompañamos todo ese proceso de denuncia, acompañamiento a medicina forense, para que puedan hacerlo y luego viene las repercusiones y les toca salir por esas razones a los compañeros. ¿Qué hacemos cuando acompañamos esas solicitudes de asilo? Le extendemos una carta, copias de la denuncia que han hecho, describimos cual es la situación de violencia, pedimos al MP que nos de las últimas diligencias de ese caso y que por lo general en un 98% no hay nada de investigación.»

«Hay de todo, compañeros que son defensores que han tenido que salir por su trabajo, que han sido violentados y otros que son miembros de la comunidad que han sido víctimas de la violencia, estatal en este caso, ni siquiera de la mara, sino de la fuerza de seguridad estatal.»

—Autoridades de migración afirman que se ha abusado del recurso de asilo. ¿Considera usted que ha habido un abuso por parte de las organizaciones en el uso del recurso de asilo, considerando que muchos de los solicitantes no eran necesariamente personas huyendo de la violencia estatal?

«Esas son persepciones, no creo que haya habido un abuso, lo que hubo fue la búsqueda por salvaguardar la vida, la búsqueda por un lugar más digno, con oportunidades en donde estar. ¿Qué sería un abuso? Yo le aseguro que no llegan ni a las 200 personas y eso siendo exagerado».

«Yo creo que eso es una exageración. El sistema de acceso a la justicia del país es inexistente en la comunidad LGTB. En los último 10 años 65 casos han llegado a judicialización, de esos como tres guardan pena y los otros han salido libre. El MP es una institución fallida que no da respuesta. No hay resarcimiento del daño. Es un proceso largo y agotador.»

—¿Arcoiris no recibe recursos por eso?

«Nosotros vivimos por la auto sostenibilidad. Somos auto sustentables. Hay compañeros que aportan pagando el mes de renta, otros pagan el internet. Somos un grupo bastante grande entonces nos ayudamos. No dependemos de una donación o subvención estatal, ni esperamos tenerla porque eso te compromete y te limita.»

—¿No reciben la bolsa solidaria ustedes?

«Si, sí la recibimos. Pero eso es como un programa que le dan a algunas compañeras, pero lo asumimos sin asumir ningún compromiso.»

—¿Ha recibido alguna remuneración por hacer algún trámite de asilo?

«No. Eso sería irresponsable de mi parte, eso sería antiético. Si aquí en la organización se enteran que eso pasa de echo me tendría que quitar del lugar. La primera regla es que si alguien quiere dar algo a la organización debe entrar a la cuenta institucional. Un cobro no puede ser, no está normado en ningún lado.»

«Nosotros no damos asilo. Eso no está en nuestras manos. Eso es responsabilidad del país a donde llega. Pedir dinero sería un chantaje, un fraude.»

«Cuándo he acompañado a la CIDH, vamos y volvemos al país. Nos integramos a una delegación de país, normalmente va uno.

No es posible ir como organización, no hay recursos para eso. Hay compañeros que han viajado, que han conseguido su visado y se han quedado, pero eso es ya una decisión personal.»

«Yo a esas acusaciones no les pongo atención porque es replicar tonterías. ¿Cómo Donny o Arcoiris tiene poder para mandar a alguien en asilo? Primero no mandamos a nadie, no es nuestra decisión si la gente se va o se queda, es una decisión personal.»

«Quienes conocen de asilo saben que es una situación triste, deplorable, tener que irse. Sobre todo caro. Estar replicando esos comentarios, la intención que lleva es dañar la imagen de nosotros, yo diría que su fuente está desinformada.»

—¿Cómo está conformada Arcoiris?

«Arcoiris es una especie de de federación. Está el grupo de mujeres trans que se llama "Muñecas de Arcoiris", está el grupo de mujeres lesbianas y bisexuales, está el grupo de hombres gays y entre estas cuatro poblaciones hacemos Arcoiris. Aquí no hay un director ejecutivo, no hay una dirección ejecutiva. Sino una coordinación de mujeres, una de hombres gays y una de trans y entre las tres coordinaciones hacemos una coordinación general.»

«El trato es igualitario, aquí no hay nadie arriba o abajo. Son desiciones que se toman horizontales. No se toma decisiones por una sola persona. La asamblea está pendiente de lo que sucede.»

«Con subvenciones, por ejemplo, un mandato es no tomar subvenciones de USAID porque eso te controla el qué hacer y como somos una organización bastante beligerante y de oposición, y USAID te controla a quién debés contratar. Ya contratan a los coordinadores y los meten a actividades, entonces cuando hay movilizaciones nunca se puede ir porque ellos (los coordinadores) están comprometidos con USAID y eso te desmoviliza. Es una decisión política institucional el no tener subvenciones que te comprometan ideológicamente.»

—Se habla de Misoginia en las organizaciones LGTB. Organizaciones como Cattrachas, o Cuzumel Trans denuncias que a las mujeres se les invisibiza en los espacios de poder. ¿Existe misoginia en Arcoiris?

«Yo creería que es una apreciación muy a priori. Las compañeras de Cattrachas son un grupo, que no es grupo, para empezar. Allí es

Indira y sus empleadas, allí no toman decisiones las compañeras, las toma Indira y si se equivoca vuelve a mandar. Las compañeras no tiene capacidad de toma de decisión porque no se les ha concebido. La dinámica de ellas las hace pensar que el resto funciona así y no es cierto.»

«Aquí somos tres en la coordinación, yo en representación de los hombres gays, Esdra por las mujeres lesbianas y J Lo por las trans. Entre los tres tomamos decisiones y son más mujeres.»

«Nosotros no nos acercamos mucho a la red Cattrachas por temores, su papá es militar, asesor de JOH en seguridad y entonces ella tiene acceso a muchas redes de información de seguridad que no es normal en las organizaciones populares. Tener acceso a base de datos del MP, del poder judicial, por que tiene otra red de contactos. Allí tomamos pausa. Hemos hecho nuestro análisis de seguridad y las recomendaciones es mantenerse distante, marcar línea.»

«Habría que preguntarle a ellas si se juntarían a hablar con las organizaciones LGTB y ella le diría que no, porque además su organización, que hace un trabajo muy bueno en tema de documentación, sin embargo de dónde saca los datos, de dónde saca las citas, cómo la validó, es como la gran pregunta. En 15 años de Arcoiris, 33 de Colectivo Violeta, 17 de Kukulkan no hemos logrado llegar a esa información tan detallada que las compañeras tienen. Con los militares hay que tener cuidado.»

—¿Crees que existan relaciones de poder patriarcales a dentro de las organizaciones LGTB?

«Pienso que sí, estamos en una sociedad que está construida bajo el fundamentalismo religioso. Existe hasta en el movimiento feminista. Se habla mucho en las organizaciones feministas sobre igualdad de género pero cuántos hombres hay trabajando en organizaciones feministas? Si no es de chofer o de bodeguero. Desde allí se ve el patriarcado, te ven como desigual.»

«Hemos avanzado mucho, hemos avanzado hacia ir reconstruyendo muchos patrones. El tema de la misoginia es un tema que hay que trabajar constantemente. El tema de los derechos de las mujeres y de la diversidad sexual, porque a nosotros nos ven como mujeres. La sociedad heterosexual cree que queremos ser mujeres.»

—Cozumel Trans, la organización de mujeres trans, le acusa de haberse apropiado de 3,000 dólares que eran para su organización. ¿Es cierto eso?

«Yo creo que es al revés, no estaba yo en la coordinación en ese tiempo, era otro compañero. Yo estaba afuera del país en ese año. Arcoiris sirvió de catalizador de esos fondos. Hay un over head que queda a la organización por servir de canal y para que eso se pueda liquidar ellas debían liquidar lo que se les había pasado y quien liquida es Arcoiris. Ellas nunca presentaron la liquidación, al no llegar la liquidación aquí no se podía terminar de cerrar. Hay una cuenta sin cerrar de ambos lados que tiene que ver con cómo ejecutó Cozumel.»

—¿Conoces a Nohelia, una trans que está en España, que dicen que Arcoiris ayudó a sacarla del país?

«Si. Ese caso fue como en 2008. Fue Cattrachas quien ayudó a sacarla del país. Bueno, colaboramos varias organizaciones, unas compraron el pasaje aéreo, otras con los contactos en España. Ella estuvo en un juicio contra unos policías, recuerdo que le dieron veintitantas puñaladas. Entonces logramos coordinar Cattrachas con Fundación Triángulo allá en España. Nosotros le dimos el pasaje aéreo.»

—La información que tenemos es que ella está trabajando en el comercio sexual en España y engancha a otras trans en la prostitución. ¿Es cierto eso?

«Muchas compañeras se van y se enrollan con sus compañeras de aquí. Como en las familias y van jalando una a otras. El asunto es que sí, muchas compañeras tienen muchas amigas aquí, trabajadoras sexuales, se han puesto en contacto con ellas y se han ido. En qué condición y como se van pues no me pregunten porque no me entero. Parece que ella les ha apoyado con pasajes aéreos y cosas así, pero no se más que lo que las compañeras han contado.»

—¿Tiene visa para entrar a Estados Unidos Donny Reyes?

«Sí, si tengo.»

LA MAREA NEGRA DE GUAPINOL

Ciudad de Choluteca, Honduras.
Marzo de 2016

«Debemos irnos» —me dijo Carlos, el contacto local que nos llevó a Guapinol, señalando con la mano el agua que subía alcanzando la calle principal—. «Si nos quedamos más tiempo, la marea nos va a cerrar el paso y no es conveniente pasar la noche acá» —remarcó, viendo nerviosamente al fondo de la calle.

Yo miré el agua oscura subiendo desde los manglares, cubriendo poco a poco las casas de madera.

«¿Esto pasa todos los días?» —pregunté, me parecía sorprendente que los vecinos tomaran la inundación de la marea con tanta calma.

«Siempre —dijo Carlos—, cuando sube la marea lo cubre todo».

Guapinol es una pequeña aldea de unas cien familias de pescadores artesanales de Marcovia, municipio de Choluteca, en el golfo de Fonseca al sur de Honduras. Ubicada al filo del Área de Manejo de Hábitat «Las Iguanas-Punta Condega», es una zona aislada entre los humedales y esteros, que colinda con las grandes camaroneras. Su economía tradicional, a parte de la pesca, depende de la recolección de canechos y curiles en los esteros y las raíces del manglar. Desde hace dos décadas ha pasado, además, a ser el centro del tráfico de camarón robado de las grandes y pequeñas fincas; y ahora la aldea se está convirtiendo en el nuevo centro del tráfico de coca hacia Estados Unidos. Las mafias locales aspiran a construir su estructura como «Los Cachiros», que comenzaron como ladrones de ganado en Olancho y Colón y terminaron construyendo una de las redes criminales más complejas del país.

Llegamos a Choluteca respondiendo a la denuncia de la destrucción del manglar en la reserva, hecha por un grupo de canecheros y desde que llegamos, todos los caminos nos señalaban a Guapinol.

«Deben ir —nos decían líderes ambientalistas y cooperativistas de Marcovia—. Si quieren saber qué pasa con el manglar, en Guapinol está la causa».

Pero cuando pedíamos un guía para llevarnos, todos remarcaban lo peligroso del lugar. Porque Guapinol está además en una zona gris, entre Honduras, Nicaragua y El Salvador, y lejos de la ley de todos.

Nuestra presencia no pasó desapercibida. Recorrimos la única calle de la aldea, siempre seguidos por un ejército de ojos que no creían nuestra coartada de andar allí buscando pescado.

«Tienen que hablar con Pedro, el de la pulpería —me dijo Carlos en el carro—, él le va a decir quién es Bertín Cruz».

Así, llegamos hasta una pulpería al final del camino.

La casa de Pedro resalta de las demás de la aldea. Es una construcción de concreto, construida para ser negocio y no residencia, un cajón oscuro y caliente con una alacena en una esquina que separa una pequeña pulpería llena de refrescos y churros.

Atrás del mostrador estaba Pedro, sentado.

Saludamos, nos presentamos, hablamos de nuestro reportaje del manglar y preguntamos por Bertín Cruz. Fue cuando Pedro se puso nervioso. Miraba constantemente afuera de la tienda, como buscando encontrar a alguien en la entrada.

«Yo no sé nada» —nos dijo. Su descortesía parecía estar forzada por el miedo.

Pedro se levantó de la silla de plástico en la que estaba y se sentó en una vieja silla de ruedas que tenía cerca. Era un hombre grande y gordo de unos 30 años. Al levantarse pude reconocer que le faltaba una pierna.

«¿Sobre qué quieren hablar?» —preguntó.

«Sobre la destrucción del manglar en la reserva Iguanas —dije—. Tengo entendido que a los pescadores artesanales les crea muchos problemas».

«Eso es culpa de los carreteros —respondió—. Ellos sacan la madera del manglar cuando aún está verde y han acabado con todo».

Un joven entró a la pulpería de Pedro y pidió un paquete de cigarros. El joven nos miraba insistentemente, revisando nuestro equipo y apariencia. Llevaba en su pecho una bala de M16 colgada como medalla y en el brazo izquierdo una pronunciada cicatriz.

«¿De qué canal vienen? —preguntó el joven.

«Es un periódico digital que se llama *El Pulso*» —respondí.

«Están haciendo un reportaje sobre el manglar» —interrumpió Pedro. Su voz temblaba.

El joven miró a Pedro y sonrió, pagó el paquete de cigarros y salió de la pulpería.

«Váyanse ya, por favor —suplicó Pedro—. No quiero que me vean hablando más con ustedes».

Afuera el joven conversaba con el resto de nuestro grupo. Cuando me acerqué se despidió y caminó sonriendo al final de la calle, en donde cargaban dos lanchas con combustible.

«¿Y ese quién es?» —pregunté, con la atención puesta en el joven que se alejaba.

«Es uno de los hombres de Bertín» —me respondió Carlos y me señaló la casa enfrente del muelle: —Esa casa que ve allí, esa era la casa de Bertín, antes, cuando era pobre».

Yo vi la casa, nada fuera de lo que en aquella aldea parecía normal.

«¿Y quién demonios es Bertín Cruz?» —pregunté.

***

Bertín Cruz Cárdenas sigue siendo un pescador. Detrás de los varios vehículos del año que ahora tiene parqueados frente a su imponente mansión en el centro de la ciudad de Choluteca (a pocas cuadras de la casa del Prócer «Sabio» Valle) es aún aquel cipote de Guapinol, que miraba pasar las lanchas llenas de camarón en contrabando rumbo a los distintos restaurantes chinos de Tegucigalpa, y que algún día se prometió hacer todo lo que tuviera que hacer para salir de la pobreza que le rodeaba.

Ahora es un exitoso empresario. Dueño de la finca BERMAR, una camaronera en expansión que construyó sobre lo restos de una cooperativa de pescadores.

De cuarenta años, estatura media y contextura atlética es carismático y temperamental. Carlos nos contó en el carro, cómo en una borrachera Bertín disparó a la pierna de Pedro y por eso tuvieron que amputarla.

«No fue por una razón en especial —dijo—, simplemente estaba borracho y se volvió loco».

Pedro no quiso confirmarme la historia cuando le pregunté. Volvió a insistir que debíamos irnos, agregando además que los hombres de Bertín nos observaban.

En 2012 Cruz Cárdenas se sumó a la Cooperativa de Pescadores Marinos Artesanales del Sur de Honduras Limitada (COOPEMASUHL), una cooperativa de ocho años que estaba a punto de morir, luego de no haber logrado renovar la licencia ambiental para la explotación del camarón, con los consecuentes problemas financieros que ello trae.

COOPEMASUHL funcionaba en la zona de reserva «Las Iguanas-Punta Condega», una reserva natural con una superficie de 4,169 hectáreas y un área de influencia sobre 6 comunidades costeras, entre las que destacan El Venado y Guapinol.

En 2004 obtuvo una concesión de diez años por parte del Estado de Honduras de 52 hectáreas de playón albino y en 2005 consiguió la licencia ambiental otorgada por la Secretaría de Recursos Naturales, con el compromiso de trabajar el camarón de forma artesanal, para minimizar el impacto ambiental en la zona. Todo esto a pesar de que el área en mención había sido anteriormente concesionada al Grupo Granjas Marinas, en fecha 8 de marzo de 1999, según consta en documentación de la Secretaría de Recursos Naturales y Ambiente (SERNA), que explica cómo se había dejado sin explotar por ser parte de una área designada como «protegida» bajo el tratado internacional RAMSAR 1000, relativo a la convención de protección de humedales de importancia internacional como hábitat de aves acuáticas.

«Teníamos 4 lagunas que hicimos a pura pala» —nos dijo uno de los cooperativistas, agregando que fue Bertín quien metió tractores para extender la finca que ahora cuenta con 25 lagunas.

El 4 de enero de 2011, la Dirección de Biodiversidad de la SERNA rechazó la renovación ambiental a COOPEMASUHL, después de estudiar el impacto y considerar que la finca constituía un peligro para el sistema de humedales de la zona sur del país. En la resolución SERNA07-2011, que declaró «Sin Lugar» a la solicitud de COOPEMASUHL, se indica que la misma se niega, porque la cooperativa no cumplió con el contrato de medidas de mitigación necesarias e indispensables para minimizar el impacto en la reserva, que además se encuentra declarado como el sitio número 1000 (de 1900 que hay en todo el mundo) que incluye el convenio RAMSAR.

«Bertín llegó y comenzó a comprar barato las acciones de los cooperativistas —contó un socio fundador de COOPEMASUHL—. Compraba a 150,000 o 200,000 lempiras cada acción y les decía que si no vendían iban a perder toda la inversión, hasta que se hizo con catorce acciones, de veinte socios que éramos. Los seis restantes no quisimos vender, nos parecía que compraba muy barato y que la camaronera valía más. Entonces nos corrió sin pagarnos nada. Ya ni siquiera nos deja entrar a la finca. De eso hace dos años...»

Con el control total de COOPEMASUHL, Bertín procedió a disolver la cooperativa, trasladando las acciones de manera «gratuita», a su propia empresa llamada Cultivos, Importación y Exportación de Productos Marinos, S. de R.L., también conocida como «BERMAR».

Un fiscal del ambiente que conoció del caso de la reserva Iguanas y nos pidió mantener su anonimato, al no estar autorizado para hablar del caso con la prensa, nos comentó que dicha transacción de COOPEMASUHL se encuentra al margen de la ley, pues el artículo 61 de la Ley de Cooperativas de Honduras establece para las cooperativas la prohibición de fusionar o convertirse en Sociedad Mercantil o Sociedad Civil.

«La ley ya recoge una forma para disolver las cooperativas y vender las acciones a una empresa mercantil no está dentro de la ley —dijo el fiscal».

En 2013, Bertín Cruz, dueño de la camaronera de COOPEMASUHL, a través de su empresa BERMAR, procedió a meter tractores, extendiendo su territorio a 350 hectáreas, de las 52 hectáreas originales; descombrando cerca de 300 hectáreas de manglar virgen de más de 10 metros de altura, acto que sería tipificado como delito ambiental grave si la ley fuera llegar algún día a las Iguanas.

Jarvin Álvarez, líder de la asociación de Cocheros de Marcovia, nos comentó en una entrevista, cómo el manglar es importante para la subsistencia de cientos de familias de la zona.

El 6 de mayo de 2015, la Fiscalía del Ambiente de Choluteca presentó requerimiento fiscal en contra de BERMAR y sus socios, por el descombro y la roturación de 300 hectáreas de manglar en una zona protegida. La investigación inició a principios de 2014, luego de la denuncia interpuesta por la Asociación de Carreteros. Los delitos de los que se acusa a Bertín Cruz Cárdenas, con las agravantes y el concurso ideal, son imputables a una pena de 5 a 10 años de reclusión.

«Se pidió en el requerimiento la neutralización de los efectos del delito —cuenta el fiscal—. En materia ambiental eso quiere decir que se debe dejar de hacer lo que sea que esté haciendo para impedir que se siga dañando el ecosistema».

La defensa argumenta que BERMAR ha estado en posesión de la tierra desde 2004, año que inició COOPEMASUHL y que cerrar operaciones ahora incurriría en un alto costo económico que sobre pasa los cincuenta millones de lempiras.

Dicho argumento carece de sentido legal, pues en derecho civil, quien construye en propiedad ajena sabiéndose sin derecho (BERMAR no tiene concesión del estado), pierde lo construido. O sea, la defensa argumenta que una vez hecho una inversión para efectuar un acto ilícito, se debería de permitir la actividad hasta recuperar la inversión.

«¿Será que se pueda aplicar este precedente a las armas de los mareros y los aviones de los narcotraficantes?, pues en alguna inversión han incurrido para hacerse con ellas. O peor, ¿a los sobornos que recibe los políticos para interferir con la ejecución de la justicia, una vez sean identificados?» —Nos preguntó un líder comunitario que pidió no mencionaramos su nombre, cuando le comentamos sobre los argumentos que la defensa presenta en el caso de BERMAR.

El Inspector de la SERNA, Juan Diego Sánchez, nos explicó cuál es el trámite para conseguir una licencia ambiental en un proyecto camaronero: «Ahora las licencias ambientales se dan de manera satelital y si están en una zona prohibida el mismo sistema le indica a uno que no procede» —dijo Sánchez, remarcando que si el proyecto está en una reserva natural o no cuenta con los títulos de propiedad respectivos, es imposible que se dé una licencia ambiental.

Haciendo uso de los contactos políticos de Bertín Cruz, luego de haber contratado al anterior fiscal del ambiente, el abogado Aldo Santos como abogado defensor, el expediente de BERMAR se fue *Ad Efecctum Videndi* (a efectos de ser visto) a la recién electa Corte Suprema de Justicia, que pidió el documento para conocer del caso. Y la neutralización de los efectos del delito se suspendió hasta que se venzan los recursos de la defensa.

Una fuente al interior del juzgado en Choluteca nos comentó, que todo estaba listo para hacer la operación en contra de BERMAR, cuando llegó al juzgado un conocido e influyente diputado liberal de la zona sur y se encerró en la oficina del Juez Máximo Fernandez que conoce del caso, convenciéndolo de que actuaba en nombre de un Magistrado no identificado de la Sala Constitucional de la Corte Suprema de justicia, quien ordenaba se suspendieran las acciones en defensa del medio ambiente.

Mientras tanto, los habitantes de la zona siguen sufriendo las consecuencias de la destrucción ambiental y la falta de ley cualquiera en su zona del país.

El miércoles 16 de marzo dio inicio a varios días de movilización de grupos indígenas y ambientales en Tegucigalpa, que llegaron reclamando justicia para el asesinato de la líder ambientalista Bertha Cáceres. Entre los manifestantes iba un grupo de pescadores artesanales con una pancarta reclamando justicia en el caso Bertín Cruz.

Ellos alegan que BERMAR les ha bloqueado el paso al manglar en donde tradicionalmente pescaban.

«Están destruyendo el mangle, porque todo lo que la máquina levanta lo deja muerto» —dicen los canecheros cuando se les pregunta por la causa de su reclamo.

«Ahora hay menos cosecha de curiles y de canecho y muchas familias viven de eso. Hasta la pesca en el golfo se ha visto afectada» —dice Moisés Osorto de la Asociación de Pescadores Artesanales.

La tarde cae sobre Guapinol. Las familias prenden las fogatas para espantar a las plagas de zancudos con el humo. En los bares y billares comienza la música tropical a alto volumen, mientras los niños juegan en las pozas formadas en la calle por la marea.

Nosotros logramos salir a tiempo de la aldea. Recorrimos casi un kilómetro con el agua arriba de las llantas del carro mientras apreciábamos el bello atardecer en el golfo.

El caso de la reserva «Las Iguanas–Punta Condega» continúa aún inconcluso. Bertín Cruz permanece impune en la camaronera, sin prestar atención ni a las Leyes de la República ni al reclamo de las comunidades. Mientras tanto, las actividades delictivas crecen en la zona, se reportan con más frecuencia la presencia de hombres en uniformes camuflados que hablan con acento mexicano y se hacen llamar «Los Meros Toros». La inacción policial y las llamadas hechas por diputados, políticos y Magistrados inescrupulosos, hace crecer la Marea Negra sobre el sur de Honduras. Una marea que come comunidades enteras, ahogando el medio ambiente, familias campesinas, nuestra institucionalidad y, eventualmente, si nada se hace para impedirlo, el futuro próspero de Choluteca.

EL CENTRO HISTÓRICO DE TEGUCIGALPA, ENTRE LA GENTRIFICACIÓN Y LA DESIDIA

Sí, yo vivo aquí, o mas bien muero.
Aquí donde la sombra purísima del niño
cae en el polvo de la angosta calle.
El vuelo detenido y arriba un cielo que huye.

Fragmento de «Tegucigalpa» de Roberto Sosa

***

Escuché por primera vez hablar de «Gentrificación» en los Estados Unidos, cuando vivía en un barrio de la ciudad de Atlanta y los vecinos comentaban del desplazamiento de los pobres, en su mayoría negros, que eran sustituidos por jóvenes blancos y profesionales. Luego, más adelante, el tema cogió fuerza en el contexto del huracán Katrina en New Orleans, otra vez los barrios de los pobres fueron transformándose en barrios *hipsters* de blancos, el dinero comenzó a fluir para la reconstrucción y el centro histórico de la ciudad de New Orleans revivió con una demografía completamente distinta a la que tenía antes.

Entendemos por gentrificación (del inglés, *gentrification*) al proceso mediante el cual la población original de un sector o barrio, generalmente céntrico y popular, es progresivamente desplazada por otra de un nivel adquisitivo mayor. Casi siempre ese desplazamiento se da de forma económica, pero puede también suceder mediante el uso de la fuerza o la coerción.

Siempre me ha gustado el centro de Tegucigalpa. Sus calles serpenteadas y estrechas, sus esquinas repletas de olores e historias. Recuerdo de niño escapar del Instituto Hibueras para ir al cine Variedades y caminar por la peatonal, en aquel tiempo saturada de vendedores que habían hecho de la avenida Liquidambar un bazar persa. Los viernes nos íbamos a jugar basquet en las canchas de La Leona o al parque la Concordia, que en aquellos años era aún reluciente y «seguro». Cerca de 1997 alquilé un apartamento frente al Parque Herrera, desde allí me enteraba de las presentaciones en el Manuel Bonilla y a veces iba a ellas. Aún conservo un apartado postal en el correo frente al ahora Museo de la Identidad Nacional y recuerdo cuando ese edificio, antes Palacio de los Ministerios, estaba a punto de caer como cayó en su momento aquel bello edificio que fue embajada americana frente al parque Valle, hoy un triste parqueo. El centro de Tegucigalpa ha sido parte de mi historia, como ha sido parte de la historia de todos los que habitamos esta ciudad. Por eso es el centro.

Cuando vi que el viejo Hotel La Ronda iba a ser renovado en un edificio de apartamentos me alegré mucho. Como usuario regular del Centro Histórico y sus distintas instituciones, siempre me he sentido triste al ver los edificios abandonados caer por el paso implacable del tiempo y los elementos. «Contenedores vacíos», les llaman ahora, sin diferenciar si es una casa con algún valor histórico y arquitectónico, o un lote baldío. Basta caminar por el centro con la cabeza en alto para ver cómo la mayoría de los edificios de más de 3 pisos están vacíos.

Antes, mucho antes de que existiera el Distrito Hotelero de Palmira, el Hotel La Ronda era el centro de la vida social de la clase media de Tegucigalpa. Bodas, cumpleaños, graduaciones o eventos cualquiera se llevaban a cabo en sus salones cada fin de semana, adornando el vestíbulo con vestidos largos y coloridos, risas galvanizadas por el alcohol y la sensualidad de perfumes importados.

«Recuerdos que se viven», dice el slogan del proyecto de Condominios De La Ronda y yo, que guardo muchos recuerdos de ese hotel, inmediatamente quise ir a conocer los apartamentos.

Debo admitir que los condominios cuentan con un muy bonito acabado de tabla yeso, amplios ventanales y balcones que dan a la calle, arreglo acústico para reducir el ruido de la avenida, salón interior para usos múltiples y una linda terraza con vista a los techos de la ciudad. Mientras más alto estás en el edificio, más oneroso es el apartamento. Mientras más grande es el espacio, más caro. Los precios van desde los 42,000 dólares a los 70,000 con primas de 150,000 lempiras y cuotas de 300 a 500 dólares. Un precio algo elevado para mis ingresos pero que, siendo un edificio del valor histórico de La Ronda, considero que podría valerlo.

—¿Y todo ese cableado? —pregunté a la joven que guió el recorrido por el condominio, señalando a los cables eléctricos que ensucian la linda vista de la ventana.

—La alcaldía va a enterrar el cableado por toda la avenida Gutenberg —me dijo la joven.

Yo me asomé al balcón y vi la maraña de alambres de todo tipo que van desde el Finlay hasta el barrio Abajo.

—Una inversión cara —comenté.

***

Arturo Suárez es el Gerente del Centro Histórico de la Alcaldía Municipal del Distrito Central. Una dirección creada hace cinco años para cuidar las necesidades particulares que tiene esta zona de la ciudad, que difieren mucho de las del resto de la comuna capitalina. Él me confirmó en una conversación en su oficina en la Avenida Paz Barahona del barrio La Plazuela, que el proyecto de revitalización del Centro Histórico de la ciudad incluye enterrar el cableado desde el Guanacaste hasta la esquina de Condominios De La Ronda.

—Originalmente el plan llegaba hasta el Finlay —dijo—, pero el dueño del proyecto habló con el alcalde y éste decidió extenderlo un par de cuadras más.

La idea, según las palabras de Suárez, es poder hacer un estimado del costo que lleva enterrar el cableado en esa parte de la ciudad, con miras a replicar la acción en el resto de Centro Histórico.

—El proyecto incluye ampliar aceras y aumentar las zonas peatonales en todo el Centro, reducir el tráfico sacando los buses y taxis que lo usan como punto de convergencia, mejorar los parques, aumentar el alumbrado eléctrico, en general, revitalizar el Centro Histórico como lo es Antigua Guatemala o el centro de Quito.

—Una inversión bastante cara —dije al arquitecto Suárez—, si es para una zona en donde pululan las tiendas de ropa usada y apenas se puede caminar sin que lo asalten a uno.

El arquitecto me miró con cierta simpatía, se acomodó en su silla mientras hablaba sobre los puestos de ropa usada en el centro de Tegucigalpa.

—La ocupación de los espacios por comercios de segunda mano tiene mucho que ver con el valor del alquiler —comentó—. Estos lugares están aquí, en el centro, porque las rentas han caído de tal manera que les resulta barato. Los alquileres les permiten eso. A partir de 2017 se va a implementar una normativa en la cual todos estos lugares van a tener que cumplir una serie de condiciones de arreglo de sus tiendas y otras circunstancias que les van a subir costos y no los van a hacer rentables. Algunos se van a quedar, van a convertir sus lugares en tiendas Vintage, pero la mayoría se van a ir.

—¿Estamos ante un proceso de gentrificación del Centro de Tegucigalpa? —pregunté.

—No. —Respondió Suárez, convencido—. Queremos evitar la gentrificación y la burbuja inflacionaria en cuanto a bienes raíces. Queremos que el proyecto de vivienda se centre en gente que tenga un rango determinado de recursos. Dar incentivos para aquellas familias que busquen su primer vivienda, familias jóvenes y de perfiles específicos que mejoren la calidad de vida en el Centro. Evitar que se de la gentrificación. Lo que queremos es que la gente que va a venir a vivir acá, sea la gente que trabaje acá.

—¿Y la seguridad? —pregunté—, ¿cómo piensan mejorar la seguridad en el centro para hacerlo vivible?

Suárez sonrió nuevamente. Parece ser un tipo agradable. Como quien ha practicado muchas veces un mismo discurso procedió a explicarme el plan de la alcaldía para mejorar la seguridad en el Centro Histórico. Yo tomé mi café azucarado y me acomodé en la silla, consciente que el arquitecto iba a extenderse en su explicación.

—El tema de la seguridad es un tema transversal —dijo—. Los espacios públicos dependen mucho de que la gente se sienta segura en ellos. Pero al mismo tiempo es una especie de simbiosis. Mientras más gente hay en los espacios públicos, más gente se siente segura en ellos. Por ejemplo, en el paseo Liquidambar hay dos mundos, de las 6:30 para abajo y de las 6:30 para arriba. Mientras hay gente es el lugar más seguro del mundo y cuando no hay gente es todo lo contrario. Nosotros buscamos que aumente el número de personas en el centro para mejorar la seguridad. Todas las políticas están enfocadas a poner gente en el centro, de día y de noche. Cafés, bares, restaurantes, teatros. Vea el parque La Leona —comentó, señalando con su dedo índice a la pared detrás de él—, a cinco cuadras abajo de La Leona está el parque La Concordia y las historias son diametralmente diferentes, principalmente porque hay gente.

Siempre hay mucha gente en el centro de Tegucigalpa. De día se llena de desempleados y vendedores, gente que va de prisa a sus trabajos o a sus casas, o gente que se queda a esperar que pase el tiempo, quizás porque no tienen a dónde ir. Las prostitutas conversan con los vendedores de periódicos en una esquina de la plaza Morazán frente a Little Ceasar y beben disimuladas de una botella de refresco que seguramente contiene guaro, mientras la policía municipal recorre la peatonal cuidando que no sea ocupada por buhoneros y mendigos. La Policía Militar, un poco más temida por la población, camina en la periferia del barrio El Centro manteniendo a raya a los jóvenes que por pobres son tomados como sospechosos —de cualquier cosa—. Pero en la noche el flujo cambia. Como la marea que se aleja, las plazas se vacían de gente y comienzan a llenarse los bares y cafés que aún subsisten a la violencia.

Según los datos del Observatorio de la Violencia de la UNAH, 130 personas han muerto asesinados en el Centro Histórico de la ciudad de Tegucigalpa en los últimos 3 años, 88 de ellos en el barrio El Centro, seguidos por el barrio Abajo con 11 víctimas, El Guanacaste y La Hoya con 6 respectivamente, La Fuente con 5, La Concordia 4, El Jasmin, La Leona y La Ronda con 3 cada uno y Los Dolores con una persona fallecida en 2013. Aunque hubo un bajón en el 2015 en comparación con los datos presentados en 2014, que ha sido a todas luces el año más violento en el centro de Tegucigalpa, los números parecen levantarse nuevamente en 2016. El barrio El Centro es, además, la zona más peligrosa del Centro Histórico de Tegucigalpa, con casi el 70% de las muertes violentas registradas en los años 2013, 2014 y 2015.

—Al muchacho lo mataron allá por el Guancaste —me contó Cristina (nombre falso) en una conversación que tuve con ella en un café del centro de Tegucigalpa.

—¿Lo conocía usted? —pregunté.

—Sí, lo conocía. Acá todo mundo se conoce. Le habían dicho los mareros que no debía volver aquí y él cometió el error de regresar. Lo mataron enfrente de la escuela de sus hijos.

—¿Los mareros?, ¿hay mareros en el Centro de Tegucigalpa?

—Antes no habían, pero ahora sí. Se vienen del Reparto para pelear la zona. Los Chirisos y los Benyamin controlaban antes el Barrio Abajo, pero ahora que están presos o muertos quien controla esto es la MS. Todo el centro lo controla la MS.

—¿Del Reparto vienen? —volví a preguntar, quería saber si no eran pandilleros de otros barrios como la San Miguel o Comayagüela.

—Del Reparto. Los de la San Miguel están cómodos con controlar su territorio. Estos son los que se están expandiendo y han traído la guerra al Centro.

Cristina, junto a su esposo, era dueña de un bar en algún lugar del Centro de Tegucigalpa. Con más de dos años de funcionar pensaba que estaba haciendo la inversión para salir adelante. Compró varios televisores y un potente equipo de sonido que usaba para amenizar el ambiente. Ella me asegura que no vendía droga en el lugar, pero reconoce que sí dejaba que se vendiera.

—Yo solamente pagaba el impuesto para que me dejaran trabajar —me dijo—. Pagaba 6,000 lempiras mensuales a la MS y 2,000 a la policía para que me dejaran operar sin problemas.

—¿A la policía?

—Sí. Ellos me cobraban 500 lempiras por cada agente que llegaba al negocio —siempre iban cuatro en la patrulla—, para que me dejaran funcionar después de las 2 am.

—¿De qué posta son?

—De acá del Manchen.

Un día el esposo de Cristina fue asesinado en la avenida Paz Barahona de Tegucigalpa, a pocas cuadras de la oficina de la gerencia del Centro Histórico en donde hablé con Suárez. Cristina me asegura que lo confundieron, que él no estaba metido en nada malo, pero luego mataron 4 amigos cercanos que llegaban a su bar. El calvario entonces comenzó para ella.

—Algo cambió —me dice—, ellos ya no quieren el impuesto de guerra como antes. Ellos están obligando a la gente a que trabaje para ellos vendiendo droga. Están apoderándose de todos los bares y negocios del centro para lavar el dinero de la droga y si uno se rehúsa, lo matan. Así le está pasando a toda esa gente que usted ve que matan acá. La gente no lo sabe pero estamos en medio de una guerra. Todo esto que ve acá, va a cerrar pronto.

Desesperada, Cristina hace un círculo sobre su cabeza señalándome un área de acción amplio para la pandilla que clama el centro de la ciudad como su territorio.

—¡Ahora hasta TacoMexi en la Ronda está pagando impuesto de guerra! —dice.

—¿Y si no lo pagás? —pregunto.

—Te matan a un empleado primero, luego a alguien de tu familia y por último a vos. No hay escapatoria, no hay a dónde denunciar, porque la policía misma está metida en todo.

Adriana Sandoval y María Teresa Agurcia son las directoras del portal electrónico «Vuelve al Centro». Me reuní con ellas en el café del Museo de la Identidad Nacional. Tenía la curiosidad de conocer si Vuelve al Centro es o no una estrategia de mercado de los Condominios De La Ronda para atraer compradores incautos a una zona de guerra. Jóvenes y bellas, con los apellidos de la vieja Tegucigalpa, hablan en espanglish del centro histórico como quien habla de un paraíso perdido. En la conversación, ellas me comentaron que en efecto, Vuelve al Centro comenzó como parte del proyecto La Ronda, pero que luego se amplió agregando a los distintos actores culturales, como el MIN o el Museo del hombre hondureño y ahora tienen un amplio espectro de apoyo.

—Nosotros hemos encontrado un grupo de aliados bien bonito —manifestó Sandoval, emocionada—, siendo *the new kids on the block*, nosotros no queríamos que los grupos que ya llevan años haciendo lo que nosotros estamos haciendo, crean que les estamos queriendo quitar protagonismo. Todos los grupos nos han recibido con *Open Arms*.

—¿Entonces Vuelve al Centro no es de La Ronda? —pregunté.

—Ya no. Mantener una página como Vuelve al Centro sale demasiado caro para una empresa cualquiera —dijo Sandoval—. Para ser una estrategia de mercado, no es factible. Pensar que una compañía podría mantener un blog y a las personas que trabajan en esto es imposible.

—Hasta ahora La Ronda ha sido nuestro patrocinador —agregó Agurcia—, pero nosotros estamos buscándolos en otra parte, porque sale muy caro para La Ronda mantenernos. Lo que queremos es buscar patrocinio para devolverlo luego a la comunidad, promoviendo las actividades del Centro. Por eso se ve tanto La Ronda, cuando tengamos otros patrocinadores se van a ver más.

—¿Qué busca entonces Vuelve al Centro? —pregunté.

—Meter al Centro en la narrativa nacional —me respondió Agurcia—. Si la gente no sabe o no escucha del Centro, no se pueden arreglar los problemas que tiene.

—¿Y a quién le hablan ustedes cuando le dicen Vuelve al Centro? —pregunto, agregando que la zona está ya saturada de gente.

—La gente viene aquí para agarrar transporte a otra parte o porque hay edificios en donde trabajan personas del gobierno, pero no es porque la gente quiera pasar el día en el Centro. No hay inversión reciente, en la noche no hay vida, a nadie le gusta caminar en el centro porque tiene miedo.

—Entonces, ¿a quién llaman ustedes a que vuelva al centro?

—A la gente que dice que no viene al centro porque no hay seguridad, —me responden, casi en unísono.

Mientras escribía esta nota, dos bares han cerrado en el Guanacaste. Pincho Loco, supuestamente por problemas con el pago del impuesto de guerra y Bahamas, luego de que desde un carro descargaran una metralleta a la entrada del local.

—¿Y qué vas a hacer, entonces? —pregunto a Cristina, que llora luego de contarme que está vendiendo todo.

—Irme —me dice—, si me quedo acá y no trabajo para la MS me matan, y si me quedo y lo hago, me meten presa. No hay salida para mí sino irme.

El Centro de la ciudad de Tegucigalpa va a cambiar. Eso es inevitable. Incluso la violencia que ahora se vive va a disminuir. El proyecto Condominios De La Ronda es el piloto de una reestructuración que incluye distintos actores económicos de la ciudad. A él le seguirán otros proyectos. La Alcaldía espera tener el nuevo centro histórico concluido para el año 2025 y la ciudad que describen me gusta, se parece mucho al centro que siempre he soñado. Pero hay algo en todo esto que me hace ruido. Nadie dice querer la Gentrificación, decirlo sería «Políticamente incorrecto» y es quizás porque Tegucigalpa no la necesita. El Centro, como toda la ciudad de Tegucigalpa, contiene en sí dos universos diametralmente opuestos. El de los ricos, con sus firmas bancarias, museos y fundaciones, y los dueño de tristes e inútiles «contenedores vacíos» que serán —nuevamente— los únicos beneficiados en el aumento del costo del metro cuadrado en el Centro; y los pobres, que como el caudal de un río que desconoce el mar continuarán desembocando la vida en las plazas, peatonales y calles del centro, y seguirán allí, como ahora, viendo los edificios, bellos, pero siempre ajenos.

MEJOR ME VOY

Ellos entraron hace un año. Yo les di permiso para entrar. Pero ahora quieren que venda droga para ellos. A mi no me habían dicho nada antes porque yo les pagaba una cuota mensual de ocho mil lempiras. Yo solo vendía cerveza. Pero ahora quieren que trabaje para ellos, no vender droga solamente, sino que trabaje para ellos. Piden que venda una cuota de ocho mil lempiras diarios, eso es mucho y no puedo. Por eso mataron a mi esposo, él no se metió con ellos y por eso lo mataron. Mi esposo no me dejó nada, solo me dejó los carros que los he ido vendiendo para pagar las deudas que dejó.

A B, lo mataron el miércoles. Ellos me dijeron «Ya viste como te matamos a B?» A B le habían dicho que se fuera de aquí dos días antes y él no les hizo caso y por eso lo mataron. Yo les dije que les dejo el bar, les dejo todo, les dije, pero ellos no lo quieren. Ellos quieren que trabaje para ellos. Dijeron que eran de la MS, yo no se. Ya les pagaba a la MS antes, ocho mil lempiras al mes, pero ahora me dicen que quieren que venda droga.

No solo ellos dos han matado, antes mataron a otra muchacha. Ya llevan cuatro muertos. La chava esa fue amiga de nosotros y se metió con los mareros y apareció muerta. Le sacaron los ojos porque había visto no se qué.

W murió en Semana Santa. A él lo mataron por la venta de mariguana. Yo estaba allí cuando lo mataron, lo vi agonizar. Yo estaba allí y solo pasó una moto y le disparó, la segunda moto lo terminó de rematar. Ellos me dijeron que si no les trabajaba a partir del miércoles me iban a matar uno semanal, un empleado o un familiar.

No he presentado la denuncia en la policía pero es por miedo. Los chepos están metidos en eso también. A ellos les pagábamos dos mil lempiras para que nos dejaran trabajar. Cómo voy a ir a denunciar si se que ellos también están metidos a eso.

Yo comencé a vender cerveza después que mataron a mi esposo, hace un año. A los dos meses que murió, vinieron y me amenazaron, y yo no les hice caso, se fueron a la casa de mi hermana y la amenazaron con pistola.

Mi esposo no vendía droga, les daba entrada a ellos en el bar solamente. Él tenía el bar antes que yo. Me tuve que quedar con el bar porque era la única manera que tenía para mantener a mis hijos. Lo único ilegal que yo hacía era vender cerveza después de las 2 de la mañana. Dicen que confundieron a mi esposo. Él no solía pasar por allí por donde lo mataron. Fue un domingo en Comayagüela, por la escuela de Bellas Artes. El niño me dice que no lo venían siguiendo. Iba con el niño de cinco años que vio todo y dice que le dijeron «Danos el carro» y mi esposo dijo que sí, pero ellos dijeron que se iban a llevar al niño y él no los dejó.

La policía no me ha devuelto el carro en el que mataron a mi esposo. Aún lo tienen. Ahora quieren que pague 18,000 lempiras para sacarlo y no tengo de donde pagar eso.

Tengo miedo de hablar hasta con mi propia familia. Ellos me dijeron que la información hasta a la propia familia se le compra. Les estoy pagando impuesto porque le pusieron una pistola a mi sobrina. Y ahora no quieren eso, yo bien les estaba pagando, aunque no tuviera el dinero, yo los conseguía prestado. Ya les dije que les voy a entregar las llaves del negocio, que se metan ellos como quieran allí, a vender. Todo lo dejo allí, no quiero nada. Lo único que quiero es que me dejen vivir para seguir luchando por mis hijos. Si uno se mete a esto es para poder conseguir algo aunque sea para la comida.

A A del otro bar lo dejaron cerrar, llevarse todo. Le dijeron sí, que no podía abrir ningún otro negocio, pero lo dejaron ir. A mi no me dejan en paz porque soy mujer. Ellos quieren que yo les trabaje. Le están cobrando impuesto a todos en la zona, hasta los de Tacomex pagan impuesto. Todo esta zona del centro va a cerrar. Eso viene desde el barrio abajo, viene subiendo hasta aquí. Mi temor es que me maten en frente de mis hijos. Volver a hacer pasar eso a mi niño de seis años no es justo.

Allí tengo la droga que ellos me dejaron a la fuerza, allí la dejé, en el bar. Me dijeron que tenía que pagarla y estoy pensando en pagárselas de mi dinero para que no me vayan a buscar. Me dejaron treinta y nueve «brutos». Ellos me regalaron nueve para que me pague el trabajo. Me los mandaron a dejar con una mujer que no se quién es.

Me llaman por teléfono. Gente joven. Primero uno que me dijo que no me iban a matar y luego otro que me dijo que sí me iban a matar. Me ponen gente joven, gente vieja, mujeres, todo tipo de gente, como para mostrar que son muchas personas. Ayer ya se le safó a uno de ellos decirme que se llama Toño. Me llaman todos los días. Me preguntan si les voy a colaborar o no.

Supuestamente, quienes nos están extorsionando a nosotros son los MS del Reparto. El Reparto quiere apropiarse de la plaza del Centro. Eso parece. Antes estaban Los Chirisos y Los Benjamin, pero como a todos Los Benjamin de aquí en el Reparto los han metido presos, la MS quiere apropiarse de la plaza.

Yo ahora solo me quiero ir. Me voy a dónde sea. Intenté hacer todo por lo legal, pero aquí, en este país no se puede. Ir a presentar la denuncia a la policía, es como darles la dirección a los mareros para que lo maten a uno. Mejor me voy.

LA MEMORIA FRESCA DE RICCY MABEL, A 27 AÑOS DE SU ASESINATO

La violación y asesinato de Riccy Mabel Martínez Sevilla en julio de 1991 captó los titulares y la atención nacional durante años en Honduras; causó una gran indignación, manifestada en manifestaciones y otras acciones públicas, y ha sido descrita como un caso de prueba del grado de impunidad de los militares.

Riccy Mabel Martínez, de 17 años de edad, era estudiante de la Escuela Normal Pedro Nufio, desapareció el 13 de julio de 1991 después de visitar el Batallón de Comunicaciones en las afueras de Tegucigalpa, para solicitar la liberación de su novio, Rubén Hurtado Padilla, que había sido reclutado para el servicio militar. Su cuerpo fue encontrado el 15 de julio de 1991 cerca de un arroyo, mostrando signos de violación.

Uno de los principales sospechosos de su violación y asesinato fue el jefe del batallón, el coronel Angel Castillo Maradiaga, cuya voz fue identificada por el director de su colegio como la que llamó anónimamente para dar la ubicación de su cuerpo. Los exámenes forenses de la ropa de la víctima llevados a cabo por el Buró Federal de Investigaciones de los Estados Unidos (FBI) mostraron actividad sexual de al menos cuatro hombres; se encontró que el vello púbico y el semen encontrados en su ropa coincidían con los del coronel.

Un sargento, Santos Eusebio Ilovares Funez, se presentó a los tribunales tres días después y afirmó haber sido responsable del crimen y fue encarcelado, aunque luego afirmó que los oficiales en posiciones más altas lo habían obligado a hacerlo. En agosto de 1991, el coronel Angel Castillo Maradiaga y el ex jefe de personal del batallón, Ovidio Andino Cuello, fueron detenidos, pero este último fue liberado en enero de 1992.

Tanto el coronel como el sargento fueron retenidos en la Penitenciaría Central en 1991 y sentenciados en 1993 a penas de prisión de 16 años y medio, y 10 años y medio, respectivamente, por la juez Maria Antonieta de Castro. La sentencia fue rechazada por un tribunal de apelaciones que alegaba errores de procedimiento en el juicio, pero luego fue ratificada por el mismo juez en 1995 (ibíd., 4 de octubre de 1996). El tribunal de apelaciones aceptó la sentencia después de revisar las correcciones a los errores de procedimiento y pasó el caso a la Corte Suprema de Justicia (CSJ), que ratificó la sentencia. Sin embargo, Castillo Maradiaga presentó un "recurso de casación"; después de revisar este recurso legal, la CSJ rechazó la sentencia y devolvió el caso al tribunal de apelaciones para su revisión. El 2 de octubre de 1996, el tribunal de apelación anuló la sentencia y devolvió el caso al tribunal penal. En este punto, el sargento Ilovares Funez se declaró inocente y declaró que había asumido la responsabilidad por el crimen bajo la presión de un coronel Herber Munguia Morales, jefe del destacamento C-2, quien supuestamente le dijo a Ilovares Funez que recibiría una casa, un salario y lanzamiento después de dos años; sin embargo, Ilovares Funez afirmó desde su celda que solo recibió ocho meses de salario.

En febrero de 1997, el juez penal José Octavio Calix declaró que el sargento Ilovares Funez había matado a Riccy Mabel Martínez Sevilla la noche del 13 de julio de 1991 tras intentar violarla, y lo condenó a 15 años de prisión, mientras absolvía al coronel Angel Castillo Maradiaga de cualquier fechoría. El juez Calix afirmó que la adolescente no fue violada, a pesar de la evidencia forense en contrario, y sentenció al sargento por homicidio simple.

Posteriormente, el tribunal de apelaciones ratificó parcialmente esta sentencia, al liberar al coronel de cualquier responsabilidad y sentenciar a Ilovares Funez a 10 años y medio por violación, cambiando el período anterior de 15 años por asesinato. Semanas antes de esta decisión judicial, un testigo clave, el vendedor de helados Esteban García, quien afirmó haber visto al adolescente abordar un automóvil idéntico al del coronel, fue golpeado hasta la muerte por una pandilla en un aparente robo. La familia de la adolescente, que públicamente rechazó la absolución del coronel, nunca acusó al sargento de participar en el crimen; sin embargo, el sargento declaró que renunciaba a reclamar su inocencia, ya que haber estado preso durante más de siete años le permitiría buscar su liberación.

El Comité para la Defensa de los Derechos Humanos y el grupo de teatro juvenil El Manchen presentaron una obra de teatro en noviembre de 1996 en San Pedro Sula basada en el caso de Riccy Mabel Martínez.

En una entrevista dada a la prensa, los militares presos dijeron que el entonces jefe de las Fuerzas Armadas de Honduras, general Luis Alonso Discua Elvir, conocía la verdad del asesinato de la estudiante Riccy Mabel Martínez.

"Discua sabe quiénes mataron a la joven, porque recibió un informe al respecto, y me dan ganas de llorar de ver que hay gente que no tiene hombría de decir la verdad", afirmó el coronel Angel Castillo Maradiaga.

El sargento Santos Ilovares Fúnez, el otro involucrado, sostuvo que se autoinculpó por orden de Discua, en aquel entonces jefe de la institución castrense.

Castillo Maradiaga reafirmó a la prensa local, tras conocer la anulación de su sentencia, que "yo no maté a Riccy. Ilovares debe decir quién lo hizo, porque fue él quien le dio aventón hacia Tegucuigalpa". "Me sacrificaron por un delito que cometió otra persona, que no sé quién es, pero Ilovares sabe todo acerca del crimen contra esta muchacha; no digo que él la mató o la violó, pero sí le dio aventón", insistió el oficial, quien en ese momento convalecía en el hospital de las Fuerzas Armadas tras una intervención quirúrgica.

Ilovares Fúnez aseguró que "si me eché su muerte (de la estudiante) fue porque las Fuerzas Armadas me obligaron".

"No podía hacer nada porque el coronel Herbert Munguía Morales (entonces jefe de Inteligencia Militar) había llegado con instrucciones del alto mando de las Fuerzas Armadas, que en ese entonces era comandada por el general Discua, para que me responsabilizara de esa muerte", relató.

El ex defensor de Castillo Maradiaga, Francisco Lagos, sostuvo que la embajada de EEUU influyó en la condena contra los dos militares para proteger a agentes del Departamento Antidrogas (DEA) que supuestamente participaron en el crimen.

La madre de la estudiante, Nora Sevilla de Martínez, adelantó que, si los dos militares son absueltos, recurrirá a organismos jurídicos internacionales.

Después de cumplir 10 años en prisión, en 2001, salió de la cárcel el coronel Ángel Castillo Maradiaga. Un solo periódico publicó la salida de prisión del coronel. La pequeña noticia, apenas dos columnas, que nadie comentó, contrasta con el hecho de ser uno de los suceso que más dio que hablar y escribir en medios electrónicos y escritos del país.

El caso Riccy Mabel simboliza el inicio del proceso cultural y legal de desmilitarización de Honduras y rompió la impunidad absoluta que hasta entonces tenía la jerarquía castrense.

JESSICA SÁNCHEZ Y EL PRECIPICIO DE CRISTAL

Jessica Sánchez, escritora, feminista y directora del Grupo de Sociedad Civil habló para *El Pulso* en una entrevista que trató sobre política, feminismo y literatura. Su cálida recepción en su oficina en la Miramontes de Tegucigalpa, nos hizo entrar en confianza y más que una entrevista, el tiempo se fue en una agradable conversación.

«El Grupo Sociedad Civil surge con la Estrategia de Reducción de la Pobreza (ERP), como un pacto entre Estado y Sociedad Civil», explicó Jessica. Según dijo «está compuesto de once sectores sociales: sector mujer, pueblo indígenas y afro, sector obrero campesino, empresa privada, pequeña y mediana empresa, discapacidad, tercera edad, juventud y recientemente está el sector LGTBI que ha participado en todo este proceso. Con el golpe de 2009, hay una escisión con el Estado y queda solo Sociedad Civil. Se tomó una postura de no apoyar el golpe, una postura de resistencia. Antes estuvo Omar Rivera en la dirección y con él se logró avanzar mucho en el tema de seguridad. En la actualidad estamos desarrollando el proceso de incidencia en relación al nuevo Código Penal y coordinamos la articulación 611, porque son 611 los artículos de este nuevo código. Para decidir trabajar en un tema, recibimos la solicitud y hacemos el proceso, se discute en asamblea y se aprueba que entre en el grupo».

—¿Son organizaciones de base entonces la mayoría?

«La mayoría, sí».

—¿De dónde asumen ustedes la autoridad para representar a la Sociedad Civil, o ser veedores en los procesos políticos?

«Nosotros siempre hemos dicho que no somos toda la Sociedad Civil. Somos parte de ella. Representada en los diferentes organismos. La autoridad que tenemos es la que nos da la gente y estrictamente eso. Somos conscientes que el concepto de Sociedad Civil ha sido muy utilizado y hay ciertas organizaciones que se apropiaron del término y dicen ser "La Sociedad Civil", como si fuera un solo concepto homogéneo. Tenemos que entender que la Sociedad Civil es un concepto heterogéneo entonces».

—¿Por qué el resto de la sociedad civil no tiene una actuación más relevante entonces?

«Lamentablemente las organizaciones de la Sociedad Civil están dirigidas por ciertos líderes que son caudillos y no escapan de la dinámica del movimiento izquierda tradicional. Son centralistas, son egocéntricos, ellos tienen la última palabra, son casi los dueños de las organizaciones. Una de las cosas que a mí me impresiono cuando yo vine aquí por primera vez, es que uno de estos dirigentes me dijo: "Necesitamos una reunión pero, con el alto nivel de Sociedad Civil", y yo le dije: "¿Y es que hay niveles pues?"».

—¿Hay rangos entonces en las organizaciones de la Sociedad Civil?

«Si. Lo que ellos llaman líderes de alto nivel. Incluso Bertha era de alto nivel, según ellos. ¿Pero y entonces? La gente de las comunidades, las mujeres de Madre Tierra, las mujeres de la rueda, ¿no son alto nivel? ¿Serán bajo nivel? Porque si es un adjetivo tiene que haber un antónimo y todo se centra aquí en Tegucigalpa. Yo creo que se ha descuidado mucho el trabajo en las regiones, se ha descuidado en temas de articulación, porque las propias regiones tienen su pujanza».

—¿Alguien elige los representantes de la Sociedad Civil o es una cuestión más orgánica, que se da dentro de las organizaciones?

«Yo te diría que es una cuestión de coyuntura y de accesos de poder, porque cuando nosotros vamos a ciertas reuniones, no vamos todos. La cooperación te pide para sus reuniones, que vayan tres o cuatro y para realmente tener una representación verdaderamente representativa de Sociedad Civil, sería mucho más masiva. Además nos ponen tiempos. Hay dos temas, uno es la capacidad nuestra de recoger las iniciativas de las bases por un lado, y por otro lado el tema de que como sociedad civil y no te estoy hablando del grupo, sino en general, porque también sociedad civil son los partidos políticos, tenemos poca capacidad de propuesta y es una auto-critica. Generalmente vamos y hacemos toda la catarsis, denunciamos todo lo que está mal y al final hay poca propuesta. Se entiende pues cuando el otro lado del interlocutor, que en este caso es el Estado, te diga "bueno pero es que los problemas ya los sé, pero ¿cuál es la propuesta?" Creo que hemos sido un poco lentos en general nuevos mecanismos de organización, nuevas dinámicas. ¿Qué va a pasar si nosotros seguimos diciendo La "Sociedad Civil", y solo somos cuatro o cinco?, se va a producir el desgaste en que ya está cayendo y la falta de credibilidad. Ahí viene otro problema, que es la cuestión de relevos. Si aquí hay gente joven, qué mujeres estamos posicionando, que líder LGTBI estamos posicionando, que población con discapacidad, si vos le hechas una mirada a la sociedad civil, generalmente son hombres la mayoría y ¿dónde estamos las mujeres?»

—Libre y el movimiento social. ¿Ha respondido Libre las demandas del movimiento social y la sociedad civil?

«Creo que Libre no debió haberse constituido como partido político, porque era nuestro sueño, era un anhelo de todo el tema de la Resistencia y que de repente se viniera a encapsular y encasillar en un partido, fue un error. Varios nos decían "bueno y qué quieren que se haga, es la única manera de llegar al poder" pero hoy se ha demostrado que no, que hay cuotas de poder, y bien mínimas, entonces, no lo sé Óscar, creo sin temor a equivocarme, que Libre nos ha desilusionado en muchas cosas, a mí me ha desilusionado con el tema de participación de las mujeres aunque ahora tengan la trenza. Del partido conservador ya se sabe lo que podes esperar. Ahora estamos con que si no sos de Libre entonces sos cachureco, o sea hemos perdido la capacidad de crítica y análisis porque son los dos polos, "o sos de aquí o sos de allá", pero fíjese que no soy de ningúno. Cuando empezabas a criticar al principio estrategias de Libre, cuando decis "pucha yo a doña Xiomara no la veo con un liderazgo real". ¡Ah! sos traidora. El partido nacional es de los pocos partidos que tiene una equidad de género real. Aunque no nos guste».

—¿Cuántas mujeres ha habido en el puesto de directoras de grupo de sociedad civil?

«Una, soy yo».

—¿Sos la única? ¿Por qué hay tan pocas mujeres en el puesto de representación de grupo sociedad civil o de las organizaciones de sociedad civil?

«Este año me pidieron hacer un análisis de la participación política de las mujeres en diferentes esferas y bueno, las diputadas son 27%, las alcaldesas son 6%, pero hice el ejercicio con un listado de ver cuántas éramos directoras de sociedad civil, entonces hice una muestra de la mayoría del universo —que no son organizaciones de mujeres, claro—. 12% a penas y esa es una de las grandes luchas que yo tengo, porque te dicen "no pero si en nuestra organización la mayoría son mujeres, inclusive son coordinadoras de proyecto, si son las que les hacen los trabajos". Incluso a mi como directora de Grupo Sociedad Civil no se me han dado los mismos apoyos que se le dan a mis antecesores hombres, empezando por el puesto. A mí me costó ganarme el puesto de Directora Ejecutiva. Yo era Coordinadora Técnica, mientras que mis antecesores si eran Directores. Entré ganando menos que no es diferente a todo lo que pasa afuera. Nosotras trabajamos más y no estamos tanto en espacios de medios. Aquí tenés que ser muy mediático. Yo pensé, "bueno las cosas van a cambiar, hay una mujer, voy a tener los mismos apoyos" ¡y no! Jamás. Es lo que los analistas llaman «El precipicio de cristal», ya rompimos el techo, ya están entrando mujeres a puestos de dirección. Pero es como en la crisis de Islandia, cuando quebraron los bancos, ahí llamaron a las mujeres para que les resuelvan los problemas, para por si fracasan, es culpa de las mujeres. Y cuando una organización vuelve a repuntar, entonces ya las mujeres hicimos el trabajo y vuelven a jalar hombres para esos puestos. Yo he sido vigilada, contabilizada con una lupa y no se les exigió lo mismo a mis compañeros varones».

—Vos sos feminista, no sé cómo es tu relación con las organizaciones feministas en general, pero son como las organizaciones más presentes a la hora de entender sociedad civil en Honduras ¿por qué si no han tenido la capacidad de incidir en cambio de política de genero dentro de las organizaciones de Sociedad Civil, pretenden cambiar la infraestructura del Estado?

«Es una pregunta bien capciosa, esa. Mira, sí, yo soy feminista, siempre me negué al tema de la oenegizacion, siempre trabajaba con ellas pero fui parte feministas en resistencia y de hecho son mis aliadas principales. Cuando hubo crisis aquí, las que estaban conmigo eran las organizaciones de mujeres y feministas. Son las que han estado apoyando el trabajo que he hecho y viceversa. Yo creo, Óscar, que son de las organizaciones más radicales que hay en el país en estos momentos y son de las que más mirada estratégica pueden tener. Sin embargo, nosotras lo hemos discutido, cuando una toma el riesgo de asumir según espacio mixto, el costo personal es altísimo. Realmente el movimiento, somos muy pocas. Aquí tenemos que estarnos enfrentando con estructuras cavernarias».

—¿De la sociedad civil?

«Si. Tienen todo el discurso "progre", pero por detrás te friegan. Igual le ha pasado a compañeras que han entrado en candidaturas políticas que, me acuerdo de una compañera que decía "pucha, ni las feministas votaron por mi". Estoy pensando ahorita en Gladys y en el costo que tuvo su demanda, y en cuantas de nosotras realmente la acompañamos en todo ese proceso, y eso tuvo un costo para ella personal. Las condiciones para nosotras no están dadas de tal manera que si están dadas para los hombres, aquí cuando tu agarras un puesto de dirección, tú tienes que hacer todo, hacer el informe, representar en reuniones, vaya, solo barrer y trapear creo que no, pero todo lo demás sí».

—¿Eso lo hace otra mujer?

«Eso lo hace otra mujer, si es que hay, si no te toca también. Bueno, ahora cada quien lava su taza. Pero cuando los hombres llegan a la dirección, tienen un equipo que los dejan ser ellos, nosotras no, tenemos que ordenar, barrer y limpiar la casa».

—¿Hay algún ejemplo de mujeres que les hayan tocado un trabajo como el tuyo adentro de Sociedad Civil, hay otro ejemplo que podamos sacar para poder ver si hay un patrón?

«Ahorita estoy pensando en que otra directora, no se me viene a la mente ninguna».

—¿Vos sos peruana?

«Peruana Hondureña».

—¿Cuándo llegaste? ¿Estudiaste en Perú?

«Estudie hasta los 10 años en Perú. Mi mamá es de Santa Bárbara, cuando nos trajo ya éramos seis, mi mamá con 30 años y tenía 6 hijos. En Perú estaba un tema muy difícil en ese momento, que era el tema del Sendero Luminoso. Habían muchos atentados, muchas bombas y secuestro de niños, y aparte de eso, un poco para hacerte el contexto, teníamos un padre muy, muy violento y con niveles de violencia domestica muy altos. Entonces mi mamá optó por venirse con nosotros, nos dijo que nos traía de vacaciones, le dijo a él que nos traía de vacaciones y ya aquí nos quedamos. Yo quiero recalcar, aunque la relación con mi madre ha pasado por muchas etapas y no siempre buenas, yo admiro que ha sido una mujer que ha dejado atrás todo, su trabajo, su plaza como maestra, su casa, todo lo que tenía, por empezar de nuevo y librarse de ese círculo de la violencia. Y a mí me legó esa capacidad de lucha y de empezar de cero. Ella me demuestra que sí es posible salir de la violencia, claro a muy alto costo. Aquí yo estudié en la Normal de Santa Bárbara. Soy maestra de formación. Allí me vinculé en el movimiento estudiantil. Lo mío era el teatro, la poesía, yo leía desde chiquita, una de las personas que me involucró en el movimiento estudiantil, me dijo que el arte sin la política no es nada, fue Eduardo Montes».

—¿Era muy amigo tuyo?

«Fue mi mentor en esa época de mi vida. A Montes lo desaparecieron en el 91 fue un proceso muy difícil no solo para mí. Era un consejo estudiantil sui generis, de solo mujeres y el único hombre era Montes. Fue un proceso muy difícil, porque en ese tiempo no sabías dónde estabas, no sabías qué iba a pasar. Durante mucho tiempo fuimos muy cercanos. Él recientemente entró en otra fase de su vida y nos distanciamos pero, es como con los hermanos. Montes ya había sufrido un accidente que casi fue mortal, ahí digamos que yo deje de vincularme tanto con él y él hizo un cambio de vida. Yo creo que necesario. Uno de los problemas principales de este país son los extremos, yo lo conocí y él era muy cómo te digo muy impulsivo. Montes a la edad de Rigo (Rigoberto Paredes Velez) era como él, incluso más comprometido políticamente, pero la gente cambia».

Fue una tragedia que te tocó doblemente. Por el lado de Montes y te tocó por el lado de Rigo también.

«Sí, por el amor, por el cariño a Anarella, una familia formada en la Paz, con el amor en la poesía, los textos. Y veamos ahora, el poder sigue intacto o sea el poder es tan astuto que nos hace pelear y matarnos entre nosotros, y al final somos simples peones. Ahora uno va a la cárcel y el otro se muere. Y que hace el poder, contrata más abogados, somos totalmente desechables.

Yo siento que ahí hay varias cosas una: el tema cultural de la violencia de los hombres. Te insulto te agarro te golpeo. Eso por un lado. Prevención de la violencia y ¿cómo transformamos esos patrones?, puede ser muy abstracto, pero la otra es cómo vamos caminando hacia la mediación, caminar hacia ser mediadores y mediadoras políticas, hacia la interlocución. O sea, el que yo me siente hoy con alguien como Ramo Soto, para ponerte en el peor de los casos, no quiere decir que yo esté de acuerdo con él. Con el tema del aborto, ha tocado sentarse con personas inimaginables, pero no quiero decir que estoy pactando, quiere decir que estoy buscando una mesa, un dialogo. Pero aquí no se entiende así. Y lo otro que yo creo, que ese sí es uno de los grandes males de este país, y ojala algún día se escriba la novela del golpe de Estado, no hay puntos medios. Estas a favor o estas e contra y si estas en contra me voy con todo sobre vos. El golpe dividió familias. ¿Cómo salir de la habladuría y de la charlatanería y caminar realmente hacia una mediación? En los peores conflictos de la humanidad, en las peores guerras, la gente se ha sentado. Tenes el caso de Colombia. Cuando nosotras decidimos, incluyendo el movimiento feminista, no vamos a pactar con el estado, nos metieron goles, incluyendo desde el hecho de que todos los que estábamos en la resistencia no fuimos a votar, es nuestra responsabilidad y es responsabilidad de la resistencia que tengamos los gobernantes que tenemos hoy. Con el poder que tienen ahora. Ustedes pueden decir que no pactan con el Estado, pero nosotros, cuando tenemos el caso de la mujer violentada, asesinada, ¿dónde quién vamos a ir?, donde el fiscal, donde el juez, donde la municipalidad que son nuestros referentes».

—La crisis del movimiento social. ¿Cómo lo ves vos, desde el movimiento feminista?

«De lo más profundo de toda la historia. Pero yo creo que el movimiento feminista dio el salto de ser unas cuantas intelectuales que estábamos ahí reunidas y tomábamos cafecito, a las calles. Que las mujeres de los mercados se acercaran a vos y te dijeran "¿qué es eso de feminismo? yo quiero ser también como ustedes". Eso vos lo ves en explosión de diferentes colectivos y redes de mujeres que incluso escapan a nuestro control y al control de las ONGs. Son mujeres jóvenes que están haciendo sus propias apuestas. Eso es muy bueno, aunque el movimiento social está en una crisis muy fuerte. Yo creo que esta va a empezar a ser la era del feminismo, donde por primera vez se está reconociendo como un actor importante en la lucha social».

—¿Cómo es tu relación con la literatura en general?

«A mí me hubiera gustado más ser escritora que política, incluso ahora quisiera ser más escritora. Lo que pasa es que estamos en un país que no te lo permite mucho. Mi relación con la literatura es como la de un amante, o sea profundamente enamorada, profundamente vital pero con limitaciones de tiempo de familia de horario, así y me gusta que sea así, porque eso te oxigena te da vida, es mi relación profunda, vital. La literatura a mí me salvó la vida y yo siempre lo he dicho, cuando los episodios más feroces de violencia en mi casa, yo me refugiaba en los libros y en los cuentos, y sabes por qué, por la posibilidad de que otro mundo fuera posible, de que otros mundos fueran posibles».

—¿Por que las mujeres no escriben mucho aquí?

«Yo creo que pasa por un proceso de la identidad de género. O sea, mira, Amanda Castro decía una cosa, es que en Honduras hay un problema, es que están "las que no se lo creen y están las que se lo creen todo". Están las Divas y las que no se creen escritoras. Eso me hizo mucha gracia porque yo era de las que no se lo creen, todavía, yo conozco buenas escritoras jóvenes pero como estamos más en lo privado y yo me incluyo, el ámbito público no es importante. No consideran importante publicar. Eso por un lado, por otro lado que es el tema que nos falta formación y eso hay que decirlo. Estamos ocupadas en el trabajo doméstico, teniendo hijos y no es el tema del cuarto propio de Virginia Weston. Yo apostaría entonces por formar mujeres lectoras. Pero entonces ahí viene el otro rollo, cómo lo hacés, con quién lo hacés, qué realmente es una necesidad. También y el tema de la valía, yo siempre cuento esta anécdota del poeta Francisco Estrada, de cuando yo vine aquí y me invitaron a una antología de poesía joven dentro de la cual habían pocas mujeres, generalmente las compañeras de los compañeros, entonces me acuerdo que dice Fabricio Estrada a Salvador Madrid "poeta, hable usted" y Salvador Madrid a Fabricio Estriada "no poeta, como cree, hable usted" y empezaron un reconocimiento entre ellos de poeta a poeta, en un momento me levante y me fui, porque tuve una imagen de una felación colectiva: poeta, poeta, poeta, dicen los otros poetas, y a nosotras no se referían como poeta, sino por nuestro nombre. La validación. Cuando una mujer escribe, no es otra mujer la que se le valida, generalmente es a un hombre que se la destaza, la hace porra. Hay una responsabilidad nuestra, no hemos formado gente. Y las generaciones anteriores tampoco nos han formado a nosotros y te lo estoy diciendo como un ejercicio de formar escritores, de seguir el lápiz, de apoyarlos, de fortalecerlos no, no hay».

—Pero a los hombres escritores tampoco nos han formado.

«Pero sí se validan o sea por ejemplo tu caso es muy, sui generis, porque vos sos elector libre, entonces vos hacés lo que querés hacer, con tus recursos, que eso también asusta. Por ejemplo Ludwig Varela tenía atrás a Eduardo Bähr. Tenés a un Magdiel Midence, que tenía atrás a un Rigoberto Paredes. Claro, eso requiere tiempo, requiere que le dediqués tiempo a tu mentor, un montón de cosas ahí, pero se te permite la entrada a festivales, a un circuito bien selecto. Para mí ha sido bien importante por ejemplo la mentoria de María Eugenia Ramos, Helen Umaña —pero ha sido poca mentora—, Anarella Velez, ahora. Yo creo que se está haciendo otra cultura, pero soy de la idea de que si vamos a escribir, tenemos que escribir bien, aunque pueda sonar muy horrible. Porque estamos sujetas a un público que nos va a destrozar o sea nos va ver con mayor dureza. Una vez le reclame a un catedrático y después me arrepentí de que "porque no nos estudiaba a nosotras", o sea, generalmente vos ves que Ludwing Varela saca un libro o Martin Cálix, y al rato ya hay análisis, ya hay artículos, te puedo decir de Gustavo Campos y Mario Eugenia Ramos. No es que necesitás que otro te diga "mira eso está bien, o esto está mal, o yo creo esto", es de polemizar alrededor de la obra. Como te digo, tu caso es bien sui generis por que no has tenido mentor, el mismo Gustavo en un principio lo menturó Mario, a Martín lo menturo Fabricio, creo que quizás me tengo que buscar un mentor».

«LA HISTORIA LE HA HECHO JUSTICIA A CLEMENTINA SUÁREZ». ENTREVISTA CON JANET GOLD

Janet Gold llegó a Honduras por primera vez en el año 1971. Según nos cuenta en esta entrevista, era recién graduada de la Universidad, «en esos años de hippie y mochileros», cuando vio un cartel que terminó siendo un contrato de un año con la Escuela Americana en Tegucigalpa. Un año antes Clementina Suárez había recibido el Premio Nacional de Literatura «Ramón Rosa» que otorga el Congreso Nacional en reconocimiento de su labor cultural. Ambas mujeres no se conocían aún, pasarían casi dos décadas para que Gold volviera al país y escribiera *El retrato en el espejo* (Guaymuras, 2001), la biografía más completa de la poeta Clementina Suárez.

Cuando supe que Janet Gold venía a Honduras para el Festival de Poesía de los Confines, en Gracias, no dudé en aceptar la invitación de Salvador Madrid. Preparé mis maletas y viajé las cinco horas que lleva ir de Tegucigalpa a Gracias. Conocer a Janet valía la pena.

Sabía del aporte invaluable a la literatura nacional que nos otorgó Janet Gold con su libro sobre Clementina Suárez. Lo leí para poder entender la magnitud de aquella mujer que sigue siendo un misterio. En 1998 publicó *Volver a imaginarlas: relatos de escritoras centroamericanas*; en 2009 *Culture and Customs of Honduras* y recientemente presentó *Crónica de una cercanía. Escritos sobre literatura hondureña*, Honduras, y la poesía escrita por mujeres, ha estado presente en la carrera de Janet Gold, quien es además profesora de Literatura Latinoamericana en la Universidad de New Hampshire en Durham, Estados Unidos.

«Me mandaron un telegrama que decía "Oferta, quinto grado Escuela Americana, Tegucigalpa Honduras, 4,000 dólares salario anual"», cuenta Janet cuando le pregunto cómo llegó al país en 1971. «Yo feliz claro, voy a mi casa y saco el Atlas para ver dónde está Honduras. Llegué, pasé un año muy feliz, yo vivía en la Leona, en la colonia Walter, alquilé un apartamento con otra maestra de la escuela y la pasamos muy bien.»

Janet era muy joven en ese tiempo, en sus veintes enseñaba quinto grado en la Escuela Americana. Fue a su regreso a Estados Unidos que decidió estudiar Literatura, «pero a la hora de querer volver a estudiar y sacar un doctorado para enseñar a nivel universitario y a la hora de tener que seleccionar un tema para la disertación yo ya sabía que quería hacer algo con mujeres escritoras, pero no sabía qué», explica.

«Un día en busca de inspiración estoy pasando en la biblioteca y miro los estantes y veo un libro que dice *La mujer en América escribe*, lo saco y hojeando el libro veo el índice por país. En Honduras, Clementina Suarez era el único nombre y yo hace años que ni pensaba en Honduras, porque estaba trabajando con niños puertorriqueños en el programa bilingüe. Recordé mi año en Honduras y no sabía quien era Clementina, me di cuenta que yo no sabía nada de la literatura, en aquel tiempo solamente daba clases y viajaba para conocer el paisaje y todo pero no sabía nada de la literatura.»

«Me quedé fascinada por la figura de Clementina Suárez, por la semblanza que leí en ese libro, porque eran ensayos cortos, como ensayos medio biográficos sobre diferentes escritoras de América Latina, entonces yo dije "no pues, a lo mejor aquí hay algo de interés, voy a investigar a ver que aprendo de esta Clementina". En algún momento yo dije "a ver si está viva todavía", porque eso fue en el año 1987 y aprendí que ella había nacido en el año 1902; suponía que ya no estaba viva, pero empecé a escribir cartas y escribí una carta a la Agregada Cultural de la Embajada Americana, Dana Rojinski. Ella hizo algo de investigación y me dijo "fíjate que sí, la Clementina Suárez todavía está viva" y me mandó su dirección y un recorte de un periódico. "Esa señora todavía está viva y tiene una galería de arte!", me dije, entonces le escribí una carta a Clementina expresando mi interés en estudiarla y me contestó. Le pregunté si yo podía venir a conocerla en persona y si me permite una entrevista y me dice que "sí, sería un honor que vinieras". Entonces volví a Tegucigalpa.»

«Creo que fue en enero de 1988. La conocí, me quedé una o dos semanas y empecé la investigación. La entrevisté varias veces y ahí tome la decisión de que eso iba a ser mi disertación y que quería no solamente estudiar su obra si no también su vida. Ahí nació mi interés en ese género de biografía literaria que me fascina, esa combinación de estudiar la vida y el contexto de la vida, y buscar la manera de tejer la obra con la vida».

—Supongo que es imposible que no haya relación entre la vida y la obra, interrumpo en el relato de Janet.

«Pero yo estaba haciendo eso en un momento cuando la teoría

predominante en las letras era "el texto debe hablar por sí solo, el escritor no importa." Yo me oponía, yo resistía eso porque yo quería mezclarlas, quería integrar la vida y la obra, entonces busque una mentora, una asesora en la universidad en mi departamento que estuviera de acuerdo conmigo, que me apoyara. Pedí una beca Fulbright y me la dieron. Eso me permitió volver a Honduras en aquel año en septiembre del 1988.»

«Me quedé ocho meses, alquilé un departamento en el barrio San Rafael que quedaba cerca (de la casa de Clementina Suárez) y casi todos los días llegaba caminando para convivir con ella, para platicar, hacerle preguntas. Conseguí toda su obra, me mencionaba amigos y familiares y poco a poco iba entrevistando a todo mundo.»

—En Honduras se conoce más el mito sobre la vida de Clementina Suárez, no ha sido una persona que ha sido muy estudiada en Honduras, mucho menos su obra. ¿Qué tiene de trascendental la obra de Clementina Suárez?

«Te voy a contar que eso fue como uno de los más grandes desafíos al describir la biografía literaria, porque todo el mundo me quería contar anécdotas y separar la leyenda de la realidad y ver, en toda esa leyenda y chismes, todo eso ¿dónde queda la obra? Como la conocí personalmente y pasé tanto tiempo con ella y escuché tantas anécdotas, me fue difícil desconectarme, y yo digo eso explícitamente en el libro, que yo confieso que eso no es puramente objetivo, eso es una mezcla de sentimientos y de amistad, y a veces me caía bien y a veces me caía mal, y eso afecta la lectura, eso afecta la recepción del lector, de cualquier lector crítico.»

—Porque era una mujer complicada, Clementina.

«Súper complicada, hace unos meses, porque ahora estoy metida en otro proyecto de literatura de mujeres, yo volví a leer su poesía después de un lapso de mucho tiempo y dije "pues fíjate que eso si es buena poesía," porque a veces dudaba. Es difícil no ser afectada por la opinión ajena y alguna gente especialmente los hombres decían "hay no, pero no es tan buena poesía". Empecé a entender que la recepción de la poesía es una cosa tan complicada, tan personal y puede diferir tanto entre lector y lectura».

—¿O en el mismo lector dependiendo de épocas también, no?

«¡Exacto! Estoy enredándome aquí, pero ahora mismo empecé en Noviembre a trabajar en un proyecto colectivo con mujeres de

Centroamérica, estamos trabajando montando un libro que se va a llamar algo muy simple como *Historia de la Literatura de mujeres de Centroamérica*, y a cada una nos toca un capitulo. A mí me toca Honduras. Entonces al ir tratando de narrar, buscar una narración para las mujeres de Honduras, Clementina vuelve y vuelve, y vuelve, y era realmente pionera. O sea, ella empezó a escribir cosas cuando las otras mujeres no estaban escribiendo esas cosas, quizás en otros países, quizás Juana de Barburo, quizás Agustina...»

—Pero Clementina coincide con Lucila Gamero, por ejemplo.

«Pero Lucila era novelista y también poeta, lo que Clementina tienen de importante en el contexto de honduras es que es una mujer que se vio como poeta profesional, se dedicó a la poesía, se identificó como poeta y la mayoría de las otras escritoras contemporáneas escribieron sus poemas, publicaron en revistas quizá, uno que otro poemario, pero muchas de ellas se dedicaban al periodismo o a su activismo político, o a su casa, a sus hijos. Pero para ella la poesía era central en su vida y como era tan consiente de su auto identificación como poeta, fue evolucionando su poesía, no es estática. Clementina, por lo menos en el contexto de Honduras, en mi opinión sigue siendo una pieza clave.»

—¿Tú crees que Honduras le ha rendido justicia a Clementina Suárez a 25 años de su muerte?

«Yo creo que sí, porque cuando yo estaba trabajando y conociendo gente, eso fue hace ¿qué? ¿treinta años? La gente sabía quién era Clementina, pero lo que sabían era las anécdotas, los escándalos de ser madre soltera sin estar casada, de dejar a sus hijas con la vecina, de esas cuestiones hay un montón de anécdotas, no sé cuántas. Ahora la gente ha leído más su obra y yo creo que entre las poetas jóvenes, de otras generaciones, la ven como ejemplo, la ven como pionera, la celebran. Yo he visto muchas referencias a Clementina entre mujeres escritoras actuales, por ejemplo alguien como Anarella Vélez, que hace tanto para celebrar la literatura de mujeres Hondureñas, siempre la menciona, escribió un poema sobre ella, le dedican cosas a ella, yo creo que sí y recuerdo que en una investigación que hice hace unos cinco años para una ponencia que di en un congreso, un grupo de jóvenes hicieron algo como poesía en las calles, no sé qué, pero pegaron carteles en las paredes honrando algunas mujeres pioneras, Amanda Castro, Juana Pavón, Clementina.»

—En tu libro de *Volver a imaginar* escoges...

«Quiero aclarar que yo fui la copiladora de este libro, fue mi idea, yo busqué colaboradoras pero les di la libertad de escoger a las escritoras que querían estudiar. Yo no insistí en nada en particular. Eso para mí es la riqueza del libro. De Honduras son tres las que aparecen. Yo creo que todas las mujeres de Honduras o de Centro América han tenido que enfrentar cosas similares, el patriarcado, el machismo, esa idea que la literatura es una actividad masculina, que los hombres formaban los círculos literarios sus tertulias, tuvieron sus editoriales, sus amigos a quienes apoyaban y la mujer era vista, no tanto en su capacidad expresiva o creativa sino por su feminidad. Clementina, en un principio fue aceptada en las tertulias porque fue vista como algo raro. ¡Hay que ver a esta mujer aquí que nos quiere leer sus poemas, que quiere sentarse a tomar un trago con nosotros y hablar de poesía y hablar en nuestras conversaciones!, porque eso era raro.»

—Ahora, ¿la realidad que enfrentan las mujeres es todavía parecida o ha cambiado algo para las mujeres poetas, las mujeres escritoras?

«A mí me parece interesante que en este festival de Los Confines hay mucha conciencia, se está tratando de incluir más y más mujeres, sin embargo ese es un detalle que uno observa. Anoche fue "palabra de mujer", o sea en ese evento se celebra la mujer; eso para mí significa que todavía la mujer es vista como algo separado, algo que vamos a tener que reconocerla, pero realmente no es parte de nuestro mundo. O sea, si forma parte, pero la vemos como algo aparte, ¿me explico?»

—Sí. Y dentro de esa misma lógica ¿cómo interpretamos que las mujeres sigan teniendo sus propias antologías? ¿Hay rigor en las antologías de mujeres poetas?

«No es que sigan, es que empiezan a tener. Para contestar esa pregunta tendremos que entrar en áreas teóricas, políticas sociales etc., porque eso para mí es algo súper interesante pero muy problemático, hablar de rigor y calidad porque estos son términos que los hombres han inventado para hablar de lo que se llama "la buena poesía".

En mi opinión la poesía es una forma literaria muy diferente de la narrativa del ensayo, la poesía para mí es algo multiforme, multifacético que tiene muchas caras diferentes y la gente se expresa a través de la poesía por muchas motivaciones diferentes y para yo decir ese es un buen poema, la verdad es que ya no soy capaz de decir ese es un buen poema, porque lo que yo reconozco y lo que yo acepto es que este poema quizás me llega a mí de manera muy profunda por cierta conexión que se establece, esa creación lingüística, mi experiencia y mi receptividad, lo que yo rechazo por ciertas razones, lo que me gusta, lo que me habla, que me llega que puede ser algo totalmente diferente para ti. Yo tengo años dando clases de poesía a estudiantes y siempre les digo "ya no vamos a decir ese es un buen poema, vamos a decir a mí me gusta y eso es porque me gusta, esas son las razones, eso es lo que yo observo, eso es lo que me mueve lo que me conmueve".

Entiendo que hay una larga tradición en parte clásica que dice que hay reglas que hemos establecido, que hay formas, que hay criterio, pero yo sigo creyendo que esos son invenciones de hombres que no necesariamente las mujeres que escriben o que quieren utilizar la poesía como su manera de expresarse necesariamente lo sentimos y lo digo como poeta también, porque yo también he escrito.

Como voy explorando mi libertad de expresión, yo no quiero meterme en esas cajas fuertes de esos criterios, entonces yo me aparto de esas discusiones. Yo no voy a decir, en la antología de Lety (Elvir) por ejemplo, yo no voy a decir "a pues, este es más bueno pero ese es malo", porque lo que Lety ha tenido la valentía, el coraje de incluir en su antología son poemas de gente que jamás habían publicado poemas, pero que sintieron la necesidad de expresarse a través de la poesía por los hondos sentimientos que experimentaron participando en el golpe y yo admiro eso, eso para mí es poesía y yo no lo califico de bueno o malo, eso es poesía porque es fuerte, es libre, es necesario».

—¿Cuál es el reto ahora de las mujeres poetas en Honduras?

«Algo que se me ocurre cuando me haces esa pregunta es que mi investigación actual, parte de la investigación era que yo quería saber quiénes son las jóvenes que están escribiendo, pero yo no estoy en Honduras, yo no formo parte del círculo de amigas, entonces yo he tenido que valerme del Internet, de Facebook, de blog, de Google, de todas esa herramientas que todos usamos ahora.

Una joven que no quiere ser mediática, digamos que no quiere entrar, que no quiere publicar sus poemas en su página en Facebook o no quiere hacer un blog, le va a ser mas difícil, yo creo.

Y quizás vamos formando dos círculos, dos mundos, las mujeres que se sienten cómodas escribiendo sus poemas y quizás no compartiendo, o que quieren compartir sus poemas sus obras con un grupo de amigos o con un taller donde se siente cómoda porque, eso es difícil para cualquier escritor, encontrar el lugar en donde te sientes cómoda para compartir tu obra y al compartirlo en el mundo del internet te expones a mucha crítica y para mí eso es un reto.»

—¿Pero no fue así siempre? Por ejemplo, autoras como Clementina allá por 1920 cuando estaba comenzando su trabajo, tuvo que tomar el reto de sacarlo.

«Claro, pero una diferencia es que ahora si te expones en el internet ahí estas y todo el mundo tiene acceso a eso, es más intimidante, porque por ejemplo una mujer de principios de siglo que escribe sus versos y que un amigo que tiene su revistita o que trabaja en un periódico en Comayagua le publica su poema, si se expone a *un* mundo, pero una mujer que decide ahora poner su poema en Facebook se expone *al* Mundo.

Otra cosa que es diferente ahora, como es tan fácil poner tus ideas en los medios, es más fácil que la gente te olvide porque tienes mucha competencia, tu vos no es tan única, esa es otra realidad.»

***

El tiempo voló en aquella agradable conversación con Janet Gold, poco a poco la gente fue llegando al hotel en donde estábamos en Gracias y tomando los asientos para la conferencia que ella daría esa mañana como parte del festival de poesía. Tuve que parar aquí la entrevista, habría seguido de poder hacerlo. Pero hay formas de seguir conversando con su trabajo.

El estudio que Janet Gold ha hecho de la Literatura hondureña la mantienen presente en el país, aunque viva a medio planeta de distancia.

Siempre será la mediadora de Clementina Suárez, para que podamos comprender su *saludo a las generaciones futuras*.

OMAR RIVERA, EL HIJO DE LA SOCIEDAD CIVIL

A sus cuarenta y cinco años, el ingeniero Omar Rivera es el integrante más joven de la Comisión que lleva la titánica tarea de depurar la Policía Nacional, y aunque asegura no estar allí en representación de algún sector en particular, es quizás lo más cercano que la Sociedad Civil pueda tener en el proyecto que de lograr su mandato, permitirá a Honduras salir del agujero en donde una serie de políticas desafortunadas de las últimas décadas la han metido.

Electo regidor municipal por el Partido Liberal en la ciudad de El Progreso a los 23 años, Omar Rivera inició su trabajo en el servicio público como gerente y asesor de municipalidades en varias alcaldías de la zona metropolitana del valle de Sula. De allí, en 2005, pasó como asesor técnico al gabinete social que rectoraba el también Ministro de Cultura, Rodolfo Pastor Fasquelle, durante el gobierno de Manuel Zelaya Rosales. Era la contraparte con los grupos de la sociedad civil en el esfuerzo de prevención de pobreza en el consejo consultivo para la Estrategia de la Reducción de la Pobreza (ERP), en donde existía una representación de la administración pública y la sociedad civil.

«Era mi responsabilidad garantizar que existiera una agenda que respondiera a los sectores marginalizados de la sociedad», afirmó Omar Rivera en una entrevista exclusiva para *El Pulso*, definiendo su trabajo en ese tiempo como un enlace con la sociedad civil y la administración pública.

De manos gruesas y cuerpo robusto, Omar Rivera parece moverse con mucha comodidad entre los guardaespaldas asignados por el Estado. Después de mucho buscarlo, finalmente nos concedió una entrevista que no por corta, deja de ser relevante para entender a la trayectoria de un hombre que junto a la abogada Vilma Morales, ex presidenta de la Corte Suprema de Justicia e integrante histórica de varias comisiones interventoras —como la del Instituto Hondureño de Seguridad Social— y el pastor Alberto Solórzano, presidente de la Confraternidad de Iglesias evangélicas, conforman la triada que desde mayo lleva el proceso de depuración policial.

En 2009, la crisis política que generó el derrocamiento de Manuel Zelaya obligó a reconfigurar las estrategias de incidencia de la sociedad civil, fracturada entre los sectores que apoyaban a la Resistencia y los que desde las estructuras formales apostaban por continuar con el trabajo institucional. Omar Rivera fue llamado entonces a sumarse al Grupo Sociedad Civil (GSC), por el conocimiento que tenía de la institucionalidad pública y aprovechando que se le consideraba un actor neutral en la crisis.

Según se propia evaluación de su trabajo como Director Ejecutivo del GSC, él aprovechó su experiencia para abrir espacios de participación para que fueran colocados en agenda entre 2009 y 2014, los temas de Derechos Sexuales y Reproductivos, personas con discapacidad, adultos mayores, derechos de las poblaciones afrodescendientes e indígenas y la Diversidad Sexual.

Aunque define su relación con el expresidente Manuel Zelaya Rosales como la de dos buenos amigos, reconoce que se ha marcado una distancia entre ambos, porque aunque se opuso al golpe de Estado, no acompañó a Zelaya en el proyecto de Libre. Según indicó Omar Rivera en la entrevista, él no se involucra a actividades político partidarias, si bien se consideraba liberal hasta el golpe de 2009.

La música en el vestíbulo del Hotel Intercontinental era muy alta, cuando llegó, me indicó que le acompañara a una de las mesas junto a la piscina en donde se sentó y rápidamente entró en el tema. La fluidez con que se expresa le da solidez a sus argumentos. Pidió un jugo de sandía y sin darme pausa, Omar Rivera comenzó a contar si ingreso a la comisión depuradora.

«En la medida fue avanzando el tiempo yo fui convenciéndome de que el tema de seguridad era un factor determinante en los derechos de las personas. A finales de 2014 decidí hacer un esfuerzo mayor en ese tema y me incorporé a Alianza por una Sociedad más Justa (ASJ). En la Alianza teníamos mucho temas, pero desde que yo asumí el trabajo le di especial empeño al de Seguridad y más específicamente en el tema de la depuración policial. Es así como, producto de ese trabajo, el gobierno de Juan Orlando Hernández cede hacer una depuración tal y como nosotros lo propusimos, una depuración de arriba hacia abajo, que comenzara con generales y que pudiera sacar a las manzanas podridas», afirmó Rivera, quien dice contar con el apoyo de la Sociedad Civil en su trabajo.

«El factor determinante del éxito de la comisión depuradora y la fortaleza de mi desempeño dependen directamente del apoyo que me brindan las distintas organizaciones de la Sociedad Civil —afirma—, específicamente las organizaciones que forman parte de la ASJ. Ellos brindan asistencia técnica, respaldo político y una estrategia de comunicación que permite por un lado presionar a la comisión de depuración, pero también colaborar en temas relevantes».

«Sin embargo la labor mía es parte de la instancia oficial y ellos continúan con su agenda que se amplía a otras cuestiones, no solo con el tema de la policía. Ellos trabajan además con el Ministerio Público y el Poder Judicial», agrega Omar Rivera, quien considera que la depuración de la policía es un proceso que no va a terminar.

«Si la depuración se interpreta como certificar el recurso humano para que sea e idóneo en la policía, eso mas bien requerirá instalar un sistema de evaluación, de investigación de los miembros de la carrera policial y de medición de su desempeño y en esto estoy abocado», afirma.

Según el ingeniero Omar Rivera, son cuatro factores los que llevaron a la Policía Nacional al punto en donde está ahora.

Primero, una transición poco ordenada en el paso de la Fuerza de Seguridad Pública (FUSEP) de las Fuerzas Armadas a la égida civil durante el gobierno de Carlos Roberto Reina, sin un proceso adecuado y dotación suficientes de recursos, en donde la transición a lo civil se dio por decreto sin cambiar su mística que seguía siendo castrense.

El segundo factor fueron las políticas de mano dura del gobierno de Ricardo Maduro, que incentivó el uso desmedido de la fuerza e hizo que muchos inobservaran los Derechos Humanos de las personas.

«Se volvió una cualidad ser feroz, violento, en contra de los ciudadanos al margen de lo que establece la ley», afirma Rivera, quien considera que el tercer factor que corrompió la Policía Nacional fueron la política de seguridad del gobierno de Manuel Zelaya Rosales.

«La política de Seguridad del gobierno de Zelaya fue nociva para la policía, porque se abrieron los portones de la institución. La policía creció de 6,000 a 12,000 agentes sin ningún tipo de protocolo de reclutamiento o regulación para el ingreso y se infiltró mucha gente que hoy precisamente son parte de los más malos», indica Omar Rivera, de la Comisión Depuradora de la Policía Nacional.

Y el cuarto factor de degradación de la Policía Nacional, según el ingeniero Omar Rivera, fue la politización de la policía «que usted la puede ver en su cúspide en la etapa previa, durante y después del golpe de Estado de 2009».

«Esos cuatro aspectos sumados a los pocos recursos financieros, a la mala calidad de su recurso humano y la poca articulación con los demás operadores de justicia, hizo que la policía llegara a tocar fondo como lo hizo ahora», agrega Rivera.

Para Omar Rivera, esas lecciones aprendidas nos deben ayudar a que la historia no se repita. «Que ni instrumentalicemos la policía, ni la politicemos para uso partidario, ni que se fomente el uso desmedido de la fuerza en una guerra subterránea de baja intensidad, ni que no exista la rigurosa selección de quienes van a formar parte de la policía, ni que la policía tenga disminuida su capacidad para definir un plan estratégico que le ayude a salir adelante», dice.

De 1500 altos oficiales de la Policía Nacional, 600 han salido de la institución en los últimos cinco meses. Según Omar Rivera, han sido de los más malos, de los más incompetentes y de los menos comprometidos con las funciones del cuerpo policial.

«Esa gente sin uniforme ahora es menos nociva que antes —afirma—, el proceso de depuración tiene que transformarse ahora en un proceso de renovación de la policía».

«Entre el año 2015 y 2016 se habrán incorporado 5,000 nuevos miembros de la policía nacional contratados por un proceso de reclutamiento y formación que no son los tres meses que se hacían antes sino un proceso de doce meses. Y se espera que para el 2022 tengamos 22,000 policías».

Para el miembro de la Comisión Depuradora de la Policía, no basta renovar la escala básica de la institución, sin cambiar también el liderazgo, porque de nada va a servir cambiar la base si la franja superior sigue igual.

«Hay que hacer una reingeniería de la ANAPO, de la Universidad de la Policía y buscar los nuevos líderes que debe ser gente que sepa que la policía es prevención, inteligencia, investigación criminal y no represión», indica.

«Hay mucha gente a la que se le debe quitar el uniforme y a muchos se les debe someter a un enjuiciamiento. Hay gente capaz y honesta en todas la promociones, como hay gente delincuente en todas ellas. Se trata de seleccionar la más capaz».

Pero no todo ha sido fácil. Omar Rivera reconoce que han habido presiones adentro y afuera de la policía para entorpecer el proceso de depuración, que afortunadamente no han funcionado, gracias a que hay un consenso político en el tema.

«Han intentando boicotearlo de manera política, intimidando, amenazando a muerte, tratando de captar a los demás que se han quedado, pero no han podido porque como hay un consenso en esto. Yo creo que esto es irreversible. Ya nuestra preocupación no es tanto si nos vamos a deshacer de los viejos policías malos, sino a dónde vamos a encontrar al nuevo policía que revitalice la institución», agrega Rivera, quien reconoció en la entrevista, el tener una estrecha relación con la embajada americana.

«Como ésta es una lucha tan titánica en contra el poder, nosotros tenemos que aliarnos con quien pueda ayudarnos a incidir en el poder, denominando poder estatal. Estados Unidos es un actor relevante en el tema de seguridad y por eso somos amigos y desarrollamos actividades en conjunto. Ahora, nosotros no representamos los intereses de los Estados Unidos, ni creo que ellos se vean reflejados en nosotros. Somos socios en algunos temas, como la no militarización de la seguridad pública. Si hay otras instituciones de los EE.UU. que fomenten la militarización es otra cosa, pero con la Embajada, el trabajo para garantizar tener una policía civil sólida es fuerte. Siempre que la agenda de ellos sea compatible con la nuestra no hay ningún problema», dijo, anunciando además que se viene la depuración del Ministerio Público.

«Este es un sistema que tiene características similares a los de la policía. Si no se depura habrá falencias técnicas a la hora de interponer los requerimientos fiscales. El proceso de depuración debe ser parejo en la policía, Ministerio Público y Corte Suprema de Justicia. Si usted le da dinero a alguien que es corrupto usted fortalece su capacidad. Es como alimentar una bestia. Este proceso de depuración debe hacerse lo antes posible».

Omar Rivera llamó además a que los partidos políticos y las

instituciones políticas inicien también un proceso profiláctico al interior de las mismas.

«Debe haber un proceso de depuración en los partidos políticos para que no suceda como con los alcaldes que usted ve hay tanto alcalde ahora enfrentando la justicia, o empresarios que aprovecharon sus nexos para hacer negocios y fraudes en contra del Estado».

Para el ingeniero Omar Rivera, el gobierno de Juan Orlando Hernández no tiene opción sino depurar la policía.

«Se debe calificar lo que es evidente y en este tema de la policía sí hay voluntad política. El no se ha involucrado en nuestras decisiones desde que nos nombró hace 6 meses y eso dice mucho», afirma, indicando estar dispuesto a sacrificar lo más valioso por el bien común.

«Ya crucé una línea y si alguien ha planificado matarme no hay nada que pueda hacer», dijo. «Ya superé el miedo y ahora solo me toca cumplir mi función. Lo que pueda suceder en cuanto a mi seguridad es responsabilidad del Estado que es quien debe garantizarla. Si el Estado decidiera quitarme mi seguridad, tendría que buscarla en otro lado», concluyó, antes de despedirse.

11:00 am, 5 de octubre 2016.
Hotel Intercontinental, Tegucigalpa.

EL CLAN DE LOS REINA Y LA HISTORIA DEL LIBERALISMO HONDUREÑO

No es posible escudriñar en la Historia de Honduras, sin pasar por la familia Reina, como no es posible hablar de los Reina sin reconocer su rol en la política de este país. Porque como clan de la política nacional, los Reina han estado en cada momento de la Historia de Honduras, en por lo menos los últimos 125 años.

—Esta casa fue construida por mi abuelo el abogado Antonio Reina Bustillo hace 113 años —comentó don Jorge Arturo, al entrarnos a la casa de Los Laureles, señalando con orgullo a las paredes del hermoso edificio de amplios pasillos y toques de caoba, repleto de cuadros y esculturas cargadas de significado para la familia—. Ese mueble fue hecho por él general José María —hermano de mi abuelo don Antonio—. Tiene un compartimiento secreto porque en aquel tiempo no había bancos. Aquella máquina que ve allí —señala abajo del mueble de madera—, era de Ángel Zúniga Huete, con ella escribía y la hacía ponerse al rojo vivo.

El origen de los Reina en la política nacional lo podemos encontrar en la fundación misma del Partido Liberal en 1891, cuando el abogado Policarpo Bonilla, inspirado por los principios del libro *Mis Ideas* escrito por Celeo Arias en colaboración con el periodista Álvaro Contreras, agrupó a los jóvenes de su generación en torno a las avanzadas ideas de Árias, reformando la vieja «Liga Liberal» creada en los años 60 del siglo XIX.

Entre esos jóvenes liberales que dieron origen al Partido, estaba José María Reina Bustillo, que no debe confundirse con su primo, José María Reina Barrios, presidente de Guatemala entre 1892 hasta que fue asesinado en febrero de 1898.

Reina Bustillo alcanzó el grado de General al ser nombrado poco antes, en 1890, Jefe del Estado Mayor General para hacer frente a la insurrección armada liderada por Longino Sánchez, que buscaba derrocar al gobierno de Luis Bográn.

«El 14 de enero de 1898 se efectuó en el Salón de Retratos de la Casa de Gobierno una reunión de las figuras más importantes del partido [Liberal] y después de laboriosas discusiones se acordó recomendar a la convención del Partido la candidatura del General

Terencio Sierra para la Presidencia, y la del General José María Reina, para la Vicepresidencia», dice el libro *Gobernantes de Honduras del siglo XIX* de Víctor Cáceres Lara.

Los comicios de 1898 se practicaron el 30 y 31 de enero, según cuenta el libro de Cáceres Lara, y para sorpresa de todos, el general Reina sacó más votos que el mismo Terencio Sierra (37,546 y 36,796 respectivamente), pero respetando el acuerdo entre Juan Ángel Árias y Policarpo Bonilla, se cumplió lo acordado en aquella reunión del 14 de enero y Terencio Sierra entra a la Historia nacional como el presidente número 28 que llevó el control del país entre 1898 y 1902.

Antonio Ramón Reina Bustillo, el abuelo de don Jorge Arturo Reina, era tío de los generales Camilo Reina (hijo natural), José María Reina Fiallos y de la sufragista Dolores Soledad Reina Fiallos, hijos todos de don José María Reina Bustillo.

—En esta casa se acordó el alzamiento de 1919 —continúa don Jorge, señalándome el amplio salón de reuniones—. De aquí salieron rumbo a Lepaterique, entraron por Toncontín, tomaron el poder y aquí organizaron el gobierno provisional de Vicente Mejía Colindres.

Mejía Colindres fue luego el presidente 37 de Honduras (1929—1933), los historiadores describen su administración como una presidencia débil, quizás, porque la comparan con la dictadura de Tiburcio Carías Andino que comenzó inmediatamente después, en 1933 y duró 16 años.

La casa de Los Laureles, famosa desde su construcción a principios del siglo XX, era la hacienda de la familia y contaba con más de 100 manzanas de terreno en lo que ahora son las colonias Los Laureles, San Francisco y otros barrios marginados del norte de Comayagüela. Actualmente cuenta con unas 8 manzanas de bosque, un pulmón fresco y agradable, que la familia ha mantenido intacto pese a los años y las crisis políticas.

El General José María Reina F., quien jugó un papel decisivo en la guerra civil de 1924, sufrió la derrota a finales de 1932, cuando junto al general Justo Umaña intentaron detener la toma de posesión del general Carías Andino, en lo que se conoce como «La revuelta de las traiciones». En esa ocasión fue candidato liberal era Ángel Zúniga Huete, compañero de estudios de Derecho en la Universidad y amigo íntimo de don Antonio Ramón Reina Castro, el padre de Jorge Arturo Reina Idiáquez.

Distinta fue la suerte de Camilo R. Reina Rivera, primo de Antonio Ramón Reina Castro, quien durante la extensa dictadura de Tiburcio Carías Andino fue el Director de la Policía Nacional y jefe de los cuerpos de inteligencia.

El general Camilo R. Reina Rivera jugó un papel importante para mantener el cariato, al modernizar los métodos de inteligencia en los cuerpos de seguridad del país y trabajar muy de cerca con el F.B.I. Durante ese periodo mantuvo presa a su hermana Dolores (Lolita) Reina, sin permitirle siquiera ser visitada por su familia. Camilo Reina murió en 1940.

Pero pese a las duras condiciones que los liberales vivían en esa época, los Reina continuaban participando en la política; siendo don Antonio Reina Castro el presidente del PL durante toda la dictadura de Carias, mientras Ángel Zuñiga Huete estaba en el destierro en donde murió.

En 1944, Carlos Roberto Reina Idiáquez, que entonces contaba con 18 años —y quizás no imaginaba que el destino le colocaría en la presidencial cincuenta años más tarde—, fue arrestado por protestar contra la dictadura. En San Pedro Sula, ese año, la policía al mando del Ministro de Guerra Juan Manuel Gálvez, abría fuego en contra de una manifestación pacífica provocando la muerte de decenas de personas.

Jorge Arturo, que entonces contaba con apenas 11 años de edad, vio muy de cerca el estrés de la familia para liberar a Carlos Roberto. Dice que aún recuerda cuando iba con su mamá, la profesora Marina Idiáquez de Reina, a la Penitenciaria Nacional a dejarle una vianda de comida a su hermano encarcelado por la dictadura.

En 1954, Julio Lozano Díaz, que había asumido como presidente luego del retiro de Juan Manuel Gálvez, se auto proclamó presidente de la República desde el Congreso Nacional para evitar así la llegada al poder de Ramón Villeda morales, que había ganado las elecciones en contra de Tiburcio Carías Andino y Vicente Williams Calderón. Inicia así una serie de protestas en contra de Lozano Díaz, que culminaron en el golpe de Estado de 1956 dirigido por el director de la Escuela Militar, General Roque J. Rodríguez, el comandante de la Fuerza Aérea, Coronel Héctor Caraccioli y por el Mayor e ingeniero, Roberto Gálvez Barnes, hijo del ex presidente Juan Manuel Gálvez.

Jorge Arturo Reina Idiáquez, junto a 4,000 personas, se manifestaron en las calles contra el gobierno de Lozano, lo que le valió ser detenido y posteriormente liberado, un 18 de julio de 1954.

—Salimos a la lucha en contra de Julio Lozano —cuenta Jorge Arturo—. Antes el Partido Liberal aparecía como el partido más avanzado de Centro América, incluso acusado de comunista por estar en favor de políticas sociales para los más pobres. Pero ha tenido un retroceso que lo ha hecho lucir como un partido menos avanzado, más «moderado», hasta conservador.

En 1957 y siguiendo la crisis del gobierno de Lozano Díaz, los estudiantes agrupados en la Federación de Estudiantes Universitarios de Honduras, FEUH, en conjunto con las autoridades universitarias, logran que el Congreso Nacional les apruebe la autonomía universitaria y la paridad estudiantil. Jorge Arturo Reina tenía entonces 24 años, era presidente de la FEUH y formó parte activa en esa lucha.

Luego vino el gobierno de Ramón Villeda Morales en 1957. Carlos Roberto, 10 años mayor que Jorge Arturo, se vinculó de lleno en las estructuras del Partido Liberal y era Ministro Consejero en la embajada de Honduras en París, Francia.

El 12 de julio de 1959 ocurre el intento de Golpe de Estado contra Villeda Morales y Jorge Arturo, junto con estudiantes de la UNAH, llegan a casa presidencial donde Villeda Morales ordena se les den armas y con ellas salen a defender al gobierno democrático y derrotan la intentona golpista de Armando Velasquez Cerrato.

Jorge Arturo sufrió la cárcel cuando el golpe de Estado perpetrado por Osvaldo López Arellano en 1963 puso fin al gobierno liberal; fue capturado el 5 de octubre y llevado junto a Rodil Rivera Rodil al calabozo de casa presidencial, el cual es un torreón que esta junto al río grande. Según él cuenta, el 25 de octubre fueron llevados por avión a San José, Costa Rica, donde fueron abandonados en la pista sin un centavo en las bolsas y sin un documento de identificación.

—Salimos a la lucha armada —cuenta Jorge Arturo—, anduve en la cordillera Nombre de Dios con otros jóvenes porque queríamos derrocar a la dictadura y restaurar la Democracia en Honduras. Conozco todas las cárceles y también todas las cumbres académicas de Centro América. En El Salvador primero conocí las cárceles y luego fui decano de la facultad de Ciencias y Humanidades. Todos los gobiernos dictatoriales me perseguían, Somoza especialmente, que era el hombre más poderoso de Centro América en ese momento.

Persecución, encierro, destierro y entierro, fueron parte de la vida política de aquella generación de liberales.

—Aquí estuvo también Daniel Ortega junto con Tomas Borges y todos los líderes de la revolución Sandinista en 1979 —dice don Jorge Arturo, recordando que por eso Somoza dinamitó su oficina en la Rectoría de la UNAH en 1978—. El decía que yo estaba conspirando para destruir la democracia en Nicaragua —agrega, sonriendo.

Durante los años 80 y en plena guerra centroamericana, el gobierno de Estados Unidos implantó la Doctrina de la Seguridad Nacional y el encargado de ejecutarla fue el general Gustavo Álvarez Martínez. Los Reina lideraban entonces el movimiento M—Lider (Movimiento Liberal Democrático Revolucionario) que en 1985 postuló como candidato a la presidencia a Carlos Roberto Reina.

Su alto perfil sin embargo, no evitó el hostigamiento y la persecución de los órganos represores del Estado, que miraban en la corriente del M—Liber, como en su momento se persiguió al Partido Liberal completo, como un apéndice del comunismo.

En 1994 es electo presidente número 50 de Honduras, el Doctor en Derecho, Carlos Roberto Reina Idiáquez, un gobierno de corte progresista cuyo principal logro fue el haber reformado el papel que hasta entonces jugaron las Fuerzas Armadas.

—Aquí fue la subordinación de la FFAA en el gobierno de Reina —dice Jorge Arturo, recordando en la sala la distribución de los presentes—: aquí estaba el general Discua Elvir, allí el general Hung Pacheco, allá Carlos Flores Facussé y allí el presidente Reina, cuando se le informó a Hung Pacheco que él iba a ser el último comandante de las FF.AA.

Luego viene la Historia reciente de la familia. El gobierno de Carlos Flores Facussé y los vínculos con los Reina. La presencia casi permanente de la familia en la política nacional en los 90 y hasta inicios del 2000, la muerte por suicidio de don Carlos Roberto Reina en 2003.

—El amor al Partido Liberal es algo que heredé de mis padres —dice Jorge Arturo—. Tanto mis padres como mis abuelos eran

Liberales. Crecí siendo liberal y aunque han sido contextos diferentes los que nos ha tocado jugar, el tema principal de discusión en esta casa, ha sido siempre la política.

—Y uno aprende a pensar en la política —agrega Carlos Eduardo, hijo de Jorge Arturo, que al igual que su padre sigue los pasos de la política, pero él en el partido Libertad y Refundación (Libre)—. Todos los hermanos, cuando nos reunimos, hablamos de cosas de la familia, pero también hablamos de la política. Seguramente viene en los genes. Si nos vamos más atrás en nuestra familia, por la vía de los Idiáquez, llegamos a los revolucionarios mexicanos, al hermano del cura Hidalgo, que fue revolucionario junto a su hermano, para lograr la independencia de ese país.

—Así es —agrega Jorge Arturo— y de México, nada menos.

—¿Cómo les enseñan a los hijos a entrar en la política? —pregunto.

—Yo a mis hijos no les digo que tienen que ser políticos, ellos verán. —Responde Carlos Eduardo, recordando cómo desde niño estuvo siempre al rededor de su padre y su tío, aprendiendo política—. Lo importante para mí es continuar esa línea y esa tendencia que ha tenido siempre la familia, de luchar en contra de las dictaduras, por más Democracia, por Justicia.

Carlos Eduardo Reina rompió con la tradición familiar de más de 120 años al separarse del Partido Liberal en 2009. El golpe de Estado —según sus palabras— fue un parte aguas en la historia del Partido.

—El día del golpe yo tomé una decisión y esa fue apoyar al presidente Zelaya. Me tocó estar con la resistencia, sufrir también la represión. Y eso me acercó a una nueva línea, que es la vieja línea del Partido Liberal, la línea de cambios profundos que lamentablemente el Partido Liberal ha olvidado. El Partido Liberal ha sido tomado en su cúpula por sectores conservadores que niegan esa historia y ahora son los aliados del Partido Nacional.

Veo a don Jorge Arturo sentado en su sillón de cuero, en el lugar en donde minutos antes me describiera a su hermano Carlos Roberto enfrentando la subordinación de las Fuerzas Armadas. Es obvio que para él, el Partido Liberal signifique mucho.

Presidente de la FEUH, Rector de la UNAH en dos ocasiones, cuatro veces diputado al Congreso Nacional, Presidente del Partido Liberal, Representante Permanente del Estado de Honduras en las

Naciones Unidas, siempre con el apoyo de su partido, que aunque el liberalismo trajo a su familia lucha y persecución, no puede negarse que les colocó también en las posiciones más privilegiadas de la Historia.

—¿Qué piensa usted de que su hijo se haya retirado del Partido Liberal? —le pregunto.

—Me parece normal que Carlos Eduardo se haya salido. Porque el Partido dio pasos que abandonaban su tesis, su historia. Yo critiqué profundamente y discrepo profundamente con lo que hizo el Partido Liberal en ese momento. Se volvió golpista, un partido que históricamente fue golpeado. Y espero que algún día retome su línea, que es la verdadera línea del partido.

—Pero estamos comprometidos en lograr una alianza verdadera con el liberalismo. No con la cúpula conservadora del Partido Liberal, sino con el verdadero liberalismo —interrumpe Carlos Eduardo y agrega—: El partido Libre representa los verdaderos principios del Partido Liberal, actualizado y aliado con sectores del movimiento social que le dan un aire nuevo a la política nacional, como en algún momento lo fue el Partido Liberal. Libre es hoy la nueva fuerza progresista de Honduras.

—¿Y cree usted que el Partido Liberal vuelva a su línea progresista? —pregunto.

—La historia hará que el Partido Liberal vuelva a su línea —responde emocionado don Jorge Arturo—. Los dirigentes que sepan leer la historia van a trabajar para que eso pase. El Partido Liberal era el primero de Centro América y ahora pasó a tercero de Honduras, porque abandonó sus banderas. Hay que retomar las banderas y al retomarlas vamos a ver que coinciden con otros sectores y entonces podremos salir adelante.

Jorge Arturo Reina cuenta ya con ochenta y un años. En su consciencia queda haber hecho lo que sus circunstancias históricas le permitieron hacer por el Partido Liberal y por Honduras. El menor de sus hijos, Carlos Eduardo Reina, que en septiembre de 2009 se atrincheró junto al presidente Zelaya en la embajada de Brasil y sufrió el hostigamiento y la tortura por parte de los organismos represores al mando de Roberto Micheletti Baín, trae la juventud y la energía que alguna vez imprimieron sus antepasados en la política nacional.

—Yo espero continuar esta hermosa y honrosa tradición de mi familia —concluye Carlos Eduardo—, buscando siempre los cambios en favor de las grandes mayorías. La refundación de Honduras que plantea Libre, es justamente lo que mi papá plantea que necesita Honduras. Es un encuentro de toda la nacionalidad hondureña para reconstruir el país que está en una profunda crisis. Honduras está así porque está mal organizada, reorganicémosla para que produzca beneficios no solo para un pequeño grupo, sino para todos los hondureños. Mientras no reorganicemos el país, es muy difícil que Honduras avance.

En 1898, cuando el siglo XIX estaba llegando a su fin, el general Terencio Sierra asumió el poder, junto con José María Reina Bustillo de Vicepresidente, con un compromiso para el país: organizar Honduras. 118 años después, ya entrados en el siglo XXI, los Reina siguen luchando, desde las trincheras que la Historia les asigna, para que eso ocurra.

LEE CHRISTMAS, DE MERCENARIO A JEFE DE LA POLICÍA EN TEGUCIGALPA

Lee Christmas nació el 22 de febrero de 1863 en el condado de Linvingston, Lousiana, a unas 19 millas de Baton Rouge. Su verdadero nombre fue Leon Winfield Christmas. En aquel tiempo, cuando Lee nació, Estados Unidos estaba en medio de una cruenta guerra civil y la familia Christmas estaba del lado que luego sufriría la derrota. Su padre, un veterano de la guerra con México, fue despojado de los cultivos de algodón que constituían la riqueza de la familia.

En 1880 consiguió trabajo en la New Orleans And Great Jackson R R, tenía 17 años. Cinco años después ascendió a Ingeniero de Máquinas. Nadie sabía aún que Christmas era daltónico. Pero todo se sabría cuando luego de 54 horas de servicio se quedó dormido y ocasionó un accidente con otra locomotora y se le forzó a darse de baja en 1891.

Casado y con dos hijas, Lee ejerció varios trabajos de mala paga en la ciudad de Nueva Orleans, pero su fortuna estaba lejos.

En 1894, con apenas 2 dólares en la bolsa, se embarcó en un barco bananero con rumbo a un país que ignoraba existía, pero que haría de él una leyenda: Honduras.

Llegó a Puerto Cortés, procedente de Nueva Orleans, en una sofocante noche de octubre de 1894. Honduras estaba en plena guerra, pero a los gringos aventureros que llegaban por el banano poco les importaba. Christmas se colocó como maquinista en el único ferrocarril que existía en Honduras, 90 km de rieles que iban tierra adentro, desde Puerto Cortés hasta Pimienta.

Vivía en el Hotel Lefebvre. Compartía su tiempo en las cantinas del puerto con maleantes y aventureros que llegaban de todas partes de Estados Unidos. No sabía nada sobre las gloriosas victorias por medio de las cuales Manuel Bonilla, Policarpo Bonilla y Terencio Sierra habían acabado con el mandato tiránico de Domingo Vásquez; y nada le importaba que esas victorias se hubiesen obtenido con la ayuda del presidente de Nicaragua José Santos Zelaya.

Fue el 13 de abril de 1897 cuando por primera vez se vio involucrado en la vida política de Honduras. Precisamente el día en que las tropas del General José Manuel Durón, bajo el estandarte del "presidente provisional" Enrique Soto, hermano del reformador Marco Aurelio Soto, se tomaron la guarnición de Puerto Cortés.

Lee Christmas llegaba a esa localidad, procedente de los campos bananeros al frente de su pequeña locomotora y su hilera de vagones armados de bananos cuando fue capturado por los sotistas, quienes lo obligaron a pilotear el tren lleno de revolucionarios hacia San Pedro Sula, so pena de morir si se negaba.

Como resultado de esta aventura, en la que se vio obligado a participar haciendo acopio de todo su ingenio para sobrevivir, se le ascendió a Capitán del Ejército de Honduras. Dicen que usó el gran cubo de hielo que traía de San Pedro Sula como escudo para protegerse de las balas enemigas.

Cuando el General Terencio Sierra asumió la primera magistratura de la nación, lo primero que hizo fue rodearse de hombres cuyo valor y lealtad eran a prueba de fuego. Uno de ellos era Christmas.

El General Sierra, *El Tamagás de Coray*, era un hombre culto y autoritario que desconfiaba de los nacionales. El 24 de mayo de 1902 nombró jefe de Policía de Tegucigalpa, con el rango de coronel, a Lee Christmas.

En ese entonces, este cuerpo constituía una fuerza de 185 hombres, pobremente uniformados, sin ninguna organización, equipo o disciplina. El Coronel Christmas se encargó de uniformar a sus hombres, les dio zapatos, descartó los viejos fusiles y los equipó con pistolas.

Christmas y el General Manuel Bonilla se conocieron en mayo de 1902. Entre ellos surgió una de esas amistades instantáneas, basadas en mutuo aprecio y entendimiento. De modo que cuando Terencio Sierra se negó a entregarle la presidencia a Bonilla, Christmas se vio obligado a tener que elegir entre darle su apoyo a su patrón o a su amigo. El 31 de enero de 1903 los habitantes de Tegucigalpa fueron sorprendidos con la noticia de que la fuerza policial de la ciudad, al mando del jefe, había cruzado el cerro para unirse a la revolución.

Lee Christmas era un soldado por instinto y no por entrenamiento. Peleó en muchas batallas que le dio la fama de temerario. Varias veces fue herido y por lo menos tres veces dado por muerto por las tropas enemigas. Pero siempre aparecía y lograba la victoria.

La marcha que hizo como segundo jefe de Saturnino Medal,

desde el Pacífico hasta Tegucigalpa en la guerra de 1902, fue lo que le dio su primera experiencia en una batalla organizada. Combatió al lado del General Bonilla hasta que éste recuperó la Presidencia de la República, que legítimamente le pertenecía.

Su primer acto oficial del General Bonilla a su entrada triunfal a Tegucigalpa, a la cabeza de su ejército victorioso, fue nombrar a Christmas nuevamente Jefe de Policía, con el rango de General de Brigada. Esto sucedió el 25 de febrero de 1903.

El País vivía momentos difíciles, agravados por la muerte del diputado Dr. Pedro A. Trejo, ocurrida en Santa Bárbara, a manos de un inspector de Policía hacienda, y la del Coronel Ezequiel Romero, en ese mismo incidente. El grupo de diputados liberales, a la cabeza del cual figuraba el expresidente de la República Policarpo Bonilla, era acusado por el Poder Ejecutivo de promover los desordenes y la anarquía.

Al amanecer del 6 de febrero de 1904 tuvo lugar el incendio de la Escuela de Artes, siniestro al que se le dio tinte político. Ese mismo día, en horas del a noche, el diputado Miguel A. Navarro fue agredido de palabra por el Director de Policía General Christmas, debido a que había hecho burla en la Cámara de un proyecto de Policía Montada en el que el general Christmas se hallaba interesado.

Según describe el historiador Víctor Cáceres Lara en su libro sobre el golpe de Estado de 1904, el general Christmas interceptó al diputado Navarro a la altura del puente Mayol en medio de la noche, sacó su cuchillo al calor de la discusión y de no haber sido porque el diputado comenzó a gritar por ayuda y otros parlamentarios liberales se apersonaron al lugar, quizás el general Christmas habría apuñalado al diputado Navarro.

Navarro denunció el hecho al Congreso; y la sesión matutina del lunes 8 de febrero mocionó para que se pidiera al Presidente Bonilla la inmediata destitución del agresor y su enjuiciamiento en el tribunal respectivo. La moción, redactada finalmente por el Dr. Bonilla, fue aprobada con sólo un voto en contra: el del Presidente de la Cámara, Licenciado Fausto Dávila, hermano de quien luego fuera presidente Miguel R. Dávila. El congreso se declaró en sesión de permanente en espera de la resolución del Ejecutivo.

Recuerda el Dr. Bonilla que al aprobarse la moción, el presidente

Dávila suspendió la sesión; al rato vio como una fuerza militar de 100 hombres se apostó en las afueras del Congreso.

«Comprendí —agrega el doctor Policarpo Bonilla— que su actitud sospechosa significaba que era aquel el día escogido para el golpe de Estado, de que tanto se había venido hablando... Iban a completarse ya dos horas de estar suspendida la sesión. Vi pasar al director de Policía Christmas para los aposentos del Presidente de la República y regresar enseguida. Dije a un diputado: "Ese será el encargado de disolvernos"».

A los pocos minutos el recinto fue allanado por la fuerza pública. Según cálculos del Dr. Bonilla, 200 hombres entre oficiales, cadetes y tropas, ingresaron al Congreso Nacional al mando del coronel Jerónimo Rivas. Al comenzar a caminar, dice Bonilla —«vi a Christmas en una puerta lateral (todas las del salón estaban guardadas), y le dije: «¡Ah! Christmas, Christmas». Su respuesta fue apuntarme con su Winchester. Yo le dije: «Tira, yanki, vil deshonra de tu raza, miserable esbirro, tira!» Pero alguien levantó el brazo y le impidió hacer fuego».

Ese golpe de Estado de 1904 (quizás todos los golpes de Estado de nuestra historia), es uno de los capítulos más vergonzosos de la política nacional que desembocaría luego en el derrocamiento del general Manuel Bonilla y una nueva guerra civil que terminó con la entrada de las tropas nicaragüenses de José Santos Zelaya a la ciudad Capital en 1907.

Un año después, en 1905, al cumplir Christmas su segundo aniversario como Jefe de la Policía, el presidente Bonilla le hizo entrega de una Espada de Honor, en nombre del gobierno de la República, rindiéndole las gracias por sus servicios prestados.

Con motivo de ese reconocimiento oficial, el General de Brigada había encargado en parís un vistoso uniforme de gala, bordado con ribetes de oro, el cual junto con la espada recibida y sus botas charoladas constituyeron el atuendo con que regresó a Puerto Cortés, de visita a su familia, pleno de poder y de gloria.

El norteamericano Christmas continuó disfrutando del favor oficial luego de participar en la aventura armada que llevó de nuevo al poder al General Bonilla en 1911. Su buena suerte duró hasta la muerte del gobernante, ocurrida el 21 de marzo de 1913. A la sazón desempeñaba las funciones de Comandante de Puerto Cortés, cargo del que fue removido por órdenes del presidente entrante, Dr. Francisco Bertrand. A partir de entonces comenzó su decadencia económica. Regresó tiempo después a Nueva Orleans en donde falleció el 24 de enero de 1923, a los 60 años.

LA MASACRE DE GARÍFUNAS EN SAN JUAN EN TELA, 1937

Tiburcio Carías Andino llegó a la presidencia en 1933, luego de enfrentarse en elecciones contra el liberal Ángel Zúniga Huete. Su larga presidencia de 16 años marca el final de un período de más medio siglo de guerras civiles y montoneras. Carías asumió la misión de "Pacificar" el país, un paso necesario para consolidar el Estado Moderno que colocaría a Honduras —finalmente— en el siglo XX.

Ese proceso fue difícil. Los vicios de los cacicazgos del siglo XIX y los excesos y violaciones constitucionales del gobierno para forzar la reelección de Carías Andino y evitar alzamientos y revoluciones, hizo de ese período uno de los más represores de la historia nacional.

En 1937, el general Justo Umaña se alzó en armas tratando de impedir la reelección de Carías. Con un pequeño grupo de hombres entró por Guatemala buscando consolidar un ejército revolucionario para hacer frente al ejército de Carías. Entre los aliados de Umaña estaban los liberales de Tela, que habían acordado sumarse a la insurrección y que finalmente, al verse derrotados, desertaron de la aventura dejando a Umaña sin respaldo, lo que provocó su derrota. Entre las pocas escaramuzas que hubo en esa revuelta, resaltó un grupo de garífunas de Tela provenientes de la aldea de San Juan.

El gobierno nacionalista, dispuesto a hacer de los garífunas un ejemplo para todos los grupos indígenas del país, decidió castigar a la comunidad de San Juan con toda la saña posible, culminando lo que en la Historia se registra como la masacre de garífunas de San Juan en Tela.

El relato lo recoge el libro *La bahía del puerto del Sol y la masacre de Garífunas de San Juan*, de Víctor Virgilio López García, publicado por Instituto Hondureño de Antropología e Historia (tercera edición 2008). Allí se relata los acontecimientos de ese momento histórico que marcó la relación del pueblo garífuna con el Estado Hondureño para el resto del siglo XX.

Chi Vargas, un anciano que vivió en Tela, Atlántida, y quién laboró por muchos años con la Tela RR. Co., relató al autor que en aquellos tiempos estaba él viviendo cerca del puente que divide Tela Viejo de Tela Nuevo. Chi Vargas refiere que por la noche vio a los soldados de Tomás Martínez, alias Tomás «Caquita» arreglar sus monturas para emprender viaje a San Juan.

Relata el libro de López García, que luego de vencida la insurrección de Umaña, las fuerzas del gobierno comenzaron a perseguir a los liberales de San Juan que habían apoyado el alzamiento.

«En el mes de marzo de 1937 empiezan los soldados a intimidar a los habitantes de la aldea de San Juan, rodeando la comunidad por sus cuatro costados. Como ya tenían la lista de la gente que andaban buscando, pudieron identificarlos valiéndose del «soplón» Florentino García, apoyado por Pascual Valerio. Estas dos personas se encargaron de señalar a los soldados cada uno de los hombres que se estaban buscando. Hubo quienes quisieron cambiar de nombre, pero el «soplón» estaba allí presente rectificando y mencionando el verdadero nombre de cada uno de ellos».

Cuenta López García que un soldado de apellido Madrid, que prestaba sus servicios militares en Tela, corrió a avisar a la gente de la comunidad, en especial al líder liberal Pedro Martínez, que venían a matarlo y que hiciera todo lo posible por huir lo más pronto que pudiera.

«Los soldados llegaron a San Juan el jueves 11 de marzo de 1937, a las dos de la tarde. Agruparon a todos los hombres, sitiaron la comunidad, abusaron de las mujeres y jovencitas en presencia de los niños, saquearon las casas llevándose todo lo que por delante se les presentara».

«Pascual Valerio fue quien delató a Pedro Martínez a los soldados una vez que no lo podían localizar», relata López en su libro, indicando que García era quien se encargaba de señalar a cada uno de los que iban llamando de la fila para su identificación y las autoridades garífunas que fungían como auxiliares servían también de sabuesos. «Entre ellos estaba Casimiro Reyes, Luciano Cayetano, Cipriano Estrada, Aniceto Castillo (Banyé), Emérito Estrada y el alguacil Justini, y como vocero en Tela y San Juan estaba Ernesto Peña».

Muchas personas lograron escapar de los soldados que cercaron San Juan. Unos huyeron al monte, otros en cayucos a Guatemala, Belice y Trujillo. Según el relato de López, Bernardo García tuvo que huir vestido de mujer y también Justo Yeti, junto con otro soplón tuvieron que huir por temor a que también fueran pasados por las armas ya que los soldados mataban a diestra y siniestra sin importarles quién era quién.

«Los genocidas formaron en fila a los indefensos garífunas y el delator Florentino García frente a todos se presentaba como uno más de ellos. Antes de fusilarlos les cortaban las palmas de las manos con filosos cuchillos y les obligaron a cavar su propia fosa colectiva».

«Todos adoloridos y ensangrentados, a causa de las dolientes heridas que les habían abierto en una manifiesta tortura, resistían en dar sus nombres verdaderos y su afiliación política, pensando con eso salvar sus vidas...»

Las personas a quienes buscaban los soldados de Tomás Caquita eran Pedro Martínez, Jerónimo Arzú (este había sido asesinado en El Progreso sin que se dieran cuenta), Estanislao Lamberth y Crescencio Martínez; pero a la hora del ajusticiamiento, ejecutaron hasta a los que no tenían que ver en el caso.

«El día viernes 12 de marzo de 1937, entre las 9:00 y 10:00 de la mañana, a 15 metros de donde se encuentra la Iglesia Católica, con dirección al poniente, mataron a Vicente Martínez Bernández que venía llegando de los campos bananeros y quien traía una mula con su carga, robando además los soldados toda su pertenencia. El pobre hombre recibió la muerte sin darse cuenta de lo que estaba pasando en la aldea. Vicente era un hombre que tenía poco tiempo de vivir en la comunidad de San Juan y era oriundo de Aguán, Colón. También mataron a Modesto Martínez.»

«Pascual Valerio mató a Florencio García, el «soplón», ordenado por un oficial de Tomás Caquita, quien le advirtió que si no lo hacía, lo mataría. A Florencio lo mataron porque decían que conocer la vida de todas esas personas significaba que también formaba parte él de la banda. La misma suerte corrieron Cándido Estrada, Álvaro Castillo, Asunción Caballero, Ramón Martínez, Epifanio López, alias «Yürüdü», Crescencio Martínez y Esteban López Sambulá, hijo de Tirisa Sambulá con Epifanio López».

Describe el relato que antes que los soldados mataran al garífuna Crescencio Martínez, llegaron a donde los parientes a pedir dinero a cambio de liberarlos. Los parientes encontrando esperanza de mantenerlo con vida, les entregaron todo lo que tenían, dinero, alhajas, pero a pesar de haber entregado todo lo que les pidieron, siempre lo mataron. Luego de alejarse los soldados, vinieron a avisarles que Cresencio estaba muerto. Cuando los familiares llegaron a reclamar su cadáver para enterrarlo, se lo negaron, manifestando que eran órdenes superiores. «Los mismos soldados se encargaron de darle terraje dejando pies y manos fuera de la tierra».

«Al día siguiente, los parientes del finado se reunieron y decidieron ir a darle terraje como merece un humano, pero los mal vivientes soldados volvieron a oponerse dejando el cuerpo de aquel pobre hombre a merced de la carroña y a la intemperie».

El Río Tinto asesinaron a Alejo Gamboa, quien había salido huyendo de San Juan. Los soldados le siguieron los pasos hasta dar con él. En Río Tinto mataron también a los señores Macario Castillo, Estanislao Lamberth y Antonio García, alias «Duguwa», para un total de cuatro asesinados en ese lugar.

Al regreso de Río Tinto, mataron en la barra de Tornabé a un ladino llamado Isabel Estrada Cárcamo, su familia vivía también en el mismo lugar y no les dejaron darle terraje, siendo devorado por los zopilotes.

«Los soldados siguieron su trayectoria rumbo a Tela, pasando nuevamente por San Juan. Allí capturaron a otras personas amarrándolas en los palos de coco y obligándolas a delatar a los que faltaban por ejecutar. Violaban a las mujeres frente a sus compañeros de hogar, madres e hijos presenciaban la barbarie de los soldados».

Como los soldados no encontraron a Pedro Martínez, a pesar, según cuenta Víctor Virgilio López, de que los parientes constantemente iban a dejarle comida a su escondite, ordenaron a Pascual Valerio que lo buscara y lo hiciera llegar vivo o muerto. Pascual puso a alguien a que estuviera vigilando los movimientos de los parientes hasta dar con él. A los días lograron capturarlo.

Fueron los auxiliares Casimiro Reyes, Lionzo Cayetano, Cipriano Estrada, Aniceto Castillo y otros, quienes llevaron a cabo la captura y, según relatan, uno llegó incluso a sugerir al grupo que disimularan su fuga. Pero temerosos los demás de ser descubiertos y ser ellos ejecutados, Casimiro Reyes disparó por detrás. Lo remató con otro tiro Lionzo Cayetano, diciendo a los compañeros que no vacilaran tanto para terminar con él.

«Esa ejecución fue por orden de Pascual Valerio, quien nombró a uno de los ejecutores para que fuera a informar a la comandancia de Tela que la misión estaba cumplida».

Todos los verdugos de Pedro Martínez fueron garífunas.

«Al regresar los soldados de Río Tinto, llevaron a los ejecutores de Pedro Martínez a desenterrarlo y lavarle la cara para asegurarse que era él al que habían matado y así certificar que la pesadilla estaba acabada. Volvieron a la casa del difunto adueñándose los soldados de todo lo que allí encontraban.

«En ese tiempo sólo llanto se escuchaba en la comunidad de San Juan. Los pájaros se ocultaban, las hojas de los esbeltos cocoteros se entristecían y las olas del mar se resistían a ser escuchadas, como si la naturaleza misma se negara a reaccionar ante el mandato del Divino Creador. Un vil foráneo había regado de sangre el sueño moreno de una etnia que se resistía ante una sociedad llena de odio y que demostraba a las claras su actitud racista. Así fue como las personas de las aldeas de San Juan y Tornabé quedaron temerosas y huyeron a otras comunidades a donde creían sentirse mejor protegidas y seguras. Muchas de estas gentes se quedaron en Belice y Guatemala definitivamente y sólo un grupo minoritario volvió a los años, ya que allí habían dejado sus pertenencias».

LA MASACRE DEL 6 DE JULIO

El primer semestre de 1944 cerró con un aire de esperanza para los pueblos del mundo. Mucho faltaba aún para terminar la Segunda Guerra. Los aliados habían desembarcado en Normandía y comenzaban a moverse hacia el territorio alemán. El ejército rojo puso fin al sitio de 900 días sobre Leningrado iniciando el fin de la nefasta Alemania Nazi. Los Estados Unidos, al otro lado del Atlántico, se embarcaban en una nueva contienda electoral que daría la victoria por cuarta vez consecutiva a Franklin Delano Roosevelt. En New Hampshire, 44 países se reunieron para dar vida a la conferencia Bretton Wood que sentó las bases para constituir la Organización de las Naciones Unidas. Y en Centro América las dictaduras comenzaban a caer.

El 30 de junio de 1944 cayó Jorge Ubico en Guatemala, dictador liberal de mano dura que llegó a la presidencia en unas elecciones en donde él era el único candidato y construyó su gobierno bajo la sombra de Manuel Estrada Cabrera. Poco antes, en mayo, había caído otro dictador en El Salvador, Maximiliano Hernández, aquel general que dijo con orgullo que sus manos no estaban manchadas con dinero «de sangre sí, pero no de dinero» y que admitió que no mataba una hormiga porque creía en la reencarnación, pero sí a miles de campesinos, porque era darles la oportunidad de volver a encarnar en mejores circunstancias. —Maximiliano Hernández Martínez fue luego asesinado en 1961 por su chofer y mozo de servicio en un finca en el oriente de Honduras, donde el anciano militar transcurría su pacífico exilio.

Es de imaginarse como muchos en Honduras interpretaron los vientos de cambio que refrescaban la humanidad como una oportunidad para derrocar a la dictadura del general Tiburcio Carías Andino, que contaba ya con 11 años en el poder y nada tenía que envidiarle a la fama de déspota de los demás dictadores bananeros de la región.

Obreros, comunistas, artesanos y campesinos se organizaron por todo el país para enfrentar la dictadura y forzarla a ir a elecciones. Y lo que fue inspiración para unos, fue advertencia para otros. Carías no estaba dispuesto a salir por la puerta trasera de casa presidencial y se aferró al poder con todo lo que tenía.

En aquel tiempo, se celebraba el 4 de julio, día de la independencia de los Estados Unidos, como fiesta nacional en Honduras. Los opositores a Carías convocaron a manifestarse en las principales ciudades y basándose en los planteamientos de patriotas estadounidenses fustigaron a las tiranías y pidieron directamente a Carías que renunciara a la presidencia.

«Si no renuncia el 14 de julio —decía el panfleto que repartieron los comunistas en parque central de San Pedro Sula—, el pueblo sanpedrano declarará una huelga de brazos caídos».

Y aunque el comunicado daba un plazo de 10 días al presidente Carías, la huelga se adelantó y el 5 de julio ya se levantaron algunos grupos obreros de las bananeras en contra del gobierno.

Empezaron las persecuciones por parte del gobierno. Varios huelguistas fueron apresados y otros tuvieron que ocultarse. Militares y simpatizantes del Partido Nacional distribuyeron una hoja volante diciendo que la huelga había fracasado porque «el pueblo unánime apoya a Carías».

El Ministro de Guerra, Juan Manuel Gálvez, se trasladó a San Pedro Sula para hacer frente a la revuelta y se reunió con representantes de los obreros, que le solicitaron, según consta en documentos históricos publicados por la revista *Vida Laboral*, el permiso para hacer una manifestación al siguiente día —6 de julio— con el compromiso de que ninguno de los manifestantes portaría armas, para evitar cualquier incidente.

Gálvez accedió, ofreciendo «plenas garantías» a los peticionarios y a su vez les pidió que terminaran con la huelga, pero la comisión dijo que no creía poder convencer a los obreros de que desistieran del paro. Y no pudieron. Los obreros estaban empeñados en hacer caer al dictador.

El 6 de julio el comercio amaneció cerrado en San Pedro Sula. El ambiente estaba tenso. La manifestación comenzó a las tres de la tarde frente a la estatua de Morazán y terminó a las cuatro en la avenida del comercio y la esquina de donde estaba la Droguería Nacional, calle directa a la policía, entre el mercado y el parque central.

Profesionales, obreros, industriales, comerciantes, campesinos, mujeres, ancianos y niños marcharon como una procesión de jueves santo. Salieron unas trescientas personas, la mayoría mujeres que encabezaban la marcha y poco a poco se fueron sumando personas en el recorrido hasta alcanzar más de dos mil, según cuenta el Dr. Peraza, uno de los organizadores que iba adelante.

—Pueblo sampedrano, —dijo el doctor Peraza—, habéis dado una muestra más de verdadero civismo; la patria os lo agradece, ¡viva Honduras!

Luego se escuchó un disparo. El periodista Alejandro Irías caía abatido por una bala en el pecho. Y como si esa fuera la señal comenzaron los policías a disparar sus ametralladoras de mano, fusiles y pistolas directamente sobre la multitud durante unos diez minutos.

La manifestación estaba rodeada, no tenía salida. Les disparaban desde distintos lugares donde se habían apostado los militares.

Alfonzo Guillen Zelaya, autor del ensayo Lo Esencial, escribió desde México en un artículo publicado por *El Popular*, basado en testimonios de exiliados que estuvieron durante la masacre: «Entre las víctimas figuran un gran número de mujeres que, por ser las que encabezaban la manifestación, fueron las que recibieron los primeros plomos homicidas. Dos de las mujeres hondureñas inmoladas, cuyos nombres han llegado hasta nosotros: Toña Collier, telefonista e Irene Santamaría, profesora, eran muchachas sampedranas, jóvenes y bellas. Relatan los testigos presénciales que cuando Irene se sintió herida de un balazo en la frente, con el ultimo hálito de vida que le quedaba se lanzó contra el verdugo que blandía una ametralladora "Thompson" en las manos. Ella se aferró al cañón de la ametralladora y el asesino siguió disparando; Irene cayó con catorce perforaciones en el pecho. En aquellos momentos, Toña Collier se abalanzó sobre el asesino, quien enfocó el fuego sobre el pecho juvenil de la muchacha, cayendo ésta para siempre sobre el enrojecido asfalto».

«Tan pronto como cesó el fuego, los parientes recogían algunas de las víctimas. Los victimarios, por su parte, recogían en camiones a los muertos, los que fueron incinerados en el crematorio, para que el pueblo no se enterara de la magnitud de la tragedia. Las calles fueron lavadas para borrar el río de sangre y los heridos eran conducidos al hospital del Norte y al Hospital Americano de La Lima», contó el licenciado Carlos Perdomo a Alfonso Guillen Zelaya.

Escribió el doctor Antonio Peraza según un campo pagado

publicado en julio de 1994 por Héctor Lara Rivera: «Ningún acto de vandalismo de los tantos cometidos por el gobierno despótico de Tiburcio Carias ha superado a la barbarie como la masacre de San Pedro Sula. Cualquier palabra que se escriba explicando, con todos los matices, lo que ese acto fue, tendrá que ser insuficiente para expresar la realidad de los hechos. La historia futura de nuestra pobre y martirizada patria se encargará de hacer la denuncia de ese crimen con toda la crudeza de la realidad. El pueblo de San Pedro Sula no podrá olvidar nunca el asesinato de sus gentes perpetrado por una pandilla famélica de odios y movida por el crimen al servicio del despotismo cariísta. Su recuerdo será eterno y vivirá, en el corazón de sus habitantes, como una conciencia acusadora, esperando el castigo que tarde o temprano tendrá que llegarle a los malvados».

No se conoce aún la cifra de muertos ese día, pero todos coinciden en que no fueron menos de cien y pudieron llegar hasta doscientos los asesinados. El gobierno de Tiburcio Carías Andino llegó a su fin el 1 de enero de 1949. Le sucedió en el poder Juan Manuel Gálvez, este último, responsable directo de haber ordenado la masacre.

El 15 de julio de 2004 , la revista *Vida Laboral* en su número 15 publicó una lista con 42 nombres recuperados de documento semidestruido rescatados por Tornas Erazo. La publicación, en homenaje a los caídos en la dictadura, especifica que la lista es incompleta. No existe lista completa sobre las muertes de ese día. No existe monumento de homenaje a las víctimas de 6 de julio de 1944. La cara de Juan Manuel Gálvez adorna hoy en día el billete de cincuenta Lempiras.

LA MATANZA DE LOS LAURELES
EN EL GOBIERNO DE VILLEDA MORALES

El 6 de septiembre de 1961, durante el gobierno de Ramón Villeda Morales, un grupo de 11 hombres aparecieron muertos en la zona de Los Laureles en Comayagüela. La Historia registra el incidente como La Matanza de los Laureles.

Cuenta el reporte oficial, que un grupo de conspiradores se trasladaron al sector de Los Laureles en la capital de Honduras, con el propósito de recoger unas armas que iban a entregarles cómplices suyos del Primer Batallón de Infantería.

Descubierto el complot, una patrulla de la Guardia Civil al mando del capitán Rafael A. Padilla, se constituyó al sitio de reunión para detener a los conjurados a medida que llegaran.

El gobierno, naturalmente, dio la versión de que el grupo presentó resistencia pero, además de que no hubo siquiera un herido de parte de la tropa, dos de los sobrevivientes, Benjamin Solano Castañeda y Adán Zelaya Galindo, a quienes se les dejó por muertos en el campo, explicaron a la prensa el día 13 de septiembre cómo ocurrieron exactamente los hechos.

Cuando estuvieron todos, simplemente se les puso en fila y se les disparó con las ametralladoras. Murieron 11 personas.

Entre las víctimas se encontraba el licenciado Alberto Sierra Lagos, alto dirigente del Partido Nacional quien tenía varios impactos de bala en las axilas, señal de que se le ejecutó con las manos en alto; el Mayor de Infantería Francisco Coello y su hermano José, J. Ramón Osorio y el licenciado José Ángel Padilla.

Según la columna del licenciado Efraín Aguilar Zelaya, en el lugar de los hechos, Sierra Lagos con las manos arriba igual que los otros prisioneros, le manifestó al Capitán Rafael A. Padilla, éste con pistola en mano y los guardias con fusiles, que en su condición de miembro del referido Consejo, él estaba investido de inmunidad, recibiendo como respuesta los disparos mortales, precedidos por estas palabras: "¡Aquí está tu inmunidad!".

Benjamín Solano, al ser entrevistado por Vicente Machado Valle h., declaró que había sido capturado junto a los demás, por una patrulla al mando del Capitán Rafael A. Padilla, Jefe Departamental de la Guardia Civil. En el camino, según la versión del sobreviviente, fueron ejecutados dos prisioneros, quienes intentaron fugarse, los demás fueron bajados cerca de "Los Laureles". Se les ordenó colocarse en fila, al estilo militar, procediendo inmediatamente los guardias a vaciar sus armas sobre la humanidad de los hombres indefensos. Solano fue dejado por muerto, con una herida en la cara y otra en los genitales. Cuando los guardias se largaron, vadeó el río y llegó a "La Burrera", donde fue recogido por un vehículo militar que lo llevó a la Escuela Militar "General Francisco Morazán" para que le fueran suministrados los primeros auxilios, posteriormente fue trasladado al Hospital La Policlínica, de donde sería conducido al cuartel de la Guardia Civil para ser remitido finalmente a la Penitenciaría Central.

La ciudad capital vivió un virtual "estado de sitio", continúa en su relato Efraín Aguilar Zelaya, las patrullas de la Guardia Civil recorrían las calles, varias casas fueron allanadas y algunas personas capturadas. Fueron detenidos, entre otros, el Jefe de Redacción de Diario *El Día*, periodista Vicente Machado Valle h., mientras estacionaba su automóvil en el Parque Central, el motivo de su detención fue haber entrevistado al sobreviviente de la masacre Benjamín Solano Castañeda, mientras era atendido en el hospital, también, Jorge Carías, Darío Scott, Abogado Luís Mendoza Fugón en su bufete, General Pedro F. Triminio, Secundino Valladares Barahona, Carlos Vicente Galindo, Doctor Joaquín Rivera Méndez, Tiburcio Membreño Aguilar y Raúl Alonso Días.

Fue hasta el domingo 19 de octubre que fueron puestos en libertad algunos de los detenidos en la PC, por su supuesta participación en el caso sangriento de "Los Laureles", en vista de que el auto de prisión dictado por el Juzgado Segundo de Letras de lo Criminal, por el delito de Rebelión no estaba arreglado a derecho, revocándolo por el delito de Conspiración, que era fiable.

Entrevista a Benjamín Solano Castañeda, publicada por *El Heraldo*

Solano Castañeda había pertenecido a la Guardia de Honor del nacionalista Tiburcio Carías, cuenta con detalles lo que le pasó aquella fatídica noche lluviosa de 1961.

Ese día un amigo suyo, José Ramón Osorio López, le pidió que lo acompañara a "un baile" por la carretera al batallón, donde iba a tener la oportunidad de ver a su novia. El pequeño carro que andaba lo dejó Solano Castañeda a unos metros del Primer Batallón de Infantería, en un sector conocido como Changrilla.

Cuando regresó al automóvil vio que estaba rodeado por unos 40 guardias al mando del capitán Rafael A. Padilla, quien -según el entrevistado- cumplía órdenes del director de esta unidad militar, Marcelino Ponce Martínez y del ministro de Gobernación, Ramón Valladares h.

"De inmediato me dijeron: ¡manos arriba! Padilla le ordenó a un guardia de raza negra que me registrara, pero al no encontrarme ningún alfiler como arma, Padilla le dijo al guardia que me despojara de cuanto portaba, quitándome el reloj, anillo, cartera. Tras de mí también venía Osorio López, quien también fue detenido, registrado y robado".

Poco a poco fueron llegando agentes de la Guardia con más gente capturada.

"Como a las ocho de la noche llegó el teniente Augusto Murillo Selva, llevando al licenciado Alberto Sierra Lagos (magistrado del Consejo Nacional de Elecciones) y a tres personas más a quienes no conocí", dice Solano Castañeda.

El licenciado Sierra Lagos "tan pronto vio al capitán Rafael Padilla, le quiso hablar, quizá para preguntarle el motivo de su detención, pero el asesino no le dejó hablar y con voz imperiosa le dijo: conmigo nada tiene que arreglar".

Cuenta el testigo que "a los pocos minutos Padilla se acercó a Sierra Lagos y le dijo: deme las llaves de su carro, pero no pudo encender el carro". Añade: "Seguían llegando patrullas con más detenidos."

Eran como las diez de la noche cuando regresó Rafael A. Padilla en una patrulla, ya sin el carro del licenciado Sierra Lagos, relata Solano Castañeda, mientras con su mano temblorosa mueve papeles y fotos.

Su amigo Osorio López, el que lo había invitado a la fiesta, al saber que les faltaban pocos minutos de vida le dijo al ahora sobreviviente: "Solano, perdóneme por haberlo traído a la muerte".

Antes de matarlos fueron interrogados al estilo de los más crueles asesinos. El sobreviviente cuenta que en cierto momento, cuando le preguntaban por las armas, se encolerizó y les dijo: "Si armas tuviera me hubiera batido a tiros con todos ustedes".

Padilla ordenó que "nos montaran seis hombres en cada patrulla, pero en ese momento solo había dos patrullas y montaron seis hombres en el carro de alquiler".

"En la patrulla número seis montaron al licenciado Sierra Lagos, a Osorio López, a Mondragón, a dos miembros activos del Ejército Nacional, uno de apellido Cerrillos, otro de nombre Ponciano y a su servidor", cuenta Solano Castañeda. "Todos los guardias que nos esperaban tenían pañuelos blancos amarrados de la boca hacia atrás".

Solano Castañeda cuenta que dijo al comandante de la tropa, Wilfredo Almendárez: "Lo único que te diré es que lo que aquí vas a hacer es un crimen, hazlo pronto".

"Terminando mis palabras ordenó a sus asesinos: ¡Preparen! En ese momento como que la mano divina me giró la cara hacia el río, quizá con la idea de lanzarme sobre el cerco. A hacer el impulso iba cuando oí la voz asesina; ¡fuego! Todos caímos tendidos y abrazados por la muerte, recibiendo yo solamente un tiro en la cara que me penetró por el pómulo derecho y me salió en el izquierdo. Caí boca abajo, pero los asesinos no conformes nos ametrallaron uno a uno".

"Seguidamente comenzaron a darle uno a uno a los cadáveres, yo les estaba oyendo todo. Cuando me dieron vuelta, uno de ellos dijo: ¡este está vivo, termínenlo! Se acercó un guardia haciendo cuatro descargas, pero el poder divino estaba conmigo y de los cuatro balazos solo recibí tres, uno en el pene y dos en la pierna izquierda, me estiré y me hice el muerto. Cuando se retiraron yo abrí primeramente el ojo izquierdo para ver si había alguien cuidando, pero solamente vi cadáveres. Me di vuelta con sumo cuidado y levanté el alambre y comencé a deslizarme, cayendo al río".

Solano Castañeda se salvó de milagro. Como pudo se alejó del lugar, se le atravesó a un bus que frenó. Le contó la historia al motorista, que lo llevó a la Escuela Militar. Los militares le dieron protección, lo atendieron y la mandaron al hospital San Felipe.

Estando ahí lo sacaron los policías y lo llevaron a la Penitenciaría Nacional, donde estuvo preso más de un año. Salió libre tras el golpe de Estado propinado por los militares a Villeda Morales el 3 de octubre de 1963.

Fuentes: *Enciclopedia Histórica de Honduras*, Graficentro Editores Tomo 11 1989; "Este está vivo, termínenlo", entrevista a Benjamín Solano Castañeda, diario *El Heraldo*, 28 de febrero de 2015; "Masacre de los Laureles", Efraín Aguilar Zelaya, proceso.hn

LA RAZÓN LIBERAL DEL GOLPE DE 1963

A las tres de la madrugada del 3 de octubre de 1963, dos escuadrones de aviones caza de las Fuerzas Armadas de Honduras volaron sobre la Casa Presidencial, advirtiendo al Presidente de la República, Dr. Ramón Villeda Morales, que debía rendirse si no quería sufrir un bombardeo, mientras las tropas del ejército dominaban a la guardia civil.

Inició así el golpe de Estado del 3 de octubre de 1963.

Según reportes de la prensa de la época, a las 5 de la mañana la voz del comandante en jefe de las fuerzas armadas, coronel de la fuerza aérea Oswaldo López Arellano, proclamó por radio a la nación que las "patrióticas fuerzas armadas habían intervenido para acabar con las flagrantes violaciones de la Constitución y la evidente infiltración comunista". Argumentaban los oficiales que actuaban en respuesta al creciente "clamor e inquietud del pueblo." Las fuerzas armadas habían resuelto "salvar" a la patria e impedir el fraude que se preparaba para las elecciones presidenciales que debían realizarse el 13 de octubre, en donde Modesto Rodas Alvarado se presentaba como favorito para ganar la contienda.

El presidente Ramón Villeda Morales, cuyo período presidencial debía expirar ochenta días después, y Modesto Rodas Alvarado fueron llevados por la fuerza aérea al exilio en Costa Rica. Se suspendió el llamado a elecciones; se disolvió el Congreso; fue abolida la Constitución de 1957; y López se proclamó presidente provisional.

En 1957 Ramón Villeda y Morales había sido elegido presidente constitucional de Honduras, poniendo fin a una larga trayectoria de gobiernos nacionalistas, incluyendo la dictadura de Carías Andino que duró 16 años.

En 1954 se produjo la huelga bananera principalmente en la costa norte, sacudiendo las estructuras obreras en todo el país.

Durante el gobierno de Villeda Morales, Honduras entró en el Mercado Común Centroamericano e inició programas para la reforma agraria y la ampliación de la educación, una serie de proyectos moderadamente progresistas que sin embargo alarmó a algunos sectores de la élite gobernante. Fueron sin embargo las contradicciones internas del partido liberal, amplificadas por el creciente temor a la revolución cubana de 1959, que desató los miedos que desembocaron aquella fatídica madrugada.

Mario Argueta en su libro *Tiburcio Carías, anatomía de una época* describe las diferencias internas del partido liberal que terminaron empujando la conspiración golpista.

El Partido Liberal presentaba (varias) facciones; la más numerosa se agrupaba en torno al presidente del Congreso Nacional Modesto Rodas Alvarado, que se caracterizaba por su antimilitarismo y sectarismo. Otra, favorecida por el presidente Villeda Morales, la encabezaba el canciller Andrés Alvarado, quien adoptaba posiciones centralistas, más anuentes al reconocimiento de otras fuerzas políticas de oposición. Pero, en la convención, la mayoría favoreció a Rodas Alvarado, llamado "El León del liberalismo", lo que alertó a las Fuerzas Armadas y al Partido Nacional. Además estimuló las ambiciones de poder del coronel López Arellano ,ya latente desde años atrás.

Mucho se ha escrito sobre las razones que motivaron a López Arellano y a sus compañeros de armas a asaltar el poder. La documentación consultada indica que mediante el golpe se buscó,, básicamente, impedir el virtual triunfo de Modesto Rodas Alvarado quien, con su retórica antimilitarista, atemorizaba al estamento castrense.

El régimen militar logró consolidarse tras recibir el reconocimiento diplomático del gobierno estadounidense y obtener el abierto respaldo del Partido Nacional, entonces dirigido por quien, durante varios años, fungió como asesor jurídico de las Fuerzas Armadas: Ricardo Zúñiga Agustinus, quien formó cogobierno con López Arellano y sería luego vicepresidente de todos los gobiernos militares de los setenta hasta 1982.

Desde el inicio de su gobierno en 1957 Villeda Morales tuvo astucia para comprender que su permanencia en el poder dependía de que tolerara la actitud de las Fuerzas Armadas que ese mismo año se habían garantizado la autonomía, conservando el papel de garantes de la democracia. Villeda atenuó el tono de las promesas realizadas durante su enérgica campaña, en el sentido de una rápida reorganización de la sociedad y las instituciones anacrónicas de Honduras. Introduciendo modestas medidas de bienestar social buscando la cooperación de los nacionalistas en todos los planes para llevar a cabo la reforma de las estructuras económicas, sociales y políticas. Recomendó al Congreso que asignara a los militares la habitual cuarta parte del presupuesto nacional, sin formular preguntas respecto del modo de inversión de los fondos.

Pero era difícil gobernar con dos cabezas autónomas: el Partido Liberal y las fuerzas armadas, cada una con una visión distinta de lo que el país necesitaba.

Desde el principio los oficiales conservadores discreparon públicamente con el Presidente Villeda. En 1959 Villeda apenas logró sobrevivir a cuatro intentos de derrocarlo. El último fue obra de la policía, la que posteriormente fue disuelta para formar una nueva guardia civil de 2.500 hombres.

A medida que los jefes de las fuerzas armadas gravitaban nuevamente alrededor de su tradicional base, el Partido Nacionalista, el aprensivo Presidente y su Partido Liberal comenzaron a convertir a la guardia civil en una suerte de contrapeso.

Cuando Villeda Morales resolvió que esta última supervisara las elecciones presidenciales, la enemistad entre la guardia civil y las fuerzas armadas precipitó la crisis, pues las fuerzas armadas se habían visto privadas de una de sus habituales funciones.

Más adelante, el candidato presidencial del Partido Liberal, Modesto Rodas Alvarado, alentado por el abrumador apoyo de los campesinos, los obreros y la clase media, prometió acelerar el ritmo de las reformas y transformaciones. Prometió suspender la colaboración con los nacionalistas, una promesa que resonaba en la base liberal que tenía aún fresca la memoria del cariato.

Una facción de los Liberales se separó del partido y formó el Partido Republicano Ortodoxo, pero nada parecía detener el triunfo de Rodas. Cuando se señaló que las fuerzas armadas podían tomar partido si el programa provocaba resistencia de la derecha, Rodas se vanaglorió de que estaba dispuesto a poner al ejército en su lugar, además de que no ocultó su simpatía por la guardia civil.

Pero es probable que el principal factor del golpe haya sido la ambición del coronel Oswaldo López Arellano, jefe de las fuerzas armadas, el mismo hombre que doce horas antes del golpe militar afirmó públicamente que no habría ningún golpe.

El coronel López había llegado al más elevado cargo de las fuerzas armadas a edad relativamente temprana, y de acuerdo con la tradición de la política hondureña aún tenía que escalar un rango en su carrera militar: la Presidencia de la República.

En el portal de política de Honduras, REVISTA INTERNACIONAL (Edición 2,000) señala que el Coronel López alentó esperanzas de ser candidato a la presidencia cuando su nombre fue propuesto en la convención del Partido Liberal. Pero no podía competir con la arrasante popularidad de Rodas Alvarado. Cuando el partido no lo eligió candidato, su ambición frustrada halló expresión en el resentimiento y la cólera personales. Cuando el Partido Nacionalista, que prefería el interinato militar antes que la continuación de los liberales el poder, lo exhortó a apoderarse por las armas de lo que le había negado con el voto, la tentación fue excesivamente fuerte y no pudo resistirla.

Señala el historiador Marvin Barahona en su libro *Honduras en el siglo XX: una síntesis histórica.*

Los jefes del Partido Nacionalista se creían gobernantes de Honduras por derecho propio. Antes de 1956 su partido había dominado la política nacional, y consideraban que habían demostrado suficiente magnanimidad al permitir que los liberales gozaran de seis años de usufructo del tesoro y los cargos públicos. El grave problema que afrontaban consistía en que el gobierno y el programa del presidente Villeda había convertido al Partido Liberal en la organización más popular, de modo que no había perspectivas de que los nacionalistas pudieran retornar al poder a través de elecciones libres. Por el contrario, el Partido Nacionalista y sus dirigentes encaraban la desagradable perspectiva de seis años más sin favores oficiales, sin los emolumentos de los cargos públicos y sin oportunidades de practicar el peculado... todo lo cual podía implicar la destrucción del partido y la ruina financiera y pública de su dirección. Era la perspectiva por demás desagradable, y no podía aceptarla. En su desesperación y de acuerdo con una añeja tradición, llamaron al ejército para que se ocupara de "salvar a la patria".

Así, la decisión de los nacionalistas de impedir a toda costa la victoria liberal selló la suerte política de Rodas y de su partido. La actitud de los nacionalistas era que los liberales ya habían tenido su oportunidad bajo el gobierno de Villeda; ya era tiempo de que el gobierno volviera a manos más responsables. Como era imposible obtener democráticamente este resultado, se exhortó a los partidarios militares del Partido Nacional a que apelaran a la fuerza. El golpe fue aplaudido públicamente por los políticos del Partido Nacional y por los grupos de comerciantes y terratenientes.

El nuevo gobierno de Osvaldo López Arellano convocó a elecciones apara una Asamblea Nacional Constituyente, que se realizaron en febrero de 1965. El propósito esencial era constitucionalizar a López Arellano y decretar una nueva Carta Fundamental, tras quedar rota la de 1957. La represión, la intimidación y el exilio continuaron aplicándose tanto a la oposición liberal como a los grupos de izquierda.

Los comunistas y los castristas conocidos, tratados ahora como criminales y no como infractores políticos, fueron eliminados de las organizaciones estudiantiles y obreras. Señala Marvin Barahona. La guardia civil fue desarmada y disuelta. El ejército regular asumió el poder de policía, y reprimió eficazmente las demostraciones de los estudiantes y los obreros contra el gobierno.

EL TRÁGICO VUELO DEL PRIMER AVIÓN CATRACHO

El ingeniero Arnold Berkling, de origen alemán, murió trágicamente el 5 de mayo de 1980 en la ciudad de La Lima, Cortés, según relata el diario *La Prensa* en su edición del día siguiente, cuando realizaba un vuelo de prueba en el "Catracho 1", avión que él mismo había planeado y construido durante todo un año.

El aparato sufrió fallas al desprenderse uno de sus alerones, perdió estabilidad y fue a estrellarse en picada en un campo de futbol contiguo al aeropuerto Ramón Villeda Morales de San Pedro Sula. Producto del impacto el pequeño avión voló en pedazos quedando disperso en un área de unos quince metros, sufriendo el ingeniero Berkling golpes y fracturas en la cabeza que le provocaron la muerte en forma instantánea.

Unos quince minutos antes del accidente, el alemán había despegado de la base aérea en un vuelo de prueba de su pequeño avión monomotor que él mismo había diseñado y posteriormente construido en los talleres de Berkling Industrial en San Pedro Sula. El aparato fue presentado en la exposición que con motivo de la navidad de 1979 tuvo lugar en el Estadio Morazán de la capital industrial del país.

Según el relato de miembros de la base aérea, cuando el señor Berkling pretendía regresar para aterrizar en la base tuvo problemas en el aparato al desprenderse uno de los alerones (que controlan o mantienen la estabilidad del avión), la nave comenzó a perder altura y se volvió incontrolable para el experto piloto.

El campo en donde la nave se estrelló estaba ubicado frente a lo que era el hogar sueco-hondureño y alrededor del mismo residen varios vecinos, la mayoría de los cuales fueron testigos de las peripecias del avión y del trágico final del ingeniero Berkling.

En el relato para *La Prensa* los testigos indicaron que primero escucharon una fuerte explosión e inmediatamente después una parte del avión salió despedida y el motor comenzó a "sonar raro" hasta que se paró; el avión perdió altura y se fue en picada a estrellarse en el campo. Sostuvieron los vecinos que la puerta del aparato venía abierta.

Hicieron ver también que fueron notorios los esfuerzos que realizó el piloto para no caer sobre el conglomerado de casas.

Efectivos de la base aérea que estaban pendientes de la acción del señor Berkling, se apersonaron de inmediato al lugar del accidente y el propio coronel Walter López Reyes sacó el cadáver de los retorcidos restos del avión. Posteriormente el cuerpo fue trasladado a una clínica particular de San Pedro Sula, donde se le preparó para el velatorio.

El Ingeniero Berkling pretendía, según se lo comunicó a un reportero de *La Prensa*, lograr el apoyo del gobierno para la elaboración de una serie de aviones.

Este aparato, al que llamó "Catracho 1", sería el primero y con el que demostraría que su sueño podía convertirse en realidad.

El aparato descrito por el propio Berkling "era un monomotor de dos plazas, ala baja y de construcción mixta, o sea hecho de madera, plástico y metal. El avión podría ser usado para entrenamiento, escuela, turismo y fumigación."

La descripción fue hecha en un reportaje que salió publicado el 11 de julio de 1979. En la entrevista, Berkling se enorgulleció de que los materiales para la construcción eran hondureños y que solamente se importó el motor y el instrumental.

"Así mi orgullo no sólo radica en fabricar el primer avión en Honduras, sino en usar para su construcción materiales y mano de obra netamente hondureña, demostrando con ello que no estamos tan atrasados como se cree", dijo.

Indicó en aquella oportunidad que los planos habían sido revisados por personeros de las Fuerzas Armadas y que la Fuerza Aérea le dio su total aprobación y al mismo tiempo ofrecieron el apoyo necesario a la empresa.

El ingeniero Arnold Berkling era de origen alemán, radicado en Honduras desde 1960. Estudió ingeniería aeronáutica en Alemania y se graduó como piloto de prueba volando durante 35 años, piloteando cazas alemanes en la Segunda Guerra Mundial.

Cuando residía en Argentina en los años 1946-1958 construyó tres aviones versión turística, fumigadores y de contacto, los cuales tuvieron una duración de más de quince años.

El artículo de *La Prensa* relata como entre los desechos del infortunado avión podían notarse la deficiente calidad de los materiales usados en su construcción: las soldaduras estaban por doquier y el armazón general del aparato se notaba endeble, así como varias piezas que quizás fueron extraídas de naves inutilizadas.

HOLOCAUSTO PROPICIATORIO DEL ARTE

En el año 1900, cuando aún los fantasmas del siglo XIX controlaban el caótico destino de Honduras, el poeta Juan Ramón Molina (1876-1908), altamente conocido en los círculos literarios e intelectuales de Centroamérica, fue condenado a trabajos forzados en la carretera del sur, a causa de una nota que publicó en *El diario de Honduras* que él mismo dirigía.

El artículo, titulado «An Axe to Grind», que literalmente significa «Un hacha para afilar», pero que puede interpretarse como «Tener un reclamo (que presentar a alguien) por algo que le han hecho», ni siquiera fue escrito por Molina y se le ha atribuido a Benjamín Franklin. En dicho artículo, el narrador comienza describiendo una memoria que guarda de su infancia: «...una fría mañana de invierno, un hombre se acerca sonriente con un hacha al hombro. —Mi lindo niño —le dice—, ¿tiene tu padre una piedra para afilar hachas? —Si señor —responde el niño. —¿Me puedes afilar el hacha con ella? —pregunta el hombre que halaga al niño de una manera constante». El pequeño, embrujado por las dulces palabras del hombre, trabaja sin descanso, mientras las manos se le llenan de ampollas. Aquel hombre no para de cargarlo de cumplidos. «Estoy seguro de que eres uno de los mejores chicos que he visto en mi vida» —le dice. Pero por más que el pequeño trabaja, el hacha (que es nueva) no termina de afilarse. Trabaja y trabaja sin avanzar mucho, hasta que suena la campana de la escuela. El niño se disculpa porque tiene que irse y el hombre, mal agradecido, se molesta, insultándolo, llamándolo holgazán, truhán, sinvergüenza.

Durante el proceso judicial que se le llevó a cabo a Juan Ramón Molina por aquella publicación (si podemos suponer la existencia de tal cosa) se argumentó que el artículo era una crítica al gobierno del presidente Terencio Sierra, quien fue presidente de la república de Honduras entre 1898 y 1902, y de quien Molina fue parte en su campaña presidencial. Del cuartel San Francisco, Juan Ramón Molina salió a la cárcel, y de allí fue llevado a picar piedra en la construcción de la carretera al sur del país, en lo que el abogado y escritor Eliseo Pérez Cadalso describiera en su libro *Habitante de la Osa Mayor* como la «Siberia hondureña».

Parto con este lamentable incidente para ejemplificar la relación que históricamente ha habido entre los intelectuales y los dueños del poder político y económico de Honduras. Pero su ejemplo no es el único: Álvaro Contreras (1839-1882), padre de Rafaela Contreras, la primera esposa de Rubén Darío, tuvo que huir del país e instalarse en El Salvador por los discursos incendiarios que escribía en contra de los gobernantes hondureños de su época; Froylán Turcios (1872-1943), secretario privado del *General de Hombres Libres*, Augusto C. Sandino, y Rafael Heliodoro Valle (1891-1959), poeta, biógrafo de Iturbide y Bartolomé de las Casas, redactor de *El Excélsior* en México, vivieron y murieron en el exilio durante los dieciséis años de la dictadura de Tiburcio Carías Andino. Ramón Amaya Amador, cuyo libro más vendido en Honduras, *Prisión verde*, publicado en México por Editorial Latina en 1950, fue censurado y perseguido por los distintos gobiernos civiles y militares hasta su muerte en Checoslovaquia en 1966. Llegamos entonces a la década de los ochenta, en plena guerra centroamericana, en la que reinaba la persecución a los intelectuales por el contenido ideológico de sus obras. Hay que remarcar acá que, al igual que sucedió en Latinoamérica durante la lucha independentista y la formación de las naciones del continente, muchos autores se vieron involucrados en el quehacer político, sacrificando la producción literaria.

En los primeros años del recién estrenado siglo XXI, en Honduras llegamos a creer que esa época había pasado. Nos creímos el discurso democrático institucional, el neoliberalismo de las ONGs y la sociedad civil, cuando nos sorprendió el 28 de junio de 2009. Más adelante, el 20 de julio, poco menos de un mes después del golpe de Estado que derrocó a Manuel Zelaya Rosales, la ministra de facto de la ahora extinta Secretaría de Cultura, Arte y Deportes (SCAD), manifestó que: «Los libros publicados por la Editorial Cultura (editorial de la misma Secretaría) no son adecuados para la población, porque su contenido es comunista...» Ella ordenó la destrucción de miles de libros que se produjeron con el apoyo del Alba, según lo denunciara el sindicato de la SCAD.

En ese comunicado, el sindicato de la SCAD informó que, entre el período 2007-2008, se publicaron veintiséis títulos en la Editorial Cultura: doce de historia y antropología, diez de narrativa y poesía de autores ya fallecidos, cuatro de crítica literaria de obras de autores también fallecidos, y apenas uno de teatro, de doña Mercedes Agurcia, también fallecida en 1980.

Esto nos lleva a pensar que, según la ministra Castro y sus desempolvados fantasmas de la Guerra Fría, la producción literaria de autores muertos hace más de treinta y cinco años sigue sirviendo para promover el comunismo y el pensamiento socialista en la población a la cual ellos, los poderosos, tienen que proteger.

En 2014, como parte del proceso de reformas en la administración pública que impuso el presidente Juan Orlando Hernández, la SCAD fue disuelta, ahorrándole así al gobierno la molesta labor de censurar libros. Ese trabajo le queda ahora al mercado, en un país en donde cada día hay menos librerías y publicar sigue siendo un privilegio de pocos.

Aunque la censura en Honduras tiene tanta tradición como su literatura —ya desde el siglo XVI Tomás de Torquemada y Fray Diego de Landa hicieron desaparecer los códices mayas y cualquier rastro de la cultura literaria prehispánica para proteger las mentes y corazones de los buenos cristianos—, es en nuestro contexto, en donde el acceso de las nuevas herramientas de comunicación de masas hace suponer que la misma es ya inexistente. Basta navegar un rato para encontrar en Internet cualquier cantidad de tonterías, y lo que es peor, cualquier cantidad de gente siguiendo a estos autores. Debemos, en todo caso, sonar las alarmas, pues la censura, aunque escondida y alejada del sector oficial, sigue viva.

Reconozcamos cual es la lógica de la censura. Los libros son censurados en la medida que pueden producir un impacto en los lectores, en su forma de pensar, en su manera de ver el mundo. Los dueños del poder político (o económico) se sienten vulnerables a ese cambio. Esa fue la lógica con que Calígula censuró *La Odisea*, o el papa Pio IV publicó en 1564 el *Index Librorum Prohibutorum ed Expurgatorum*.

Ya puede ser Orham Parmuk y la censura que la ultraderecha turca ha tratado de imponer en su obra por considerarlo «demasiado occidental»; Salman Rushdie y *Los versos satánicos*, a quien el Ayatollah Khomeini condenó a muerte por ofender al profeta

Mahoma; o en nuestro hemisferio, Santiago Roncagliolo, con su *Memorias de una dama*, que ha sido vetado de la mayor parte de los países latinoamericanos por contar los detalles de una de las familias más poderosas de República Dominicana.

En mayo de 2010, el Fiscal General de Arizona, Tom Horne, presentó la ley HB-2281, que llama a eliminar los libros usados en los estudio étnicos que, según sus palabras «promueven el derrocamiento del gobierno de los Estados Unidos, el resentimiento hacia una raza o una clase de personas (y) están diseñados principalmente para estudiantes de un grupo étnico en particular». La lista de libros sacados de circulación en las bibliotecas públicas de Arizona se extiende al centenar, pasando por *The Tempest* de William Shakespeare, *People History of the United States* de Howard Zinn, hasta Sandra Cisneros con *La Casa en Mango Street*.

El escenario para la censura se vuelve más complejo cuando hablamos de trabajo periodístico. Honduras, por ejemplo, se encuentra en la actualidad entre los lugares más peligrosos para ejercer el periodismo. En los últimos doce años se han registrado 51 asesinatos de periodistas, de los cuales, según el Comisionado Nacional de los Derechos Humanos, el 96% continua en la impunidad. Muchas son las especulaciones sobre quién y por qué se mata periodistas en Honduras. Fácil es para el gobierno echarle la culpa al crimen organizado, sin mencionar por ejemplo que en 2013, la organización Reporteros sin Fronteras publicó una lista de los principales «Predadores de la libertad de prensa». Entre ellos aparece, en un honroso lugar número 39, el empresario hondureño ya fallecido Miguel Facussé Barjum, un magnate vinculado con la actual crisis agraria y política del país.

Y aunque nos gustaría pensar que dichos ataques a la libertad de expresión y de prensa se manifiestan principalmente contra la prensa, la televisión y la radio, y no contra la literatura (después de todo en Honduras nadie lee y nadie publica), hay una frontera muy fina que en cualquier momento se puede cruzar, a costa de la vida de los autores.

México siempre ha sido un reflejo de lo que será nuestro futuro. Honduras se mueve apenas a pocos años de México. Ya sea con la independencia de la colonia en tiempos del virreinato, o la guerra de los carteles del narcotráfico y, más recientemente, de las pandillas. México es nuestro espejo, lo que allí ocurre, en Centroamérica se repite: crisis política, asesinato de candidatos, narco estado, persecución y asesinato de periodistas.

Por eso el caso de Anabel Hernández García toma especial relevancia para nosotros. El 3 de mayo de 2011, Hernández García denunció en televisión nacional de México que su Secretario General de Seguridad Pública, Genaro García Luna, contrató a policías federales para matarla, después de la publicación de su libro *Los señores del narco*. Ese libro cuenta de manera muy detallada el surgimiento y funcionamiento del cartel de El Chapo Guzmán, sus vínculos con la policía y el ejército, sus relaciones con empresarios y políticos, no sólo de México sino de Guatemala y Honduras. Lo que allí se dice afecta a intereses muy poderosos de la región y por eso las amenazas.

Ya no es el Estado quien nos censura, sino en un sentido más escabroso, ahora es el crimen organizado el que impone su veto en lo que escribimos o no escribimos, ya sea libros, o incluso blogs y tweets. Sus ojos están siempre sobre los escritores y periodistas de la región.

Para finalizar, y usando la frase con que llamé este artículo, quiero concluir con una cita del escritor Juan Ramón Molina, quien desde el exilio y poco antes de su muerte en San Salvador en 1908, dijo:

En un ambiente como el nuestro, de sorda agresión o de indiferencia, el intelectual de veras tiene dos escapatorias para librarse de la muerte por asfixia. O se aísla soberbiamente en su cima, envuelto en su nube, de tal modo que no se digne a ver los genios municipales, acaparadores de la gloria barata y al por menor, o les degüella como si fuesen carneros de un holocausto propiciatorio del Arte, sobre su altar de ripios pacientemente acumulados.

Óscar Estrada
Junio de 2020

Índice

LOS RUIDOS DE LA TIERRA TAWAHKA _____7
¿QUIÉN MATÓ A JEANNETTE KAWAS? _____17
EL AZAR DE LA MUERTE
CASO: LOS CUATRO PUNTOS CARDINALES _____24
EL ECO DE LA LUCHA:
CUANDO LOS ESTUDIANTES UNIVERSITARIOS SE TOMARON LAS CATEDRALES _____36
OCASO Y GLORIA DE UN PERIODISTA: o los círculos inconclusos de David Romero Ellner — Primera parte_____43
EL AVE FÉNIX DEL PERIODISMO: o los círculos inconclusos de David Romero Ellner — Segunda parte _____50
ENTREVISTA A DALIA ROMERO _____59
PUDRICIÓN Y DESPILFARRO DEL IAIP _____75
LA UNAG, EL FEUDO EN CRISIS DE MARLON ESCOTO_____90
LA REPRESA DE SANGRE: «AGUA ZARCA» Y EL ASESINATO DE BERTHA CÁCERES _____99
ASESINOS CON UNIFORME: CASO HERMANOS DÍAZ RODRÍGUEZ _____108
DR. SEBI, EL CURANDERO DE LAS ESTRELLAS _____118
CAMBIOS EN LA SOMBRA: MUJERES, MARAS Y PANDILLAS ANTE LA REPRESIÓN _____133
EL DESPLAZAMIENTO POR GOTEO EN HONDURAS _____146
SEGÚN LA ONU, MARAS Y PANDILLAS ESCLAVIZAN MUJERES Y NIÑAS EN EL SALVADOR _____157
JESSICA SÁNCHEZ: «LAS MARAS Y PANDILLAS EN LOS TERRITORIOS, ASÍ COMO OCUPAN LA CALLE, ASÍ OCUPAN LAS MUJERES» _____159
RELATORÍA ESPECIAL DE NNUU RECONOCE QUE MARAS Y PANDILLAS SON VIOLADORES DE DD.HH. _____166

ESTADOS UNIDOS DECLARA LA GUERRA A LA MS13, ¿POR QUÉ NO A LA 18? _____175
EL JUEGO DE ESPEJOS DE HCH _____180
SULAMBIENTE, MAFIAS, PARAMILITARES Y EL LARGO CAMINO DEL REY DE LA BASURA EN SAN PEDRO SULA _185
EL REY DE LA BASURA: LA CONEXIÓN CON COLOMBIA Y LOS PARAMILITARES _____190
¿QUIÉN ES WILLIAM VÉLEZ SIERRA, EL MAGNATE COLOMBIANO LIGADO AL PARAMILITARISMO QUE CONTROLA LA EMPRESA ENERGÍA HONDURAS? _____191
EEH Y LA GUERRA DE LAS TÉRMICAS _____196
LOS MEDIDORES DE FRONTERA Y LA AUSENCIA DE CONTROL _____199
MIGUEL AGUILAR, DE LÍDER SINDICAL A MAGNATE DE LA ENERGÍA ELÉCTRICA _____202
MANITOBA HYDRO, EL HISTORIAL DUDOSO DE LA EMPRESA QUE CERFITICA LOS NÚMEROS MAQUILLADOS DE EEH _206
PELEA POR CEMENTERIO, SUSPENDE EXPLOTACIÓN DE MINA EN AZACUALPA _____211
CRISIS DEL EXTRACTIVISMO Y CRISIS HEGEMÓNICA EN HONDURAS _____215
CÓMO SE QUEBRÓ CONADI (Y QUIÉNES FUERON LOS RESPONSABLES) _____227
¿QUIÉN MATÓ A CARLOS LUNA LÓPEZ? _____236
LOS SICARIOS DEL AGUÁN _____241
QUIÉN MATÓ A CARLOS LUNA LÓPEZ _____257
BREVE HISTORIA DE LA CORRUPCIÓN EN HONDURAS: DEL CONTRABANDO DE LA COLONIA A TEXTILES RÍO LINDO _266
LATIN NODE: EL SOBORNO POR EL QUE SE CONDENÓ A MARCELO CHIMIRRI _____272
EL CORREDOR TURÍSTICO, LA QUEMA DE LAS CASETAS DEL

PEAJE Y LOS US$130 MILLONES QUE AHORA DEBEMOS __290
EL CUBANAZO, GERMAN ESPINAL Y LAS MAFIAS EN EL GOBIERNO DE MANUEL ZELAYA ROSALES _____ 295
EL LADO OSCURO DE LAS ONG _____302
DONNY REYES: "A ESAS ACUSACIONES NO LES PONGO ATENCIÓN PORQUE ES REPLICAR TONTERÍAS." _____307
LA MAREA NEGRA DE GUAPINOL _____314
EL CENTRO HISTÓRICO DE TEGUCIGALPA, ENTRE LA GENTRIFICACIÓN Y LA DESIDIA _____322
MEJOR ME VOY _____330
EL ASESINATO DE LOS FERRARI, Y CÓMO SE DESNUDÓ LA MEMORIA FRESCA DE RICCY MABEL, A 27 AÑOS DE SU ASESINATO _____333
JESSICA SÁNCHEZ Y EL PRECIPICIO DE CRISTAL _____337
«LA HISTORIA LE HA HECHO JUSTICIA A CLEMENTINA SUÁREZ». ENTREVISTA CON JANET GOLD _____346
OMAR RIVERA, EL HIJO DE LA SOCIEDAD CIVIL _____353
EL CLAN DE LOS REINA Y LA HISTORIA DEL LIBERALISMO HONDUREÑO _____359
LEE CHRISTMAS, DE MERCENARIO A JEFE DE LA POLICÍA EN TEGUCIGALPA _____367
LA MASACRE DE GARÍFUNAS EN SAN JUAN EN TELA ___372
LA MASACRE DEL 6 DE JULIO _____377
LA MATANZA DE LOS LAURELES EN EL GOBIERNO DE VILLEDA MORALES _____381
LA RAZÓN LIBERAL DEL GOLPE DE 1963 _____385
EL TRÁGICO VUELO DEL PRIMER AVIÓN CATRACHO __390
HOLOCAUSTO PROPICIATORIO DEL ARTE_____392

Impreso en Estados Unidos
para Casasola LLC
Primera Edición
MMXX ©

www.ingramcontent.com/pod-product-compliance
Lightning Source LLC
Chambersburg PA
CBHW032123160426
43197CB00008B/492